本书为国家社会科学基金青年项目"联邦德国对民主德国的经济政策研究（1949—1990）"（项目批准号：16CSS029）结项成果

本书为中国社会科学院世界历史研究所登峰战略"大国关系史"重点学科的成果之一

新时代世界史学研究丛书 专著

Series of World History Research in the New Era

联邦德国对民主德国的经济政策研究
（1949—1990）

王 超 ◎著

中国社会科学出版社

图书在版编目（CIP）数据

联邦德国对民主德国的经济政策研究：1949—1990/王超著 . —北京：
中国社会科学出版社，2024.4
（新时代世界史学研究丛书）
ISBN 978 - 7 - 5227 - 3164 - 3

Ⅰ.①联…　Ⅱ.①王…　Ⅲ.①经济政策—德国—1949—1990
Ⅳ.①F151.60

中国国家版本馆 CIP 数据核字（2024）第 037066 号

出　版　人	赵剑英
责任编辑	张　湉
责任校对	姜志菊
责任印制	李寡寡

出　　版	中国社会科学出版社
社　　址	北京鼓楼西大街甲 158 号
邮　　编	100720
网　　址	http://www.csspw.cn
发 行 部	010 - 84083685
门 市 部	010 - 84029450
经　　销	新华书店及其他书店

印　　刷	北京君升印刷有限公司
装　　订	廊坊市广阳区广增装订厂
版　　次	2024 年 4 月第 1 版
印　　次	2024 年 4 月第 1 次印刷

开　　本	710 × 1000　1/16
印　　张	27.75
字　　数	456 千字
定　　价	139.00 元

探索建构中国自主的世界史学体系

——《新时代世界史学研究丛书》总序

中国是世界公认的"四大文明古国"之一，创造了源远流长的悠久历史和灿烂文化，有文字记载的文明史就长达五千多年，为人类文明进步和世界历史发展作出了巨大贡献。与此同时，中华民族在艰苦卓绝、革故鼎新的历史长河中，形成了以文治教化为主旨的优秀文化传统和以经世致用为目的的丰厚历史资源。绵延不断的历史积淀赋予中国人强烈的历史意识，创造了浩如烟海的史学经典。正如中国近代思想家梁启超所说："中国于各种学问，唯史学为最发达，史学在世界各国中，唯中国为最发达。"[①] 历史是最好的教科书，也是最好的清醒剂和营养剂。知史才能明道，明道方能笃行。晚清思想家龚自珍说："出乎史，入乎道"；"欲知大道，必先为史"。[②] 历史蕴藏着丰富而又宝贵的经验，对于我们汲取智慧、把握规律、指导实践大有裨益，并且有助于我们更好地应对现实和未来的挑战。

马克思和恩格斯创立的唯物辩证的历史观昭示人们："世界史不是过去一直存在的；作为世界史的历史是结果。"[③] 他们在《德意志意识形态》

---

① 梁启超：《中国历史研究法》，《饮冰室合集·专集之七十三》，中华书局 1989 年版，第 9 页。

② （清）龚自珍著，王佩净校：《尊史》，《龚自珍全集》第一辑，上海古籍出版社 1999 年版，第 81 页。

③ 《马克思恩格斯全集》第 46 卷（上册），人民出版社 1979 年版，第 48 页。

中指出："各个相互影响的活动范围在这个发展进程中越是扩大，各民族的原始封闭状态由于日益完善的生产方式、交往以及因交往而自然形成的不同民族之间的分工消灭得越是彻底，历史也就越是成为世界历史。"① 正是大工业"首次开创了世界历史，因为它使每个文明国家以及这些国家中的每一个人的需要的满足都依赖于整个世界，因为它消灭了各国以往自然形成的闭关自守的状态"②。列宁在《哲学笔记》中也写道："世界历史是个整体，而各个民族是它的'器官'。"③ 各民族、各国家、各个人的发展变化在不同程度上受到世界整体发展的制约，反过来又影响世界历史发展的进程。因此，作为整体的世界历史与作为部分的民族、国家甚至个人的历史的相互关系，或者说世界历史的整体和部分的相互关系，就成为世界史学必须解决的基本问题。

正确处理世界历史的整体和部分的相互关系，必须坚持唯物辩证的方法和系统整体的原则，在世界历史各种因素的普遍联系和变化过程中，揭示人类历史规律，把握世界发展趋势。具体说来，在研究方法上，要唯物辩证地考察生产力和生产关系、经济基础和上层建筑等各种因素的相互关系和矛盾运动，而不能陷入唯心主义和形而上学的困境；在时间序列上，要把世界历史看作一个有内在联系的、发展变化的过程，而不能随意割断历史；在空间范围上，要把世界各民族、各国家、各个人的历史看作一个相互联系、相互作用的系统整体，着重研究"世界历史性的事实"和具有世界历史意义的事件，而不能孤立地研究民族、国家和个人的历史。

与中华民族辉煌灿烂的文化和博大精深的史学相比，世界史在我国还算一个年轻的学科。鸦片战争前后，以林则徐、魏源为代表的先进知识分子"睁眼看世界"，编译《四洲志》《海国图志》，揭开了近代中国世界史研究的序幕。直到中华人民共和国成立以前，我们的世界史研究和教学深受欧美的影响，对以西欧为中心编纂世界史的观点和方法习以为常，大学

---

① 《马克思恩格斯文集》第 1 卷，人民出版社 2009 年版，第 540—541 页。
② 《马克思恩格斯文集》第 1 卷，人民出版社 2009 年版，第 566 页。
③ 《列宁全集》第 55 卷，人民出版社 1990 年版，第 273 页。

历史系也通行讲授西洋史、断代史和以西方国家为主的国别史、专门史，很少以唯物辩证的方法和系统整体的眼光进行世界史的研究和教学。

新中国成立前后，周谷城就提出："治历史而不能把握历史之完整性，或完整的统一性，则部分的史实之真相，最不易明白"；要注重民族间的斗争所引起的"世界各地之相互关系"，主张"注重各民族间的历史接触"为"注重全局"的观点和方法。① 他在 1949 年出版的《世界通史》突破了国别史之和即世界史的框框和"欧洲中心论"的束缚，力求从整体与部分的对立统一中探讨整个人类的历史。他明确地说："本人不认国别史之总和为世界通史，故叙述时，力避分国叙述的倾向，而特别着重世界各地相互之关联。"② 后来他在总结这一时期的思想时强调："编写《世界通史》时，不能从单一的角度写起，而是须着眼全局或统一整体，从有文化的或文化较高的许多古文化区同时写起。我所著的《世界通史》第一册，为了反对欧洲中心论，使读者对世界古史有一个全局的了解，便一连举了六个古文化区：曰尼罗河流域文化区，曰西亚文化区，曰爱琴文化区，曰中国文化区，曰印度文化区，曰中美文化区。"③ 齐世荣评论说：周谷城强调"世界通史并非国别史之总和"，"主张把世界历史作为一个整体来研究，重视世界各地区之间的相互关系，并反对把欧洲作为世界历史的中心。这些观点对于我国世界史学科的建设，具有开拓性的意义"④。

改革开放以来，我国的世界史研究和学科建设迅速拓展和深化，唯物辩证的、系统整体的研究得到加强。在吴于廑看来，既然历史在不断的纵向和横向发展中已经在越来越大的程度上成为世界历史，那么研究世界历史就必须以世界为一全局，"考察它怎样由相互闭塞发展为密切联系，由分散演变为整体的全部历程，这个全部历程就是世界历史。把分国、分区的历史集成汇编，或者只进行分国、分区的研究，而忽视综合的全局研

---

①　周谷城：《世界通史》，商务印书馆 1949 年版，第 235 页。

②　周谷城：《世界通史》，"弁言"，商务印书馆 1949 年版，第 1 页。

③　周谷城：《着重统一整体反对欧洲中心论》，《中外历史论集》，复旦大学出版社 2015 年版，第 478—479 页。

④　齐世荣：《我国世界史学科的发展历史及前景》，《历史研究》1994 年第 1 期，第 157 页。

究，都将不能适应世界历史这门学科发展的需要"①。1994年出版的6卷本《世界史》正是按照上述观点、方法编纂的，是对纵横联系的"整体世界史"的探索成果。进入21世纪，如何构建中国特色的世界史学科体系成为"热门"话题，引起世界史学界对宏观与微观、理论与实证、整体与个案之间关系的重视和争论。

党的十八大以来，中国特色社会主义进入新时代，习近平总书记对历史和历史科学作出了一系列重要论述，强调要树立大视野的历史思维，把握人类历史发展的大趋势，发挥鉴古知今、学史明智的重大作用。他在哲学社会科学工作座谈会上指出："观察当代中国哲学社会科学，需要有一个宽广的视角，需要放到世界和我国发展大历史中去看。"② 他在主持中共十八届中央政治局第四十三次集体学习时指出：尽管我们所处的时代同马克思所处的时代相比发生了巨大而深刻的变化，但从世界社会主义500年的大视野来看，我们依然处在马克思主义所指明的历史时代。这是我们对马克思主义保持坚定信心、对社会主义保持必胜信念的科学根据。③ 关于历史的作用，他强调："历史研究是一切社会科学的基础，承担着'究天人之际，通古今之变'的使命。世界的今天是从世界的昨天发展而来的。今天世界遇到的很多事情可以在历史上找到影子，历史上发生的很多事情也可以作为今天的镜鉴。重视历史、研究历史、借鉴历史，可以给人类带来很多了解昨天、把握今天、开创明天的智慧。所以说，历史是人类最好的老师。"④ 他在中国人民大学考察时进一步指出：坚持和发展中国特色社会主义理论和实践提出了大量亟待解决的新问题，世界百年未有之大变局加速演进，世界进入新的动荡变革期，迫切需要回答好"世界怎么了""人类向何处去"的时代之题。"加快构建中国特色哲学社会科学，归根结

---

① 吴于廑、齐世荣主编：《世界史·古代史编》上卷，"总序"，高等教育出版社1994年版，第31页。

② 习近平：《在哲学社会科学工作座谈会上的讲话》，人民出版社2016年版，第3页。

③ 《深刻认识马克思主义时代意义和现实意义 继续推进马克思主义中国化时代化大众化》，《光明日报》2017年9月30日，第1版。

④ 《习近平致第二十二届国际历史科学大会的贺信》，《人民日报》2015年8月24日，第1版。

底是建构中国自主的知识体系。"① 这些重要论述所阐明的 "大历史观" 将辩证唯物主义和历史唯物主义基本原理与当今时代特征和中国具体实际相结合，赋予马克思主义历史观新的时代内容和民族形式，给包括世界史在内的整个历史科学提出了新的目标任务和方法途径，是建构中国自主的世界史学体系的科学指南和根本遵循。

世界史作为历史学门类中的学科专业在中国的兴起与近现代中国的变迁相适应，经历了一个艰苦探索、曲折发展的过程，世界史恢复为一级学科也不过十多年的时间。然而，世界史研究取得的丰硕成果及其在学术界的地位和社会生活中的作用日益受到重视。随着历史研究日益专业化，世界史学科内部专业划分越来越细，出现了政治史、经济史、社会史、文化史、生态史和古代史、中世纪史、近代史等分支学科，并且与其他学科渗透，出现了历史地理学、历史人类学、心理史学、计量史学等交叉学科。这种分化趋势，一方面扩展了世界史研究的领域和深度，使世界史研究日益精细化和多样化；另一方面影响了世界史的整体性和统一性，使世界史研究面临新的学科融合的任务。推动世界史学科建设，不仅要加强史学理论与史学史、世界古代中世纪史、世界近现代史、世界地区与国别史、专门史与整体史等二级学科之间的对话和融合，而且要打破世界史与中国史、考古学等历史学科，以及与其他人文科学、社会科学乃至与自然科学之间的学科壁垒，联合各方力量构建世界史学术共同体，开拓世界历史研究的新局面和新境界。

中国社会科学院世界历史研究所自 1964 年成立以来，发扬贯通古今、联接中外、治史明道、经世致用的优良传统，推动世界史学的繁荣发展和中外学术交流。特别是从 2019 年 1 月中国历史研究院成立以来，世界历史研究所在学科调整、机构重组、人员调动等方面取得了较大进展，已扩充为 13 个正处级部门，包括 1 个综合处，涵盖欧洲史、美国史、俄罗斯中亚史、一带一路史、日本与东亚史、西亚南亚史、非洲史、拉美史、太平洋和太平洋国家史、古代中世纪史、全球史 11 个研究室，《世界历史》编辑

---

① 《坚持党的领导传承红色基因扎根中国大地　走出一条建设中国特色世界一流大学新路》，《人民日报》2022 年 4 月 26 日，第 1 版。

部，代管中国世界古代中世纪史研究会、中国世界近代现代史研究会、中国第二次世界大战史研究会、中国苏联东欧史研究会、中国非洲史研究会、中国拉丁美洲史研究会、中国朝鲜史研究会、中国德国史研究会、中国法国史研究会、中国美国史研究会、中国英国史学会、中国日本史学会、中国中日关系史学会、中国国际文化书院 14 个全国性学会，主办《世界历史》中文权威期刊和《世界史研究（英文刊）》（*World History Studies*）、中国世界史研究网和世界历史编辑部微信公众号，组织编纂世界史学科年鉴，每年举办一次全国世界史研究前沿论坛，每年举办一次全国世界史中青年学者论坛，每两年举办一次全国世界史研究高端论坛，以期统筹协调全国的世界史研究和教学力量，为世界史学术共同体搭建平台、提供服务。在中国社会科学院新一轮学科建设"登峰战略"资助计划中，世界历史研究所努力建设一个优势学科（世界文明史）和两个重点学科（大国关系史、"一带一路"），希望在推进基础理论研究和应用对策研究融合发展，建构中国自主的世界史学科体系、学术体系、话语体系等方面取得更多成果和更大进展。

当今世界正在经历百年未有之大变局，当代中国正在经历广泛深刻的大变革。世界多极化、经济全球化、文化多样化、社会信息化深入推进，给世界历史发展和世界史学研究提供了难得的机遇，也提出了巨大的挑战。习近平总书记在致中国历史研究院成立贺信中提出：希望我国广大历史研究工作者"继承优良传统，整合中国历史、世界历史、考古等方面研究力量，着力提高研究水平和创新能力，推动相关历史学科融合发展，总结历史经验，揭示历史规律，把握历史趋势，加快构建中国特色历史学学科体系、学术体系、话语体系"①。具体到世界史，学科体系是基础和依托，学术体系是灵魂和核心，话语体系是原料和载体，三者相互依存、融合贯通，结合为统一的整体。为了更好地扶植世界历史研究所学者推出高质量的研究成果，加强人才培养和队伍建设，我所决定组织出版包含专著、译著、文集等系列的"新时代世界史学研究丛书"。该丛

---

① 《习近平致中国社会科学院中国历史研究院成立的贺信》，新华社（北京）2019 年 1 月 3 日电，http：//www.xinhuanet.com/2019-01-03/c_1210029534.htm.

书坚持马克思主义立场观点方法，以习近平新时代中国特色社会主义思想为指引，力图在对古今中外世界史研究的成果和经验进行总结概括的基础上，发扬与时俱进、守正创新的精神，探讨世界史的前沿问题和理论方法，敢于提出新的概念、话语，创立新的学派，为建构中国自主的世界史学体系做出新的贡献！

罗文东

2024 年 1 月写于中国历史研究院世界历史研究所

序

在德国近现代历史的发展过程中，民族国家建构的过程如草蛇灰线，伏脉千里。与英法不同，德意志民族虽早已存在，但统一的德意志民族国家到 1871 年才姗姗来迟。然而仅隔几十年，二战后受同盟国军事政治形势的影响，整个世界陷入东西方对峙的持续冷战。作为冷战前沿的德国陷于分裂，出现了德意志民主共和国和德意志联邦共和国两个国家。这样一来，恢复民族和国家统一再次被提上历史的议程。此后，结束国家分裂状态，实现民族统一，成为整个德意志民族共同的期盼，萦绕在全体德国人民的心头 40 多年！

1990 年 10 月两德合并，恢复统一的德意志民族国家，无疑是世界局势和德意志内部多种因素作用的结果。其中，联邦德国对民主德国经济政策的作用不容忽视。两德对峙的 40 多年间，虽然实现德国统一的目标始终没变，但伴随着冷战局势的变化，联邦德国对民主德国的政治策略一直在调整，而其经济政策一直在配合着、推动着、甚至引导着政治政策的变化和政治目标的实现。特别是在上个世纪 80 年代末 90 年代初，德国统一浪潮汹涌澎湃的关键时刻，联邦德国科尔政府着眼于民族统一的大局，摒弃政治嫌隙，对民主德国采取超乎寻常的经济政策和行动，因势利导，推波助澜，最终助成了两德统一。

研究冷战时期联邦德国对民主德国的经济政策，是观察两德关系的一个独特视角，也是研究德意志民族国家建构的一个很好的切入点。王超从 2006 年入学北大攻读博士学位以来，就紧盯着这一问题不放。他几次赴德搜集一手资料，殚精竭力地思考相关问题。经过 6 年半的努力，拿出了 20

多万字的题为《联邦德国对民主德国的经济政策研究（1949—1990）》的博士论文。毕业后的 10 年，他仍在精进这一研究，终于成就这部 40 多万字的著作。

历史是启发人滋养人的。期待读者从对本书的阅读中，获得超出本书内容的进一步思考和启迪，那样的话，作者写作此书的目的就达到了。

许平

2023 年仲夏

摘　　要

　　第二次世界大战结束后，战败德国随着冷战铁幕的拉下被分为两个国家，即德意志联邦共和国（联邦德国）和德意志民主共和国（民主德国）。由于双方拥有着共同的历史文化传统以及共同的祖先，实现祖国的重新统一便成为战后全体德国人共同的期盼。民主德国曾为此做出过积极努力，联邦德国更是始终奉行"和平统一政策"。其中，联邦德国对民主德国的经济政策长期作为一项务实的德国统一政策，不仅在维护"整个德国"的统一性上扮演了独特的角色，更是在战后德国重新统一的进程中发挥了十分重要的作用。为此，本书以二战后联邦德国对民主德国的经济政策作为研究对象，具体考察该政策在各个历史时期所呈现出的特点、追求的目标及其采取的措施，与此同时，力图清晰地揭示出它在不同历史时期发生演变的具体情况，并深入剖析促使该政策发生转变的内外部因素，进而客观阐释该政策在德国重新统一的进程中所起到的作用及影响。

　　全书共分为三大部分。第一部分是绪论，主要介绍本书的学术背景。其中包括选题背景与研究意义、核心概念的界定、国内外研究现状、本书的创新之处等。

　　第二部分主要研究和分析联邦德国对民主德国经济政策的演变历程，共分为三个阶段，总计四章。

　　第一章分析了二战后德国分裂的历史过程和德国内部区域贸易（占领区间的贸易）政治化问题。二战结束后，战败德国虽被盟军分区占领，但四大国在《占领初期对德管理、处置的经济原则》中明确表示，要维持德国的经济统一。作为这一原则的具体实践，德国内部区域贸易应运而生。

后来，由于四大国在占领政策上出现严重分歧，及美苏冷战的逐步兴起，使得维持德国经济统一体的构想遭到破坏。在上述外部环境的影响下，德国内部区域贸易自创建伊始，始终没有在各个占领区之间充分发挥出桥梁纽带作用，反而，日益沦为大国间政治斗争的角斗场。在1948—1949年的柏林封锁危机中，德国内部区域贸易成为西方盟国反制苏联的武器，彻底完成了政治化的蜕变，致使"维持德国经济统一"的原则完全破灭。虽然《波茨坦协定》之相关规定以及德国内部区域贸易未能阻止德国分裂，但为日后联邦德国对民主德国经济政策的制定与实施，提供了法理依据，并创造了有效的践行模式。

第二章论述了20世纪五六十年代联邦德国对民主德国的经济政策。在美苏冷战对峙以及联邦总理阿登纳（联盟党人）"实力政策"的共同影响下，联邦德国对民主德国的经济政策呈现出一种自相矛盾的特征。一方面，联邦德国政府基于"一个德国"原则，同民主德国发展了德国内部贸易（两德贸易，含柏林地区），并以此作为双边关系的一条重要纽带，同时保障西柏林的安全与独立，以及对民主德国施加政治影响力。而在另一方面，联邦德国又时常以经济制裁来应对苏联和民主德国对进出西柏林的通道的干扰。随着"柏林墙"的建立以及东西方关系转向缓和，联邦德国的德国统一政策也发生转变。鉴于民主德国对德国内部贸易固有的依赖性，联邦德国政府日益重视通过加强两德经贸合作来带动双边关系的改善，进而期望扩大两德人员交流的范围和频度。因此，自20世纪60年代中期起，联邦德国对民主德国的经济政策在克服德意志民族分裂方面发挥了更积极的作用。

第三章论述了20世纪七八十年代联邦德国对民主德国的经济政策。20世纪70年代初，随着美苏关系的解冻，社会党勃兰特政府全力推动两德关系正常化。1972年的《基础条约》再次确认了德国内部贸易的特殊地位，两德经贸关系也由此获得了进一步发展。这一时期，联邦德国政府利用无息透支贷款、金融信贷、非商业性财政支付等多种方式，改善和加强了两德间的旅行交通和人员交流，维系了日益淡化的民族认同意识，抑制了民主德国"划界政策"产生的负面影响。联邦德国对民主德国的经济政策在改善和密切两德关系上发挥了积极作用。即使在20世纪80年代初东西方关系再度紧张之际，联邦德国政府仍极力为其德国统一政策赢得活动空间。为了尽快走出欧洲中导危机的阴霾，右翼联盟党科尔政府上台后向求贷心切的民主德国提供了两笔担保贷款，极大改善了两德关系，缓和了紧张的欧洲局势。此时，联邦德国对民主德国的经济政策已将密切两德关系与促进欧洲缓和视为一个有机整体，为最终实现统一目标不断累积有利条件。

第四章主要论述了1989年末至1990年联邦德国对民主德国的经济政策。这一时期，苏东国家出现了巨大震荡，加速了德国统一进程。联邦德国科尔政府借势而进，牢牢抓住"柏林墙"倒塌这一历史良机，仰仗联邦德国强大的经济实力，利用民主德国内部的政治经济危机和动乱，发动统一攻势。在有利于西方的国际环境下，联邦德国已不满足于以经济施惠换取民主德国的妥协和让步，甚至甘愿为实现两德统一而冒巨大风险。科尔总理《十点纲领》的出台吹响了统一的号角。自此，科尔政府开始以经济援助作为统一武器，一步步促使民主德国经济、政治和社会结构发生变革。为使两德经济、货币和社会联盟迅速建立，科尔政府又在两德马克兑换方面做出巨大妥协，两德经济统一水到渠成，为随后的两德政治统一彻底铺平了道路。在两德统一的内部进程中，联邦德国对民主德国的经济政策充当了"统一杠杆"。

最后一部分是结论。本书认为，在两德统一之前，作为其和平统一政策的重要组成部分，联邦德国对民主德国的经济政策历经两次重大调整。联邦德国在当时始终遵循和贯彻"一个德国"原则，利用各种经济措施对民主德国及其民众不断施加影响，以期实现政治上的目标。该政策在具体实践过程中，受到了东西方关系发展变化、联邦德国主要执政党的德国统一政策理念、联邦德国强大的经济实力、西柏林的经济、政治和通道安全问题、民主德国对联邦德国经济的依赖性等方面的影响或制约。尽管该政策在促成德国和平统一的过程中发挥了独特而又重要的作用，但也存在着明显的历史局限性。

关键词：联邦德国；民主德国；经济政策；德国统一政策；德国统一

Abstract

After World War II, Germany, defeated and occupied, was divided into two separate countries: the Federal Republic of Germany (FRG) and the German Democratic Republic (GDR). Despite this division, the German people shared a common history, culture, and ancestry, fostering aspirations for reunification of motherland. While the GDR made significant efforts to achieve as early as the 1950s, the FRG always unswervingly promoted complete national reunification. As a long-term "pragmatic" German unification policy, the FRG's economic policy towards the GDR played a unique and crucial role not only in maintaining the economic unity of Germany, but also in advancing the peaceful national reunification process.

This book delves into the FRG's economic policy towards the GDR throughout the period of German division. It examines the policy's goals, means, characteristics, and evolution over different historical periods, analyzing both internal and external factors that influenced its transformation and its role in promoting the German reunification process.

The first part serves as an introduction, providing the academic and historical context for the research. It discusses the origin and significance of the study, defines the concept of the FRG's economic policy towards the GDR, reviews the existing related research at home and abroad, and highlights the book's innovations.

Subsequent chapters explore the evolution of the FRG's economic policy towards the GDR. Chapter One discusses the division of Germany after World War II and the politicization of interzonal trade in Germany. Although Germany was divided into four occupied zones after World War II, the Soviet Union, the United States, Britain, and France jointly signed *The Economic Principles to Govern the Treatment of Germany in the Initial Control Period*, which aimed to maintain the economic unity of Germany. As a tangible application of these principles, interzonal trade in Germany was established. However, due to significant differences in the occupation policies of the four powers and the onset of the Cold War between the United States and the Soviet Union, interzonal trade in Germany did not serve as a significant economic bridge within the occupied Germany. On the contrary, it increasingly became a battleground for political conflict. The outbreak of the Cold War and the Berlin crisis of June 1948 marked a turning point, as interzonal trade in Germany was weaponized by the Western Allies against the Soviet Union's interference in access to the Western sectors of Berlin. The principles aimed at maintaining the economic unity of Germany were consequently completely undermined. Despite the fact that the relevant provisions of the *Potsdam Agreement* and interzonal trade in Germany failed to prevent the division of Germany, they nonetheless provided a legal basis for the subsequent formulation and implementation of the FRG's economic policy towards the GDR, thus establishing an effective practice mode.

Chapter Two focuses on the FRG's economic policy towards the GDR during the 1950s and 1960s. Influenced by the Cold War and Chancellor Adenauer's "policy of strength", the FRG's economic policy towards the GDR in this period was characterized by contradictory features. On the one hand, the FRG engaged in intra-German trade with the GDR adhering to the "one-Germany" principle though the *Berlin Agreement* signed between the two Germanys in 1951. Intra-German trade, grounded in the fundamental principle of a unified Germany, served as both a symbol of Germany's continued existence and a unifying bond between its two parts. Simultaneously, this duty-free trade ensured the economic security and independence of West Berlin, while also exerting political influence on citizens of the GDR. On the other hand, the FRG also imposed restrictive economic measures in response to the Soviet Union and the GDR's interference in West Berlin. With the construction of the Berlin Wall in 1961 and the relaxation of East-West tensions, the FRG's German unification policy became more pragmatic and flexible. Recognizing the GDR's inherent dependence on intra-German trade, the FRG sought to enhance bilateral relations by strengthening economic and trade cooperation between the two German states. This effort aimed to not only foster closer ties but also to facilitate more frequent and expansive bilateral personnel exchanges. From the mid-to-late 1960s, the FRG's economic policy towards the GDR evolved to play a proactive role in overcoming the nation's division, emerging as a pivotal component of the FRG's German unification policy.

Chapter Three examines the FRG's economic policy towards the GDR in the 1970s and 1980s. With U. S. -Soviet relations entering a phase of détente in the early 1970s, the Brandt government actively sought to normalize and improve the German-German relations. Although the GDR's statehood was recognized by the *Basic Treaty* signed between the two Germanys in 1972, the special status of intra-German trade persisted, fostering further development of German-German economic and trade relations. During this period, the FRG employed various economic instruments, including intra-German trade, financial credit, and non-commercial financial transfer payments, in an effort to induce the GDR to relax restrictions on bilateral personnel and cultural exchanges. This was aimed at preserving the sense of German identity and mitigating the negative effects of the GDR's demarcation policy. Consequently, the FRG's economic policy towards the GDR played an increasingly constructive role in enhancing and solidifying German-German relations. Although the right-wing party (Union) returned to power in the early 1980s, this policy remained unchanged and was even further strengthened. Faced with a severe credit crisis in the GDR, the Kohl government provided nearly two billion D-Mark secured loans to improve deteriorating German-German relations and ease tensions in Europe. During this period, the

FRG's economic policy towards the GDR aimed to foster closer relations between the two German states while capitalizing on the process of détente in Europe, thus creating more favorable conditions for the reunification of Germany.

Finally, Chapter Four analyzes the FRG's economic policy towards the GDR in the late 1980s and early 1990s. During this period, the dramatic changes in the Soviet Union and Eastern Europe accelerated the process of German reunification, prompting a shift in the FRG's economic policy towards the GDR from a "proactive" mode to an "offensive" one. The Kohl government seized the historic opportunity presented by the GDR's opening of the Berlin Wall on November 9, 1989. With its formidable economic strength, the FRG decisively launched a unification offensive against the GDR, demonstrating a strong desire for the reunification of Germany. In a favorable international environment, the Kohl government no longer adhered to the traditional model of seeking political concessions from the GDR in exchange for economic benefits. Instead, it was willing to take significant risks for German reunification. The introduction of the "Ten-Point Plan for Overcoming of the Division of Germany and Europe" marked a strategic shift, as the Kohl government began to utilize economic aid as a lever to gradually transform the economic, political, and social structure of the GDR. The Kohl government did not hesitate to bear a significant economic cost for the reunification of Germany, particularly through a substantial compromise on the conversion rate between the East and West German Marks. With the establishment of the monetary, economic, and social union between the two Germanys, the FRG fully implemented the market economy system in the GDR. This action eliminated internal obstacles to the rapid completion of German reunification, and the FRG's economic policy towards the GDR fulfilled its leverage function thoroughly.

The conclusion of this book underscores the pivotal role of the FRG's economic policy towards the GDR in the journey towards German reunification. This policy underwent two significant adjustments before the eventual reunification. Throughout, the FRG adhered to the "one Germany" principle, employing diverse economic measures to exert continuous influence on the GDR and its citizens in pursuit of political objectives. However, the practical application of this policy was influenced and constrained by the evolving dynamics of East-West relations, the German unification policy embraced by the main ruling party in the FRG, the FRG's powerful economic strength, as well as economic, political, and access security concerns in West Berlin. Additionally, the policy was also shaped by the GDR's dependence on the FRG's economy. While instrumental in fostering peaceful reunification of Germany, this policy also had its obvious historical limitation.

Keywords: Federal Republic of Germany; German Democratic Republic; economic policy; German unification policy; reunification of Germany

目　录

Contents

绪　　论

第一节　选题缘由

　　1990 年两德统一是 20 世纪最重大的历史事件之一。无论是其极富戏剧性和转折性的历史结果，还是其丰富的历史内涵和深远的历史影响，都引起国内外史学界的广泛关注和长期讨论。纵观"二战"后德国从分裂走向统一的历史进程，分裂长达 41 年的德意志民族之所以能够历经重重考验，重新实现国家统一，是诸多历史因素共同作用的结果。尽管"二战"后德国的重新统一问题从一开始就深受国际因素的影响与制约，但如果要探寻德国统一的源动力，则只能从两个德意志国家本身，特别是从联邦德国来发掘。因为在追求德国统一的过程中，只有联邦德国坚持统一方向不动摇，始终扮演着一个主动者和推动者的角色。①例如，联邦德国在建国伊始，就将实现祖国

---

　　① 民主德国曾在 20 世纪 50 年代竭力主张在和平、民主的基础上尽快恢复德国统一，并向联邦德国提出了一系列具体建议。然而，到 20 世纪 70 年代初，为了维护自身的独立和稳定，民主德国开始以修改宪法的形式，删去了所有涉及德意志民族和德国统一的提法。在要求联邦德国从国际法上承认其主权的同时，民主德国还走上了民族分离主义道路。其最高领导人宣称："关于民族问题，历史已经有了定论……联邦德国继续存在着资产阶级民族，那里的民族问题是资产阶级和劳动大众之间不可调和的阶级矛盾。同联邦德国相反，在德意志民主共和国，在社会主义的德意志国家里正在形成着社会主义民族。"参见［民主德国］埃里希·昂纳克《我的经历》，龚荷花等译，世界知识出版社 1987 年版，第 334 页。

统一的目标明确写入其临时宪法——《基本法》① 序言："……全体德意志人民仍然要求，在自由的自决中实现德国的统一和自由。"此外，《基本法》第 23 条还规定："《基本法》首先在联邦德国各州生效。待其他地区加入后，《基本法》对那些地区同样具有法律效力。"②此后，联邦德国历任政府首脑不仅公开表达了努力实现德国重新统一的愿望③，还积极地付之于行动。

众所周知，由于"二战"后特殊的历史原因，一方面，两个德意志国家在政治制度、意识形态方面截然对立，导致双方在实现国家统一的方式上长期存在着不可调和的分歧。因此，"以政治谈判求统一"日益陷入死胡同；另一方面，"二战"后战胜国对战败德国实施了非纳粹化、非军事化、非工业化（消除军工和垄断）以及民主化改革，使德国传统的极端民族主义和军国主义两大毒瘤得到根除。联邦德国在建国之初，又以宪法的形式明确规定："德国人民应该为欧洲的统一和世界的和平做出贡献。"④所以，"通过武力完成统一"的思想及其形成的土壤遭到摈弃和铲除，"以和平的方式实现统一"便成为历届联邦德国政府无论是主观上还是客观上都必须恪守的宪法原则。⑤那么，在追求德国和

①　《基本法》全称为《德意志联邦共和国基本法（1949 年）》。制宪者为了体现《基本法》的"过渡"性质，没有采用《宪法》这一正式名称。其序言中这样写道："《基本法》给予过渡时期的国家生活一种新的秩序。"第 146 条还规定："《基本法》的有效期至全体德国人民通过自决制定的宪法生效时为止。"参见 „Grundsatz für die Bundesrepublik Deutschland vom 23. Mai 1949", in Ingo von Münch, Hrsg., *Dokumente des geteilten Deutschland*, Bd. 1, Stuttgart: Alfred Kröner, 1976, S. 91, 129.

②　„Grundsatz für die Bundesrepublik Deutschland vom 23. Mai 1949", in Ingo von Münch, Hrsg., *Dokumente des geteilten Deutschland*, Bd. 1, Stuttgart: Alfred Kröner, 1976, S. 91, 96.

③　1949 年至 1990 年间联邦德国历任总理在联邦议院公开发表的政府声明都包含德国统一的内容。参见 Klaus Stüwe, Hrsg., *Die großen Regierungserklärungen der deutschen Bundeskanzler von Adenauer bis Schröder*, Opladen: Leske und Budrich, 2002.

④　„Grundsatz für die Bundesrepublik Deutschland vom 23. Mai 1949 -Präambel", in Ingo von Münch, Hrsg., *Dokumente des geteilten Deutschland*, Bd. 1, Stuttgart: Alfred Kröner, 1976, S. 91.

⑤　联邦德国的德国内部关系部议会国务秘书奥特弗里德·亨尼希（Ottfried Hennig）在谈论联邦德国的德国统一政策时，曾语重心长地讲道："（德国）近现代历史演变的经验使我们坚定地成为自由、正义、和平以及放弃使用武力政策的追随者。所以，我们只能在此前提下来实现德国统一。"参见 „Parlamentarischer Staatssekretär Dr. Ottfried Hennig: Wo stehen wir heute in der Deutschlandpolitik？", in Deutschland（Bundesrepublik）Bundesministerium für innerdeutsche Beziehungen, Hrsg., *Texte zur Deutschlandpolitik*, Reihe Ⅲ/Bd. 4, Bonn: Deutscher Bundes-Verlag, 1987, S. 481.

平统一的具体实践中，联邦德国到底依靠和利用何种手段或力量，持续对民主德国施加其政治影响力呢？

　　要回答上述问题，须对"二战"后联邦德国的德国统一政策的发展演变进行深入考察。但在众多相关论著中，学者们大多从政治和外交层面来开展研究。例如，阿登纳政府实行的"实力政策""与西方结盟政策""哈尔斯坦主义"，勃兰特政府推行的"新东方政策""条约政策"，施密特政府奉行的"均势战略""双轨战略"，以及科尔政府在历史关键时期的政治、外交作为等。

　　然而，回顾"二战"后两德关系的发展史，相较于其他所有领域（如政治、文化、体育等），双方在经济领域的交往与合作，持续的时间最长，同时也更加紧密。尤其值得注意的是，直到1972年两德关系实现正常化为止，这甚至是两德间存在的唯一联系。由于在两德经济交往过程中蕴含着明显的政治因素，两德经济关系也因此呈现出某种"特殊性"。例如，两德（含西柏林）之间的贸易被称为德国内部贸易（Der Innerdeutsche Handel）[①]。联邦德国始终视其为一种特殊形态的"内部贸易"，而非对外贸易，不仅对输往民主德国的货物免征出口税，而且对原产于民主德国的货物不征收关税和农产品附加税。显然，联邦德国在两德经济关系中有着一些政治层面的考量。

　　虽然两德经济关系中的政治因素引起了一些国外史学家们的注意，与之相关的研究成果也不在少数，然而，他们都没有将其上升到联邦德国德国统一政策的一个重要组成部分来进行深入研究。此外，还应注意的是，德国内部贸易只是联邦德国对民主德国经济政策的一个环节，因而无法反映出联邦德国对民主德国经济政策的全貌。那么，在"二战"后德国分裂时期，联邦德国政府还使用了哪些经济手段来追求其政治利益，尤其是在德国统一政策上的利益？联邦德国对民主德国经济政策的本质是什么？遵循了哪些基本原则？在各个历史时期追求哪些具体目标？采取了哪些手段和策略？在实践过程中呈现出怎样的特点？受到哪些因素的制约和影响？在德国统一的进程中发挥了怎样的作用？针对上述问题进行探究，不仅有

---

　　① 该词为两德政界、国际/区域经济组织、西方学界均使用的一个特定概念。

助于全面了解联邦德国的德国统一政策，还有助于进一步深化对"二战"后德国问题的研究。因此，这一选题不仅具有重要的学术意义，而且对仍遭受分裂痛苦的国家和分离折磨的民族也有较强的现实借鉴意义。

目前搜集到的资料显示，国内外学者对联邦德国对民主德国经济政策着眼不多，鲜有历时性、全面性和系统性的研究。本书力图在这方面做一点有益的尝试。

第二节　联邦德国对民主德国"经济政策"概念的界定

联邦德国对民主德国的"经济政策"是一个相对宏观的概念。它是联邦德国政府针对民主德国实施的贸易、信贷、投资、经济制裁与经济援助等一系列法律法规和政策措施的总和。它与一般国家之间传统的"经贸政策"概念存在着本质上的区别。就本书而言，联邦德国对民主德国的经济政策，主要是指联邦德国以经济为手段（经济制裁、经济援助、经贸合作、金融信贷等）谋求其政治利益（实现国家统一）或安全利益（保障联邦德国和西柏林的安全）的政策。换言之，它从属于并服务于联邦德国的德国统一政策。维护和谋求经济利益即经济目标并不属于该政策的核心部分，因而，更加凸显出其具有鲜明的政治色彩。

另外，它也不同于国际关系学、国际政治经济学、外交学中使用频率较高的一个概念——"经济外交"①。虽然，"经济外交"也强调以经济为

---

① 国外学术界（尤其是日本学术界）虽然对"经济外交"的研究起步较早，但关于"经济外交"概念的界定和解释，学者间仍存在很大的分歧和争议。综合国内外学者对"经济外交"的定义，大致可分为两类：一是狭义上的，所谓"经济外交"，就是以实现各种经济利益为目的，借助经济手段来进行的经济外交活动，它是相对于政治外交、军事外交而言的。二是广义上的，所谓"经济外交"有两种表现形式，其一是指国家为实现其经济目标而进行的外交活动，即以外交为手段，为国家谋求经济上的利益；其二是指国家为实现其外交目标（在政治上或在军事上提高本国的国际地位等）而进行的经济外交活动，即以经济为手段，为国家谋求对外关系上的利益。参见周永生《经济外交》，中国青年出版社2004年版，第11—12页。

手段来谋求其他政治、安全或战略上的利益，但需注意的是，从本质来讲，它是一种外交政策。由于在"二战"后德国分裂时期，联邦德国自始至终没有给予民主德国"国际法上"的承认，即使是在1972年两德《基础条约》签订之后，依然一如既往地坚称两个德意志国家不互为外国，它们之间的关系是"德意志内部的特殊关系"。①因此，这种以两德"特殊关系"为前提条件的"经济政策"也必然不能被联邦德国视为外交政策，这也是其特殊性之所在。

第三节　相关研究概况与研究目标

"二战"后德国的分裂与统一是世界现当代史中的一个重大热点研究问题。迄今为止，国内外关于"二战"后德国问题的研究成果极为丰硕，不胜枚举，其中包括一些涉及联邦德国德国统一政策的学术论著。不过，在此类研究成果中，学者们主要关注联邦德国德国统一政策的显性部分——政治和外交领域。与之相对，作为联邦德国德国统一政策的隐性部分，联邦德国对民主德国的经济政策尚未得到充分重视。目前，还没有以联邦德国对民主德国经济政策为切入点进行这方面研究的系统性成果。然而，该政策在促进德国统一的过程中发挥了十分重要且独特的作用。目前，与本书相关的研究大多散见于两德关系（尤其是两德经济关系）的研究论著之中。因此，对相关论著进行梳理和分析，无疑会对本书的研究有着十分重要的借鉴和启示作用。

一　国外学界的研究状况

在国外学术界，迄今尚未发现关于1949—1990年联邦德国对民主德国

---

① „Bundeskanzler Brandt: Bericht zur Lage der Nation", in Deutschland（Bundesrepublik）Bundesministerium für innerdeutsche Beziehungen, Hrsg. , *Texte zur Deutschlandpolitik*, Reihe I/Bd. 4, Bonn: Deutscher Bundes-Verlag, 1970, S. 217.

经济政策的系统性论著。目前，与之相关的研究散见于两德经济关系史以及对个别孤立的政治、经济事件的分析论述之中。

有关两德经济关系的论著，从内容来讲，大体可分为两类：

一类是从纯经济的层面来探讨德国内部贸易的结构、贸易关系发展状况及其对两德产生的经济影响。例如：海茵茨·达尔曼（Heinz Dahlmann）考察了20世纪50年代初期德国内部贸易的创建以及德国分裂对两德工业潜力产生的影响，并认为，联邦德国能够比民主德国更好地焕发经济活力。[①]罗伯特·W. 迪安（Robert W. Dean）的著作涉及从两德建立到20世纪60年代末，德国内部贸易发展的基本状况。[②]哈里·迈尔（Harry Maier）认为，虽然德国内部贸易额从1968年到1985年增长了5.5倍，但是，自1986年起，两德经贸关系呈现出一种停滞甚至倒退的趋势。其原因并不是受到政治大气候的影响（像20世纪五六十年代冷战对峙时期那样），而是国际市场原材料价格的迅速回落，再加上民主德国自身经济体制革新力弱。[③]西加尔特·内林（Sighart Nehring）认为，作为联邦德国对民主德国实行的单方面优惠政策，德国内部贸易扩大了民主德国的贸易出口，并使其对外贸易多元化。[④]玛丽亚·亨德克－霍佩－阿恩特（Maria Haendcke-Hoppe-Arndt）则扩大了对传统经济关系的定义，对于两个德国而言，除了货物和服务交换（德国内部贸易）外，还包含"准经济"关系（例如，包裹运输、访问旅行、道路使用费、国际商店、最低兑换额）。此外，她还认为，德国内部贸易是德意志内部关系中更传统、更古老以及更稳定的部分；并提出，20世纪80年代，德国内部贸易的发展使民主德国的国民

---

① Heinz Dahlmann, *Die Entwicklung des deutschen Interzonenhandels nach dem zweiten Weltkrieg*, Köln: Universität Köln, Dissertation, 1954.

② Robert W. Dean, *West German Trade with the East: The Political Dimension*, New York: Praeger Publishers, 1974.

③ Harry Maier, *Vom innerdeutschen Handel zur deutsch-deutschen Wirtschafts- und Währungsgemeinschaft*, Köln: Wissenschaft und Politik, 1990, S. 11.

④ Sighart Nehring, *Die Wirkungen von Handelspräferenzen im Warenaustausch zwischen der Bundesrepublik und der DDR: Ein empirische Beitrag zur Theorie der impliziten Transfers*, Tübingen: Mohr, 1978, S. 119.

经济避免了过早崩溃。①

　　上述论著对本书的研究有以下几点借鉴意义：首先，它们大多探讨德国内部贸易的机制、结构，凸显了两德经济关系在历史上的互补性以及地缘上的优势性。其次，它们大多使用了官方统计数据，以令人信服的方式论述了不同时期两德经贸关系的发展状况以及由此产生的经济影响。最后，其中的一些论著扩大了对传统经济关系的定义，从而使两德经贸关系的研究范围得到了进一步拓展。

　　另外，值得注意的是，由于这些论著没有对其他一些非经济因素产生的影响加以综合考察，其结论有时会显得有些偏颇。例如，20 世纪 80 年代中后期，德国内部贸易出现了停滞甚至下滑，还应归因于昂纳克政府为了维护民主德国经济、政治独立性与安全性所采取的削减外债赤字的激进措施，即尽最大可能减少对联邦德国货物的进口。

　　另一类则涉及两德经济关系政治化问题。例如，克劳斯-迪特尔·埃勒曼（Claus-Dieter Ehlermann）认为，德国内部贸易具有双重功能：一是作为冷战时期的政治施压工具，瓦解德国统一社会党政权，同时协助保障西柏林通道安全。二是通过它来维持两德间的经济联系，并以此保持德国重新统一的公开性。②多丽丝·科内尔森（Doris Cornelsen）认为，德国内部贸易的特殊性基于其政治性，民主德国与联邦德国之间不是国与国的关系，双方的贸易也不是对外贸易。③弗里德里希·冯·海尔（Friedrich von Heyl）具体考察了 1945—1972 年两德钢铁贸易的发展变化及其在冷战中对两德政治关系的影响。④威廉·布伦斯（Wilhelm Bruns）认为，德国内部贸

　　① Maria Haendcke-Hoppe-Arndt und Erika Lieser-Triebnigg, Hrsg. , *40 Jahre innerdeutsche Beziehungen*, Berlin：Duncker und Humblot, 1990, S. 132, 119, 128.

　　② Claus-Dieter Ehlermann und Siegfried Kupper und Horst Lambrecht und Gerhard Ollig, *Handelspartner DDR - innerdeutsche Wirtschaftsbeziehungen*, Baden-Baden：Nomos Verlagsgesellschaft, 1975, S. 39-40.

　　③ Doris Cornelsen und Horst Lambrecht und Manfred Melzer und Cord Schwartau, *Die Bedeutung innerdeutschen Handels für die Wirtschaft der DDR*, *Deutsches Institut für Wirtschaftsforschung*：*Sonderheft 138*, Berlin：Duncker und Humblot, 1983, S. 168.

　　④ Friedrich von Heyl, *Der innerdeutsche Handel mit Eisen und Stahl 1945 - 1972：deutschdeutsche Beziehungen im Kalten Krieg*, Köln：Böhlau, 1997.

易作为贯彻政治目标的手段来使用，能起到连接两德的桥梁纽带作用。民主德国可以从与联邦德国建立的特殊经济关系中获利。例如，单方面享受联邦德国对其免关税、免农产品附加税的待遇，享有欧共体成员国的一些优惠政策等。①约阿希姆·纳沃洛基（Joachim Nawrocki）认为，德国内部贸易给两德带来不同的利益，对联邦德国而言主要是出于政治上的原因，它是德意志两个部分间重要的联系；而对民主德国而言则更多追求经济上的利益。②玛丽亚·亨德克-霍佩-阿恩特认为，对民主德国来说，德国内部贸易是其西方贸易的支柱；而对联邦德国而言，德国内部贸易是其德国统一政策中最重要、最长久的部分。③联邦德国工业与贸易信托局局长弗朗茨·勒施（Franz Rösch）也有相似的结论，即德国内部贸易本质上属于联邦德国德国统一政策中的一部分，其任务是缓和德国分裂所带来的痛苦，保持两德人民的民族认同感和德意志民族的同一性。④苏联驻联邦德国大使尤里·A. 克维钦斯基（Julij A. Kwizinskij）则认为，联邦德国通过加强两德经贸关系，促使民主德国增加对联邦德国的依赖性。同时，他将联邦德国的这一策略比作向民主德国抛出的"黄金鱼钩"。⑤

至于 20 世纪 80 年代两德继续在经济上保持"特殊关系"的原因，大多数学者都认为，是民主德国从两德经济合作中获得了外交和经济上的好处。但亚瑟·J. 麦克亚当斯（Arthur J. McAdams）则认为，更重要的原因是民主德国独立自主性的不断增长。⑥此外，欧内斯特·D. 普洛克（Ernest

---

① Wilhelm Bruns, *Deutsch-deutsche Beziehungen：Prämissen，Probleme，Perspektiven*, Opladen：Leske und Budrich, 1984, S. 85.

② Joachim Nawrocki, *Die Beziehungen zwischen den beiden Staaten in Deutschland：Entwicklungen，Möglichkeiten und Grenzen*, Berlin：Holzapfel, 1986, S. 79.

③ Maria Haendcke-Hoppe-Arndt und Erika Lieser-Triebnigg, Hrsg., 40 *Jahre innerdeutsche Beziehungen*, Berlin：Duncker und Humblot, 1990, S. 132, 124, 135.

④ Franz Rösch, „Außenwirtschaft der DDR und innerdeutsche Wirtschaftsbeziehungen：Sonderstellung der innerdeutschen Wirtschaftsbeziehungen", in Gernot Gutmann, Hrsg., *Außenwirtschaft der DDR und innerdeutsche Wirtschaftsbeziehungen：rechtliche und ökonomische Problem*, Berlin：Duncker und Humblot, 1986, S. 98.

⑤ Julij A. Kwizinskij, *Vor dem Sturm：Erinnerungen eines Diplomaten*, Berlin：Siedler, 1993, S. 255.

⑥ Arthur J. McAdams, *East Germany and Detente：Building Authority After the Wall*, Cambridge：Cambridge University Press, 1985, pp. 2–5.

D. Plock）还驳斥了西方学术界这样一类说法，即："联邦德国的经济援助使民主德国政府没有了进行经济改革的迫切需要，昂纳克政府也试图通过扩大两德间的各种交往来减小国内、外要求改革的压力，从而延缓了在民主德国进行必要的改革。"①

上述这些学者虽然对两德参与双边经贸活动的动机进行了一定的剖析，特别是指出了联邦德国发展两德经贸关系带有明显的政治意图。但他们却没有论及联邦德国一贯坚持和秉承的原则和立场，即"一个德国"②原则和坚定推进实现德国统一的立场。事实上，这也是历届联邦德国政府在德国统一政策上一脉相承的原则和立场。这种原则和立场不仅源自联邦德国《基本法》之相关规定，更可追溯至四大战胜国对德处置政策中的一些相关宣言、声明和协定。③另外，他们也没有对历届联邦德国政府针对民主德国采取的经济政策进行专门、系统、全面的考察，特别是对其在重大历史事件中的具体实践及其成效进行分析和评价。因而，既无法细致探究联邦德国历届政府在推行该政策过程中的继承性和变革性，也无法反映出国际环境对其施加的影响或者与之的互动。此外，维护和扩大德国内部贸易虽然是联邦德国对民主德国经济政策实践的一个重要手段，但它并不是唯一的方式和途径。例如，无息透支贷款、经济援助、经济制裁以及非商业性财政支付都是该政策的重要支柱。还有，在 20 世纪 80 年代初，由于德国内部贸易自身结构的局限性，以及民主德国日益增长的债务危机，德国内部贸易陷入停滞状态，此时，联邦德国又开始借助政府担保贷款来对民主德国施加政治影响。

还有一些研究成果对两德关系中单一、孤立的政治、经济事件进行了

---

①　Ernest D. Plock, *East German-West German relations and the fall of the GDR*, Boulder：Westview Press, 1993, p. 41.

②　联邦德国的"一个德国"概念不仅指历史上、地理上、文化上、血缘上的德国，也是指 1938 年以前的德意志帝国以及未来统一后的德国。

③　1945 年 6 月 5 日和 8 月 2 日，美、苏、英、法四大战胜国发布的《关于击败德国并在德国承担最高权力的宣言》《关于德国占领区的声明》《关于德国管制机构的声明》以及《波茨坦协定》。参见 Beate Ruhm von Oppen, *Documents on Germany under Occupation 1945 - 1954*, London：Oxford University Press, 1955, pp. 29-37；Ingo von Münch, Hrsg., *Dokumente des geteilten Deutschlands*, Bd. 1, Stuttgart：Alfred Kröner, 1976, S. 32-43.

考察。例如，卡尔-鲁道夫·科尔特（Karl-Rudolf Korte）对 1983—1984 年联邦德国科尔政府向民主德国提供十亿联邦德国马克担保贷款的过程进行了较为详细的考察。[1]迪特尔·格鲁瑟尔（Dieter Grosser）从经济学的角度审视了两德货币、经济和社会联盟的建立及其影响，认为该联盟的建立与经济学原理相冲突，是迫于形势的政治举措。[2]不过，令人意外的是，两德经济、政治上其他重要的历史事件却鲜有提及，更缺乏详细的考察。例如，两德经济关系中颇具戏剧性的事件之一——20 世纪 60 年代初，《柏林协定》的暂时性中止和恢复，尚未得到政治、经济上的全方位评估。目前，只有关于 1960—1961 年德国内部贸易发展状况的考察。[3]那么，在 1953 年民主德国 "6·17 事件"[4]、20 世纪 50 年代末 60 年代初的柏林危机爆发期间，联邦德国对民主德国采取了怎样的经济政策，又是如何制定和实施的？在当时发挥了怎样的作用？产生了怎样的影响？受到了哪些因素的制约？德国内部贸易与国际政治大气候之间的相互关系（依赖性）是否十分紧密？该政策在当时具有怎样的能动性？这些问题仍需要学者们进行细致考察和深入剖析。另外，还应将单个重大的经济、政治事件放入一个较长时段的历史进程中进行考察，从而揭示出联邦德国对民主德国经济政策的演变趋势。

二　国内学界的研究状况

虽然国内关于"二战"后德国问题的论著也为数不少，但受困于国内原始材料的严重稀缺以及语言上的障碍，就其广度和深度而言，与国外的相关研究相比尚存较大差距。迄今为止，涉及联邦德国对民主德国经济政

① Karl-Rudolf Korte, *Deutschlandpolitik in Helmut Kohls Kanzlerschaft：Regierungsstil und Entscheidungen 1982–1989*, Stuttgart：Deutsche Verlags-Anstalt DVA, 1998.

② Dieter Grosser, *Das Wagnis der Währungsunion, Wirtschaftsunion und Sozialunion*, Stuttgart：Deutsche Verlags-Anstalt DVA, 1998.

③ Detlef Nakath, *Zur Geschichte der deutsch-deutschen Wirtschaftsbeziehungen：Die besondere Bedeutung der Krisenjahre 1960/61 für die Entwicklung des innerdeutschen Handels*, Berlin：Gesellschaftswiss. Forum, 1993.

④ 又称为"东柏林事件"。

策的相关内容，多散见于"二战"后两德关系以及德国问题的研究中。其中，一些关于德国统一的专著也简略介绍了两德经济关系的发展概况。①下面就国内的相关研究做一概况性介绍和评价。

一是关于 20 世纪五六十年代两德关系的研究。

《战后德国的分裂与统一：1945—1990》一书是国内系统性研究"二战"后德国问题的开山之作。其中涉及一些两德经济关系方面的内容，具有很好的启迪和借鉴作用。丁建弘等认为，联邦德国对民主德国的经济关系在 20 世纪 50 年代采取了所谓"放血政策"：宣扬自己的"经济奇迹"，鼓励民主德国居民（包括高级知识分子）大量出走联邦德国，瘫痪民主德国的国民经济。"柏林墙"建立后，联邦德国对民主德国的经济政策有所变化，主要借助两德"特殊关系"，以经济势力的渗透进一步打开缺口，"融化"和瓦解民主德国，实现德国的"重新统一"。②郭梅花则指出，20世纪 50 年代以来的两德经贸往来，对联邦德国来说，有利于维系两德关系，减轻国家分裂的影响，增进两德民间的交流与了解，凸显两德人民生活水平的差距以影响民心，从而使民主德国产生和加强对苏联的离心倾向，为统一创造条件；而德国内部贸易所带来的单方面优惠措施，对民主德国而言有利于其经济的发展。③

二是关于"新东方政策"及《基础条约》对两德关系影响的研究。

①　晏小宝：《社会市场经济与德国统一》（第九章第三节《两德经济关系》），上海三联书店 1993 年版，第 126—130 页；丁建弘、陆世澄、刘淇宝编：《战后德国的分裂与统一：1945—1990》（第七章《欧共体与联邦德国的繁荣》、第九章《对峙中的两德关系》、第十二章《基础条约与统一潜流》），人民出版社 1996 年版，第 190—197、227—247、312—332页；萧汉森、黄正柏编：《德国的分裂、统一与国际关系》（第九章第三节《七八十年代联邦德国与苏东集团和民主德国的关系》），华中师范大学出版社 1998 年版，第 393—407 页；吴友法、邢来顺：《德国：从统一到分裂再到统一》（第五章第五节《从"柏林墙"到〈基础条约〉：两德关系的演变》），三秦出版社 2005 年版，第 326—336 页；吴友法、黄正柏、邓红英、岳伟、孙文沛：《德国通史（第六卷）——重新崛起时代（1945—2010）》（第二编第十章《两德的对外关系和两德关系的发展》），江苏人民出版社 2019 年版，第 287—354页。

②　丁建弘、陆世澄、刘淇宝编：《战后德国的分裂与统一：1945—1990》，人民出版社1996 年版，第 195—196 页。

③　郭梅花：《基础条约前后的两德交流与德国统一》，《青海师范大学学报》（哲学社会科学版）2006 年第 4 期，第 63—67 页。

国内关于"新东方政策"和《基础条约》的研究较多，其基本观点大体一致。张亚东认为，20世纪60年代末，联邦德国推行的"新东方政策"有效缓和了两德关系，促进了两德各方面的合作与交流，尤其体现在经济领域；两德在经济交往中不仅得到了经济互惠，而且联邦德国以经济为杠杆，向民主德国各个领域渗透，促其"和平演变"以实现德国统一的目标。[①]王哲认为，联邦德国"新东方政策"中的"以接近求转变"策略是在现实条件下实现德国重新统一的现实道路，并为德国的重新统一创造了条件；此外，联邦德国扩大同民主德国的经济交流，使民主德国得到了实惠，进而缓和了相互间的关系。[②]邓红英指出，对民主德国而言，1972年以来两德合作关系（主要是经贸关系和人员往来）促进了其经济发展，也危害了国家的长期稳定，但两德合作关系有利于维护欧洲和世界的和平，也为日后德国统一奠定了基础。[③]桂莉认为，《基础条约》开启了两德相互接近和接触的条约化时代，为德国统一事业奠定了基础，特别是两德经贸关系的急速发展使双方都获得了实际利益；民主德国获得了资金和先进科学技术，联邦德国则维系了德意志民族的认同感。[④]

吴友法指出，《基础条约》签订后，两德关系迅速得到缓和与改善，德国内部贸易额也迅速提高，双方经济关系不断加强，联邦德国成为民主德国的第二大贸易伙伴国，德国内部贸易约占民主德国同西方国家贸易总额的40%；同时，他还简要提到20世纪80年代德国内部贸易额和无息透支贷款额度的变化。[⑤]潘其昌认为，施密特政府对民主德国采取的政策是，在坚决不按国际法承认民主德国的大前提下，尽量利用经济杠杆调节两国关系；并且，他在列举联邦德国单方面向民主德国经济施惠的一些案例

---

① 张亚东：《联邦德国的新东方政策与德国的统一》，《湘潭师范学院学报》（社会科学版）1992年第2期，第68—72页。

② 王哲：《勃兰特"新东方政策"与德国的统一》，《河南师范大学学报》（哲学社会科学版）2002年第3期，第29—32页。

③ 邓红英：《略论1972—1989年的两德合作关系》，《武汉大学学报》（人文科学版）2009第4期，第411—415页。

④ 桂莉：《联邦德国的新东方政策》，《国际研究参考》2018年第2期，第47—52页。

⑤ 吴友法：《〈基础条约〉与两德统一》，《武汉大学学报》（哲学社会科学版）1995年第6期，第98—104页。

后，将其列为两德关系的一个特点，即联邦德国谋求政治利益，而民主德国谋取经济实惠。①萧汉森、黄正柏认为，20 世纪 70 年代，两德经济关系的快速发展影响深远。首先是经济上对双方都有利，联邦德国企业依赖民主德国市场，民主德国从两德经贸关系中以及由联邦德国公民赴民主德国访问中得到不少实惠；其次，对联邦德国尤为重要的是，这种日益扩大的交流有利于维系两德人民之间的亲情和民族认同感。②程卫东认为，《基础条约》签署后，两德间建立起更密切的联系，联邦德国的价值观逐步渗透到了民主德国，提升了民主德国民众对联邦德国的认同度，民主德国在经济和金融上也日益依赖于联邦德国，有利于积聚统一条件和统一力量。③严益州则辩证评价了《基础条约》的影响，他认为，《基础条约》有助于缓和两德关系，推动德国内部贸易快速增长，扩大人员交往的规模，增进民主德国人民对联邦德国的向心力，为日后两德统一创造了条件；但如果民主德国内部稳定，德国统一社会党仍然执政，那么该条约可能是民主德国继续推行分裂政策的正当性依据。④

三是关于 1989 年末至 1990 年两德关系的研究。

丁建弘等介绍了联邦德国科尔总理为了帮助民主德国的基民盟（其姊妹党）获得选举胜利，以经济援助为诱饵，影响了民主德国 1990 年 3 月 18 日大选的走向。⑤肖辉英谈到了科尔政府抓住民主德国身陷经济、政治困境的机遇，迅速展开统一攻势，并为实现德国统一的目标而在两德货币兑换率方面做出巨大让步，最终推动两德签订《两德经济统一条约》，为德国重新统一提供了法律依据，奠定了物质基础。⑥黄正柏也认为，从经济

①　潘其昌：《走出夹缝：联邦德国外交风云》，中国社会科学出版社 1990 年版，第 291—292 页。

②　萧汉森、黄正柏编：《德国的分裂、统一与国际关系》，华中师范大学出版社 1998 年版，第 396 页。

③　程卫东：《分裂现实的确认、解构与两德统一——从〈基础条约〉到〈统一条约〉的渐变与突变》，《欧洲研究》2019 年第 3 期，第 59—73 页。

④　严益州：《"促统"还是"纵独"：〈两德基础条约〉的缔结及其影响》，《德国研究》2016 年第 1 期，第 31—50 页。

⑤　丁建弘、陆世澄、刘淇宝编：《战后德国的分裂与统一：1945—1990》，人民出版社 1996 年版，第 369—370 页。

⑥　肖辉英：《两德统一的关键一步》，《世界历史》1995 年第 5 期，第 50—57 页。

统一着手并以经济为杠杆促进统一是科尔政府的重要策略。[①] 王帅指出，作为《十点纲领》的目标之一，科尔政府试图借助联邦德国的经济力量（经济援助）迫使民主德国进行政治、经济制度改革；事实上，科尔政府是想将民主德国政权彻底摧毁。[②]

四是关于"二战"后德国问题的研究。

朱明权考察和评价了联邦德国早期的"一个德国"政策；他认为，该政策客观上使"一个德国"的观念在德国内外得到广泛的接受与认同，它在心理上和法理上为日后德国重新统一做好某种程度的准备。[③]周琪回顾了联邦德国重新统一政策（"哈尔斯坦主义"、"新东方政策"）的形成及其在国际关系演变中的调整和影响，其中谈到"新东方政策"的目标之一是争取为两德民众之间的往来提供便利和扩大两德贸易关系，从而推动两德间相互接近，最终实现统一。[④]潘琪昌认为，20世纪70年代以来，联邦德国一直通过"以接近求转变"政策从外部对民主德国进行经济和政治上的渗透，促使后者和平演变；"柏林墙"开放后，联邦德国又通过提供经济援助和政治施压的双重手段，对民主德国政局施加影响。[⑤]段钰谈到两德在经贸关系中所追究的经济、政治利益，尤其是联邦德国试图通过加强与民主德国的联系来对其进行渗透，促其和平演变，实现统一的目标。[⑥]姚华认为，长期以来，尤其从20世纪70年代起两德经贸关系及人员交往的不断加强，为德国重新统一的最终实现创造了条件。[⑦]姜安认为，日益密切的贸易往来以及不断加深的经济合作将两德结合在一起，从而为德国统一奠定

① 黄正柏：《略谈联邦德国争取统一的努力》，《华中师范大学学报》（人文社会科学版）1998年第5期，第101—102页。

② 王帅：《两德统一进程中的"十点纲领"：源起、内涵及其意义》，《中南大学学报》（社会科学版）2018年第3期，第183—191页。

③ 朱明权：《联邦德国早期的"一个德国"政策》，《德国研究》2001年第1期，第12—16页。

④ 周琪：《联邦德国的重新统一政策》，《西欧研究》1990年第4期，第38—45页。

⑤ 潘琪昌：《论德国统一问题》，《西欧研究》1990年第4期，第31—37页。

⑥ 段钰：《试论联邦德国对外政策在德国统一中的作用》，《西欧研究》1991年第3期，第7—14页。

⑦ 姚华：《两德统一的原因》，《安徽师大学报》（哲学社会科学版）1996年第4期，第432—437页。

了必要的经济基础。①张才圣认为，20 世纪 70 年代以后，联邦德国凭借其强大的经济力量，开始向民主德国大力推行经济民族主义；德国内部贸易维护了统一的德意志民族市场，把两德经济牢牢地捆绑在一起，避免民主德国的经济完全倒向苏联和经互会。②牛长振、李芳芳在其文中认为，联邦德国通过德国内部贸易促进了民主德国人民对德意志民族的认同感，打击了民主德国的民族分离主义。③王英津探讨了联邦德国以经济互动促进政治互动的实力型统一，认为两德经济交往的不断扩大与加深有利于联邦德国所致力于达到的目标——维护民族同一性和民族情感；而这种以经济互动促进政治互动的成功，又基于联邦德国强大的经济实力。④胡琨认为，联邦德国科尔政府在德国统一进程加速时期，没有教条地纠缠于经济联盟本身该如何形成这一问题，而是将"一步到位式"和"阶段式"方案相结合，通过直接向民主德国提供联邦德国马克，并在两德马克兑换方面人为高估民主德国马克的币值，促成了两德的经济统一。⑤

从总体上看，国内的相关研究主要集中于联邦德国实行"新东方政策"之后，两德经贸关系进一步发展带来的政治影响力问题；与此同时，讨论了两德参与双边经贸活动时所持不同的经济、政治目的以及所获得的相应利益。但这些研究宏观史实叙述偏多，深入剖析偏少。由于这些研究偏重论述联邦德国对民主国德经济政策所追求的德国统一——这一"终极目标"，而忽视了其在不同时期所期望达到的"现实目标"，特别是 20 世纪 70 年代之前维护西柏林的经济、政治和通道安全的现实需求。此外，对《基础条约》签订后两德经贸关系发展的具体状况，相关研究也缺乏细致的考察，以致容易得出这样的结论：即两德经贸关系

---

① 姜安：《两德统一原因探析》，《外国问题研究》1991 年第 1 期，第 51—54 页。

② 张才圣：《从民族主义看"二战"后德国统一》，《长春工程学院学报》（社会科学版）2006 年第 2 期，第 4—7 页。

③ 牛长振、李芳芳：《德国统一对两岸关系和平发展的启示》，《国际展望》2011 年第 3 期，第 105—117 页。

④ 王英津：《两德复归统一模式之述评》，《山东社会科学》2004 年第 5 期，第 80—83 页。

⑤ 胡琨：《德国统一进程中两德经济统一模式研究》，《欧洲研究》2019 年第 3 期，第 74—87 页。

自 20 世纪 70 年代以来始终呈稳步发展、持续增长之态。然而，事实并非如此，在 20 世纪 80 年代初及后期，德国内部贸易出现了停滞乃至倒退的状态。另外，在探讨德国内部贸易快速发展所产生的影响时，相关研究也没有具体说明经贸互动如何带动人员往来。事实上，自 20 世纪 70 年代以来，相比德国内部贸易，联邦德国向民主德国提供的无息透支贷款、政府担保贷款以及非商业性财政支付，在推动和扩大两德人员交流方面发挥着更为重要的作用。

综上所述，纵观国内的相关研究，大多以概括性的描述和解释为主，缺乏原始材料（尤其是档案文献）的支撑。虽然它们大致勾勒了"二战"后两德关系（特别是经济关系）各个发展阶段的概貌，但没有对联邦德国历届政府对民主德国经济政策的理念、措施及其出台的时代背景进行细致剖析，也没有对两德在政治、经济领域中发生的重大事件进行深入考察，更没有将这些政治、经济事件与国际政治环境和两德关系加以综合研究。因而，它们既无法全面反映联邦德国对民主德国经济政策的全貌，无法揭示该政策在各个历史时期的不同内容、特征和影响，也无法凸显联邦德国历届政府在该政策上的继承性与变革性。另外，在引用有关德国内部贸易的统计数据时，相关研究普遍缺乏可靠的信息来源，且使用太过宽泛，无法真实呈现出德国内部贸易受内外部因素（尤其是国际政治大气候）影响而导致的波动性，因而不能准确评估德国内部贸易在不同历史时期所产生的政治影响力。还有，在评述这种政治影响力时，相关研究也没有讨论其在各个历史时期存在的局限性问题。

三　研究目标

通过对相关学术史和研究动态进行细致梳理，在允分借鉴国内、外学者相关研究成果的基础上，本书将按照历时性的动态观点，针对联邦德国在 1949—1969 年、1969—1989 年以及 1989—1990 年三个时期对民主德国的经济政策进行系统考察和深入分析。通过进行系统性研究，本书期望达到以下目标：

（1）结合"二战"后德国分裂的原因以及德国问题中经济因素政治化

的这一特征，来说明联邦德国对民主德国经济政策产生的历史背景及其指导原则。

（2）详细探究"二战"后联邦德国在实施对民主德国经济政策的过程中，在不同阶段所呈现出的特点、追求的目标及其使用的策略和手段。

（3）清晰揭示"二战"后联邦德国对民主德国经济政策演变的具体情况，并剖析促其政策转变的各种因素。

（4）系统阐释"二战"后联邦德国对民主德国的经济政策在德国重新统一进程中的作用和影响，并做出合理的评价。

第四节　本书的创新

一　研究视角

本书将采用历史文献法、实证研究法、对比分析法相结合的方式展开研究。本书将联邦德国对民主德国的经济政策视为其德国统一政策的一个重要组成部分，从一个新的角度对"二战"后德国重新统一的历史进程进行解读。本书认为，通过对1949—1990年联邦德国对民主德国的经济政策进行梳理、分析和论述，揭示该政策的历史演变过程，并对其在推动德国统一进程中的作用及影响给予客观、合理的评价，可以在一定程度上突破传统偏重于从政治外交角度①研究"二战"后德国问题的常规做法，进而有助于拓展"二战"后德国问题的研究范围，同时深化战后德国经济史的研究。

---

① 国内最新研究成果，参见周弘编《德国统一的外交》，社会科学文献出版社2021年版。国内代表性研究综述文章，参见王帅《两德统一的外交史：史料、论争与前景》，《世界历史》2016年第4期，第105—116页。国内代表性学位论文，参见王帅《两德统一的外交史研究（1989—1990年）》，博士学位论文，南京大学，2017年。

二　文献资料

德国统一至今已逾 30 年，随着有关德国统一（包括涉及民主德国）的原始档案不断公开，不仅为进一步深化"二战"后德国问题研究提供了新的机遇，也为相关研究摆脱冷战时期较为浓重的意识形态色彩创造了条件。在本书的撰写过程中，笔者曾多次作为公派访问学者赴德国科研机构和高等院校进行学术交流和查阅资料。[①]在此期间，笔者与德方教授及其学术团队就本书相关问题进行了多次深入交流，从中获取到许多颇有价值的信息，如最新的学术动态和研究成果以及馆藏档案等。与此同时，除利用出访单位图书馆的学术资源外，柏林—利希特费尔德联邦档案馆、德国国家图书馆丰富的馆藏资源也为笔者搜集、整理大量一手原始文献提供了极大的便利和有力的保障。

本书资料丰富翔实，在撰写过程中参考了中外文资料 300 余种，其中包括大量的原始文献材料，比如，柏林—利希特费尔德联邦档案馆的民主德国党和群众组织基金会档案、联邦档案馆编纂的《联邦德国政府内阁会议纪要》、联邦德国新闻出版局编纂的《联邦德国政府声明》以及《联邦德国政府公告》、科布伦茨联邦档案馆编纂的《德国统一政策文件汇编》、联邦德国德国内部关系部编纂的《德国统一政策文献汇编》、联邦德国议院公共关系部编纂的《联邦德国议会编年史：文件汇编》、联邦档案馆与慕尼黑—柏林当代历史研究所编纂的《联邦德国前史文件汇编》、联邦德国外交部编纂的《联邦德国对外政策文件汇编》、联邦德国统计局编纂的《联邦德国统计年鉴》（1952—1990）、德意志联邦银行编纂的《前民主德国 1975—1989 年国际收支状况》、西格勒出版社编纂的《当代文献：德国

---

① 2007 年 7—11 月、2009 年 10 月至 2011 年 9 月、2017 年 5—10 月、2019 年 7—9 月，笔者有幸四次获得公派访学项目资助，先后赴德国弗里德里希-亚历山大-埃尔朗根-纽伦堡大学（Friedrich-Alexander-Universität Erlangen-Nürnberg）政治学系、阿尔伯特-路德维希-弗赖堡大学（Albert-Ludwigs-Universität Freiburg）历史系、波茨坦当代史研究中心（Zentrum für Zeithistorische Forschung Potsdam）、波茨坦大学（Universität Potsdam）历史系进行学术交流访问活动。

1949—1999》、新近出版的一些两德重要领导人的回忆录、两德国内一些重要的报纸杂志（如《明镜周刊》《时代周刊》《世界报》《法兰克福汇报》《每日镜报》《南德意志报》《新德意志报》《商报》《经济报》）等①，其中一些为国内学界首次使用。在上述各种官方解密档案、政府文件汇编及经贸、金融统计数据的有力支撑下，之前因国内相关材料稀缺而造成的研究瓶颈会得到有效突破。

三　观点结论

本书认为，在"二战"后德国分裂时期，联邦德国除强调通过政治外交途径解决德国问题外，还注重以经济手段克服德意志国家和民族的分裂。作为一项务实的德国统一政策，联邦德国对民主德国的经济政策本质上是一种"缓和"政策和"磁力"政策，尽管在20世纪50年代至60年代初冷战激烈对峙时期，它也曾被打上了冷战的烙印。

在实践过程中，该政策始终遵循和贯彻"一个德国"原则，着眼于德国的和平统一，并历经了两次重大调整——从"既合作又限制"到"以合作促缓和"再到"以经援促统一"。与此同时，该政策受到了东西方关系发展变化、联邦德国主要执政党的德国统一政策理念、联邦德国强大的经济实力、西柏林的经济、政治和通道安全问题、民主德国对联邦德国经济的依赖性等方面的影响或制约。值得注意的是，该政策在实现德国和平统一的过程中发挥了独特的"纽带"作用和"杠杆"作用，但也存在着明显的历史局限性。

---

①　详见文末"参考文献"之文献类部分。

第一章　德国分裂与德国内部区域贸易的政治化（1945—1949）

"二战"后，战败德国虽然被分区占领，但苏、美、英、法四大战胜国通过《占领初期对德管理、处置的经济原则》表达了"维持德国经济统一"的态度。在此背景下，德国内部区域贸易逐渐发展起来。由于四大国对德占领政策不同以及美苏冷战爆发，"维持德国经济统一"的构想遭到破坏。受此影响，德国内部区域贸易无法在各个占领区之间充分发挥经济纽带的作用，相反成为大国角力的角斗场。1948—1949 年柏林危机爆发期间，德国内部区域贸易彻底蜕变为英、美、法三国反制苏联的武器，德国也迅速从经济分裂走向政治分裂。尽管如此，维护德国统一的原则以及区域间贸易的实践模式，在日后联邦德国制定和贯彻对民主德国的经济政策时得到了继承和发展。

第一节　维持德国统一的原则与德国内部区域贸易的诞生

1939 年，纳粹狂人希特勒建立的德意志第三帝国悍然对外发动侵略战争，企图构建一个由其领导的世界性帝国。然而，在国际反法西斯同盟历经数年艰苦卓绝的共同打击下，纳粹迷梦彻底破灭了。"二战"结束后，德国作为主要战败国也因此付出了惨痛的代价。一向以彪悍闻名的德意志民族不得不再次面对"人为刀俎，我为鱼肉"的窘境，并且与"一战"后的境遇相比，"二战"后的德国显然没有上次那么"走运"。虽然在"一战"中战败的德国历经了割地赔款、削减军备、领土被占以及主权受损带来的剧烈阵痛，但毕竟德国作为一个经济、政治、文化的统一体还存活着。而"二战"对德意志民族而言，它带来的最大恶果就是原本统一的德意志民族国家面临着被肢解的命运。

1945 年 7 月 17 日至 8 月 2 日，历时半个月的波茨坦会议终于落下了帷幕。在此期间，"二战"三巨头——哈里·S. 杜鲁门（Harry S. Truman）、温斯顿·L. S. 丘吉尔（Winston L. S. Churchill）和约瑟夫·V. 斯大林（Joseph V. Stalin）经过一番激烈的斗争与妥协之后，最终共同签署了《柏林（波茨坦）会议议定书》（简称《波斯坦协定》）（Agreements of the Berlin（Potsdam）Conference），发表了《柏林（波茨坦）会议公报》（Protocol of the Proceedings of the Berlin（Potsdam）Conference），试图在处置战败国以及对战后世界重新安排上继续加强联系并扩大协作范围。在这其中，《占领初期对德管理、处置的政治、经济原则》（The Political and Economic Principles to Govern the Treatment of Germany in the Initial Control Period)[1]就是此次会议讨论的一个核心问题，同时也是《波茨坦协定》的重要组成部分。

战后初期，苏、美、英、法四大战胜国在德国实行了分区占领制，各占领区的政治、经济事务由该占领区军政府全权负责。然而，这并不意味着战胜国对战败德国的并吞，也不意味着四个占领区的军政府可以各行其是，将各自的占领区变成一个自我封闭的独立王国。由于四大国战时合作关系与战后处置德国问题的复杂性等因素的共同作用，《占领初期对德管理、处置的政治、经济原则》[2] 除了规定对战败德国经济、政治、文化、军事等方面的处置方案之外，还表达了战胜国愿意进一步加强在这些问题上相互合作与协调的态度。尤其是为了能够更好地贯彻

---

[1]　„Potsdamer Abkommen vom 2. August 1945（Auszug）", in Ingo von Münch, Hrsg., *Dokumente des geteilten Deutschland*, Bd. 1, Stuttgart: Alfred Kröner, 1976, S. 35.

[2]　以下《占领初期对德管理、处置的政治、经济原则》分别相应地简称为《政治原则》《经济原则》。

业已制定的各项政策和法规，战败德国将被视为一个"统一体"来对待。例如，《政治原则》第 1 条就明确表示："根据《关于德国管制机构的声明》，四大国在各自占领区指派的驻军总司令享有对其占领区的最高管理权。与此同时，他们也将成为盟国管制委员会的成员，共同来对全德性事务做出决策。"① 而《经济原则》第 14 条表达得更加明确与细致："在被占领期间，德国将被视为一个统一的经济体。为了实现这一目标，在制定共同的政策时必须要考虑涉及以下内容：a）工业、矿业的生产与分配；……；d）按照将德国视为一个整体的原则来制定进出口计划；……；g）通讯与运输。另外，第 15 条还规定："根据必要性程度来对德国的经济实行联合控制：……；c）确保按照盟国管制委员制定的模式，在各个占领区之间公平分配生活必需品，以促使在整个德国的范围内形成一个均衡的经济，并且减少对进口的需求；……"②可见，共同政策几乎涵盖了工农业、矿业、交通、通讯等国内外贸易的所有方面，以便德国继续作为一个统一的经济体存在。

四大国之所以对进一步加强各个占领区之间经济联系的必要性持肯定态度，从很大程度上讲，是迫于战后初期德国所面临的严峻的经济状况。在经历了这场人类历史上规模最大、损失最惨重的战争之后，德国境内到处是断壁残垣，亟待重建。德意志民族为其侵略行为付出了极为惨痛的代价：约 700 万德国人直接或间接地被战争夺去了宝贵的生命，其中大多数是青壮年劳动力，这相当于损失了战前总人口的 10%；特别是，那些坐落在重工业城市中的住宅区饱受战火的摧残。在德国西部著名的莱茵—鲁尔（Rhine-Ruhr）工业区一半以上的房屋被毁，而在德国东部工业重镇——德累斯顿，房屋被完全或部分毁坏的比例甚至高达 75%。表 1.1 汇总了"二战"中德国境内住宅具体的受损情况：

---

① „Potsdamer Abkommen vom 2. August 1945（Auszug）", in Ingo von Münch, Hrsg., *Dokumente des geteilten Deutschland*, Bd. 1, Stuttgart：Alfred Kröner, 1976, S. 35.

② „Potsdamer Abkommen vom 2. August 1945（Auszug）", in Ingo von Münch, Hrsg., *Dokumente des geteilten Deutschland*, Bd. 1, Stuttgart：Alfred Kröner, 1976, S. 37–38.

第一章　德国分裂与德国内部区域贸易的政治化（1945—1949）

表1.1	被破坏和损坏的住宅数量①	（单位：套）
住宅	西占区	苏占区
总数	1080万	470万
完全破坏/损坏	220万	43.3万
严重破坏/损坏	—	20.7万
部分破坏/损坏	24%	14%

　　此外，曾经让德国人引以为豪的发达的交通网络也成为盟军重点战略轰炸的牺牲品，战后仅有10%的交通线路勉强能够继续使用；例如，英占区在战前拥有1.3万公里的铁路线，而在战后只有其中的1000公里能够通车。在整个德国范围内，共有2395座铁路桥梁被破坏。②由于受到大量沉船和坍塌桥梁的影响，航运船只无法在内河水道通行。劳动力和原材料的大量匮乏以及交通运输的瘫痪导致工业生产基本陷入停产状态，尤其是钢铁、机械、化工等重工业厂房饱受盟军战略轰炸的摧残，致使战后工业生产能力只相当于1936年的17%左右。③以往范围广泛、规模庞大的商品交换和流通也几乎处于停滞状态。

　　战争造成的严重破坏早已把德国经济弄得支离破碎，然而，战败德国还需承受工业生产的限制、占领军高昂的占领费以及数额庞大的战争赔偿，更使这种状况雪上加霜。尽管西方盟国已经放弃了惩罚太过严苛的

　　① Lothar Baar und Rainer Karlsch und Werner Matschke, „ Kriegsfolgen und Kriegslasten Deutschlands: Zerstörungen, Demontagen und Reparationen", *Studien zur Wirtschaftsgeschichte*, Bd. 1, Berlin: Humboldt-Universität zu Berlin, Wirtschaftswissenschaftliche Fakultät, 1993, S. 32.

　　② Michael Balfour, *Viermächtekontrolle in Deutschland 1945–1946*, Düsseldorf: Droste, 1959, S. 24.

　　③ Michael von Prollius, *Deutsche Wirtschaftsgeschichte nach 1945*, Göttingen: Vandenhoeck und Ruprecht, 2006, S. 21.

"摩根索计划"（Morgenthau-Plan）①，但是，战败德国还要服从战胜国严厉的 "4D 计划"②，特别是其中 "非工业化" 的严格限制，它要求德国的平均生活标准不能超过欧洲的平均生活标准。③根据波茨坦会议决议，第一个工业计划原来打算把德国的工业生产力限制在 1938 年水平的 50%—55%，或者接近于 1936 年水平的 65%。1947 年 8 月 29 日，英美驻德军政府公布了第二个工业计划，原则上允许德国的工业生产力达到 1936 年的水平，但要加以某些限制。当时德国的工业生产力只有 1936 年水平的 60%。④战后德国经济的恢复与发展因此受到了极大的限制。与此同时，各个占领区还要为占领军支付大笔的经费开销。仅 1946—1947 财政年度，西部三个占领区（不含柏林地区）以货币或实物的方式支付给其占领国的各项经费开销约 50 亿帝国马克（Reichsmark），苏占区支付了约 64 亿帝国马克。⑤

战胜国获取战争赔款的一个主要方式是拆卸工业设备。它们将在战火中遗存下来的德国工厂、设备、设施直接拆卸运回本国。盟军占领期间，数以千计的德国工厂设施遭到占领国粗暴地拆卸，极大地削弱了战后德国经济的自我恢复能力。另外，由于拆卸设备转换率不高，很多价值不菲的

---

① 1944 年 9 月，一向仇视纳粹德国的美国财政部长小亨利·摩根索（Henry Morgenthau, Jr.）向美国总统富兰克林·D. 罗斯福（Franklin D. Roosevelt）提交了一份题为 "对战后德国的计划"（Suggested Post-Surrender Program for Germany）的备忘录，后人称其为 "摩根索计划"。这一以严厉著称的计划意在使德国彻底非工业化和重新农业化。它要求摧毁或拆除德国所有可能用于战争的工厂和设备——一切重工业，例如钢铁厂、汽车制造厂、机床厂等。德国只被允许生产消费品，如家具、迈森瓷器、德国啤酒等。它甚至计划关闭德国的经济命脉所在——鲁尔区的大型煤矿。总之，它就是要将德国变为一个虚弱不堪的、无法再兴风作浪的农业国。参见 Kurt Zentner, *Aufstieg aus dem Nichts. Deutschland von 1945 bis 1953*, Bd. 2, Köln/Berlin: Kiepenheuer und Witsch, 1954, S. 104.

② "4D" 是指 4 个英文单词的第一个字母均为 D，这 4 个英文单词分别为：非军事化（Demilitarisation）、非纳粹化（Denazification）、非工业化（Deindustrilization）和民主化（Democration）。

③ United States. Department of State, *U. S. Department of State Publication 2630 European Series 15: United States Economic Policy toward Germany*, Washington D. C.: U. S. Government Printing Office, 1946, p. 7, 64.

④ [联邦德国] 路德维希·艾哈德：《来自竞争的繁荣》，祝世康、穆家骥译，商务印书馆 1983 年版，第 19—20 页。

⑤ Eduard Wolf, „Aufwendungen für die Besatzungsmächte, öffentliche Haushalte und Sozialprodukt in den einzelnen Zonen", in Deutsches Institut für Wirtschaftsforschung, Hrsg., *Wirtschaftsprobleme der Besatzungszonen*, Berlin: Duncker und Humblot, 1948, S. 120.

设备在到达新目的地后往往就变为一堆废铁。关于拆卸工业设备对战败德国造成的巨大消极影响，美国前总统赫伯特·C. 胡佛（Herbert C. Hoover）1947年在向现任总统杜鲁门作私人报告时，做了如下描述：在这个世界上，我们还从未见过像这般肆无忌惮地拆卸他国工厂车间及其设备的行为。他们以索取赔偿作为借口进行拆卸，当其扩大拆卸行为的时候，根本就没有考虑其行为会与德国经济有着本质上的联系或会危害到世界的和平。所有的占领国都应对其上述行为承担责任。①

战争的巨大破坏和战后盟国的严厉制裁致使战后初期德国经济凋敝，德国人民的日常生活十分困苦，再加上战后约1000万从原德意志帝国东部地区涌入的被驱赶者以及难民，更使得德国人民的现实生活处境越发恶化。由于粮食和生活必需品的严重匮乏，各个占领区的居民每天都在饥寒交迫中煎熬。战败德国的国民经济事实上已经到了崩溃的边缘。联邦德国首任总理康拉德·阿登纳（Konrad Adenauer）在当时也认为："我们的经济状况日益衰落，看来几乎不可能摆脱这种悲催的局面，看来我们注定要像英国《每日邮报》（Daily Mail）曾经说过的那样'无疾而终'，那样慢慢地、不可避免地饿死。"②

生活物资的极度短缺以及生产能力的严重受限，同时导致了物价飞速上涨，通货恶性膨胀③，任何可以合法交易的商品都只能通过配给券和官方固定价格获得。因此，人们在市场上不得不采用物物交换的方式直接进行交易。此外，美国香烟成为黑市上的特殊交易媒介，扮演了货币的角色，也被称为"香烟货币"（Zigarettenwährung）。美占区军事长官卢修斯·D. 克莱（Lucius D. Clay）也承认，在西方占领区"没有一个人对流通中的货币有信心，工厂主和商人也都宁愿贮存商品而不要现金，把这作为对付通货膨胀以及可能的币制改革的保护手段。物物交换威胁着正常的商品交

---

① Louis P. Lochner, *Tycoons and Tyrants*: *German Industry from Hitler to Adenauer*, Chicago: Henry Regnery, 1954, p. 293.

② ［联邦德国］康拉德·阿登纳：《阿登纳回忆录：1953—1955》（一），上海外国语学院德法语系德语组部分同志译，上海人民出版社1976年版，第74页。

③ 事实上，通货膨胀问题在德意志第三帝国后期就已显现，纳粹独裁政权为解决军费大肆发行纸币，致使纸币的流通量暴增，战后通货膨胀的恶性发展使得帝国马克变得几乎一文不值。

换，在黑市流通的商品大概不亚于合法市场。"①

战后初期，占领区内部棘手的经济问题本已使四个占领区军政府焦头烂额。不仅如此，这种经济窘境使得驻地盟军的日常管理及基本生活也成为令其头痛不已的问题，而且还给占领国带来沉重的经济负担。② 1946 年 7 月，美国国务卿詹姆斯·F. 伯恩斯（James F. Byrnes）就曾对德国经济现状公开表示忧虑：目前，德国内部任何一个占领区都无法被视为一个自给自足的经济单位。将任何两个占领区当作一个经济单位，将会改善这两个占领区的经济状况，……我们不能继续将德国分割为四个封闭的区域进行管理，阻止这四个区域之间进行商品、通讯，乃至思想的交流。如果这种状况继续持续下去的话，将会出现通货膨胀和经济崩溃。这会增加占领国的占领成本以及德国人民不必要的痛苦。③由此可见，将德国作为一个整体来对待，不仅是一个政治原则，而且在客观上已成为一种迫切的经济需要了。通过表 1.2 可以简单地了解当时各个占领区的经济状况：

表 1.2	四个占领区的经济特征④（占全德总量的比重）			（单位：%）
	苏占区	英占区	法占区	美占区
人口	30	33	10	27
农业	30	30	12	28

---

① Lucius D. Clay, *Decision in Germany*, Garden City：Doubleday, 1950, p. 200.

② 1947 年初，英国政府对英占区每年必须花费 8000 多万英镑，越来越感到忧虑。1946 年 10 月 16 日，英国财政大臣休·多尔顿（Hugh Dalton）曾在伦敦市长官邸发表演说，以戏谑的口吻将这种支出称之为英国向德国支付的赔偿，而且还有增加的危险。他讲到，这是英国纳税人完全有理由感到愤慨的一个负担。此外，我们原定用于有限的必需进口计划的外汇，包括大量美元，在支付本国的进口之前却被用来优先偿付德国的进口。这是我国人民得不到更多食物的一个原因。因为我们不得不把我国很少的资源用来喂养德国人，而我们从德国实际上没有得到什么酬劳。参见〔英〕迈克尔·鲍尔弗、〔英〕约翰·梅尔《四国对德国和奥地利的管制 1945—1946 年》，安徽大学外语系译，上海译文出版社 1995 年版，第 222—223 页。

③ United States. Department of State, *U. S. Department of State Publication 2630 European Series 15：United States Economic Policy toward Germany*, Washington D. C.：U. S. Government Printing Office, 1946, pp. 148-149.

④ United States. Department of State, *U. S. Department of State Publication 2630 European Series 15：United States Economic Policy toward Germany*, Washington D. C.：U. S. Government Printing Office, 1946, p. 33.

续表

	苏占区	英占区	法占区	美占区
林业	29	19	14	38
煤炭	4.6	90	4.6	0.8
钢铁产能	6	80	11	3
钾碱产能	58	26	4	12

从上述表 1.2 中数据我们还可以清晰地看到：四个占领区各自掌控的资源、物产以及工业产能存在着严重的不平衡性。实际上，它客观地反映出德国传统内部区域之间的天然分工以及相互协作的状况。例如，苏占区经济中农业比重相对较高，现代工业最重要的原材料的储藏量都不够丰富。在矿产资源方面，苏占区只有一些有色金属，除了有限地用于工业的褐煤外几乎没有硬煤。①与之相对，由于英占区拥有德国传统的重工业区——鲁尔工业区，且该地区的煤炭（主要是硬煤）资源十分丰富，其工业化程度要远超其他三个占领区。

因此，相比较之下，苏占区的工业比西方占领区的工业更加依赖于跨区域贸易。苏占区生产和消费的工业品有 2/3 是从德国内部或国际市场上输入和输出的。由于战后德国被分区占领以及战后赔偿问题未获解决，致使德国经济失去了整体性，受害尤深的是苏占区的工业经济。西方占领区的居民不再能得到德国内部的农产品供应，为求生存必须依靠外来援助。②由此，历史上形成的德国东部和南部的农产品同鲁尔地区以及其他地区的工业品之间的交易中断了。

对于四大战胜国而言，当务之急是尽可能地降低占领成本，并尽快改善战后德国经济的窘境。那么，一种有效且廉价的对策便是，相互间签订一系列贸易条约或贸易协定来加强各个占领区之间的经贸合作。然而，

---

① 为了满足经济发展的需要，苏占区以及日后的民主德国在硬煤、铁矿石等工业资源上不得不依赖进口。除西占区及日后的联邦德国外，波兰和苏联分别是其重要的煤炭（硬煤）和铁矿石的输出国。参见［民主德国］莱比锡大学地理研究组编《德意志民主共和国在重建中》，朱立人译，人民出版社 1953 年版，第 35—40、47 页。

② ［联邦德国］卡尔·迪特利希·埃尔德曼：《德意志史》（第四卷下册），华明等译，商务印书馆 1986 年版，第 216 页。

《占领初期对德管理、处置的经济原则》虽然提出了必须进一步"维持德国经济统一"的原则，同时表达了盟国间相互协作的愿望，但是，它也存在着一个先天的不足，那就是没有具体说明应该如何贯彻实施这一原则，以及为德国的经济统一创造一个制度框架。战后初期，四大战胜国一直在试图寻找共同可行的对德经济政策，并为建立占领区之间的贸易合作进行了一些初步实践。

1946 年 4 月 25 日至 5 月 26 日，巴黎四大国外长会议的召开原本就是共同商讨制定对德经济政策的一次初步尝试。然而，会上以美苏两国为首就在德国建立何种经济模式的问题上出现了公开分歧。美国坚持主张，德国内部各个区域应当全部实行市场经济模式，让商品和服务能够在各个占领区之间自由流动、运转，并以此作为开展各个占领区之间经贸活动的前提和基础。而苏联则极力主张以计划经济模式为主导，在各个占领区建立一个受严格监控的贸易体系。英国大体上支持美国的建议，而法国则比较倾向于苏联的主张。双方在会议期间各持己见、互不退让。就这样，与会各方经过一个多月的协商与争论，最终也没有达成一致的意见。

这次外长会议虽然在制定共同的对德经济政策方面没有达成任何实质性的成果，但自 1946 年起，在州和占领区的层面上，大抵还是依照苏联的那套理念在各个占领区之间开展了一些规模较小的经贸合作，由此在德国内部建立起较为稳定的经济联系。苏占区也陆续同三个西方占领区签署了一系列占领区之间的贸易协定①，但时限通常仅有 6—8 个月。② 1946 年初，苏占区管辖的萨克森州与美占区率先打开局面，签订了一个用甜菜换取蔬菜种子的协定，贸易量为 942 吨。随后，双方又向占领区层面的商品交换迈出更大的一步。3 月 31 日，苏占区和美占区缔结了首个易货协定，协议规定用种子换取棉花。5 月 15 日，双方又签订了一个《框架协定》（Rahmenvertrag）。该贸易协定为期一个季度，商定的贸易额达到了 1900 万帝国马克。6 月 14 日，双方再次达成新的贸易协定，又将贸易额提高至

---

① 1946—1990 年德国内部区域贸易/德国内部贸易重要协定可参阅附录 15。

② Siegfried Kupper, *Der innerdeutsche Handel: rechtliche Grundlagen, politische und wirtschaftliche Bedeutung*, Köln: Markus-Verlag, 1972, S. 15.

5000 万帝国马克。10 月 1 日和 11 月 1 日，美占区国民议会代表与苏占区贸易和供应中央管理局代表共同签订的《州议会贸易协定 1》（Länderratsgeschäfte Nr. 1）和《州议会贸易协定 2》（Länderratsgeschäfte Nr. 2）将双方的贸易额又推向了一个新高度——6800 万帝国马克，而且所涉及的商品种类也有所扩大。苏占区供应的重要商品包括土豆（65000 吨）、谷物（4000 吨）、糖（17000 吨）、褐煤砖（20000 吨），而从美占区输入的主要商品为活牲畜。[1]

　　这一时期，其他占领区之间也相继签订了一系列双边贸易协定。1946 年 9 月和 1947 年 3 月，法占区与苏占区先后签订了《苏占区—法占区贸易协定 1》（Sofra—Geschäft Ⅰ）以及《苏占区—法占区贸易协定 2》（Sofra—Geschäft Ⅱ），贸易总额为 1000 万帝国马克。[2]几乎在《苏占区—法占区贸易协定 1》签订的同一时期，英占区又与苏占区签订了《不列颠贸易协定》（Briten—Geschäft）。根据该协定，英占区将向苏占区供应 10 万吨钢材，作为回报，苏占区向英占区输出 5 万吨谷物、3 万吨土豆以及 20 万吨木材。事实上，英国是最先转向占领区间贸易的西方占领国之一，特别是由于英占区（鲁尔区的重工业原料和制品）和苏占区（褐煤、木材）之间的货物交换存在很大的相互依赖性。早在 1946 年 1 月，英占区就与苏占区签订了一份为期 8 个月的贸易协定——《戴森贸易协定》（Dyson—Geschäft），按照该协定规定，英占区提供 4.132 万吨钢材换取苏占区的 18.8 万吨褐煤和 5 万立方米的木材。

　　然而，美英两国并不满足于仅仅达成占领区之间的贸易协定，而是致力于加紧将其先前提出的对德经济政策的构想变为现实。1946 年 6 月，为了能够有效管理占领区之间的外汇运作以及货物流通，英占区军政府和美

---

　　[1]　Horst Lambrecht, *Die Entwicklung des Interzonenhandels von seinen Anfängen bis zur Gegenwart*, Berlin: Duncker und Humblot, 1965, S. 9-10.

　　[2]　Josef Orlopp, *Eine Nation handelt über Zonengrenzen: Streifzug durch die Geschichte des innerdeutschen Handels*, Berlin: Verlag die Wirtschaft, 1957, S. 107.

占区军政府公布了《军政府法规第 53 号法令》（Militärregierungsgesetz Nr. 53)①，以此来规范《波茨坦协定》中有关德国经济生活的维持和共同管理等相关事宜。

由于战后德国的经济事务事实上是以占领区为单位处理的，而各个占领区又受到其占领国的直接管理，这导致占领区之间的贸易更像是独立国家之间进行的贸易。这在许多方面给本已背负沉重责任的占领国增添了额外负担。作为占领费用的主要承担国以及在占领区实行自由贸易的主要倡导国，美国对这种现状尤为不满。因此，美国极力邀请其他占领国将其占领区在经济上与美占区联合起来。不过，出于不同利益的考虑，这一建议只得到了英国方面的响应。

1946 年 12 月 2 日，美国和英国共同签订了《德国美占区和英占区经济合并协定》（Agreement Between the United States and the United Kingdom on Economic Fusion of Their Respective Zones of Occupation in Germany），该协定于 1947 年 1 月 1 日正式生效。英美双占区（Bizone）随之正式成立。1947 年 1 月 18 日，英美双占区同苏占区达成了一个全面的经济协定——《明登协定》（Mindener Abkommen）。根据该协定，1947 年第一个季度的贸易额为 2900 万帝国马克，该年剩下三个季度的贸易总额为 1.77 亿帝国马克。其中，苏占区输入的主要商品仍然是钢铁，价值 6800 万帝国马克，占英美双占区总供应额的 2/3。紧随其后的是活牲畜和车辆轮胎。4 月 26 日，双方又签署了《橡胶协定》（Kautschukverinbarung），以此作为《明登协定》的补充，涉及交易的货物价值约为 1400 万帝国马克。苏占区输出

---

① 1949 年 9 月，法占区军政府也同意加入此项法令。9 月 19 日，西方三国驻德军政府对该法令进行了修订和补充，西占区也因此有了一个共同的法令规范。该法令的核心原则是"带有审批保留权的贸易禁令原则"，即占领区之间的贸易只有在获得相应的贸易许可证之后方能进行。其他的条款规定了范围广泛的盟军控制权和对违规处罚的详细清单。在德国处于占领状态期间，盟国高级委员会拥有对商品交换的最终审批权。西方盟国声称，颁布该法令的主要目的是为了有效防范和应对苏占区实行操控贸易的政策。该法令及其修订版的具体内容参见 „Die Gesetze Nr. 53 der amerikanischen Militärregierung", in Legal Division, Office of Military Government for Germany, *Gesetzliche Vorschriften der amerikanischen Militärregierung in Deutschland*, München: Off., 1. Juni 1946, S. 36–39; „Gesetz Nr. 53 (Neufassung). Devisenbewirtschaftung und Kontrolle des Güterverkehrs vom 19. September 1949", *Bayerisches Gesetz- u. Verordnungsblatt*, Nr. 25/1949, München, 1949, S. 263–266.

的商品为丁纳橡胶和人造丝，而英美双占区供应的商品为车辆轮胎。

如果说《明登协定》及其补充协定的签订标志着战后初期占领区之间的经贸活动进入一段小高潮的话，那么，苏占区与英美双占区 1947 年 11 月 27 日签订的《易货协定》（Warenabkommen）① 便是这段贸易高潮的波峰。该协定明确要求，协定双方中任何一方须至少提供价值 1.57 亿帝国马克的商品。而商品结构同先前协定规定的大抵相同。苏占区输入的主要商品为钢铁制品和机械产品，占其总输入额的 49%，接下来是纺织品（27%）和化工产品（9%）。而苏占区的供货种类及其占比为农产品（38%）、纺织品（27%）、木材（18%）、化工产品（11%）、机械产品（9%）。②

自 1946 年初德国内部区域贸易肇始以来，无论在横向还是纵向上都得到了一定的发展，具体表现为：商品交易额不断攀升、参与区域不断拓展、贸易种类日益扩大。这种日渐“繁荣”的表象仿佛在向人们证明德国内部占领区之间的经济联系正在得到加强，并且朝着有利于《占领初期对德管理、处置的经济原则》中关于“维持德国经济统一”的目标不断迈进。

然而，客观上讲，战后初期德国内部区域贸易在缓解各个占领区的经济窘境，以及加强各个占领区之间经济联系方面所起的作用还十分有限。例如：到 1946 年底，苏占区与英美双占区的月贸易额不到 4500 万帝国马克，而在战前这一数字是 3 亿—4 亿帝国马克，仅达到战前贸易额的 1/8 左右。③ 此外，由于缺乏有效的监督管理，战后初期在各个占领区之间出现了大量的所谓旅行者的“背包运输”和非法贸易。④ 除了面临非法贸易

---

①　又称为《柏林协定》（Berliner Abkommen）。参见 Siegfried Kupper, *Der innerdeutsche Handel: rechtliche Grundlagen, politische und wirtschaftliche Bedeutung*, Köln: Markus-Verlag, 1972, S. 15.

②　Horst Lambrecht, *Die Entwicklung des Interzonenhandels von seinen Anfängen bis zur Gegenwart*, Berlin: Duncker und Humblot, 1965, S. 11.

③　Werner Abelshauser, *Deutsche Wirtschaftsgeschichte seit 1945*, München: C. H. Beck, 2004, S. 85.

④　Heinz Dahlmann, *Die Entwicklung des deutschen Interzonenhandels nach dem zweiten Weltkrieg*, Köln: Universität Köln, Dissertation, 1954, S. 115-121.

造成的强力冲击之外，在战胜国正式调整对德经济政策之前，稚嫩的德国内部区域贸易还得同时面对"赔偿计划"和"非工业化"限制措施带来的挑战。所以，其自身的发展限度以及所起的积极作用必然会大打折扣。尽管如此，随着各个占领区之间经贸活动的不断拓展，德国内部区域贸易1948年的发展前景依然被人们所看好。然而，一场积蓄已久的政治危机打破了所有美好的憧憬和幻想。这就是1948年6月至1949年5月的第一次柏林危机。

第二节　"柏林封锁"与德国内部区域贸易的政治化

1946年1月至1948年6月，德国内部区域贸易在两年半的初步实践中虽然取得了一定的进展，但参与各方在制定共同的对德经济政策这一问题上的分歧与矛盾始终没有得到根本性解决，相反随着德国内部区域贸易的进一步发展而日益激化、凸显。特别是，随着以美国为首的西方盟国与苏联固有的国家利益、意识形态以及对外政策的鸿沟不断加深，势必会影响到其对德共同政策的制定，并给早已蕴含重重矛盾的德国内部区域贸易投下更深的阴影。德国内部区域贸易也因此注定难逃成为四大国利益角斗场的命运。随着东、西占领区之间矛盾的不断升级，相互对抗也就在所难免了。

就在"二战"刚刚结束后不久，四大国因战时需要结成的同盟关系便开始出现严重裂痕，逐步形成了美、英、法三国共同对抗苏联的态势。1946年3月5日，前英国首相丘吉尔的"铁幕演说"（Iron Curtain Speech）最先发出冷战的信号弹，随后"杜鲁门主义"（Truman-Doktrin）和"马歇尔计划"（The Marshall Plan）的公开出台则标志着美苏全面冷战的开始。作为美苏在欧洲对垒和争夺的前沿阵地，德国不仅理所当然地成为它们各种斗争的主战场，而且其重要而又特殊的地缘政治地位也得到了美苏双方的重新审视。

为了将德国西部地区改造成"遏制"苏联共产主义扩张的桥头堡，自1946年8月起，以美国为首的西方盟国停止了新的拆卸行动，并修改了旨在削弱西方三个占领区的限制发展政策。1946年5月，美占区首先宣布停止向苏联提供已经拆卸的工厂设备。同年8月，美占区又停止了在本区域内新的拆卸。随后不久，西部其他两个占领区开始相继效仿。此外，1947年8月，英美双占区还颁布了一项"修正的工业限制计划"，该计划规定英美双占区的工业生产水平将提高1/3—2/5，工业生产能力达到1938年水平的70%—75%，工业生产指数在三年内达到1936年的水平，钢铁产量限额从580万吨提高至1110万吨。该计划还特别强调："一个有秩序和富裕的欧洲需要和一个稳定的、有生产力的德国进行经济合作。"①至此，以美国为首的西方盟国对其占领区由"抑制"到"扶植"的政策调整已初具雏形。

与此同时，苏占区也在经历着一场深刻的变革。针对西方盟国对德经济政策的转变，苏联虽然依旧没有放弃对苏占区的拆卸政策，但同时也加快了对其社会主义改造的步伐。1947年6月，在德国统一社会党（Sozialistische Einheitspartei Deutschlands）的倡议下，苏占区成立了德国经济委员会（Deutsche Wirtschaftskommission）。该委员会在苏占区军政府的领导下集中管理区域内的经济事务。苏占区由此加快了基本生产资料国有化进程，私营经济的生产和销售逐步被纳入以高度集中统一为特征的计划经济轨道上来，商业和手工业的合作社经济也得到了快速发展。就这样，一种与西方三个占领区截然不同的经济模式在苏占区日渐成型。

随着美苏冷战的逐步兴起以及东、西占领区不同经济模式的日渐形成，原本脆弱的德国内部区域贸易不得不面临来自内外部越来越大的挑战。尽管美国一贯重视和倡导通过加强德国内部区域贸易达到"维持德国经济统一"的目标，但它始终无法接受和认可现行由苏联计划经济理念指导下所建立的经济模式。在美国看来，这有悖于《占领初期对德管理、处置的经济原则》，会严重阻碍德国内部区域贸易的进一步发展。1946年巴黎四国外长会议无功而返，美国并没有因此而放弃自己的主张，而是加紧采取措施以促其早日得以实现。

1946年底成立的英美双占区被美国视为符合《波茨坦协定》中关于

---

① ［联邦德国］卡尔·哈达赫：《二十世纪德国经济史》，扬绪译，商务印书馆1984年版，第96页。

"维持德国经济统一"的原则，是朝着实现德国作为一个"经济统一体"的目标迈出的第一步。英美双占区的建立旨在推动德国经济迅速恢复，使其到 1949 年底能够不依赖占领国的经济援助而实现经济自立。[1] 因为英占区拥有强大的工业潜力，但农业基础相对薄弱；美占区拥有良好的农业基础，其工业化却尚处于欠发达状态，所以，英美占领区的经济合并可以更好地进行经济互补，并在一定程度上实现经济自立。1948 年 2 月，在美国的施压和说服下，法国最终同意让法占区与英美双占区联合指导和管理西部占领区的对外贸易。1949 年 4 月，法占区彻底并入英美双占区，使其成为三占区（Trizone）。这便是日后由美国扶植建立的联邦德国的经济基础。1947 年和 1948 年，英美双占区还与苏占区先后签订了《明登协定》及《易货协定》，由此建立了广泛的条约基础。签订这些协定的目的只有一个，即试图组建一个商品和服务自由流通的德国内部区域贸易，从而实现美占区与其他三个占领区的经济统一。

在西方三个占领区的经济逐步融为一体的过程中，美国的"马歇尔计划"扮演了助产士的角色。1947 年 6 月 5 日，这项援助欧洲经济复兴的计划一经提出，就立刻受到欧洲大多数国家的欢迎。在美国看来，通过将德国排除在外来实现欧洲复兴是极不现实的，与之相反，欧洲的复兴须以恢复德国的生产能力为前提条件。然而，一个被长期分区占领、饱受严厉制裁和限制的德国显然无法快速实现这一点。出于对德国现状的考虑，美国只能先将实现德国经济统一的目标落实在拥有相似经济模式的三个西方占领区。就这样，美国利用"经济援助"先后说服英法两国同意将西方三个占领区合并为一。由此，西占区[2]被直接纳入美国控制西欧，进而同苏联争夺整个欧洲的战略计划之中。

正当美国把对德政策重心转向统一西方三个占领区，加快复兴德国经济，实践《波茨坦协定》中关于"维持德国经济统一"原则共识的同时，苏联并非只是无动于衷、静观其变。它对以美国为首的西方盟国单独调整

[1] „Washingtoner Abkommen über die Fusion der amerikanischen und britischen Besatzungszonen zur Bizone vom 2. Dezember 1946 ", in Ingo von Münch, Hrsg., *Dokumente des geteilten Deutschland*, Bd. 1, Stuttgart: Alfred Kröner, 1976, S. 65-66.
[2] 1948 年 6 月，美、英、法三国将其德国占领区合并为西占区。

对德政策的行动公开表达了不满，并提出严重抗议和发出警告。尤其是，针对美英两个占领区的经济合并，苏联驻德军管局总指挥兼盟国对德管制委员会苏方委员瓦西里·D. 索科洛夫斯基（Vasili D. Sokolovski）1947 年 2 月 25 日发表声明，称美英占领区的经济合并"不只具有经济性质，也具有政治性质"，"英美双占区协定可能会对德国未来的政治造成严重的后果"。①这一预见果然在一年之后得到应验。

1948 年 2 月 23 日至 6 月 7 日，美、英、法、荷、比、卢六国外长在伦敦召开会议，具体商议西占区经济复兴以及成立联邦德国的相关事宜。会议最终决定：法占区在经济上与英美双占区合并，共同管制西占区的对外贸易；西占区将实行币制改革，参与"马歇尔计划"；召开西占区的"制宪会议"；由伦敦会议与会国组成国际机构对鲁尔地区实行国际管制。② 六国外长伦敦会议使德国走上了经济、政治全面分裂的道路。面对西占区咄咄逼人的攻势，苏占区毫不退让，立即给予了回击。3 月 17—18 日，第二届德国人民代表大会在苏占区召开，会议选举成立了德国人民委员会，它作为全德代表机构包含来自西占区的代表。德国人民委员会随后立刻主持起草全德宪法草案。3 月 20 日，苏联代表突然宣布退出盟国对德管制委员会，进而宣告了对德管制委员会时代的正式结束。这使得《波茨坦协定》中"维持德国经济统一"的原则受到了前所未有的冲击。

1948 年 6 月 18 日，根据六国外长伦敦会议的决定，西占区开始实施币制改革。6 月 20 日，随着《货币发行法》（Emissionsgesetz）、《货币法》（Währungsgesetz）和《货币转换法》（Umstellungsgesetz）在西占区生效，印有特别标记"B"的马克（又称"B"记马克）进入流通领域，并成为

---

① „Statement to the Control Council by Sokolvsky on the Bizone Fusion Agreement, 25 February 1947", in Beate Ruhm von Oppen, *Documents on Germany under Occupation 1945-1954*, London: Oxford University Press, 1955, pp. 211-212.

② „Sechsmächte-Empfehlung betreffend die Entwicklung der politischen und wirtschaftlichen Organisation Deutschlands vom 2. Juni 1948", in Ingo von Münch, Hrsg., *Dokumente des geteilten Deutschland*, Bd. 1, Stuttgart: Alfred Kröner, 1976, S. 82-88.

唯一有效的法定货币。德意志诸州银行（Bank deutscher Länder）① 被赋予发行新纸币和新硬币的专属权力。西占区币制改革的具体步骤是：西占区占领当局首先宣布先向每位西占区居民发放 40 "B" 记马克，即所谓的"人头金"（Kopfgeld），1 个月后再向他们发放 20 "B" 记马克。这 60 "B" 记马克将记入个人银行账户。个人持有的帝国马克、地租马克（Rentenmark）及盟军当局发行的用以替代货币的钞券必须存入一个帝国马克账户，每个帝国马克账户的货币转换都需提交申请。帝国马克账户经过审查后，所存货币会根据相应的兑换比例转换为 "B" 记马克。原先的帝国马克从 6 月 21 日起不再流通。在币制改革后的几个月中，新发行的货币量约为 130 亿 "B" 记马克（现金和账面货币）。②

根据《货币转换法》的相关规定，西占区居民的工资和薪金、租金、社保养老金、退休金、股票等按 1∶1 的比例进行转换。债券、抵押贷款和其他应收账款和负债，私人保险公司的保费储备和建筑协会的储蓄余额按照 10∶1 的比例进行转换。现金和银行存款按照 100∶6.5 的比例进行转换。

西方盟国实施的币制改革有利于西占区经济的发展，目的在于消除货币过剩，为市场经济的正常运行打下基础，这一点最终也取得了成功。正如法国经济学家雅克·吕夫（Jacques Rueff）所言，黑市突然消失了。货架上堆满了货品，工厂的烟囱冒烟了，街道上车水马龙。原本到处是废墟的死寂，现在施工发出"叮叮当当"的声音不绝于耳。币制改革使社会经济生活都复苏了。③然而，西占区的币制改革却进一步加剧了东、西占领区

---

① 1948 年 3 月至 1957 年 7 月，德意志诸州银行一直作为西占区/联邦德国的中央银行。1957 年 7 月 26 日，根据《德意志联邦银行法》（Gesetz über die Deutsche Bundesbank），其职责被移交给新成立的德意志联邦银行（Deutsche Bundesbank）。

② Johannes Priese und Fritz Rebentrost, *Kommentar zu den Gesetzen zur Neuordnung des Geldwesens unter Berücksichtigung der Durchführungsverordnungen*, Iserlohn: Silva-Verlag, 1948, S. 22-23.

③ Hannelore Hamel, „Ordnungspolitische Gestaltung der Wirtschaftssysteme", in Hannelore Hamel, Hrsg., *Soziale Marktwirtschaft - Sozialistische Planwirtschaft: ein Vergleich Bundesrepublik Deutschland - DDR*, München: Verlag Franz Vahlen GmbH, 1989, S. 31.

之间的分裂。为此，苏占区军政府对此表示严重抗议①，并随即采取了反措施。

6 月 23 日，苏占区也开始实行币制改革，发行了加上特别印记"D"的新马克（又称"D"记马克），力图使苏占区经济免受西占区币制改革带来的严重冲击。根据规定，苏占区每位居民允许以 1∶1 的比例用帝国马克换取 70 "D"记马克。其余的帝国马克则以 10∶1 的比例进行转换，并须存入银行账户且暂时被冻结。超过 5000 帝国马克的金额须公开其来源。②西占区和东占区先后进行的币制改革使得在整个德国范围内实现货币统一的想法化为泡影。与此同时，德国内部区域贸易的基础也因此遭到严重破坏。

然而，在币制改革问题上，双方都在强烈谴责对方的行为。特别是，苏联认为，西方盟国粗暴地破坏了它们在《波茨坦协定》中所承担的义务，即将德国作为一个统一的经济整体来对待，以及四国在货币和金融制度问题上确定一项共同的政策。单方面的币制改革对德国及其首都的统一是一个沉重的打击。它破坏了德国各个地区之间在历史上的联系，并使这个国家东部的经济受到解体的威胁。③6 月 24 日起，苏联中断了西占区通向西柏林的所有公路、铁路和水路交通，同时停止向西柏林供应生活物资——包括煤电、饮用水、蔬菜以及其他食品④，西柏林盟国驻军及 200 多万市民的基本生活受到了严重威胁，由此引发了第一次柏林危机⑤。西方

---

①　苏联驻德军事管理机构事实上早已做好参与全德币制改革的准备。自 1946 年 3 月起，苏联方面陆续制定了解决整个德国货币问题的具体方案。苏联还期望建立一个全德财政管理机构作为币制改革的管理基础，同时作为实现德国经济统一目标的开始。参见 Werner Abelshauser, *Deutsche Wirtschaftsgeschichte seit 1945*, München：C. H. Beck, 2004, S. 123.

②　Werner Abelshauser, *Deutsche Wirtschaftsgeschichte seit 1945*, München：C. H. Beck, 2004, S. 126.

③　[民主德国]德意志民主共和国外交部、[苏]苏维埃社会主义共和国联盟外交部编：《西方国家对德国问题政策真相（历史概要）》，世界知识出版社 1959 年版，第 17、36 页。

④　西柏林每天需要大量的生活物资才能维持基本生活，其中包括 641 吨面粉、105 吨谷物、106 吨鱼肉、900 吨土豆、51 吨糖、10 吨咖啡、20 吨牛奶、32 吨猪肉以及 3 吨酵母粉等。参见 Ann Tusa and John Tusa, *The Berlin Blockade*, London：Hodder and Stoughton, 1988, p. 144.

⑤　又称为"柏林封锁"（Berlin-Blockade）。

盟国随即于 6 月 26 日搭建起一条 "空中走廊"（Luftbrücken），每天从外部向西柏林空投大量的生活必需品，该行动一直持续到 1949 年 5 月 12 日。

不过，苏联并不想停止苏占区与西占区的商品贸易。就在 6 月 20 日，苏联驻德军管局总指挥索科洛夫斯基还表达了希望继续保持德国内部区域贸易的态度，并声称苏联将极力保障西占区的钢铁及其他商品能够顺利运往苏占区。[①] 然而，随着柏林危机的爆发，德国内部区域贸易的性质已悄然发生改变，它从原来的维持德国经济统一的纽带，逐步转变为西方盟国对抗苏联的一个反封锁手段。[②]而且，它所发挥的效力也在危机不断恶化的过程中日益得到充分的展现。虽然在柏林危机爆发当天，从西占区到苏占区的商业运输被中断了，但东、西占领区之间的边界并没有被西方盟国关闭。苏占区民众仍然可以从西柏林获取某些商品。[③]随着柏林危机不断升级，西方盟国逐步加大了对苏占区经济禁运的力度。同年 9 月，西方盟国全面停止了对苏占区的供货。[④]至此，德国内部区域贸易彻底沦为西方盟国对抗苏联的除政治外交之外另一个强大武器。

事实上，在 "柏林封锁" 期间，东、西占领区之间的经济联系并没有彻底中断。在东、西占领区的边界地区时常存在着一些非法走私贸易，甚至是官方容忍下的小规模德国内部区域贸易的残余。[⑤]然而，德国内部区域贸易因受这场危机的冲击而被严重削弱，甚至其本质也遭到扭曲则是不争的事实。从某种程度上讲，柏林危机的爆发不仅宣告了德国内部区域贸易的初步实践告一段落，而且进一步加速了德国分裂的步伐。

---

① Horst Mendershausen, *"Interzonal Trade" in Germany*, part II: *interaction with early Berlin conflicts*, Santa Monica, Calif: Rand Corp. , 1963, p. 13.

② 从 1948 年 "柏林封锁" 危机爆发一直到 1961 年 "柏林墙" 建立为止，西方盟国以及联邦德国将西柏林的通行安全问题与德国内部区域贸易/德国内部贸易的发展直接挂钩。在此期间，限制贸易、贸易禁运、暂时中止贸易协定等措施被西方盟国和联邦德国用作反制苏联和民主德国 "干扰" 西柏林通道的武器。另参见本书第二章第二节的相关内容。

③ Davison W. Phillips, *The Berlin blockade: a study in cold war politics*, Princeton: Princeton University Press, 1958, p. 250.

④ Davison W. Phillips, *The Berlin blockade: a study in cold war politics*, Princeton: Princeton University Press, 1958, p. 394.

⑤ Horst Mendershausen, *"Interzonal Trade" in Germany*, part II: *interaction with early Berlin conflicts*, Santa Monica, Calif: Rand Corp. , 1963, p. 14.

　　为了克服因"柏林封锁"而加剧的全德分裂状态，尽可能恢复德国在经济上和政治上的"统一性"①，德国东西部地区的政治力量在这一时期都做出过一些努力。1949 年 3 月，西占区的一些重要政治人物（其中包括州长、德意志诸州银行行长、西占区经济管理委员会首席主任、前驻外大使等）在德国农民协会主席安德烈亚斯·爱马仕（Andreas Hermes）位于巴德戈德斯贝格（Bad Godesberg）的公寓里举行了一次会议，重点讨论德国统一问题，其中最重要的议题是如何使德国东西部的经济趋同（减少经济差距）。②然而，受当时美苏冷战"大气候"的影响，这次会议最终不了了之。

　　与此同时，（苏占区）德国人民委员会第六次会议③在柏林召开。这次会议的决议强调，西方列强的帝国主义政策及其集团联盟严重威胁着世界和平。它们有计划地瓜分了德国。由于在德国西部地区引入了一种独立的货币，德国内部区域贸易陷入瘫痪，德国经济统一的基础被摧毁了。为此，德国人民委员会在会上提出了五点要求：一是根据雅尔塔会议和波茨坦会议的决议，拟订和平协定的基本要点。二是恢复德国的政治和经济统一。三是恢复整个德国的货币单位，并取消各占领区之间的经济和运输限制。四是组建由民主党派和组织的代表组成的德国临时中央政府，该政府必须在更长的时期内确保奉行和平政策。五是召集一次和平会议，德国临时中央政府将派代表参加这次会议。德国人民委员会成员郑重承诺会尽一切努力实现这些目标，并呼吁所有德国人为建立自由民主的德意志共和国以及维护和平而战。④

　　在经历近一年的严重对峙后，鉴于西方盟国经济禁运政策对苏占区经济造成无法承受的压力，苏联迫于无奈主动向西方盟国求和。1949 年 3 月 21 日，苏联安全委员会授权代表雅科夫·A. 马利克（Jakow A. Malik）向

---

　　①　依照《波茨坦协定》之《占领初期对德管理、处置的政治、经济原则》的相关要求。

　　②　Margarethe Müller-Marsall, Hrsg. , *Archiv der Gegenwart：Deutschland 1949-1999*, Bd. 1, 1948-1953, Sankt Augustin：Siegler Verlag, 2000, S. 82.

　　③　会议召开时间为 1949 年 3 月 18—19 日。

　　④　Margarethe Müller-Marsall, Hrsg. , *Archiv der Gegenwart：Deutschland 1949-1999*, Bd. 1, 1948-1953, Sankt Augustin：Siegler Verlag, 2000, S. 83-84.

美国安全委员会授权代表菲利普·杰瑟普（Philip Jessup）提出建议，在特定时间举行外交部长级会谈。如果西方盟国可以解除对柏林的贸易、运输限制，苏联也将相应地解除对柏林的封锁。[1]

西方盟国中止德国内部区域贸易的举措之所以能对苏占区经济带来如此巨大的压力，与苏占区在经济上所处的劣势地位密切相关。首先，德国内部天然存在着独特的贸易网络。而这种传统的区域经济互补性，以及天然的分工协作特征，并没有随着战争的结束而消亡。苏占区一旦脱离了这个贸易网络，其经济必然要受到严重的影响。与西占区相比，苏占区在经济结构、重要的工业资源方面存有明显的劣势，因此，其对德国内部区域贸易的依赖性更大。苏占区的大部分地区为农业区，只是在萨克森州、萨克森·安哈尔特州以及图林根州拥有几个重要的工业中心。尽管这几个州拥有良好发展的机床制造业、纺织工业和大规模的化学企业，但是缺乏冶金业的基础，而冶金基地原本位于西占区（即后来的联邦德国）的鲁尔地区。[2]

相比西占区，尽管盟军空袭对苏占区造成的破坏程度整体略低，但是由于苏占区自身工业化程度不高，不能做到自给自足，特别是在一些重要的原材料供应方面严重依赖西占区。例如，"二战"结束时，苏占区的硬煤以及生铁产量只占整个德国的2%，钢产量约占整个德国的7%。[3]另外，苏占区能源资源匮乏，硬煤存储量很少，唯一可自给自足的能源是能源价值较低的褐煤。由于"二战"后欧洲边界进行了重新调整，德国失去了它最东部的几个省份，而这些地区曾经是德国重要的硬煤供应地。因此，与西占区相比，德国内部区域贸易对于苏占区经济的恢复和发展有着更为重要的意义。

---

[1] "Statement by the Department of State on the Status of the Jessup-Malik Talks on Lifting the Soviet Blockade of Berlin, April 26, 1949", in United States. Department of State, *Documents on Germany*, *1944-1985*, Washington D. C. : U. S. Dept. of State, Office of the Historian, Bureau of Public Affairs, 1985, p. 219.

[2] ［德］埃贡·克伦茨编：《柏林墙倒塌30年记：原民主德国方面的回顾与反思》，王建政译，社会科学文献出版社2021年版，第78页。

[3] ［联邦德国］卡尔·哈达赫：《二十世纪德国经济史》，扬绪译，商务印书馆1984年版，第116页。

其次，战后苏联苛刻的占领政策使得苏占区的经济困境雪上加霜。战后初期，苏联严格实行拆卸赔偿政策，在苏占区共计有 2000—2400 家工厂设施以及数千公里的铁路轨道遭到拆卸，并运往苏联作为战争赔偿。这些大抵相当于 1936 年德国工业生产力的 1/3，而在西方三个占领区大约有 680 家工厂遭到拆卸，相当于 1936 年德国工业生产力的 3%—5%。因此就赔偿负担而言，东占区相当于西占区的 5—6 倍。与西占区不同，这影响到了苏占区的工业基础。[1]此外，苏联的拆卸赔偿政策一直持续到 20 世纪 50 年代初期。而西方盟国早在 1946 年秋就停止了在西占区新的拆卸。在占领期间，东占区国民生产总值中约 1/4 用于支付占领费用和战争赔款，与之相比，西占区的相应比重只有 11%—15%。[2]因此，战后苏占区的经济形势更为严峻。

第三，苏占区作为苏联的势力范围拒绝接受美国"欧洲复兴计划"（European Recovery Program）[3]的援助与贷款。与之相对，西占区则在"欧洲复兴计划"的框架内获得了约 100 亿美元的援助。与此同时，苏占区在经济上也没有得到苏联的有力支持。因为苏联在"二战"中遭受了巨大的损失，自身经济尚依靠从战败德国身上获取赔偿来恢复元气。苏占区的经济不但得不到资本的"输血"；相反，还长期处于赔偿的"失血"状态。因此，当苏占区失去德国内部区域贸易这个能够促进其经济恢复和发展的重要平台时，其经济也就不可避免地逐步陷入困境。

正是由于苏占区的经济存在这些劣势，当西方盟国采取经济封锁措施后，苏占区不但无法继续稳定地为苏联提供战争赔偿，反而日益成为后者一个沉重的经济包袱。不过，值得注意的是，西方盟国针对柏林危机的反封锁措施也伤害了西柏林的经济安全。虽然西方盟国通过向西柏林空投生活物资的方式，部分缓解了西柏林市民的生活困境，但也为此付出了高昂的经济代价。在这次柏林危机中，西柏林作为西占区的一块"飞地"充分暴露出其在经济、政治和通道安全方面的劣势。因此，西方盟国也想尽快

---

①　Michael von Prollius, *Deutsche Wirtschaftsgeschichte nach 1945*, Göttingen：Vandenhoeck und Ruprecht, 2006, S. 22.

②　［联邦德国］卡尔·哈达赫：《二十世纪德国经济史》，扬绪译，商务印书馆 1984 年版，第 114 页。

③　俗称为"马歇尔计划"。

通过谈判来解决这场危机。

1949 年 5 月 4 日，经过一番谈判之后，英、法、苏、美四大国共同签订了《关于结束柏林封锁的四方协定》（Viermächte-Abkommen betreffend die Beendigung der Blockade West-Berlins）[1]。该协定宣布，四大国对柏林以及东、西占领区之间的交通、运输以及贸易的限制一律于 1949 年 5 月 12 日取消，并于 5 月 23 日的巴黎外长会议上讨论有关德国的问题和由柏林形势引发的问题，包括柏林货币问题在内。[2] 随后，四大国在巴黎外长会议上就进一步扩大东、西占领区之间以及柏林同各占领区的贸易，发展它们之间的金融与经济关系，便利东、西占领区以及柏林与各占领区之间的人员、货物往来与情报交换，以及建立东、西占领区的经济领导机构等方面达成了共识。[3]

《关于结束柏林封锁的四方协定》的签订使德国内部区域贸易得到了重新恢复和发展，并引入了一些新的机制，在某种程度上缓解了因东、西占领区币制不同造成的贸易难题。然而，德国内部区域贸易存在的前提和基础却已发生彻底的改变，《波茨坦协定》中关于"维持德国经济统一"的原则更是遭到不可逆转的破坏。具体表现为，就在这次柏林危机结束后不久，美苏两国便在原西占区和东占区的基础上扶植建立了两个德意志国家，它们分别惟美苏马首是瞻。就这样，德国内部区域贸易相应地由四大占领国开展的占领区之间的经贸活动逐步转变为以两个德国主导的西马克货币区和东马克货币区之间的贸易活动。

小　结

"二战"结束后，苏、美、英、法四大国在处置战败德国时采取了分

---

① 又称为《杰瑟普—马利克协定》（Jessup-Malik-Abkommen）。

② „Viermächte-Abkommen betreffend die Beendigung der Blockade West-Berlins vom 4. Mai 1949 ", in Ingo von Münch, Hrsg., *Dokumente des geteilten Deutschland*, Bd. 1, Stuttgart：Alfred Kröner，1976，S. 155–156.

③ 《苏、美、英、法四国外长巴黎会议公报》中有关德国问题达成的协议第二、三、六项。参见世界知识社辑《欧洲安全和德国问题文件汇编》（第一集 1945—1953），世界知识社 1956 年版，第 114—115 页。

区占领的模式，导致德国内部原有的经济联系被割裂。出于对德政策的不同战略考量以及迫于战后德国严峻的经济困境，美、苏、英、法在《波茨坦协定》中明确了"维持德国经济统一"的原则，为德国的经济发展确定了决定性的方向。不过，它们没有制订相应的切实可行的实施方案，因此，这一原则在随后几年里并没有得到充分遵循。尽管如此，四大国还是为此作了一些努力，例如，它们启动了四个占领区之间的货物交易，并通过几个双边贸易协定加以规范。就这样，德国内部区域贸易作为"德国经济统一体"的临时替代品应时而生。不可否认，自1946年初以来的两年多时间里，德国内部区域贸易在其广度和深度不断拓展①的同时，在一定程度上改善了各个占领区的经济窘境，并增强了各个占领区之间的经济联系。不过，客观上讲，德国内部区域贸易这一时期面临着大量非法贸易和走私行为的冲击，同时深受赔偿政策和限制措施的影响，因此，它的发展规模及积极作用还十分有限。

造成这种局面的主要原因是，以美苏为首的占领国在战后德国经济模式的选择问题上始终存在严重分歧，再加上美苏之间开始爆发冷战，其对德政策随之发生重大转变，使得西占区和东占区的政治、经济模式逐渐走向尖锐对立的局面。受上述恶劣的外部环境的影响，"维持德国经济统一"的构想变得虚无缥缈。德国内部区域贸易不但没有成为各个占领区之间的"经济夹子"，反而成为四大国之间政治斗争的工具。1948年，美苏为争夺在德经济霸权展开货币对决，柏林也成为危机四伏的竞技场。西占区的币制改革引发了柏林封锁危机，德国内部贸易也随即被西方盟国用作反制苏联封锁柏林的冷战武器。战败德国由此开始走向全面分裂。

虽然战后初期盟国处置战败德国之相关原则以及德国内部区域贸易的初步实践没能实现"维持德国经济统一"的构想，但给日后联邦德国对民主德国经济政策的制定与实施留下了丰厚遗产。首先，《波茨坦协定》中关于"维持德国统一"的相关规定，为日后联邦德国奉行"一个德国"政策提供了充分的国际法依据。其次，德国各占领区之间的贸易活动也为日

①　这也得益于四个占领区当时实行的单一货币（帝国马克）、共同管理（四国共管）以及统一法规（《军政府法规第53号法令》）。

后两德经济关系的创立和发展提供了一种有效的实践模式。在联邦德国看来，同德意志另一部分①的经贸活动，仍然属于德意志国家的内部贸易。这一独特的贸易不仅凸显了德意志两部分间的特殊关系，同时也与联邦德国的"一个德国"政策照相呼应。再次，西柏林作为西占区的一块"飞地"，由于身处特殊的政治地缘位置，在经济上无法实现自给自足，对德国内部区域贸易有着天然的依赖性。与此同时，苏占区则因为工业基础较为孱弱，且工业资源（硬煤、钢铁）严重匮乏，对德国内部区域贸易的依赖性要远大于西占区。这种在德国内部区域贸易中所体现出的"不对称的相互依赖"，再加上共同的语言文化与地理上的便利优势，对日后德国内部贸易②的发展以及联邦德国对民主德国经济政策的实施产生了深远的影响。

---

① 联邦德国经常用以指代苏联占领区以及民主德国。
② 两德（含西柏林）之间的贸易。

第二章 联邦德国对民主德国"消极"的经济政策（1949—1969）

20 世纪 50 年代至 60 年代初，在以美苏为首的两大阵营尖锐对峙的影响下，联邦德国对民主德国的经济政策左右摇摆，呈现出"既合作又限制"的消极特征。一方面，联邦德国坚持"一个德国"原则，同民主德国维系了德国内部贸易，并以此作为连接德国东西两部分的重要纽带，同时用来保障西柏林的生存和发展。1953 年"6·17 事件"发生后，联邦德国还向民主德国提供经济援助来缓和关系。另一方面，联邦德国严格限制和管控德国内部贸易，甚至对民主德国采取经济制裁的方式，这在 20 世纪 60 年代初的柏林危机中得到充分体现。虽然联邦德国对民主德国经济政策的主要目标在于缓和两德间的政治对立，然而，经济限制、经济制裁又不可避免地削弱它的"缓和"功能。最终，强硬的"哈尔斯坦主义"使联邦德国作茧自缚，经济制裁措施也无功而返。尽管如此，这一时期阿登纳政府对民主德国的经济政策在实践中的经验教训为随后几届联邦政府所扬弃吸收。随着联邦德国的德国统一政策改弦易张及其经济实力迅速提升，联邦德国对民主德国的经济政策在解决德国问题上发挥的作用日益重要和积极。

第一节 美苏冷战与阿登纳政府的德国统一政策

"二战"后，德国的分裂是其纳粹政权发动第二次世界大战失败的结果，也是美苏两个超级大国冷战争霸的产物。战败后的德国被美、苏、英、法四大国分区占领，苏联和西方三国的占领政策各自有别，在德国问题上的矛盾日益凸显。随着"铁幕演说"的发表以及"杜鲁门主义"的出台，美苏关系逐步进入"冷战"（Cold War）阶段。西方三国和苏联为了分别牢牢掌控西占区与东占区，开始在其占领的德国地区推行有利于各自利益的政策，逐渐将西、东占领区演变为两个迥然不同的经济、政治实体。就这样，战败德国被分裂为德意志联邦共和国（简称联邦德国）和德意志民主共和国（简称民主德国）两个国家[1]。可见，德意志民族国家的分裂从来都不是德意志人民自己的意愿，而是苏、美、英、法四大国强加于德意志人民头上的意志。

为了公开表示不苟同这种人为的分裂，联邦德国在其建国之初，就将完成德国的重新统一作为主要任务。1949 年 5 月 23 日，联邦德国通过并公布了《德意志联邦共和国基本法（1949 年）》（Grundsatz für die Bundesrepublik Deutschland vom 23. Mai 1949），在其序言中开宗明义地强调："……全体德意志人民仍然要求，在自由的自决中实现德国的统一和自由"。[2]按照联邦德国制宪者的本意，尽管德国尚未实现统一，但并不意味着德国将永远无法结束分裂状态，特别是不能因为一部"宪法"而使德国的分裂状态持续化、永久化。为此，联邦德国制宪者选择将《基本法》作为一部过渡性宪法，并在其中写入了关于国家统一的规定，使其成为联邦德国据以主张统一和实现统一的国内法依据。

随后，联邦总理康拉德·阿登纳（联盟党人）在 9 月 20 日的政府声明中表示："联邦德国政府最重要的工作就是消除祖国的分裂……对于苏占区以及柏林市的公民，联邦德国政府有义务帮助他们，我们也准备履行

---

[1] 在两个德国先后成立之前，柏林地区（Groß-Berlin）就已经开始分裂。柏林地区原本有统一的行政管理和市政机构，1948 年 12 月，美、英、法三国占领当局在柏林西区组织选举，组建了西柏林议会和市政府。1949 年 5 月，西方三国颁布了所谓的《小占领法规》（Besatzungsstatut für West-Berlin）。1950 年 8 月，西柏林市议会拟定的西柏林《宪法》由美、英、法三国批准生效。于是柏林地区被正式分裂为东西两部分。参见复旦大学资本主义国家经济研究所编《德意志联邦共和国政府机构》，上海人民出版社 1975 年版，第 3 页。

[2] „Grundsatz für die Bundesrepublik Deutschland vom 23. Mai 1949 -Präambel", in Ingo von Münch, Hrsg., *Dokumente des geteilten Deutschland*, Bd. 1, Stuttgart：Alfred Kröner, 1976, S. 91.

这项义务。联邦德国政府的最高目标是，以和平自由的方式完成国家的重新统一。"①与此同时，阿登纳总理还援引四大国《关于击败德国并在德国承担最高权力的宣言》②《关于德国占领区的声明》③《关于德国管制机构的声明》④ 以及《波茨坦协定》作为联邦德国追求德国统一的国际法依据。在他看来，上述宣言、声明和协定"都是以德国的统一为出发点，且都确认和强调指出我们（德意志人民）统一祖国的要求。"⑤

除了明确表达追求国家重新统一之外，联邦德国政府还视联邦德国为整个德国的唯一合法代表。1949 年 9 月 15 日，阿登纳总理接受了法新社（Agence France-Presse）的采访，当被问到联邦德国政府打算如何恢复德国统一时，他回答道："在不久的将来，我们做不了任何特别的事情，因为德国的统一问题在许多方面取决于西方盟国和苏联之间的关系。然而，我

---

① Klaus von Beyme, Hrsg., *Die Großen Regierungserklärungen der Deutschen Bundeskanzler von Adenauer bis Schmidt*, München: Carl Hanser, 1979, S. 53.

② 1945 年 6 月 5 日，四大国在柏林签署的确认德国武装力量彻底失败以及纳粹德国无条件投降的文件。根据该宣言，四大国将承担德国的最高权力。该宣言的英文名称是 Declaration regarding the defeat of Germany and the assumption of supreme authority with respect to Germany by the Governments of the United Kingdom, the United States, the USSR, and the Provisional Government of the French Republic。该宣言的具体内容参见 Beate Ruhm von Oppen, *Documents on Germany under Occupation 1945-1954*, London: Oxford University Press, 1955, pp. 29-35.

③ 1945 年 6 月 5 日，四大国驻德占领军总司令代表各自政府在柏林发表的一项联合声明。根据该声明，战败的德国被分成四个占领区，由四大国分别占领。柏林则由四大国共同占领。该声明强调，在占领德国期间应视德国为一个统一的整体，并由四大国代表组成盟国管制委员会进行管理。该声明英文名称是 Statement by the Governments of the United Kingdom, the United States, the USSR, and the Provisional Government of the French Republic on Zones of Occupation in Germany。该声明的具体内容参见 Beate Ruhm von Oppen, *Documents on Germany under Occupation 1945-1954*, London: Oxford University Press, 1955, p. 36.

④ 1945 年 6 月 5 日，四大国驻德占领军总司令代表各自政府在柏林发表的一项联合声明。根据该声明，四大国驻德占领军总司令将在各自的占领区行使德国的最高权力，并共同处理影响整个德国的事务。盟国管制委员会的决定应是一致的，它将确保四大国驻德占领军总司令在各自占领区采取适当的一致行动，并就影响整个德国的主要问题达成一致决定。该声明英文名称是 Statement by the Governments of the United Kingdom, the United States, the USSR, and the Provisional Government of the French Republic on Control Machinery in Germany。该声明的具体内容参见 Beate Ruhm von Oppen, *Documents on Germany under Occupation 1945-1954*, London: Oxford University Press, 1955, pp. 36-37.

⑤ ［联邦德国］康拉德·阿登纳：《阿登纳回忆录：1953—1955》（二），上海外国语学院德法语系德语组部分同志译，上海人民出版社 1976 年版，第 4 页。

们必须尽我们所能，确保东部地区 2000 多万德国人不会感到被遗弃和被遗忘。联邦德国必须成为吸引苏占区的磁石，保持和加强与德国东部地区的心理联系。但是，我们的政策决不能给人留下这样的印象，即我们承认了在苏占区建立的共产主义政权。"①

1949 年 10 月 21 日，联邦总理阿登纳又在其政府声明中宣称："苏占区②内的德国人民没有自由的意志，现在出现于那里的政府没有为人民所接受，因此，它是非法的。相反，联邦德国的诞生是以大约 2300 万有选举权的德国人自由表达的意志为基础的。因此，直到德国实现统一以前，德意志联邦共和国是德国人民唯一合法的国家机构。"③阿登纳政府这一"单独代表权"（Alleinvertretungsrecht）的主张很快便获得了西方盟国的承认和支持。1950 年 9 月 19 日，英、美、法三国纽约外长会议发表公报称："由于德国问题尚未解决，三国政府视联邦德国政府为唯一自由合法成立的德国政府，有权在国际事务上代表德国人民为德国发言。"④随后，联邦德国政府还使所有北大西洋公约组织国家也都认可了这种观点。这些为阿登纳政府在日后大力推行"哈尔斯坦主义"（Hallstein-Doktrin）提供了重要依据。1957 年 2 月 13 日，阿登纳总理在巴伐利亚电台发表的广播演说中再次宣传"单独代表权主义"。他宣称："不存在两个德国，德国只有一个，所谓的民主德国不算是一个国家。根据国际法和宪法的所有概念，它只是苏联统治下的占领区，其居民必须恢复充分的自由。"⑤

在毫不妥协地主张由联邦德国领导下完成国家统一时，阿登纳总理也清醒地认识到，德国统一的主导权实际掌握在四大国特别是美苏手中。在

---

① Margarethe Müller-Marsall, Hrsg. , *Archiv der Gegenwart*：*Deutschland 1949-1999*, Bd. 1, 1948-1953, Sankt Augustin：Siegler Verlag, 2000, S. 174.

② 阿登纳政府在外交上拒不承认民主德国，其在官方场合经常用"苏占区"或"苏维埃地区"指代民主德国。

③ Deutschland（Bundesrepublik）Auswärtiges Amt, Hrsg. , *Die Auswärtige Politik der Bundesrepublik Deutschland*, Köln：Verlag Wissenschaft und Politik, 1972, S. 157.

④ Heinrich von Siegler, Bearb. , *Dokumentation zur Deutschlandfrage*：*von der Atlantik-Charta 1941 bis zur Genfer Außenministerkonferenz 1959. Hauptband*：*Chronik der Ereignisse*, Bd. 1, Bonn：Siegler, 1959, S. 102.

⑤ Margarethe Müller-Marsall, Hrsg. , *Archiv der Gegenwart*：*Deutschland 1949-1999*, Bd. 2, 1953-1957, Sankt Augustin：Siegler Verlag, 2000, S. 1878.

实现德国统一的过程中，联邦德国始终只能扮演推动者或促进者的角色。因而，阿登纳称："……我们要竭力依靠西方盟国的帮助来完成德国的重新统一。"① 1952 年 3 月 1 日，阿登纳应邀参加了基督教民主联盟在海德堡（Heidelberg）举行的一次集会，并在会上谈及其对世界发展趋势作出的估计：假如西方比苏俄强大，那么，和苏俄谈判的日子就到来了。1954 年，阿登纳又在林堡（Limburg）的一次选民大会上讲道："当西方世界有了足够的力量时，我们就将动手收复苏联占领区。"②

1955 年 4 月 11 日，阿登纳在接受美国《星期六晚报》（Saturday Evening Post）记者的采访时称，他确信，和苏联人的一切谈判都必须以实力作基础。他相信，美国和统一的欧洲将会强大得足以引起苏联人的敬畏。③因此，阿登纳政府积极主张实行与西方结盟的政策，认为联邦德国应该在政治、经济、文化上与西方完全融合在一起，通过向西方一边倒的政策来实现德国的主权恢复和经济重建。于是，联邦德国走上了德法和解、依附美国的道路，借此增强联邦德国自身的实力，进而希望迫使苏联在德国的统一问题上做出妥协与让步。由此可见，"实力"和"谈判"成为阿登纳政府德国统一政策的核心。

尽管阿登纳政府德国统一政策的基础是在西方盟友的支持下谋求德国统一，但阿登纳也深知，苏联是四大战胜国之一，没有它的合作，德国就无法实现统一。④在 1955 年 5 月正式加入北大西洋公约组织后，联邦德国又于同年 9 月与苏联建立了正式的外交关系。不过，为了避免与苏联建交后，联邦德国"单独代表权"会受到威胁，阿登纳政府同时提出了"哈尔斯坦主义"，声称拒绝同与民主德国建交的任何国家（除苏联外）建交或保持外交关系。根据这一政策，当南斯拉夫与古巴先后于 1957 年和 1963

---

① ［联邦德国］康拉德·阿登纳：《阿登纳回忆录：1953—1955》（二），上海外国语学院德法语系德语组部分同志译，上海人民出版社 1976 年版，第 86 页。

② ［民主德国］德意志民主共和国外交部编：《关于德意志联邦共和国政府侵略政策的白皮书》，世界知识出版社 1959 年版，第 61、80 页。

③ ［民主德国］德意志民主共和国外交部编：《关于德意志联邦共和国政府侵略政策的白皮书》，世界知识出版社 1959 年版，第 61—62 页。

④ ［联邦德国］康拉德·阿登纳：《阿登纳回忆录：1953—1955》（二），上海外国语学院德法语系德语组部分同志译，上海人民出版社 1976 年版，第 578 页。

年同民主德国建交时，联邦德国就立刻同这两个国家断绝了外交关系①。显然，该政策试图阻止其他国家承认民主德国，进而从外部挤压民主德国的生存空间，迫使其向联邦德国靠拢。

正是由于联邦德国强力推行"单独代表权主义"以及向西方一边倒的外交政策，在其关于"通过全德自由选举来实现德国重新统一"的方案没有得到苏联及民主德国的回应后，阿登纳政府先后拒绝了民主德国以及苏联关于建立一个统一且中立的德国的建议。1950 年 11 月，民主德国总理奥托·格罗提渥（Otto Grotewohl）致函阿登纳，希望两国能平等协商统一问题，方式是"由民主德国和联邦德国的代表组成全德立宪会议"。②此外，到 1958 年为止，民主德国提出了 100 多次关于和平解决德国问题以及保障和平的建议。其中，涉及德国问题的建议包括：22 次是关于实行全德自由选举的建议；53 次是关于两个德国互相谅解和接近的建议；20 次是关于缔结对德和约的建议；6 次是关于成立邦联的建议。而这些建议都被联邦德国阿登纳政府以各种理由拒绝。③ 1952 年 3 月 10 日，苏联也向英、法、美三国发出照会④，提出了以中立换统一为核心的对德和约草案，建议西方三国与苏联一起谈论有关全德自由选举的问题。随后，苏联政府又先后三次就对德和约与成立全德政府问题向西方三国发出照会⑤，但都没有得

---

① 尽管如此，1952 年底在联邦德国经济部长的建议下，德国工业联合会（Bundesverband der Deutschen Industrie）、德国工商业联合会（Deutscher Industrie- und Handelskammertag）和德国外贸协会（Bundesverband des Deutschen Groß- und Außenhandels）等主要经济协会组建了德国经济东方委员会（Ost-Ausschuss der Deutschen Wirtschaft）。其主要任务是代表和支持联邦德国企业同东方社会主义国家（不含民主德国）进行贸易往来。参见 Bruno Kiesewetter, *Der Ostblock. Außenhandel des östlichen Wirtschaftsblockes einschließlich China*, Berlin: Safari Verlag, 1960, S. 203. 不过，受限于东西方冷战对峙和阿登纳政府强硬的东方政策，20 世纪 50 年代联邦德国与东方社会主义国家（不含民主德国）的贸易额及其占联邦德国出口总额的比重都非常低。参见附录 13 和附录 14。

② 世界知识社辑：《欧洲安全和德国问题文件汇编》（第一集 1945—1953），世界知识社 1956 年版，第 156 页。

③ ［民主德国］德意志民主共和国中央国家统计局编：《德意志民主共和国十年来的建设成就》，世界知识出版社 1959 年版，第 1—7 页。

④ 史称"斯大林照会"（Stalin Note）。

⑤ 世界知识社辑：《欧洲安全和德国问题文件汇编》（第一集 1945—1953），世界知识社 1956 年版，第 262—265、266—267、278—281、291—296 页。

到任何回应。

　　然而，随着 20 世纪 60 年代初"柏林墙"的建立以及东西方关系的逐步缓和，联盟党（Unionparteien）[1] 主导的联邦德国政府通过实力对抗来实现德国统一的政策越来越不现实。联邦德国与苏东国家的关系已陷入"瓶颈"，且两德关系逐步僵化，德国问题由此长期陷入僵局之中。此外，联邦德国的外交活动越来越受制于"哈尔斯坦主义"，导致联邦德国日益处于孤立状态。1963 年 10 月，阿登纳被迫辞去联邦总理职务，结束了长达 14 年的任期。

　　由上所述，联盟党阿登纳政府的德国统一政策主要是依靠积极加入西方阵营，强化自身实力的"实力政策"（Politik der Stärke），主张德国在自由与和平中完成统一。阿登纳总理对加强联邦德国自身实力的重要性曾做出过这样的评论："有人极力认为，只有加强德国西部的经济力量和政治力量，才能拯救柏林和德国东部，这些人都是正确的，否则我们就根本无法向柏林提供援助，使它能够坚持下来。我认为，在对待当前这个问题上，也可以根据近年来我们所积累的经验按照同样的原则行事，即德意志联邦共和国在政治上和经济上愈是强大，对柏林和德国东部也就愈有好处。"[2]

　　在国际社会，联邦德国政府大力推行"哈尔斯坦主义"，反对其他国家与民主德国建立外交关系，强调联邦德国是德国唯一合法的全权代表。尽管联邦德国对民主德国实行了强硬的不承认政策，避免和拒绝与后者进行政治性接触。但是，联邦德国政府愿意同民主德国创建和维持长久的经济联系，以弥合因国家分裂带来的民族创伤。因此，联邦德国政府主动同民主德国发展了德国内部贸易。然而，作为阿登纳政府德国统一政策的两大核心——"实力政策"与"单独代表权主义"[3]也深深影响和制约了两

---

　　① 由基督教民主联盟（Christlich-Demokratische Union，简称基民盟）和基督教社会联盟（Christlich-Soziale Union，简称基社盟）组成。

　　② [联邦德国]康拉德·阿登纳：《阿登纳回忆录：1945—1953》（一），上海外国语学院德法语系德语组部分同志译，上海人民出版社 1976 年版，第 377 页。

　　③ 这种以对抗为鲜明特征的强硬德国统一政策长期为其首创者联盟党奉为圭臬，直到 20 世纪 80 年代初，联盟党的德国统一政策理念才完成彻底转变。具体参见本书第三章第二节有关内容。

德经济关系的发展。阿登纳时期联邦德国对民主德国经济政策的摇摆性以及德国内部贸易的曲折发展都充分体现了这一点。

第二节　阿登纳政府对民主德国的
经济政策（1949—1963）

一　德国内部贸易的法规基础及内部机制

（一）《法兰克福协定》：过渡性的德国内部贸易协定

"二战"结束后，战败德国的领土由苏、美、英、法分割占领和管理。但是，四大占领国通过《占领初期对德管理、处置的经济原则》明确表示，它们在占领期间视德国为一个经济统一体，以统筹管理占领区内重要物资的分配，确保整个德国经济和生活的平衡。1946 年初，德国内部区域贸易应运而生。①与此同时，西方盟国驻德军政府颁布了《军政府法规第53 号法令》作为规范占领区之间贸易往来的法律基础。在这一时期，各占领区之间自行签订协议，进行占领区间的贸易，以达到货物流通的目的。然而，由于四大国的占领政策不尽相同，以及美苏基于意识形态上的对立，使德国作为一个经济统一体的构想遭到破坏。1948 年 6 月，西占区和东占区先后进行的币制改革标志着德国在经济上开始分裂，由此引发的柏林危机导致德国内部区域贸易被迫中断，直到 1949 年 5 月才得以恢复。

在两个德意志国家正式成立之前，苏占区曾积极寻求恢复全德经济统一。1949 年 6 月 8 日，苏占区德国经济委员会第一次经济会议在柏林召开。该委员会主席海因里希·劳（Heinrich Rau）在会上指出，东部占领

---

① 苏占区萨克森州同由英美联军占领的邻州最先开始了小规模占领区之间的贸易。参见 Fritz Federau, „Der Interzonenhandel Deutschlands von 1946 bis Mitte 1953 ", *Vierteljahrsheftezur Wirtschaftsforschung*, Nr. 4, 1953, S. 386.

区认为，恢复德国内部区域贸易是恢复德国统一的先决条件。如果在这方面不能很快取得具体结果，东部占领区将被迫与其他国家缔结贸易协定，以销售不断增加的农畜产品。①7月7日，海因里希·劳致函西占区经济管理委员会首席主任赫尔曼·普伦德（Hermann Pründer），在信中呼吁成立一个由德国各地区经济管理部门代表组成的全德经济委员会。他还建议设立一个特别委员会，就下列具体任务提供咨询意见。第一，1949年采取措施发展和扩大德国内部区域贸易，以及拟订1950年的德国内部区域贸易协定。第二，采取措施促进德国不同区域之间的交通运输，以及处理因交通运输困难引起的所有问题。第三，采取措施消除德国内部区域贸易中双种币制带来的财务困难。第四，为德国制定共同的对外贸易政策准则。②然而苏占区的这些建议并没有得到西占区的任何回应。

1949年9月20日和10月7日，联邦德国和民主德国相继宣告成立，德国内部区域贸易从占领区之间的贸易正式变为两个德国之间的贸易③。就在民主德国成立当日，联邦德国政府内阁召开会议谈论有关与苏占区（民主德国）经济谈判的进展情况。联邦经济部长路德维希·W.艾哈德（Ludwig W. Erhard）报告称，同苏占区（民主德国）之间的经济协定已经达成。这份协定主要计划从苏占区（民主德国）输入原材料和农产品，德国西部地区则输出制成品。柏林西部地区自动纳入经济协定之内。德国西部地区供货的1/3将由西柏林提供。德意志诸州银行以联邦德国马克进行贸易结算。通过引入新的发货单以防止德国东部地区倾销商品。为了让商品往来保持弹性，双方可以突破每月规定的限额，但不能超过2000万联邦德国马克。由于贸易数额很高，德意志诸州银行必须预先付款。这就需要联邦德国政府来做决定。联邦财政部请求对德意志诸州银行预先付款的担

---

① Margarethe Müller-Marsall, Hrsg. , *Archiv der Gegenwart*: *Deutschland 1949-1999*, Bd. 1, 1948-1953, Sankt Augustin: Siegler Verlag, 2000, S. 132.

② Margarethe Müller-Marsall, Hrsg. , *Archiv der Gegenwart*: *Deutschland 1949-1999*, Bd. 1, 1948-1953, Sankt Augustin: Siegler Verlag, 2000, S. 151.

③ 自其诞生以来，便与四大国对整个德国的责任密切相关，也与联邦德国政府的德国统一政策紧密相连。

保进行审查。①联邦总理阿登纳强调，无论是关于新一轮煤炭输出价格谈判的结果，还是同德国东部地区签署贸易协定的相关问题都应非常谨慎地评论。此外，联邦全德事务部长雅各布·凯泽（Jakob Kaiser）举例说明了柏林经济的灾难性状态。阿登纳总理认为，原材料供应和提供订单对西柏林的经济援助至关重要。②

10 月 8 日，两德谈判代表在美因河畔法兰克福（Frankfurt am Main）达成了一项短期的贸易协定——《法兰克福协定》（Frankfurter Abkommen）。该协定为德国内部贸易引入了一些新的机制。例如，结算账户分为配额账户（钢、铁）和非配额账户，结算单位（Verrechnungseinheiten，简写 VE)③ 以及无息透支贷款（Swing)④ 的引入。⑤《法兰克福协定》随后得到西方盟国驻德高级专员对外贸易委员会的批准。⑥该协定规定双方交易价值约 3 亿结算单位的商品，实际上相当于 3 亿联邦德国马克的商品。民主德国承诺向联邦德国交付的商品包括：8000 万联邦德国马克的纺织品、6100 万联邦德国马克的农产品、2760 万联邦德国马克的林业产品、

---

① 1949 年 10 月 21 日，联邦德国政府同意为德意志诸州银行在德国内部贸易框架内的结算账户提供超过 2500 万联邦德国马克的联邦担保，用于其同民主德国达成的经贸协定所要求的月度清算。在得到联邦担保的情况下，德意志诸州银行必须履行联邦德国政府给予（票据到期后）10 天的宽限期。参见 Ulrich Enders und Konrad Reiser, Bearb., *Kabinettsprotokolle der Bundesregierung 1949*, Bd. 1, Boppard am Rhein: Harald Boldt, 1982, S. 145.

② Ulrich Enders und Konrad Reiser, Bearb., *Kabinettsprotokolle der Bundesregierung 1949*, Bd. 1, Boppard am Rhein: Harald Boldt, 1982, S. 105, 109.

③ 德国内部贸易并非是以实际货币进行买卖交易，而是借助一种结算单位的方式进行买卖交易。结算单位基于两德（东、西）马克的比值为 1∶1。

④ 用于改善贸易平衡，抵消贸易平衡中的任何负数余额，供（两德中）出口额少于进口额的一方使用。无息透支贷款额度为德国内部贸易中的一方向另一方所允许欠付的最大债额。1949 年无息透支贷款的额度为 1600 万结算单位，子账户 A 可用额度为 1500 万结算单位，子账户 B 可用额度为 100 万结算单位。参见 „1975: Der Swing im innerdeutschen Handel (Anlage 1)", Bonn, 14. Februar 1975 ", *BArch* B 288/426, Bl. 2.

⑤ „Interzonenhandel 1949/50（Frankfurter Abkommen)", *Mitteilungsblatt der Industrie - und Handelskammer Würzburg*, Jg. 5, 1949, Nr. 11, Würzburg: Industrie- und Handelskammer, 1949, S. 1-6.

⑥ 1949 年 10 月 5 日，美国合众国际社（United Press）报道称，盟国驻德高级专员决定，从即日起，联邦德国和民主德国之间的贸易应被视为对外贸易，因此需要得到盟国驻德高级专员的批准。参见 Margarethe Müller-Marsall, Hrsg., *Archiv der Gegenwart: Deutschland 1949-1999*, Bd. 1, 1948-1953, Sankt Augustin: Siegler Verlag, 2000, S. 183.

2300 万联邦德国马克的机器、2250 万联邦德国马克的矿物油、2150 万联邦德国马克的化学药品、1000 万联邦德国马克的玻璃和陶瓷。联邦德国和西柏林承诺向民主德国交付的商品包括：8050 万联邦德国马克的钢铁、7500 万联邦德国马克的机器和车辆、3000 万联邦德国马克的化学品、2400 万联邦德国马克的电气工程产品、2000 万联邦德国马克的纺织品、1000 万联邦德国马克的有色金属。在这种以货物价值为基础的划分框架中，对一些商品提供了定量配额，即从德国东部地区向德国西部地区运送 4 万吨糖、10 万吨土豆、4 万吨黑麦和小麦，以及从德国西部地区向德国东部地区运送 15 万吨轧制产品、2.5 万吨铸造产品和 5 万吨金属废料。①

　　1950 年 6 月 30 日，《法兰克福协定》期限届满。盟国高级委员会和联邦德国经济部表示，希望德意志两个部分之间能迅速达成新的贸易协定。经联邦德国参议院批准，联邦德国政府颁布了德国内部贸易的过渡性法规，该法规规定联邦德国和民主德国之间的货物交换以易货贸易为基础。除了联邦德国经济部保留清单的限制外，过渡性法规在商品数量或金额方面没有对德国内部贸易设置任何限制。希望与德国东部地区进行易货贸易的联邦德国企业和西柏林企业必须联系其所在地区经济主管部门以获得批准。②

　　8 月 11 日，《法兰克福协定》的有效期被延长至 1950 年 9 月 30 日。关于 10 月 1 日生效的新德国内部贸易协议的谈判将于 8 月 22 日开始。根据第一个延期协议，由于旧的招标已经作废，因此将颁发新的付款授权书。从民主德国采购的第一批商品价值约为 5000 万—6000 万联邦德国马克。第二次招标预计将达到 2000 万联邦德国马克。在这个框架内，民主德国将提供溶剂、推进剂、褐煤砖、工业焦炭、非金属矿物、约 200 万联邦德国马克的纺织机、250 万联邦德国马克的办公设备、150 万联邦德国马克的机床、400 万联邦德国马克的纺织品、800 万联邦德国马克的化学品、280 万联邦德国马克的玻璃和玩具、100 万联邦德国马克的纸制品。联邦德

---

　　① Margarethe Müller-Marsall, Hrsg., *Archiv der Gegenwart*: *Deutschland 1949-1999*, Bd. 1, 1948-1953, Sankt Augustin: Siegler Verlag, 2000, S. 187.

　　② Margarethe Müller-Marsall, Hrsg., *Archiv der Gegenwart*: *Deutschland 1949-1999*, Bd. 1, 1948-1953, Sankt Augustin: Siegler Verlag, 2000, S. 331-332.

国将向民主德国供应约 3000 万联邦德国马克的牲畜育种和牲畜，以及蔬菜和水果罐头。旧配额的剩余部分，其中包括旧年收成中脱销的啤酒花，将被纳入新协议。[①]

然而，在随后的一年多时间里，由于两个德国在柏林电力供应、柏林货物输出以及货物运输交通[②]等方面存在巨大分歧，导致双方迟迟无法达新的德国内部贸易协定，只是在《法兰克福协定》的基础上，临时达成短期贸易协议。例如，1951 年 2 月，联邦德国与民主德国签订了为期 3 个月的贸易协议，贸易额为 1.7 亿联邦德国马克，其中煤炭交付的额定价值为 2000 万联邦德国马克。《法兰克福协定》中结算账户的结余将转入新协议。与此同时，双方决定设立一个服务清算特别账户。此外，在（民主德国）德国国营铁路（Deutsche Reichsbahn）与（联邦德国）德国联邦铁路（Deutsche Bundesbahn）之间最新谈判的基础上，双方铁路公司就铁路货车从德国联邦铁路进入德国国营铁路的付款结算达成协议。

根据双方达成的这份短期贸易协议，民主德国供应的主要商品包括 1416 万联邦德国马克的农产品、865 万联邦德国马克的林业产品、1180 万联邦德国马克的矿物油、1885 万联邦德国马克的褐煤（用于交换硬煤）、350 万联邦德国马克的矿产品、2500 万联邦德国马克的化学品、3200 万联邦德国马克的纺织品、915 万联邦德国马克的机械产品。联邦德国则向民主德国提供以下商品：1950 万联邦德国马克的农产品、1885 万联邦德国马克的硬煤（用于交换褐煤）、2230 万联邦德国马克的钢铁产品、2500 万联邦德国马克的机械产品和车辆、2500 万联邦德国马克的化学品、1000 万联邦德国马克的纺织品。[③]

由于受内外部因素的共同影响，在两个德国成立后近两年的时间里，双方始终无法签署长期、稳定的贸易协定。德国内部贸易也因缺乏相应的法律依据及权限框架而始终处在一种不稳定的状态之中。这直接影响到了

---

① Margarethe Müller-Marsall, Hrsg., *Archiv der Gegenwart: Deutschland 1949-1999*, Bd. 1, 1948-1953, Sankt Augustin: Siegler Verlag, 2000, S. 349-350.

② 具体内容参见本节第三部分（四）西柏林问题的影响。

③ Margarethe Müller-Marsall, Hrsg., *Archiv der Gegenwart: Deutschland 1949-1999*, Bd. 1, 1948-1953, Sankt Augustin: Siegler Verlag, 2000, S. 437.

德国内部贸易的规模及发展水平。这一状况直到 1951 年 9 月《柏林协定》的签订才得到有效改善，德国内部贸易由此逐渐步入正轨。

（二）《柏林协定》：德国内部贸易的法律依据及权限框架

1951 年 9 月 20 日，在经过 130 多轮谈判之后，联邦德国经济部下属德国内部区域贸易信托局（Treuhandstelle für den Interzonenhandel）[1] 的谈判代表与民主德国对外贸易及德国内部贸易部的谈判代表共同签署了《关于西马克货币区与东马克货币区之间的贸易协定》（Abkommen über den Handel zwischen den Währungsgebieten der Deutschen Mark（DM-West）und den Währungsgebieten der Deutschen Mark der Deutschen Notenbank（DM-Ost），以下称《柏林协定》）[2]。与两德之前达成的贸易协定相比，《柏林协定》没有时间限制，既可以季度为期限，也可以年度为期限。《柏林协定》采用了价格协议和清算制度。它突破了以往年度商品贸易的常规货物清单，取而代之的是更加灵活的、普遍的规则，使协定的细节能够不断地适应贸易发展需求。因此，双方不再需要进行新的一系列复杂的谈判，只需与当前货物清单相匹配即可。《柏林协定》是德国内部贸易最重要的协定[3]。它不仅凸显了两德经济关系的特殊性，还为两德经贸往来设定了固定的框架结构，并且一直延续到德国的重新统一。[4]

---

[1]　1981 年 12 月 15 日，德国内部区域贸易信托局更名为工业与贸易信托局（Treuhand-stelle für Industrie und Handel）。参见 The Language Services Division of the Foreign Office of the Federal Republic of Germany, *German Institutions*：*Designations*, *Abbreviations*, *Acronyms*, Berlin/New York：Walter De Gruyter, 2013, p. 75.

[2]　又称为《柏林协定》（Berliner Abkommen）。该协议的具体内容参见 „Abkommen über den Handel zwischen den Währungsgebieten der Deutschen Mark（DM-West）und den Währungsgebieten der Deutschen Mark der Deutschen Notenbank（DM-Ost）", in Ingo von Münch, Hrsg., *Dokumente des Geteilten Deutschland*, Bd. 1, Stuttgart：Alfred Kröner, 1976, S. 218–222.

[3]　1951—1990 年，《柏林协定》的基本原则始终保持不变。

[4]　1960 年 8 月 16 日，联邦德国和民主德国对 1951 年《柏林协定》进行了修订。这次修订只是针对个别种类的产品限额以及个别账户进行了调整，德国内部贸易的特殊性及基本框架并没有发生改变。修订后的协定内容参见 „Abkommen über den Handel zwischen den Währungsgebieten der Deutschen Mark（DM-West）und den Währungsgebieten der Deutschen Mark der Deutschen Notenbank（DM-Ost）vom 20. September 1951（Berliner Abokmmen）in der Fassung der Vereinbarung vom 15. August 1960 ", in Ingo von Münch, Hrsg., *Verträge Bundesrepublik Deutschland - DDR（Aktuelle Dokumente）*, Berlin：De Gruyter, 1973, S. 15–21.

《柏林协定》的基本内容分为 5 个部分①，共计 18 项条款。主要涉及两德间的货物流通、服务流通以及支付流通三大领域，其中比较重要的规定有以下几点：

在货物流通方面，根据协定所拟定的货物清单进行货物交易；某些货物交易不能超过特定总值；双方根据其范围内所适用的规定，经由申请付款获取进出口许可证，进而进行货物买卖；原则上不允许抵偿贸易和易货贸易；双方可进行服务业的交流；在联邦德国境内，凡属于德国内部贸易的交易，都需要经过有关部门的许可程序；柏林地区也在德国内部贸易的范围之内。另外，交易的货物原则上必须是在当地生产的货物。如果使用第三国生产的货物进行交易则需要双方事先进行协商。

服务流通主要涉及与交通、邮政、电报、电话、能源供应相关的服务费用。

在支付流通方面，两德间的货物交易并非以现金支付，而是由联邦德国中央银行与民主德国中央银行以固定的结算单位进行结算。1 个结算单位的价值等于 1 个联邦德国马克。②双方中央银行互设一个对方的结算账户，其下再分为 4 个子账户：子账户 1 所结算的货物属于"硬性货物"（harten Waren）（民主德国输出的石油、矿产品、林业制品、机器和原料，联邦德国输出的钢铁制品、非金属制品、矿产品、电子产品和机器）；子账户 2 为结算货物清单上的"软性货物"（weichen Waren）（不属于子账户 1 的货物）；子账户 3 是关于劳务的清算账户；子账户 4 是煤炭供应账户。这些账户可以获得一定数额的无息透支贷款。当一方将无息透支贷款额度

---

① 货物流通、服务流通、支付流通、其他规定以及最终决议。

② 出于维护政治形象的原因，联邦德国采用了 1 个结算单位等于 1 个联邦德国马克等于 1 个民主德国马克的比例，这种外汇平价意味着民主德国马克被高估了。然而，由于德国内部贸易是以联邦德国现行的市场价格为基础的，因此结算单位与联邦德国马克的实际价值相符合。尽管两德马克的官方汇率经常波动，但联邦德国马克始终比民主德国马克值钱得多，尤其是在德国东西部地区币制改革后的几年中。例如，1950 年 3 月 18 日，西柏林交易所挂牌交易，东、西德国马克额定汇率为 8.8∶1 到 9∶1，是德国东部地区币制改革以来的最低水平。然而，黑市汇率仍比官方汇率高出许多，在黑市上，1 个联邦德国马克最高可兑换 12 个民主德国马克。参见 Margarethe Müller-Marsall, Hrsg., *Archiv der Gegenwart：Deutschland 1949-1999*, Bd. 1, 1948-1953, Sankt Augustin：Siegler Verlag, 2000, S. 264.

用尽，另一方的中央银行则停止付款。此时，如果另一方打算继续输出货物，则只能通过特别账户 S（Sonderkonto）以现金方式完成交易。民主德国的进货商通常在收到联邦德国企业输出的货物后，以民主德国马克到民主德国中央银行缴款，民主德国中央银行就以结算单位的方式，计入联邦德国中央银行的账户里，而联邦德国的出口商从其来往的银行获得货款。也就是说，这两个中央银行在本国分别用自己的货币（联邦德国马克、民主德国马克）支付各自的供货款。

就联邦德国而言，德国内部贸易对其具有政治经济双重意义。在《柏林协定》签订之后，联邦德国政府全权代表海因里希·福克尔（Heinrich Vockel）就曾直言不讳地表示："联邦德国政府强调，发展德国内部贸易有其政治与经济上的目标：政治上的目标在于巩固柏林的地位以及维持其对外交通的通畅；经济上的目标在于维持德意志两部分间的技术交流，改善德意志另一部分地区人民的生活水平。"①此外，德国内部贸易还被联邦德国视为德意志两部分间重要的纽带，由此带来的双边人员接触是促进双方和解以及未来统一不可或缺的条件。②就民主德国而言，经济重建在其建国初期也是重要的目标之一，德国内部贸易对其经济的恢复与发展有着重要意义。值得注意的是，民主德国在建国后仍积极谋求恢复德国的统一，并视整个德国为"一个有着共同关卡边界的统一的关税区和通商区"。③

由此可见，对联邦德国而言，德国内部贸易的一个重要功能便是弥合德意志内部的分裂，维护德意志民族的团结。因此，联邦德国工业与贸易

---

① Deutschland（Bundesrepublik）Presse- und Informationsamt, Hrsg., *Bulletin des Presse- und Informationsamtes der Bundesregierung*, Nr. 12 vom 24. November 1951, Bonn：Deutscher Bundes-Verlag, 1952.

② Deutschland（Bundesrepublik）Presse- und Informationsamt, Hrsg., *Bulletin des Presse- und Informationsamtes der Bundesregierung*, Nr. 224 vom 30. November 1956, Bonn：Deutscher Bundes-Verlag, 1957.

③ 参见民主德国临时人民议院 1949 年 10 月 7 日公布施行的《民主德国宪法》第 118 条。Rudolf Schuster und Werner Liebing, Hrsg., *Deutsche Verfassungen*, 13. Aufl., München：W. Goldmann, 1981, S. 212.

信托局局长弗朗茨·勒施称其为联邦德国政府德国统一政策的一个组成部分。①显然，联邦德国政府更加看重德国内部贸易的政治意义而非经济意义。另外，还可以看到，联邦德国政府在德国内部贸易中的政治目标存有"长远目标"（或"终极目标"）和"现实目标"。"长远目标"主要是通过这条经济纽带来避免德国分裂的常态化和永久化，从而最终实现德国的经济统一和政治统一。而"现实目标"则是通过货物和服务流通来保障西柏林的安全（尤其是经济安全）。由于西柏林相对隔绝的地缘位置，其经济安全的脆弱性早已在1948—1949年的柏林危机中暴露无遗。一方面，西柏林的许多生活物资（如电力、褐煤砖以及食品等）直接依赖民主德国的供应，通过德国内部贸易可以获得相应的保障；另一方面，德国内部贸易对于增强西柏林的经济实力及其城市吸引力也有着重要意义。

《柏林协定》的签订方式及其内容同时体现出阿登纳政府德国统一政策中的"一个德国"原则。首先，《柏林协定》是以"东马克货币区"（Währungsgebieten der DM-Ost）和"西马克货币区"（Währungsgebieten der DM-West）而非两个德国的国名写入协定标题②。其次，联邦德国主管和参与德国内部贸易的机构是德国内部区域贸易信托局。该机构自1949年11月成立以来，一直由联邦德国经济部领导，并被授权与民主德国最高经济管理机构保持经常性联系，共同商讨两德间的贸易问题，进行相关沟通谈判事宜。最后，柏林地区也被纳入到德国内部贸易之中。因而，由联邦德国、民主德国和柏林地区构成的三角贸易在形式上凸显了全德经济的整体性。由此可见，在德国内部贸易中，联邦德国政府试图继续贯彻不承认

---

① Franz Rösch, „Außenwirtschaft der DDR und innerdeutsche Wirtschaftsbeziehungen: Sonderstellung der innerdeutschen Wirtschaftsbeziehungen", in Gernot Gutmann, Hrsg., *Außenwirtschaft der DDR und innerdeutsche Wirtschaftsbeziehungen: rechtliche und ökonomische Problem*, Berlin: Duncker und Humblot, 1986, S. 98.

② 早在民主德国建立之日，联邦德国总理阿登纳就在内阁会议中讲到，德国东部地区宣布成立共和国，这在政治上会出现一个新的情况。在签署贸易协定时要避免留下这样的印象，即联邦德国承认了德国东部地区共和国存在的事实。因此，按照德国东部地区共和国宣布的国名来签署协定是不可能的。如果在旧的代表权（苏占区的德国经济委员会）的基础上签署协定也是不可行的，只能按照西马克货币区和东马克货币区的名义签署协定。参见 Ulrich Enders und Konrad Reiser, Bearb., *Kabinettsprotokolle der Bundesregierung 1949*, Bd. 1, Boppard am Rhein: Harald Boldt, 1982, S. 105.

政策，即避免承认民主德国作为一个主权国家的合法性。因此，联邦德国政府将德国内部贸易视为一种特殊形态的"内部贸易"，以展示其在政治上坚持的"德国统一性"。可以说，这是联邦德国政府"单独代表权主义"在两德经济关系领域的一种延伸。

与此同时，联邦德国还努力促成国际社会以法律和政治的形式承认德国内部贸易的特殊性——非对外贸易[1]。一些重要的国际性和区域性贸易组织先后承认了两德贸易的这种"特殊状态"。例如，1951 年的《关税及贸易总协定》[2]（GATT）附带的《多奎议定书》（Torquay-Protokoll）做了如下的补充表达，联邦德国的加入要求"不改变德国内部贸易现行规定，亦无须改变德国内部贸易带有德国产地货物的条件。"[3]这表明，该协定的参与国认可联邦德国关于维持德国内部贸易特殊性的举措，同时也承认了两德间的特殊（经济）关系。同年签署的《欧洲煤钢共同体条约》（EGKS-Vertrag）的附加协议《过渡性条文协议》（Abkommens über die Übergangsbestimmungen）第 22 条则授权联邦德国政府在与欧洲煤钢共同体的高级权力机构达成协议的情况下，拥有自主管理"德国内部"煤炭和钢铁领域货物交换的权利。[4]

1957 年 3 月，联邦德国在同比利时、法国、意大利、卢森堡、荷兰五国在罗马共同签署《建立欧洲经济共同体条约》（Vertrag zur Gründung der EWG）[5] 时，附带了一份《德国内部贸易及其相关问题议定书》（Protokoll

---

① 联邦德国统计局在统计和发布联邦德国的贸易数据时，将德国内部贸易的统计数据单独列出（所在栏目 Fachserie / F / 6 m；Fachserie / 6 / 6 m，Warenverkehr mit der Deutschen Demokratischen Republik und Berlin（Ost）），而没有将其归入联邦德国对外贸易的统计数据（所在栏目 Fachserie / G；Fachserie 7，Außenhandel）。

② 当加入《关税及贸易总协定》时，联邦德国还须确保德国内部贸易中的关税豁免不受最惠国待遇要求的影响。

③ Deutschland（Bundesrepublik）Bundesministerium für innerdeutsche Beziehungen, Hrsg. , *Zehn Jahre Deutschlandpolitik: die Entwicklung der Beziehungen zwischen der Bundesrepublik Deutschland und der Deutschen Demokratischen Republik 1969 - 1979: Bericht und Dokumentation*, Bonn: Bundesministerium für innerdeutsche Beziehungen, 1980, S. 28.

④ „Vertrag über Gründung der Europäischen Gemeinschaft für Kohle und Stahl vom 18. 4. 1951", *BGBl*, 1952 Ⅱ, S. 447.

⑤ 《建立欧洲经济共同体条约》与《欧洲原子能联营条约》统称为《罗马条约》（Römische Verträge）。

über den Innerdeutschen Handel und die damit zusammenhängenden Fragen）。
该《议定书》第 1 条明确表示："德国内部贸易所适用的范围包括联邦德国《基本法》效力所及的地区（联邦德国）和效力无法实现的德国其他地区（民主德国），《欧洲经济共同体条约》在德国地区的适用上，不需改变德国内部贸易现行规定。此外，原产于民主德国的货物只要是基于德国内部贸易出口，就会获得所谓的自由贸易证书，该货物可以在欧洲经济共同体内自由流通。"①这就意味着，民主德国和欧洲共同体之间存在一种"特殊关系"，以及在《欧洲经济共同体条约》的意义上，民主德国不被视为第三国。德国内部贸易不被视为对外贸易，从而原产于民主德国的货物直接进入欧洲共同体市场时，原则上与原产于联邦德国的货物同等对待，可以享受免关税以免农产品进出口调节税的优待。该议定书对联邦德国而言具有重要的政治意义，它是为了避免德国分裂的加深而缔结的。②

对于德国内部贸易的特殊性以及在国际上所享受的特殊地位，联邦德国的德国内部关系部国务秘书埃贡·赫曼（Egon Höhmann）曾这样评述道："虽然联邦德国融入了欧洲共同体，民主德国加入了经济互助委员会，两者都志在推动各自阵营经济集团化。但德国内部贸易依然保留了不同于对外贸易的特征——没有关税边界、特殊的支付方式、免关税的待遇。在国际层面特别是在欧洲共同体的框架内，联邦德国这一立场始终可以获得承认。"③可见，德国内部贸易的特殊性也为民主德国带来了很多经济上的实惠，由此可以对民主德国产生一定的吸引力。

---

① "Vertrag zur Gründung der EWG -Protokoll über den innerdeutschen Handel und die damit zusammenhängenden Fragen", in Deutschland（Bundesrepublik）Bundesminister der Justiz, Hrsg., *Bundesgesetzblatt*, 1957 II, Nr. 23 vom 19. August 1957, Bonn: Bundesanzeiger Verlag, 1957.

② 事实上，1957 年欧洲经济共同体成立后，在联邦德国的各类贸易中如何对德国内部贸易进行归类的问题变得更加尖锐。联邦德国努力使其谋求德国统一的理念与西方一体化的选择相协调，而《建立欧洲经济共同体条约》附带的《德国内部贸易及其相关问题议定书》为其提供了一种解决方案。

③ "Parlamentarischer Staatssekretär Höhmann: Europäische Faktoren bei den innerdeutschen Beziehungen", in Deutschland（Bundesrepublik）Bundesministerium für innerdeutsche Beziehungen, Hrsg., *Texte zur Deutschlandpolitik*, Reihe II/Bd. 6, Bonn: Deutscher Bundes-Verlag, 1979, S. 247-248.

尽管联邦德国参与和发展德国内部贸易的初衷是为了弥合战后德意志国家的分裂，然而，由于身处美苏冷战的夹缝之中，德国内部贸易也不可避免地被打上了冷战的烙印。其中，最为显著的表现便是，在两个德意志国家建立之后，占领期间由美英军政府所制定推行的《军政府法规第 53 号法令》依然发挥着效力。该法令要求从事任何一项德国内部贸易，都必须向有关当局申报登记，只有在获得相应的贸易许可证后方能进行交易。盟国高级委员会对两德间的货物交换拥有最终审批权①。1951 年 7 月 18 日，基于 1949 年 9 月修订的《军政府法规第 53 号法令》，英、美、法三国驻德军政府又颁布了《同东马克货币区进行货物贸易的法规》②（Verordnung über den Warenverkehr mit den Währungsgebieten der Deutschen Mark der Deutschen Notenbank（DM-Ost）/Interzonenhandelsverordnung），该法规对于贸易许可证的授予、申请和批准形式和条件、使用、有效期、保留和返还以及违规处罚等方面做出了明确规定③。在德国统一之前，西方盟国和联邦德国对钢铁、高科技产品、军工产品等重要货物的出口有着严格的限制。西方盟国和联邦德国，一方面可以通过控制和限制输出至民主德国的产品来向民主德国经济施压，这主要是利用民主德国对联邦德国重工业和高技术产品的传统依赖性；另一方面还可以有效防范和应付民主德国采取操控贸易的政策。

此外，1951 年《柏林协定》附件 9 包含一个的重要程序性规定。该附件第 19 款内容如下：凡属 1946 年 11 月盟国管制委员会保留清单上的货物

---

① 1950 年 7 月 15 日，英、美、法三国驻柏林军事长官在柏林西部地区颁布了《第 500 号规定》（Verordnung Nr. 500），该规定包含的条款与《军政府法规第 53 号法令》包含的条款类似，以规范西柏林地区的外汇管理和货物运输管理。该规定的具体内容参见 *Amtsblatter der Alliierten Kommandantura*，Berlin，1950，S. 51；*Verordnungsblatt für Groß-Berlin*，Ⅰ，S. 304.

② 该条例的具体内容参见„Verordnung über den Warenverkehr mit den Währungsgebieten der Deutschen Mark der Deutschen Notenbank（DM-Ost）-Interzonenhandelsverordnung"，*Bundesgesetzblatt*，Jahrgang 1951，Teil I，Nr. 34，Bonn，den 23. Juli 1951，S. 463–466.

③ 1958 年 5 月 22 日，英、美、法三国驻德军政府又颁布了一项《德国内部区域贸易执行条例》（Interzonenhandels- Durchführungsverordnung）作为补充规定。同年 8 月 22 日，英、美、法三国驻德军政府对该条例进行了修订。该条例（修订版）的具体内容参见 Deutschland（Bundesrepublik）Bundesministerium der Justiz，Hrsg.，*Bundesanzeiger*，Nr. 175 vom 12. September 1958，Köln：Bundesanzeiger Verlagsgesellschaft，1958.

从西柏林运往联邦德国时，西柏林参议院在第 2 页"同意"栏签字并盖章；苏联管制委员会在"批准"栏签字并盖章。[①]这一规定出台的背景是盟军对柏林的控制权。由于西柏林和东柏林及民主德国其他地区之间处于边界开放状态，苏联当局有权控制从西柏林到联邦德国的货物流动。这是为了防止短缺的货物从民主德国进入联邦德国。这一控制权曾被苏联多次用来管制柏林的交通。

由此可见，在战后东西方强力对抗以及德国分裂对峙的时代背景下，联邦德国对民主德国的经济政策呈现出一种摇摆姿态。一方面，联邦德国政府试图将德国内部贸易作为展现"德国经济统一体"的标志，以及德意志两部分间的桥梁纽带；与此同时，德国内部贸易还被用于从经济层面保障西柏林的存在，以及增加联邦德国对民主德国的影响力。因此，在一定程度上，德国内部贸易充当了缓和两德政治对立以及维系德意志民族统一性的工具。另一方面，由于受到东西方两大阵营对峙的影响，西方盟国与联邦德国经常对苏联和民主德国展开经济冷战。德国内部贸易时常又被当作一种反制武器，尤其是在通往西柏林的道路交通遭遇干扰乃至封锁的时候。阿登纳政府对民主德国的经济政策在冷战中的具体实践，更是将该政策自相矛盾的特征淋漓尽致地展现出来。

二 阿登纳政府对民主德国经济政策在危机事件中的实践

（一）以经济援助应对 1953 年 "6·17 事件"

1. 1953 年 "6·17 事件" 以及各方的反应

民主德国成立后，由于战争带来的创伤尚未完全愈合，又要偿付给苏联

---

① „Anlage 9 des Abkommen über den Handel zwischen den Währungsgebieten der Deutschen Mark（DM-West）und den Währungsgebieten der Deutschen Mark der Deutschen Notenbank（DM-Ost）vom 20. September 1951（Berliner Abokmmen）in der Fassung der Vereinbarung vom 15. August 1960 ", in Ingo von Münch, Hrsg. , *Verträge Bundesrepublik Deutschland - DDR（Aktuelle Dokumente）*, Berlin：De Gruyter, 1973, S. 44.

大笔战争赔款，国民经济在难以承受的重负下陷入困境①。与此同时，民主德国计划经济体制的一些弊端也开始显现。例如，在工业领域，虽然民主德国在工业原料（硬煤、铁矿石）方面资源匮乏，但仍然照搬了苏联经济模式②，在其第一个五年计划中片面发展重工业，其中钢铁工业成为国家工业发展的中心，加工和消费品工业只获得了很少的资本投资。而在农业领域，民主德国政府大规模开展集体化运动，不仅遭到许多农民的抵制，还致使大量农民出走联邦德国，从而引发了食物供应危机。③另外，民主德国大范围开展阶级斗争运动，造成了社会关系紧张，人员出走现象④日趋严重，进一步加重了其内部危机。

1952 年 7 月，德国统一社会党中央委员会通过了"加速社会主义建设"新方针之后，民主德国的生活必需品特别是食用油、肉类和糖等出现严重短缺，情况不断恶化。1953 年 5 月 28 日，民主德国政府为扭转经济危局，加快工农业生产步伐，决定提高国民收入中积累部分的比重，在工资不动的前提下增加工作定额 10%，结果引起工人与劳动群众强烈不满。6 月 15 日，东柏林建筑工人首先罢工并上街游行，其他行业的工人也起而效仿，罢工和游行示威的浪潮迅速扩展到全国其他城镇。

6 月 16 日，德国统一社会党中央政治局决定取消提高劳动定额的规

---

① 此外，民主德国的军费开支也很庞大，主要部分是用于支付驻民主德国苏军的相关费用。民主德国人民军的规模与联邦德国国防军大抵相同，而苏联在民主德国的驻军数量是联邦德国境内所有外国驻军数量的 3 倍。参见 Helmut Schmidt, *Die Deutschen und ihre Nachbarn*, Berlin: Siedler, 1990, S. 52.

② 民主德国实行的是高度集中的计划经济体制，该经济体制也不是真正由民主德国领导人自主决定的，民主德国不得不听命于苏联，没有自主权，不可能根据本国的情况来决定自己的经济政策。此外，民主德国在经互会内部实行不利于自主发展的分工，致使国民经济畸形发展严重，比例失调。参见徐鹏堂编《嬗变：访谈中国前东欧八国大使》，中共党史出版社 2010 年版，第 172、183 页。

③ Stefan Doernberg, *Kurze Geschichte der DDR*, 4. Aufl., Berlin: Dietz, 1969, S. 218-221.

④ 据联邦德国官方统计资料显示，民主德国出走人数 1949 年为 14 万 7702 人，1950 年为 16 万 3124 人，1951 年为 14 万 1089 人，1952 年为 14 万 9778 人，而到了 1953 年，前 5 个月就达到 18 万 4793 人。参见 Deutschland (Bundesrepublik) Bundesministerium für gesamtdeutsche Fragen, Hrsg., *Der Volksaufstand vom 17. Juni 1953: Denkschrift über der Juni-Aufstand in der Sowjet. Besatzungszone und in Ostberlin*, Bonn: Bundesministerium für gesamtdeutsche Fragen, 1953, S. 9.

定，并发表了以下声明："第一，只有在提高劳动生产率和增加产量的基础上，才有可能建立新的生活并改善工人和全体劳动人民的生活条件。只有贯彻执行我们党的老口号（'更多的生产劳动是为了更好的生活！'）（Mehr produzieren, besser leben！），才能实现战后民主德国经济的恢复和快速发展。这种方式曾经是并且现在仍然是唯一正确的方式。这就是为什么中央政治局认为自愿参加提高劳工标准的先进工人的主动行动是建设新生活的重要一步，这种新生活向全体劳动人民展示了摆脱现存困境的道路。中央政治局认为，工厂经理、党组织和工会组织的最重要任务之一是采取措施改善劳动和生产组织，使那些已经提高标准的工人的工资在不久的将来得到提高。第二，中央政治局认为，以行政手段将国营工业企业的劳工标准上调10%是完全错误的。不能使用行政手段来提高劳工标准，而只能基于信念和自愿。第三，中央政治局建议废除各部委下令强制提高的劳工标准，因为这是不正确的，必须与工会一同审查1953年5月28日的政府决定。中央政治局号召工人团结在党和政府周围，揭露那些试图把不和和混乱带入工人阶级队伍的敌对势力和挑衅者。"[①]

尽管如此，德国统一社会党中央政治局并未认真了解和满足工人们的广泛要求，也未能采取积极措施防止事态的进一步扩大。6月17日清晨，东柏林许多工厂的工人和雇员都响应了总罢工的口号，并到施特劳斯广场进行集会。他们在会后举行了示威游行，并向政府提出降低物价，举行全德自由选举，释放政治犯，撤出一切外国军队等要求。同日中午，东柏林的骚乱最终被苏联制止下去。苏联驻东柏林的军事指挥官彼得·A. 季布罗瓦（Pjotr A. Dibrowa）将军下午1时30分下达关于实行进入紧急状态的命令，并一再重申四点要求："第一，从6月17日下午1时开始，东柏林进入紧急状态。第二，禁止在街道和广场以及公共建筑中举行任何超过三人的示威、游行、会议和其他集会。第三，晚上9时至次日凌晨5时禁止一切行人以及汽车和车辆通行。第四，违反这一禁令的人员将根据战争法受

---

① Margarethe Müller-Marsall, Hrsg. , *Archiv der Gegenwart*: *Deutschland 1949-1999*, Bd. 1, 1948-1953, Sankt Augustin: Siegler Verlag, 2000, S. 959.

到惩罚。"①

与此同时，民主德国政府就"6·17事件"连续发表了两项措辞严厉的声明。6月17日中午，民主德国政府在首个声明中，呼吁民众支持政府采取措施立即恢复城市秩序，并为工厂的正常平稳运行创造条件。另外，该声明还指出，针对民主德国政府为改善劳动人民生活状况而采取的措施，西柏林的法西斯特工和其他反动分子通过发起挑衅和制造严重骚乱作出回应。这些挑衅行为意在使恢复德国统一变得更加困难。由于政府昨日已就工作定额问题做出决定，柏林建筑工人停工的借口已经失效。东柏林所发生的骚乱是国外势力的挑衅者和法西斯特工以及德国资本主义垄断组织的帮凶所为，对骚乱负有责任的人员将被追责并受到严厉惩罚。6月18日，民主德国政府又发表了《关于外国代理人在柏林冒险失败的声明》（Zusammenbruch des Abenteuers ausländischer Agenten in Berlin），其中指出："在民主德国政府通过全力实施新的重要措施改善劳动人民的物质生活状况，尤其是改善工人生活条件的同时，联邦德国垄断集团的商业分子、外国代理人及其帮凶试图破坏民主德国政府的行动。据证实，昨天在一些企业工厂发生的罢工，以及个别法西斯分子团体在东柏林街头的挑衅性行为，都是根据西柏林当局制定的统一计划，并在当时得到了实施。不过，这场骚乱以冒险活动彻底失败而告终，因为他们遭到了民主德国大多数民众和国家机关的反对。目前，民主德国企业恢复了正常生产，街道恢复了秩序。我们不会容忍挑衅者和犯罪分子的暴动。外国代理人企图破坏民主德国政府改善劳动人民生活条件的重要措施，这一卑鄙伎俩根本不会得逞。为德国统一制造新的障碍和混乱的企图已经失败。民主德国政府将采取果断措施，严惩骚乱的肇事者。挑衅者不要指望怜悯！"②

随后几天，在民主德国其他地区爆发的骚乱也被迅速制止。在这期间，民主德国政府采取了一系列旨在提高劳动人民生活水平的紧急措施。这些措施包括民主德国部长会议关于提高劳工标准后工资核算的决议和法

---

① Margarethe Müller-Marsall, Hrsg., *Archiv der Gegenwart*: *Deutschland 1949-1999*, Bd. 1, 1948-1953, Sankt Augustin: Siegler Verlag, 2000, S. 959.

② Margarethe Müller-Marsall, Hrsg., *Archiv der Gegenwart*: *Deutschland 1949-1999*, Bd. 1, 1948-1953, Sankt Augustin: Siegler Verlag, 2000, S. 960-961.

令、关于进一步改善向劳动人民供应食品的决议和法令、关于改善向劳动人民供应保健和安全服装和设备的决议和法令、关于进一步改善向劳动人民供应工业品的决议和法令、关于利用 6 亿民主德国马克额外投资资金建造和修缮住房的决议和法令，改善向劳动人民供应建筑材料，进一步发展农业经济，增加养老金和社会福利支助。民主德国政府认为，这些措施以及部长会议随后做出的决定能够继续推动政府改善劳动人民生活和相互交流的方式。[1]

由于"6·17 事件"的发生、蔓延以及结束都太快，完全出乎了西方国家的意料。因此，美国和联邦德国当时还没有做好应对这场危机的准备。另外，由于无法估量介入此次骚乱可能会带来怎样的风险，美国及其西方盟国对这一事件持谨慎克制的态度。[2] 6 月 17 日中午，联邦德国阿登纳政府内阁紧急召开特别会议，对东柏林示威游行情况进行了讨论。在联邦全德事务部长详细报告了东柏林最新事态发展之后，阿登纳总理补充说，他已经指示联邦外交部国务秘书瓦尔特·哈尔斯坦（Walter Hallstein）就这个重要问题与盟国高级委员会保持沟通。他认为，联邦政府有必要在今天下午的联邦议院全体会议上就"6·17 事件"发表声明。随后他宣读了一份政府声明草案。在经过简短的讨论以及小幅修改之后，该声明草案得到了联邦内阁的批准。[3]

16 日下午，阿登纳总理在联邦议院公开发表了一份政府声明，表达了自己对"6·17 事件"的看法。他在声明中称："无论一开始如何评价东柏林工人的示威活动，他们已经成为民主德国和东柏林的德国人自由意志的伟大表达。我们希望他们经受住挑衅的诱惑，不要采取可能危及生命和

---

① Margarethe Müller-Marsall, Hrsg., *Archiv der Gegenwart*: *Deutschland 1949-1999*, Bd. 1, 1948-1953, Sankt Augustin: Siegler Verlag, 2000, S. 971.

② Christian M. Ostermann, „Die beste Chance für ein Rollback? Amerikanische Politik und der 17. 6. 1953 ", in Christoph Kleßmann und Bernd Stöver, Hrsg., *1953 - Krisenjahr des Kalten Krieges in Europa*, Köln: Böhlau, 1999, S. 139; Klaus Larres, „ Großbritannien und der 17. 6. 1953: Die deutsche Frage und das Scheitern von Churchills Entspannungspolitik nach Stalins Tod", in Christoph Kleßmann und Bernd Stöver, Hrsg., *1953 - Krisenjahr des Kalten Krieges in Europa*, Köln: Böhlau, 1999, S. 173.

③ Ulrich Enders und Konrad Reiser, Bearb., *Kabinettsprotokolle der Bundesregierung 1953*, Bd. 6, Boppard am Rhein: Harald Boldt, 1989, S. 348.

自由的不可预见的行动。只有恢复德国统一，才能真正改变民主德国和东柏林的德国人的生活。联邦德国政府将努力确保德意志两部分间交通往来的便利性以及柏林与联邦德国之间的联系，这将为恢复德国统一铺平道路。联邦德国政府正密切关注事态的发展，并与西方盟国驻德高级专员保持密切的联系。在这一时刻，希望我们团结一致，无论政治观点如何，都致力于实现共同的伟大目标。"①显然，联邦德国政府认为，在苏联以武力方式维持民主德国稳定的状况下，应极力避免事态升级。联邦德国政府也不愿意让事态发展到无法控制的地步，而更多地希望民主德国人民能够保持冷静。

17日下午，英、美、法三国驻柏林军事指挥官紧急会见了西柏林市长。他们一起调查了"6·17事件"的相关情况。随后，西方三国驻柏林军事指挥官和西柏林市长一致认为，有必要维护西柏林的和平与秩序。他们已注意到对西柏林的一些指控，即称民主德国的示威活动是由西柏林特工发起的。他们认为，这种说法可能会引起对示威起因的严重误解。西方三国驻柏林军事指挥官明确指出，西方占领当局和西柏林当局都没有直接或间接地造成或支持东柏林目前的这种局面。西方盟军驻柏林司令部6月19日致函苏联驻柏林司令部，其中表达了其对当前东柏林局势的立场。他们认为，已经有许多人因此失去了生命，应该尽快恢复正常生活秩序。他们同时希望尽快看到柏林恢复自由通行，以便那里的人们能够获得正常的食品供应。任何与上述精神相抵触的行为只会导致局势的恶化，他们希望东柏林局势尽早恢复正常。②

6月20日，苏联驻东柏林的军事指挥官季布罗瓦将军向西方盟国发出一份照会，其中指出，苏联占领当局决不会袖手旁观，因为西柏林特工在苏联占领区煽动骚乱。为了结束纵火和其他骚乱，苏联政府下令采取严厉措施，包括宣布进入紧急状态，这些是绝对必要的。西方三国驻柏林军事指挥官对"6·17事件"的判断与事实相悖。据观察，西柏林派出的煽动

---

① Arnulf Baring, *Uprising in East Germany: June 17, 1953*, London: Cornell University Press, 1972, Appendix 9.

② Margarethe Müller-Marsall, Hrsg., *Archiv der Gegenwart: Deutschland 1949-1999*, Bd. 1, 1948-1953, Sankt Augustin: Siegler Verlag, 2000, S. 961.

者携带了武器、无线电台和行动指示。东柏林骚乱是由西柏林的煽动者和法西斯特工所为。因此，这些煽动者已被绳之以法，将受到严厉惩罚。最后，季布罗瓦将军称，他认为，恢复东柏林和西柏林之间的联系没有任何障碍，但前提是西方三国驻柏林军事指挥官须采取必要步骤，停止向东柏林派遣煽动者和其他犯罪分子。①

由于身处"6·17事件"的漩涡之中，西柏林社民党执行委员会6月18日迅速通过了一些决议以应对当前面临的危机，其中包括四大占领国应尽快达成协议，保障全德人民自由自治，并建立一个对自由选举产生的德国议会负责的政府。希望联邦德国政府推动四大占领国迅速朝着这一方向采取紧急行动。在达成这样的协议之前，民主德国应给予其人民迄今为止被剥夺的权利，并恢复东、西柏林之间的交通往来。西柏林参议院应向民主德国和东柏林示威活动中的受害者及其家人和朋友提供一切可能的帮助。必须立即采取措施，向民主德国和东柏林的居民提供食品。呼吁联邦德国政府为柏林地区的居民提供完成这项任务所需的一切物质支持。②

与此同时，联邦德国政府认为，扩大对民主德国的生活必需品供应可以缓解当前紧张的局势。西柏林市长恩斯特·罗伊特（Ernst Reuter）也持这种意见。他不相信关于民主德国经济发展的"贫穷化"理论，而是认为民主德国在经历一个短暂的衰弱期之后会重新走向强盛。因此，他认为，从中期来看，对民主德国采取温和的经济措施会对西柏林的健康发展产生有利的影响。联邦德国的德国内部区域贸易信托局以及联邦议院的大多数议员也表达了类似的观点。③显然，由于西柏林自身特殊的政治地缘环境，其对"6·17事件"格外敏感。另外，由于民主德国爆发社会危机，必定会影响到德国内部贸易的正常运行，而这对西柏林的经济安全构成了一种

① Margarethe Müller-Marsall, Hrsg., *Archiv der Gegenwart*: *Deutschland 1949–1999*, Bd. 1, 1948–1953, Sankt Augustin: Siegler Verlag, 2000, S. 961.

② Margarethe Müller-Marsall, Hrsg., *Archiv der Gegenwart*: *Deutschland 1949–1999*, Bd. 1, 1948–1953, Sankt Augustin: Siegler Verlag, 2000, S. 962.

③ Deutschland（Bundesrepublik）Presse- und Informationsamt, Hrsg., *Bulletin des Presse- und Informationsamtes der Bundesregierung*, Nr. 123 vom 3. Juli 1953, Bonn: Deutscher Bundes-Verlag, 1954, S. 1041.

现实威胁。

6月30日，联邦德国政府内阁再次召开会议，围绕"6·17事件"进行讨论。会议期间，驻西柏林的联邦德国全权代表首先报告了民主德国"6·17事件"之后的局势。然后，他提到已经与罗伊特市长和魏纳（Wehner）议员就一项货币兑换计划进行了讨论，该计划可以让东柏林居民以1民主德国马克兑换1联邦德国马克的汇率进行货币兑换，由此可以购买西柏林的食品。不过，联邦内阁认为这项计划不可行。随后，驻西柏林的联邦德国全权代表称，在民主德国的亲属可以通过慈善组织提供最有效的援助。他建议向这些慈善组织提供约300万联邦德国马克财政资金。内阁会议决定由联邦财政部和西柏林相关部门的专员为慈善组织提供财政资金。最后，驻西柏林的联邦德国全权代表认为，在德国内部贸易的框架中可以向民主德国提供约2000万联邦德国马克的食品。阿登纳总理称，他与孔斯特（Kunst）高级教士一起谈论了通过发送食品包裹来向民主德国人民提供慷慨援助的方案，并要求重点支持这个包裹援助计划。内阁会议最后决定，联邦财政部、联邦经济部、联邦全德事务部以及驻西柏林的联邦德国全权代表共同就此事展开讨论。[1]至此，联邦德国正式拉开了对民主德国援助的大幕。

2. 联邦德国对民主德国的援助行动

1953年7月1日，联邦议院召开会议，要求联邦德国政府尽快采取一切措施来缓解民主德国人民的困难，同时，通过适当的方式与苏联和民主德国进行谈判，使联邦德国同民主德国之间的人员流动和货物流通恢复正常。[2]为此，阿登纳政府主动改善了德国内部贸易框架中的无息透支贷款机制。在此期间，联邦德国将无息透支贷款额度由原来的3000万联邦德国马

---

① Ulrich Enders und Konrad Reiser, Bearb. , *Kabinettsprotokolle der Bundesregierung 1953*, Bd. 6, Boppard am Rhein: Harald Boldt, 1989, S. 364-365.

② Deutschland（Bundesrepublik）Presse- und Informationsamt, Hrsg. , *Bulletin des Presse- und Informationsamtes der Bundesregierung*, Nr. 123 vom 3. Juli 1953, Bonn: Deutscher Bundes-Verlag, 1954, S. 1043.

克提高至 5000 万联邦德国马克。[①]由于民主德国在德国内部贸易中的消费品和服务账户已经出现严重透支，所以新增的 2000 万联邦德国马克无息透支贷款大幅提高了民主德国的支付能力，使其可以增加所需生活物资的购入。例如，联邦德国政府向民主德国提供了一笔价值 300 万联邦德国马克的土豆供应。民主德国总理格罗提渥则声称，联邦德国提高无息透支贷款额度是基于双方共同的经济利益，不能由此产生任何歧视行为。[②]

除了通过德国内部贸易改善对民主德国的生活必需品供应外，联邦德国政府还决定向民主德国提供人道主义援助。7 月 2 日，联邦德国政府向美国驻德高级专员发出求助，请求美国政府提供海外援助的资金支持。两天后，阿登纳总理致函美国总统德怀特·D. 艾森豪威尔（Dwight D. Eisenhower），提议向民主德国民众提供食品援助。艾森豪威尔在 7 月 9 日的回信中告知阿登纳立即执行食品援助行动，并将援助食品交给作为占领国的苏联，以分发给民主德国民众，食品援助行动方案的具体细节应由西方盟国驻德高级专员制定。7 月 10 日，驻莫斯科的美国临时代办埃利姆·奥肖格内西（Elim O'Shaugnessy）向苏联政府递交了一份照会，指出艾森豪威尔总统对民主德国的粮食供应感到担忧，因此美国政府拨付了 1500 万美元用于购买食品，以向民主德国民众分发。

苏联外交部长维亚切斯拉夫·M. 莫洛托夫（Wjatscheslaw M. Molotow）7 月 11 日以一项庄严的复照拒绝了美国的援助提议。该复照称："如果美国方面 6 月 17 日没有组织柏林美占区的犯罪分子纵火烧毁民主德国的杂货店和其他商店，袭击民主德国国家机关工作人员，东柏林就不会爆发扰乱公共秩序的骚乱。美国政府关于提供 1500 万美元食品援助的决定没有征求民主德国政府的意见。今日的这种行为甚至会冒犯殖民地的居民，更不用说民主德国的民众及其合法的民主政府了。从这些事实中可以清楚地看

---

① „Die innerdeutschen Beziehungen 1987 - Zahlen, Daten, Fakten ", in Deutschland (Bundesrepublik) Bundesministerium für innerdeutsche Beziehungen, Hrsg. , *Texte zur Deutschlandpolitik*, Reihe Ⅲ/Bd. 5, Bonn：Deutscher Bundes-Verlag, 1988, S. 394. 1949—1987 年无息透支贷款额度及民主德国使用情况可参见附录 3。

② Friedrich von Heyl, *Der innerdeutsche Handel mit Eisen und Stahl 1945 - 1972*：*deutschdeutsche Beziehungen im Kalten Krieg*, Köln：Böhlau, 1997, S. 85.

出，美国政府并不关心民主德国的食品供应问题，而是决定采取与民主德国民众利益无关的宣传策略①。因此，请您告知美国政府，基于苏联与民主德国之间的友好关系，苏联政府已经通过运送食品的方式向民主德国民众提供了援助②。如果必要的话，苏联政府仍然准备根据双边协定，酌情进一步向民主德国民众提供食品和其他必要的援助。"③ 民主德国总理办公室随后称，美国的这一提议是一种挑衅行为，它只会起到煽动作用，美国应首先确保联邦德国 150 万失业者找到工作。目前，有关苏联向民主德国提供额外物资的谈判正在进行中。④

在被苏联和民主德国严词拒绝之后，阿登纳总理请求艾森豪威尔总统向联邦德国政府提供援助食品，联邦德国政府将以力所能及的方式缓解民主德国民众的困难。他认为，这些都是民主德国的国内局势造成的。艾森豪威尔随后同意了这一请求，美国继续坚持实施对民主德国的食品援助行动。白宫新闻发言人詹姆斯·C. 哈格蒂（James C. Hagerty）7 月 13 日表示，被苏联和民主德国拒绝的美国食品援助行动仍将执行，援助的食品价值 1500 万美元，美国希望能够找到一种方法，将这些食品分发给德国东部

---

① 苏联方面认为，西方的食品援助行动是一种宣传手腕，用小恩小惠……所谓食品包来引诱东柏林居民，并在援助的借口下，在民主德国境内组织自己的侦探机构。参见［苏］维·德·库里巴金《第二次世界大战期间和战后的德国及德意志民主共和国的成立和发展》，全地译，高等教育出版社 1957 年版，第 63 页。

② 民主德国德意志通讯社（Allgemeiner Deutscher Nachrichtendienst）7 月 14 日发布公告称，7 月 1—14 日，来自苏联的近 3000 车食品运至奥得河畔法兰克福（Frankfurt an der O-der），同时运抵的还有来自波兰的 140 车食品，来自中国的 35 车食品以及来自阿尔巴尼亚的 6 车食品。随后几天，民主德国又陆续收到其他国家运来的食品。该通讯社 7 月 20 日又发布公告称，苏联政府已根据民主德国政府的请求，除交付双边贸易协定中规定的货物数量外，决定额外供应以下食品：2.7 万吨黄油、8500 吨动物脂肪、1.1 万吨植物油、1.5 万吨油籽、2 万吨肉类、1500 吨脂肪奶酪、7000 吨棉花。其他食品的交付仍在审查之中。1953 年，苏联承诺的交货量（包括双边贸易协定中规定的交货量）为：93.5 万吨谷物、5.7 万吨黄油、9500 吨动物脂肪、2.95 万吨植物油、2.5 万吨肉类、5200 吨羊毛、6.9 万吨棉花，总价值 11.3 亿卢布（约合 2.8 亿美元）。参见 Margarethe Müller-Marsall, Hrsg., *Archiv der Gegenwart*：*Deutschland 1949-1999*, Bd. 1, 1948-1953, Sankt Augustin：Siegler Verlag, 2000, S. 984.

③ Margarethe Müller-Marsall, Hrsg., *Archiv der Gegenwart*：*Deutschland 1949-1999*, Bd. 1, 1948-1953, Sankt Augustin：Siegler Verlag, 2000, S. 980.

④ Margarethe Müller-Marsall, Hrsg., *Archiv der Gegenwart*：*Deutschland 1949-1999*, Bd. 1, 1948-1953, Sankt Augustin：Siegler Verlag, 2000, S. 980.

地区饥饿的民众。第一批运往欧洲的食品定于 7 月 17 日发运。

与此同时，西柏林市积极开展了邻里援助行动。7 月 14 日，西柏林市克罗伊茨贝格区区长维利·克雷斯曼（Willy Kressmann）组织了一次对东柏林地区居民的邻里援助行动。他提出一种方案，即在位于柏林东部地区边界居民点附近的西柏林商店，可以使用民主德国马克购买牛奶和水果。当时联邦德国马克和民主德国马克的官方汇率是 1∶5.8。7 月 20 日，西柏林市克罗伊茨贝格（Kreuzberg）区和蒂尔加滕（Tiergarten）区向柏林东部地区的居民发放了 5 联邦德国马克的票证，供其在西柏林商店购买食品。

7 月 16 日，联邦德国政府内阁召开会议讨论向民主德国和东柏林提供食品援助事宜。联邦副总理弗朗茨·布吕歇尔（Franz Blücher）首先汇报了他在西柏林的谈判情况。依他之见，应当支持同乡会（Landsmannschaft）开展德国人之间的互助行动，同时尽可能地避免任何带有官方表态意味的行为。西柏林市长罗伊特对此持有不同看法，因此，他在没有等待联邦德国政府意见的情况下，便发起了由西柏林市政府组织的一次引人注目的援助行动。布吕歇尔副总理在与罗伊特市长会谈时表示，援助行动要有时间期限，例如以"秋收之后！"（Anschluß an die Ernte！）为口号。他并没有承若提供联邦基金援助，同时拒绝了东、西马克按照 1∶1 的汇率进行兑换的请求。此外，他还向西柏林的新闻界发出紧急通告，不要在其新闻评论中引起人们过度的期待。

联邦全德事务部国务秘书弗朗茨·J.B.特迪克（Franz J.B.Thedieck）随后详细介绍了其所在部门的一些想法，以便根据事态发展，从已经开始的柏林援助行动中获得最好的结果。他指出，美国的食品援助行动已经启动。一艘载有 4500 吨食品的货船已运输在途。另外两艘货船也已宣布准备起航。这就是为什么需要快速采取行动的原因。最适合的解决方案无疑是，由慈善组织正式接手向民主德国和东柏林转交食品的任务。起初持赞成态度的慈善组织在不久之后又拒绝承担这项任务，理由是这种模式下的合作将使他们在民主德国和东柏林那里承受非常大的政治负担。特迪克认为这些担忧不太可能得到消除。食品援助行动也被认为是，给出走至联邦德国的民主德国难民发放食品的权宜之计。然而，这本身就是行不通的，因为这无疑会造成更多的人从民主德国和东柏林出走至联邦德国，美国也认为这样做不妥。根据他的说法，相对而言最好的解决办法是，用美国援助的食品替代西柏林食品储备库供应给民主德国和东柏林困难群众的德国食品。从汉堡到柏林的运输费用以及在柏林的转运费用粗略估算约为 500万联邦德国马克，这笔钱当然不能要求美国提供，但他不知道这些资金应该从哪里筹措。

联邦副总理兼财政部国务秘书阿尔弗雷德·哈特曼（Alfred Hartmann）基本同意国务秘书特迪克制定的计划。就运输费和转运费而言，哈特曼要求尽可能提供一份包含确切数额的文件。布吕歇尔副总理认为值得考虑的是，联邦德国政府以"德国人帮助德国人"的口号发出呼吁，慈善组织尽可能地私下秘密资助其分支机构。对外，向民主德国寄送生活必需品以及救济东柏林困难群众的行动必须被视作个人行为。新闻界发布的新闻措辞需要非常谨慎，尽可能用普遍性话语。这项计划最后得到了联邦内阁的批准。[①]

7 月 21 日，联邦德国政府内阁再次讨论了对民主德国和东柏林援助行动的组织困难和融资问题。联邦总理府国务秘书奥托·伦茨（Otto Lenz）在会上提出了一个被认为是最可行的解决方案，即慈善组织通过调查来帮助合适的受领者。然后，这些援助食品可以通过个人寄送，同时上交少量费用以支付管理费。这将有助于减轻组织工作和资金负担。联邦全德事务部国务秘书特迪克表示，将继续与慈善组织就其参与该项行动的性质和程度进行磋商。[②]

联邦德国和美国开展的食品援助行动不仅引起了苏联和民主德国的高度警惕，同时不断遭到后者的抗议和谴责。7 月 21 日，苏联驻德高级专员弗拉基米尔·S. 谢苗诺夫（Wladimir S. Semjonow）向美国驻德高级专员发出了一封抗议信。信中表示："美国当局的这种行为只能被视为企图继续利用法西斯特工和犯罪分子进行捣乱，这些人积极参与了 6 月 17 日在东柏林发生的纵火、抢劫和其他骚乱，以达到煽动和挑衅目的。必须考虑到这

---

① Ulrich Enders und Konrad Reiser, Bearb. , *Kabinettsprotokolle der Bundesregierung 1953*, Bd. 6, Boppard am Rhein: Harald Boldt, 1989, S. 400-402.

② Ulrich Enders und Konrad Reiser, Bearb. , *Kabinettsprotokolle der Bundesregierung 1953*, Bd. 6, Boppard am Rhein: Harald Boldt, 1989, S. 408.

样一个事实，即美国当局所谓食品援助的整体策略可能会付诸实施，因为成千上万人在联邦德国和西柏林食不果腹。众所周知，仅在联邦德国就有超过 150 万失业者以乞讨为生，西柏林有 20 万人忍饥挨饿，而在民主德国和东柏林则没有失业者。此外，联邦德国数以百万计的退休人员和短期工人处境艰难。然而，美国当局并没有向这些挨饿的人群提供食品援助。所有这些都证明，美国当局最近在柏林采取的措施与维持当地公共秩序的基本要求相左。为了达到目的，他们雇佣各种犯罪分子作乱，这与正当行为不符，更不用说美国当局的这种行为本身就可能会对他们不利。请贵方注意上述情况，我方坚持要求贵方立即采取行动制止上述行为，它们无疑是非法和不可接受的。"[1]

　　尽管面对苏联和民主德国方面的强烈反对，西柏林市政府还是决定启动食品援助计划。7 月 24 日，西柏林市长罗伊特在给西方三国驻柏林军事指挥官的一封信中提及一份计划，具体内容是向东柏林和民主德国其他地区的民众分发美国援助的食品，它将于 7 月 27 日生效。该计划随后得到了西方三国驻柏林军事指挥官的批准，每月的相关开支约 500 万联邦德国马克。受助者——东柏林地区约 30 万人，民主德国其他地区约 70 万人——都已在西柏林当局登记入册，这些人每月将获得价值 5 联邦德国马克的票证，用以购买 1 公斤面粉、4 罐炼乳、1 磅莱果和 800 克猪油。在美国的援助食品抵达德国之前，将从西柏林 6 个月战略储备库存中预支，这些库存食品是预防柏林发生新的封锁而被长期保留的。[2]

　　尽管"6·17 事件"爆发以来，民主德国得到了苏联和其他盟友的食品援助，但它仍然面临严重的食品匮乏和供应短缺。鉴于此，民主德国政府虽然抵制联邦德国和美国的食品援助行动，但同时表示出希望向其购买食品的意图。7 月 29 日，民主德国人民议院发布了一项声明，其中指出，向民众提供的食品是由苏联提供的 2.8 亿美元（约合 11.3 亿卢布）以及民主德国提供的 1.25 亿美元的物资保证的。声明还称，人民议院同意民主

---

　　①　Margarethe Müller-Marsall, Hrsg., *Archiv der Gegenwart：Deutschland 1949-1999*, Bd. 1, 1948-1953, Sankt Augustin：Siegler Verlag, 2000, S. 985.

　　②　Margarethe Müller-Marsall, Hrsg., *Archiv der Gegenwart：Deutschland 1949-1999*, Bd. 1, 1948-1953, Sankt Augustin：Siegler Verlag, 2000, S. 986-987.

德国政府拒绝美国政府提出的给予 1500 万美元所谓"食品援助"的挑衅性和侮辱性建议。不过，鉴于美国坚持要把这种所谓的"食品援助"强加于民主德国，人民议院宣布，民主德国准备按世界市场价格以及在正常的贸易条件下，通过支付 1500 万美元甚至更高的金额从美国购买更多的粮食。不言而喻，民主德国对此类商品很感兴趣。

与此同时，民主德国继续阻拦联邦德国和美国的食品援助行动，以抑制该行动在物质和心理上的影响力。民主德国政府 8 月 2 日通过实施旅行禁令和封锁西柏林边界，意图阻止美国和联邦德国援助的食品入境。在此期间，民主德国约 60 万居民已经获得了食品援助。此外，在民主德国所有的大城市以及东柏林郊区，人民警察和德国统一社会党武装部队对西方国家募捐过来的食品进行了稽查。[1]不过，8 月 5 日，民主德国政府又大幅放宽并部分解除了前往柏林的旅行禁令。显然，民主德国政府担心西方国家提供的食品援助会对其产生负面政治效应，因此表示拒绝接受。但为了缓和国内民众的不满情绪，它随后放松了对西方国家食品援助行动的限制。

8 月 4 日，联邦德国政府内阁召开会议继续讨论向民主德国居民分发生活必需品的问题。联邦政府驻西柏林全权代表福克尔首先报告了柏林食品包裹分发行动的进展情况。到目前为止已分发了大约 130 万件食品包裹。在民主德国当局阻止来自联邦德国的食品包裹进入柏林之后，东柏林及毗邻地区的居民将成为主要受援对象。联邦德国为此已经准备好 70 万—100 万件食品包裹，另外还应该储备 50 万件食品包裹。如果到 9 月 1 日能够起到一定的安抚作用的话，则应再次实施食品援助行动。阿登纳总理建议，8 月 25 日便可启动食品援助行动。联邦全德事务部国务秘书特迪克称，为弥补食品包裹分配时所产生的费用，联邦财政部曾批准拨付 100 万联邦德国马克，目前这笔经费已经用尽。他要求，联邦财政部长要为目前正在进行的以及从 8 月 25 日开始的新一轮食品援助行动继续提供经费支持。联邦财政部长称已经基本准备就绪。

内阁会议的进一步讨论提到了民主德国总理格罗提握的讲话。格罗提

---

① Margarethe Müller-Marsall, Hrsg., *Archiv der Gegenwart: Deutschland 1949–1999*, Bd. 1, 1948–1953, Sankt Augustin: Siegler Verlag, 2000, S. 994.

握在讲话中呼吁美国向民主德国出售 1500 万美元的食品。值得注意的是，几周前，联邦经济部已经在关于德国内部贸易的会谈中向民主德国代表提出建议，联邦德国愿意向民主德国提供 2500 万联邦德国马克的食品。这个提议迄今为止还没有得到对方的回应。随后，内阁会议决定，将在随后的新闻发布会上对此事予以说明。阿登纳总理建议，可以通过一种新的和其他形式的食品援助行动来帮助民主德国居民。他打算向美国政府提出新的倡议，后者已经答应提供进一步的援助。随后联邦内阁讨论得出的结论是，民主德国目前特别短缺鞋子和内衣。①

8 月 15 日，针对东柏林市民和民主德国其他地区居民的第一阶段食品援助行动宣告结束。这一时期，联邦德国总共分发了 287 万 2636 件捐赠包裹，其中约 200 万件分发给了东柏林以外的民主德国其他地区的居民。②联邦德国政府计划从 8 月 27 日开始启动第二阶段食品援助行动，预计将持续到 10 月 3 日。在此期间，民主德国其他地区和东柏林的居民都可以免费获得以下食物：750 克猪油、2000 克或 1 大罐炼乳、450 克奶粉、500 克苹果和 1000 克面粉。除个人身份证外，其他证件也可以作为领取凭证。

9 月 29 日，联邦德国政府内阁就继续实施食品援助行动召开会议。联邦全德事务部国务秘书特迪克就此事做了详细报告。他称第二阶段食品援助行动已接近尾声。联邦德国方面一般会认为应当停止食品援助行动。人们已经看到，它对民主德国居民的政治影响力每况愈下。这些食品包裹的受领者面临着越来越大的政治压力。西柏林市长罗伊特也对继续开展食品援助行动的建议提出严重质疑。与此相反，美国方面仍继续努力推进食品援助行动，目标是为其建立一个常设机构。此外，阿登纳总理在写给美国总统艾森豪威尔的一封信中，请求后者为民主德国居民提供服装、内衣和鞋袜。可惜的是，联邦全德事务部长没有参与起草这封信，所以，他无法在信中提出他的顾虑。阿登纳总理的这封信在美国公众当中引起很大的反响。然后，美国迅速将收集到各种衣服和鞋子寄送至民主德国。联邦德国

---

① Ulrich Enders und Konrad Reiser, Bearb., *Kabinettsprotokolle der Bundesregierung 1953*, Bd. 6, Boppard am Rhein: Harald Boldt, 1989, S. 418–419.

② Margarethe Müller-Marsall, Hrsg., *Archiv der Gegenwart: Deutschland 1949–1999*, Bd. 1, 1948–1953, Sankt Augustin: Siegler Verlag, 2000, S. 1011.

全德事务部长对这一措施抱有很大的顾虑，他建议，应仅限于收集简单的生活用品。这些收集来的生活用品应该先交付给联邦德国，然后由后者将这些物品以私人的形式及带有私人化的包装寄送至民主德国。

然而，这些建议并没有得到美国方面的批准。很显然，美国开展食品援助行动同时也是为了政治宣传。美国方面称，联邦德国全德事务部长提出的观点与联邦德国总理8月30日写给艾森豪威尔总统的信中的观点并不一致。联邦德国副总理布吕歇尔指出，联邦内阁基本同意联邦全德事务部长的观点。在这件事上确实需要仔细权衡利弊。一方面，西方国家食品援助行动的延续已经对民主德国民众造成了重大的政治后果；另一方面，联邦德国政府又担心过分僵硬的态度会引起美国的不快。因此，一定要以一种妥协的态度来避免与美方谈判的中断。他建议向美国方面进行解释，因为民主德国政局前景并不明朗，目前无法提供继续开展食品援助行动的计划。不过，如果美国方面在实施食品援助行动时，同意联邦德国的某些组织——如慈善组织和类似机构参与其中的话，联邦德国政府将欢迎美国的食品援助行动继续进行。联邦内阁肯定了联邦副总理布吕歇尔的观点。[1]

10月3日，联邦德国政府和西柏林参议院决定将第二阶段食品援助行动延长至10月10日。自7月27日第一阶段食品援助行动启动以来，联邦德国方面已经向民主德国其他地区和东柏林的居民寄送了超过520万件食品包裹。[2]这在一定程度上缓解了民主德国的困难。联邦德国总理阿登纳在10月20日的政府声明中强调："向我们东部地区同胞提供物质上的帮助仍然是一项迫切的任务。但是，鉴于冬季即将到来，我们会一如既往地帮助民主德国同胞解决日常生活困难。联邦政府在此向全体公民、慈善组织、教会组织以及富有爱心的社会团体发出紧急呼吁，积极支持联邦政府援助民主德国民众。联邦政府将尽一切努力向德国同胞提供有效的帮助。"[3]

---

① Ulrich Enders und Konrad Reiser, Bearb., *Die Kabinettsprotokolle der Bundesregierung 1953*, Bd. 6, München: Oldenbourg, 1989, S. 455.

② Margarethe Müller-Marsall, Hrsg., *Archiv der Gegenwart: Deutschland 1949–1999*, Bd. 2, 1953–1957, Sankt Augustin: Siegler Verlag, 2000, S. 1035.

③ Klaus von Beyme, Hrsg., *Die Großen Regierungserklärungen der Deutschen Bundeskanzler von Adenauer bis Schmidt*, München: Carl Hanser, 1979, S. 97.

　　与此同时，联邦还试图临时调整德国内部贸易的供货结构，以减少民主德国农产品的供货量，进而缓解其国内的食品短缺。11月4日，联邦德国政府内阁就民主德国的食品供货问题进行了讨论。阿登纳总理宣布，下萨克森州农民协会会长埃德蒙·雷温克尔（Edmund Rehwinkel）已经通过电报发出请求，允许民主德国不用完成先前达成的土豆供货量。阿登纳总理强调，如果联邦德国政府同民主德国有关部门达成一致，民主德国继续向联邦德国交付食品货物，那么就不能令美国政府理解，联邦德国更愿意向饥饿的民主德国民众提供食品，同样也无法说服本国人民向民主德国寄送食品。对此，联邦政府驻西柏林全权代表福克尔解释说，联邦德国已不再接收民主德国供应的土豆。同样，同民主德国达成的食糖供应也无法履行，因为联邦财政部长拒绝支付仓储费用。然而，考虑到与民主德国进行的重要贸易，去除食糖供应是绝对必要的，因为民主德国现在已经没有供货能力。联邦特别事务部长罗伯特·蒂尔曼斯（Robert Tillmanns）着重强调，如果民主德国不再能够从德国内部贸易中获得急需货物——尤其是钢铁产品的话，民主德国当局可能会中止或者严重妨碍联邦德国和柏林之间的交通线路。联邦经济部国务秘书卢德格尔·韦斯特里克（Ludger Westrick）指出，民主德国也想再次交换食品，尤其是联邦德国的鱼产品。阿登纳总理则希望在德国内部贸易的谈判中应当考虑到更多的心理后果。虽然民主德国的粮食短缺在秋收之后会有所缓解，但是也要考虑到来年春天新一轮的粮食短缺问题。联邦外交部国务秘书哈尔斯坦建议，应该向本国民众强调一下，表明联邦德国将更有价值的食物送往民主德国来交换食糖。内阁成员随后对此达成了一致意见。①

　　综上所述，面对民主德国突然爆发的"6·17事件"，联邦德国采取了比较克制、冷静的态度，不仅没有借机采取经济制裁措施，进一步对民主德国经济施加压力，破坏德国统一社会党政权的稳定，反而主动改善了德国内部贸易结构，并提供了大量的经济援助。一方面，阿登纳政府将德国内部贸易协定中的无息透支贷款额度提升了约70%，这样可以使民主德国

①　Ulrich Enders und Konrad Reiser, Bearb. , *Die Kabinettsprotokolle der Bundesregierung 1953*, Bd. 6, München: Oldenbourg, 1989, S. 480-481.

能够从联邦德国购买更多的食品，以缓解国内食物短缺的燃眉之急；另一方面，阿登纳政府提供了大量财政预算拨款，慈善组织可以借此更大规模地向东柏林和民主德国其他地区寄送食品。与此同时，在西柏林参议院的参与下，西柏林对东柏林很快展开了邻里援助行动。为了支持这一行动，阿登纳政府将原本给慈善组织的部分拨款转给了西柏林。此外，联邦德国还请求美国参与援助行动，并将援助食品交给其进行寄送。除了和美国一同实施食品援助行动之外，联邦德国还发动了私人包裹寄送行动、慈善组织和教会机构的援助行动。此外，联邦德国财政拨款也给予了大力支持。

事实上，阿登纳政府在这次危机爆发之初就已经意识到，对民主德国实施经济制裁只会对民主德国民众的生活造成更大的困难。另外，在苏联驻军的直接介入下，通过这种方式是无法撼动德国统一社会党政权的。值得注意的是，在这场危机中，德国内部贸易以及无息透支贷款在缓解民主德国生活物资匮乏方面起到了重要作用。联邦德国经济援助行动的主要目的是出于人道主义缓和这场危机对民主德国人民生活带来的困难。值得注意的是，这次经济援助行动还起到了政治宣传的作用，提高了民主德国人民对联邦德国的认可度。总体来讲，该政策在一定程度上缓和了两德间的紧张关系，同时保障了西柏林脆弱的经济安全①。这正是联邦德国在德国内部贸易中所追求的双重目标。

（二）应对第二次柏林危机的反制措施："防御性"中止《柏林协定》

1. 第二次柏林危机的爆发与联邦德国的反应

20 世纪 50 年代中期，随着联邦德国和民主德国分别加入北大西洋公约组织和华沙条约组织，西柏林的法律地位问题再次成为焦点。在苏联和民主德国看来，由于西柏林在政治、经济上与联邦德国关系密切，西方国家可以利用西柏林特殊的地理位置，不断地对民主德国及其他东欧社会主义国家进行渗透，极大地破坏了民主德国的经济发展和政治稳定，并且还

---

① 除了面临民主德国封锁两德边界的危险之外，1953 年"6·17 事件"发生后，联邦德国各联邦州在西柏林的订单数量急剧下降。西柏林的经济状况也由此受到严重影响。参见 Ulrich Enders und Konrad Reiser, Bearb., *Die Kabinettsprotokolle der Bundesregierung 1953*, Bd. 6, München: Oldenbourg, 1989, S. 407.

诱使民主德国公民大量出走西柏林和联邦德国。①因此，苏联和民主德国决定通过对西柏林施压，迫使美国及其西方盟国承认和接受战后欧洲领土与边界现状，特别是承认民主德国的主权国家地位，使德国分裂成为国际公认的既成事实。

1958 年 11 月 27 日，苏联政府向美、英、法三国政府发出照会，建议把西柏林变成一个独立的政治单位——非军事化的自由城市，并提出西方三国如不在半年内与其就西柏林问题达成协议，它就会把西柏林的过境检查权移交给民主德国，也就是切断西柏林同联邦德国以及其他西方国家的任何联系。西方三国认为，这是苏联下达的 6 个月期限的最后通牒，并迅速作出强硬反应，并宣布如果苏联胆敢使用武力封锁西柏林，西方三国将使用武力进入西柏林，双方关系骤然紧张，由此引发了第二次柏林危机。由于西方三国态度始终保持强硬，苏联最终被迫退缩。1959 年 9 月，苏联最高领导人尼基塔·S. 赫鲁晓夫（Nikita S. Khrushchev）访问美国，同美国总统艾森豪威尔在戴维营（Camp David）举行了为期三天的首脑会谈，双方同意在没有具体时限的条件下继续就柏林问题进行谈判。美苏紧张关系暂时得到缓和。

然而，到了 1960 年秋，民主德国再次对西柏林通道采取限制措施。8 月 29 日，民主德国针对访问东柏林的联邦德国公民实施了为期四天的访问禁令，此外还加强了西柏林通道的过境检查。民主德国此举的主要原因是，联邦德国被驱逐者联盟（Bund der Vertriebenen）计划于 9 月 1 日至 4 日在柏林举行会议。9 月 8 日，民主德国实施了无限期的边界管制，例如，联邦德国公民进入东柏林需要办理签证。此外，民主德国还宣布，西柏林

---

① 联邦德国全德事务部 1958 年 2 月 1 日发布公告称，自 1949 年以来在联邦德国紧急接纳程序中记录的民主德国难民人数按年份统计如下：1949 年 12 万 5245 人，1950 年 19 万 7788 人，1951 年 16 万 5648 人，1952 年 18 万 2393 人，1953 年 33 万 1390 人，1954 年 18 万 4198 人，1955 年 25 万 2870 人，1956 年 27 万 9189 人，1957 年 26 万 1622 人。自 1949 年至 1957 年的 9 年中，联邦德国共接纳 198 万 343 名民主德国难民。参见 Margarethe Müller-Marsall, Hrsg., *Archiv der Gegenwart: Deutschland 1949 - 1999*, Bd. 3, 1957 - 1962, Sankt Augustin: Siegler Verlag, 2000, S. 2114.

市民过境民主德国以及赴民主德国访问时所持的由联邦德国签发的护照无效。①9月26日，苏联再次以挑衅的形式强调，民主德国对过境运输负有管辖权。②28日，苏联又向西方三国发出照会，重申将西柏林的过境检查权移交给民主德国，而且空中走廊只能用于保障西柏林驻军的生活所需。③柏林局势由此再度紧张起来。

鉴于民主德国政府9月8日的限制措施给西柏林造成的困难局面，联邦德国政府内阁9月12日召开特别会议，共同讨论了德国内部贸易现状和柏林危机。会议开始时，联邦副总理兼经济部长艾哈德首先报告了他的柏林之行以及会谈情况。他还介绍了联邦德国和西柏林之间的德国内部贸易和经济交往的规模。同时，他还谈到建造一座新"空中走廊"的可能性。他认为，对抗民主德国干扰措施的一个真正有效的方法是，西方世界对整个东欧社会主义阵营实施经济制裁。

联邦外交部国务秘书卡尔·卡斯滕斯（Karl Carstens）在会上作汇报时称，西方盟国已经决定不再向民主德国居民签发临时旅行证件。不过，他们也预料到，这种有期限的措施不会因联邦德国向民主德国居民签发护照而变得徒劳。联邦内政部国务秘书里特·冯·莱克斯（Ritter von Lex）对此讲道，联邦德国已经决定相应地改变以往的做法。卡斯滕斯还向内阁成员通报了西方三国在莫斯科采取的外交举措以及联邦外交部与英国政府的接触情况。在德国内部贸易以及英国与民主德国的贸易领域，双方正在采取共同的措施。最后，卡斯滕斯报告说，他已同美国大使进行了长时间的谈话，然而，在这种情况下，没有美国政府的指示，后者无法提供支持。美国大使认为，针对联邦德国公民的访问限制只是苏联和民主德国采取的一连串措施当中的一个环节，其目的是为了消除柏林四国共管的法律

---

① Deutschland（Bundesrepublik）Bundeministerium für innerdeutsche Beziehungen, Hrsg. , *Dokumente zur Deutschlandpolitik*, Reihe Ⅳ, Bd. 5, Frankfurt am Main: Alfred Metzner Verlag, 1971, S. 229.

② Deutschland（Bundesrepublik）Bundeministerium für innerdeutsche Beziehungen, Hrsg. , *Dokumente zur Deutschlandpolitik*, Reihe Ⅳ, Bd. 5, Frankfurt am Main: Alfred Metzner Verlag, 1971, S. 323.

③ *Neues Deutschland* vom 28. September 1960.

地位，并且控制联邦德国与西柏林之间的通道。此外，他还认为，联邦德国只能在经济领域采取反制措施。艾哈德副总理则强调，北约国家采取联合行动是最适合的方法。联邦德国无法独自做出有效回应，还要顾及自由世界的一些感受。联邦全德事务部长完全赞同这一观点，并警告当心联邦德国的单独行动和情绪反应。西方阵营应当采取共同的行动，不能在民主德国面前退缩，就如过去几年面对民主德国针对联邦德国或西柏林的访客采取干扰行动时所表现的那样。希望西柏林市长和社会民主党不要利用民主德国的措施为其政党政治的目标服务。

联邦国防部长弗朗茨·J. 施特劳斯（Franz J. Strauß）认为，苏联和民主德国在多大程度上赞同现行的措施尚未可知，但是至少可以明确地是，当前苏联采取的措施是打击自由世界和北约的手段之一。对抗双方的主力是苏联与北约，而不是民主德国与联邦德国。为此，应该指出的是，有关民主德国比苏联更为恶劣的断言是极其危险的。西方盟国也不能令对方感到过分恐惧，这可能会被共产党人视为挑衅行为。即便联邦德国再小心谨慎，依然会被找到一些口实，这些会为共产主义者实施干扰措施提供理想的机会。重要的是，必须迅速克服北约近期面临的一些困难。北约国家必须在欧洲政策和其他地区政策上采取共同行动。施特劳斯随后谈及赫鲁晓夫的纽约之行。赫鲁晓夫打算在 1960 年 9 月 20 日联合国大会上发表一次大约长达两小时的讲话，期间会对联邦德国进行严厉的言辞攻击。对此，持续的回应是非常重要的。艾哈德称，在他与西柏林市长的谈话中出现了影射批评，因为联邦德国政府在与西方盟国的会谈中回避了对柏林问题的探讨。随后，施特劳斯就创建"空中桥梁"存在的困难发表了更为详细的意见。国务秘书卡斯滕斯称，西方盟国对东方阵营实行禁运的话题必须经联邦德国外交部审查。他基本赞同施特劳斯的意见，只是在涉及苏联准备接受的风险方面存在些许异议。

联邦总理府国务秘书汉斯·格洛布克（Hans Globke）指出，美国新闻界表达了这样的期望，即联邦德国应当采取一些措施来对抗民主德国针对西柏林的干涉行动。今天联邦内阁召开特别会议的事由众所周知。现在联邦德国的媒体也在紧张地等待会议结果。在今天的新闻发布会上，需要公布内阁会议结果的一些具体内容。因此，应该对外宣布，联邦德国将不再向民主德国居民签发临时旅行证件和相应的德国护照。还应考虑的是，根据联邦司法部长弗里茨·舍费尔（Fritz Schäffer）刚才提出的建议，某些货物无法从德国内部贸易中移除。联邦邮电部长里夏德·施蒂克伦（Richard Stücklen）警告不应过度披露本次会议的内容。联邦内政部国务秘书莱克斯表示，他对宣布变更护照签发的建议没有异议。联邦全德事务部长恩斯特·莱麦尔（Ernst Lemmer）提出了同苏联外交关系的问题，苏联不断地、毫无顾忌地攻击和诽谤联邦德国，并支持其卫星国对联邦德国肆意干扰。联邦住建部长保罗·吕克（Paul Lücke）也认为，有必要公开今天内阁会议的一些讨论结果。艾哈德副总理通告称，他明天会与经济界的主要人物进行会谈。今日会议声明应包括以下内容：第一，联邦德国政府认为，这种行动是妥当的，即目前由民主德国当局造成的局势如果没有改观，联邦德国的商人就不会进入民主德国。第二，中止向民主德国居民签发临时性旅行证件和相应的德国护照。第三，西柏林的安全以及联邦德国与西柏林之间的联系是以国际条约为基础的。因此，只有与西方三国达成一致，才能采取相应的措施。第四，根据联邦财政部长弗朗茨·埃策尔（Franz Etzel）的建议，应该发表明确的声明，即当前的困境只是自由世界和共产主义国家之间普遍对抗的一部分。根据施特劳斯的建议，联邦外交部长海因里希·冯·布伦塔诺（Heinrich von Brentano）与联邦交通运输部长汉斯-克里斯托夫·泽博姆（Hans-Christoph Seebohm）协商后，将审查是否有可能阻止民主德国或整个东欧社会主义阵营的船只进入基尔运河。还应审查是否进出民主德国可能再次需要获得授权。联邦内阁最后委派联邦外交部国务秘书卡斯滕斯、克劳特维希（Krautwig）局长和克吕格尔（Krueger）处长在当天的新闻发布会上发表相关声明。①

9月28日，联邦德国副总理兼经济部长艾哈德出访美国，并在纽约与美国商界人士共进晚餐。期间，他回答了美国商人提出的一个问题，即为什么联邦德国不采取更强硬的立场来反制民主德国的挑衅，以及联邦德国是否是为了经济利益而维持德国内部贸易。艾哈德在作出解答时，强调了

---

① Hans Booms und Ulrich Enders und Ursula Hullbusch, Bearb., *Die Kabinettsprotokolle der Bundesregierung 1960*, Bd. 13, München: Oldenbourg, 2003, S. 316-319.

德国内部贸易在经济上的微不足道和在政治上的重要意义。他公开讲道："我完全可以向你们保证，德国内部贸易当前对于联邦德国来说是无足轻重的贸易。明天，我就可以把它扔进'狼谷'（Wolfsschlucht），我们向苏维埃地区（民主德国）供应的货物无疑是其当权者所感兴趣的商品。相反，我们得到的货物是我们不需要的商品，苏维埃地区（民主德国）甚至无法将其商品推销到其他地区。所以这是一个单边贸易。任何认为我们出于经济原因抑或为谋取暴利而不准备与苏维埃地区（民主德国）划清界限的想法都是不正确的。我们维持德国内部贸易的原因只有一个，那就是为了确保西柏林的自由，确保可以自由进入西柏林，使那里的 250 万居民拥有美好的生活，使他们拥有强大的内部力量和活力来抵御共产主义的威胁。无可否认，对方可以通过阻碍或封锁西柏林通道来回应联邦德国中断德国内部贸易的措施。因此，西方盟国要履行它们的职责，甚至北约也要履行其职责。它们不能指望联邦德国政府独自应对，针对民主德国或苏联当权者过去和即将对西柏林实施的干扰行为，所有的应对措施都必须由我们共同讨论并付诸实施。让我们不要忘记西柏林，因为对我们而言，这座城市是生存意志的象征，对赫鲁晓夫的策略而言，它是一个痛点，在这里一次又一次地引发动荡。我认为，如果自由世界能够团结起来，唯一可行的回应就是对所有东方阵营国家实行全面禁运。这样处理才是正确的方法。"[1]

由上可见，20 世纪 50 年代末，为了抑制西方势力持续渗透以及民主德国居民大量外流，民主德国和苏联针对西柏林通道及入境访问实施了一系列管制措施，并试图改变西柏林的法律地位，由此再度引发了柏林危机。西方盟国和联邦德国对此反应极为强烈，认为此举是谋求改变战后西柏林现状的挑衅行为，于是决定对民主德国实行经济制裁，以迫使后者解除对西柏林通道和入境访问的限制措施。值得注意的是，联邦德国对此采取了比较谨慎的态度，明确表示只有在西方盟国的共同参与下，才会采取强力制裁措施。与此同时，联邦德国也事先考虑了中断德国内部贸易可能

---

① Margarethe Müller-Marsall, Hrsg., *Archiv der Gegenwart*: *Deutschland 1949-1999*, Bd. 3, 1957-1962, Sankt Augustin: Siegler Verlag, 2000, S. 2705.

会造成的严重后果——柏林封锁，为此甚至还筹划搭建一座新的"空中桥梁"。显然，联邦德国的一些政治家也意识到了维持德国内部贸易同维护西柏林安全之间存在着重要的关联。

2. 联邦德国关于中止《柏林协定》的争论与决定

在联邦德国和西方盟国看来，苏联和民主德国 1960 年 9 月采取的一系列干扰西柏林通道的措施，是一种极为严重的挑衅行为，必须采取有效措施予以回击。9 月 30 日，联邦德国各议会党团主席及西柏林市长在联邦总理府召开了一次长达两小时的特别会议。这次会议只有一项议题——是否有必要中止 1951 年《柏林协定》以应对这次柏林危机。

阿登纳总理首先宣布召开特别会议的动机和目的。联邦外交部已经提出建议，联邦德国应暂时中止《柏林协定》至 1960 年 12 月 31 日，不过同时声明愿意同民主德国进行新的贸易谈判，但前提是必须要达到以下两点要求：第一，联邦德国的任何商人都不能单独直接与民主德国进行贸易[①]，而且双方的交易由联邦德国集中在一个贸易账户进行管理；第二，西柏林不仅应作为谈判地点，而且还应作为两德间所有货物运输的交货地点。这样在面对民主德国时，西柏林的地位就会得到增强。然后，更重要的是，可以利用这种方式来防止西柏林通道遭到封锁。由于时限原因，今日必须就是否中止《柏林协定》做出决定。阿登纳总理还向内阁成员通告了西方盟国对此的态度[②]，国务秘书卡斯滕斯今晨与英国驻联邦德国大使馆的罗斯（Rose）特使进行了会谈。随后，内阁成员详细讨论了这项拟议的

---

① 事实上，联邦德国也确实加强了对本国企业与民主德国经贸活动的监管。例如，1960 年 12 月，联邦德国政府宣布禁止德国贸易促进会和柏林贸易促进会的成员参与德国内部贸易，因为这两个协会与民主德国的贸易立场一致，抵制联邦德国对民主德国的经济政策。联邦德国企业在申请发货单和贸易许可证时，必须书面保证非上述两个协会的成员。参见 Siegler Kupper, „Politische Aspekte des innerdeutschen Handels", in C. D Ehlermann und Siegfried Kupper und Horst Lambrecht und Gerhard Ollig, Hrsg., *Handelspartner DDR-Innerdeutsche Wirtschaftsbeziehungen*, Baden-Baden：Nomos Verlagsgesellschaft, 1975, S. 59; Richard Sieben, *Interzonenhandel*, 2. Aufl., Frankfurt am Main：Verlag für Wirtschaft und Verwaltung, 1965, S. 5.

② 阿登纳总理根据一份更为详细的协议草案解释称，不言而喻，拟议的措施只有在与西方盟国协商后才能付诸实施。英国和法国对此持保留意见。在一次由美国副外长狄龙（Dillon）主持的会议上，美方对此公开表示赞成。参见 Hans Booms und Ulrich Enders und Ursula Hullbusch, Bearb., *Die Kabinettsprotokolle der Bundesregierung 1960*, Bd. 13, München：Oldenbourg, 2003, S. 336.

措施。

联邦经济部国务秘书韦斯特里克在其发言中指出，中止《柏林协定》很可能会使西柏林通道受到限制。联邦国防部长施特劳斯指出，民主德国在柏林地区采取干扰行动的幕后主使是苏联。他还指出，尚不具备在西柏林爆发武装冲突时向其提供必要的物质和人道援助的条件。为了保障西柏林对外道路交通的通畅而进行有限的军事力量部署，这种可能性被认为是虚幻的。还应注意的是，现有的德国内部贸易协定只是由"货币区"之间缔结的。新的贸易谈判将会引发这样的风险，即它将会使所谓的"民主德国"成为第二个德意志国家。联邦外交部长布伦塔诺指出，西柏林企业的工人数量急剧增长，而许多工人居住在东柏林。这种现象说明了民主德国政府的某些意图。联邦交通部长泽博姆赞同国务秘书韦斯特里克提出的顾虑。联邦全德事务部长莱麦尔及联邦议院议员约翰·B. 格拉德（Johann B. Gradl）担心，如果《柏林协定》被中止，西柏林通道的自由通行权将会受到威胁。联邦内政部长格哈德·施罗德（Gerhard Schröder）对此持不同看法，认为中止《柏林协定》是可以利用的最温和的手段。布伦塔诺指出，从 9 月 27 日的照会中可以看出，苏联的观点和意图是很明确的，它想消除柏林四国共管的法律地位。在这种情况下，联邦德国方面有理由担心，不做任何回应会引发可怕的后果，可以预料到，那样的话西方盟友只会做得更少。联邦议院及各州事务部长汉斯—约阿希姆·冯·麦卡茨（Hans-Joachim von Merkatz）强调，必须要弄清楚柏林问题的现状。坦率地说，它发生的时间点还有待考察。联邦食品、农业和林业部长维尔纳·施瓦茨（Werner Schwarz）指出，西柏林现有的粮食供应只能维持 9 个月。另外，民主德国采取的交通限制措施可能会威胁到西柏林重要的牛奶供应和其他生鲜产品的供应。在阿登纳总理再次解释拟议措施的实施方案之后，联邦财政部长埃策尔以及其他部长表示，经济事务对这个问题的决策影响甚微。联邦家庭和青年事务部长弗朗茨—约瑟夫·维尔梅林（Franz-Josef Wuermeling）强调了所谓"蚕食策略"的危险性。

经过讨论之后，阿登纳总理开始让内阁成员对拟议措施进行投票表决，即如果西柏林代表表示赞同的话，现在是否应该中止《柏林协定》。在场的大多数内阁成员（联邦总理、联邦外交部长、联邦内政部长、联邦财政部长、联邦司法部长，联邦住建部长、联邦议院及各州事务部长以及联邦家庭和青年事务部长）均赞成中止《柏林协定》。

随后，西柏林市长弗朗茨·阿姆雷恩（Franz Amrehn）和维利·勃兰特（Willy Brandt）也参加了本次内阁会议。阿登纳总理在其介绍性讲话中谈到了邀请他们参会的理由和目的，尤其指出以下两点：第一，不言而喻，只有取得西柏林参议院的同意，才能宣布中止《柏林协定》。第二，美国政府已宣布同意中止《柏林协定》；英国政府也表态会支持联邦德国政府的行动，只要后者认为这样做是必要的；法国政府同样表达了类似的态度。西柏林市长表示感谢受邀参会，并表达了西柏林参议院在这方面的立场。经过认真考虑，西柏林参议院讨论的结果是，同意中止《柏林协定》，但西柏林众议院议长对中止《柏林协定》的效果表示严重怀疑。

接着，参会的一些联邦议员发表了各自的看法。克罗内（Krone）议员强调了做出这一决定的重要性，前提是能够得到西方盟国的批准。如果是这样的表决情况，他相信西方盟国会批准的。魏纳议员也强调，这是在磋商一个非常重要的决定，问题是中止《柏林协定》会产生什么样的实际效果。奥伦豪尔（Ollenhauer）议员提出这样一个问题，即公众在面对联邦政府的这一决定时会有什么反应，特别是考虑到联邦经济部长会上的发言。中止《柏林协定》可能产生的后果必须要弄清楚。西柏林通道很有可能会面临安全威胁。只有获得西方盟国的支持，才能采取这项措施。联邦外交部长施罗德指出，并不期望这项措施会给民主德国经济带来持久的消极影响。目前，虽然这种情况可能会发生，但德国内部贸易也有可能会被重新定位。为维护西柏林的自由而采取的任何措施都会承担风险。9月27日，苏联提出的照会可以被当作中止《柏林协定》的理由。如果不对这次照会做出反应，他担心会出现这种情况，即苏联通过大量单边限制措施在柏林地区造成一个无法改变的既定事实。只有当苏联和民主德国意识到，它们针对西柏林采取的措施不会产生重大影响，才会停止这些单边限制措施。蒙德（Mende）议员强调，他所在的党派已经在9月2日要求联邦政府做出更加持久的回应。中止《柏林协定》给民主德国带来的经济压力不会特别大，但在政治上和心理上的压力却是显著的。因此，他赞成中止《柏林协定》，因为不仅新的谈判机会将得到保留，而且他认为有必要为此做一些事情。施奈德（Schneider）议员强调，即使中止了《柏林协定》，双方的贸易关系仍可延续一个季度。他表示同意联邦德国政府拟议的措施。通过联邦德国商业界一些人士的公开表态可以在国外留下令人痛惜的印象。魏纳议员提出了中止《柏林协定》的经济效力问题。专家们仅在非常有限的程度上认可这一点。令人担忧的是，西柏林运输路线面临着反制措施影响的危险。由于中止《柏林协定》会产生自我封锁的风险，所以将货物全部集中在西柏林处理的计划可能无法实施。阿登纳总理强调，要更多关注当前的情况。他认为，如果选择中止《柏林协定》的话，那么为这座城市进行的战斗就进入了一个关键阶段。随后，多林格（Dollinger）议员表示，他不认为中止《柏林协定》的行动是妥当的。[1]

显然，联邦外交部关于中止《柏林协定》的建议在这次内阁会议中引起了广泛争议。联邦国防部长施特劳斯以及联邦邮政通讯部长施蒂克伦就持反对意见，并称："这种中止贸易协定的措施与先前理智的行为自相矛盾。"[2]此外，联邦经济部长艾哈德、联邦全德事务部长莱麦尔以及联邦德国德国内部区域贸易信托局长库尔特·利奥波德（Kurt Leopold）也表示反对。然而，与会的多数内阁成员还是赞成中止《柏林协定》。事实上，这些赞成者并非是想通过中止《柏林协定》的方式给民主德国经济带来压力，而更多地是想向民主德国传递心理上和政治上的压力。不过，想以这种方式阻止民主德国对西柏林的封锁，显然是不现实的。民主德国早已意识到，限制柏林的地面交通可能会造成德国内部贸易的中止。尽管如此，民主德国仍付诸实施。

由此可见，联邦德国政府内部在是否中止《柏林协定》的问题上意见不一。而在这其中，联邦德国总理、联邦德国外交部、联邦内政部的强硬主张显然与联邦德国经济部、联邦德国国防部、联邦德国邮政通讯部的看法相左。对于阿登纳总理而言，首先是要对西方盟国释放外交政策信号以及展现坚定的立场。联邦德国外交部则想将中止《柏林协定》的措施作为

---

① Hans Booms und Ulrich Enders und Ursula Hullbusch, Bearb. , *Die Kabinettsprotokolle der Bundesregierung 1960*, Bd. 13, München: Oldenbourg, 2003, S. 335-339.

② *Der Spiegel*, Nr. 42, 1960, S. 21.

一种施压工具，迫使民主德国重新恢复西柏林通道的畅通，而联邦德国政府的一些部门则希望保留《柏林协定》，以防止西柏林通道彻底被封锁，从而导致西柏林陷入更大的困境之中。最终，经过内阁会议表决通过，联邦德国政府做出了中止《柏林协定》的决定。

3. 民主德国对联邦德国中止《柏林协定》的反应

9月30日，联邦德国德国内部区域贸易信托局局长利奥波德在没有声明原因的情况下，宣布暂时中止1951年《柏林协定》至1960年12月31日。这立刻引来民主德国的强烈抗议。民主德国认为联邦德国此举是一种无理行为。民主德国对外贸易及德国内部贸易部的代表随即发表声明称："利奥波德先生，我听到了您的声明，您在联邦德国政府的授权下，代表联邦德国政府中止了1951年9月20日签订的《柏林协定》，对此我深感遗憾并表示抗议。同时，您方还中止了双方今年8月就1961年及随后几年的货物清单达成的协议。如您所知，今年8月达成的这些协议受到整个德国经济界的热烈欢迎，因为它们符合双方的经济利益。联邦德国政府的这项声明对整个德国的经济造成了伤害。我必须根据联邦德国国防军最高统帅部的备忘录和联邦德国政府的侵略政策来看待联邦德国的这一措施。中止《柏林协定》以及使德国内部贸易陷入瘫痪，显然是联邦德国政府从使用非军事手段到使用其他手段的道路上迈出的一步，北约希望利用这种手段来煽动联邦德国政府。北约应对联邦德国政府新的侵略措施产生的后果负全部责任。尽管联邦德国政府表示愿意同民主德国展开新的谈判，但这显然是在试图安抚联邦德国企业界及其人民，以及再次尝试将两个德意志国家之间的贸易作为对民主德国的施压工具和谈判筹码。我必须把对此行为的回应留给我的政府。"①

就在同一天，民主德国部长会议副主席兼对外贸易及德国内部贸易部长海因里希·劳就联邦德国中止《柏林协定》一事表明了鲜明的立场。他称："根据某些声明，有人称民主德国和苏联违反了柏林的四国共管地位（Viermächtestatut von Berlin），因此联邦德国中止了《柏林协定》。但是很

---

① Margarethe Müller-Marsall, Hrsg. , *Archiv der Gegenwart：Deutschland 1949-1999*, Bd. 3, 1957-1962, Sankt Augustin：Siegler Verlag, 2000, S. 2706.

长一段时间以来，柏林的四国共管地位早已被联邦德国的占领国破坏殆尽。在过去的几年里，它们重新武装联邦德国，举行复仇主义者集会，所有这些行为都与《波茨坦协定》背道而驰。受此影响，柏林的四国共管地位业已不复存在。你无法伤害一个已经不存在的事物。这意味着，联邦德国政府针对德国内部贸易的决议缺乏正当性，也没有任何法律依据。"①

尽管民主德国负责德国内部贸易的部门公开表示，民主德国将会对联邦德国中止《柏林协定》的行为予以回应。然而事实上，民主德国并没有采取强硬的报复措施，相反，其领导层随后多次强调德国内部贸易对缓和两德关系以及维护欧洲和平的重要意义，并表达出希望就恢复《柏林协定》进行谈判的意愿。10 月 4 日，民主德国国务委员会主席瓦尔特·乌布利希（Walter Ulbricht）在《新德意志报》（Neues Deutschland）上发表了纲领性的声明，其中对联邦德国近期对德国内部贸易采取的措施评论道："联邦德国政府决定从 1961 年 1 月 1 日起中止德国内部贸易，这是符合希特勒将军备忘录精神的侵略行为。那些对德国内部贸易感兴趣的联邦德国企业家面临着这样一个问题：如果他们赞成和平以及扩大两个德意志国家之间的经济关系，以期日后实现德国统一，那么他们将继续与民主德国进行贸易活动，迫使联邦德国政府废除关于中止《柏林协定》的决定，或者在其他情况下，无论他们喜欢与否，他们支持联邦德国军国主义者的计划，帮助他们的'希特勒将军'（Hitler-Generalen）。为了缓和两德关系以及国际局势，我们希望看到两个德意志国家之间的经济关系得到拓展，以便至少在这方面继续保持着一些联系，而对于两个德意志国家之间必要的和解与谅解而言，这些联系以后可能会被证明是不可或缺和有益的。联邦德国中断两德经济联系，无疑相当于解开了当前连接两个德意志国家的最后一个纽带。贸易是和平关系的先行者，它不需要任何特定的意识形态或政治见解。任何试图破坏经贸关系的人，无论以何种理由，只表明他是和平的敌人。联邦德国政府认为，自己的这一行为被民主德国视为侵略行为，因此它宣布已做好谈判准备。但我方只能就改善双边贸易进行谈判。

---

① Margarethe Müller-Marsall, Hrsg. , *Archiv der Gegenwart：Deutschland 1949-1999*, Bd. 3, 1957-1962, Sankt Augustin：Siegler Verlag, 2000, S. 2706.

如果这是你们想要的，你们就不能事先任意中止贸易协定。联邦德国政府有责任告知我方具体的谈判建议。民主德国对外贸易及德国内部贸易部随时准备与西柏林参议院就德国内部贸易问题以及西柏林与任何国家之间正常贸易的保障问题进行谈判。我们还准备在平等的基础上与联邦德国政府代表就扩大对联邦德国贸易伙伴的货物运输进行谈判，只要这种贸易是在民主德国领土上进行的。"①

　　10月6日，民主德国部长会议主席奥托·格罗提渥也对近期《柏林协定》的中止及其影响发表了公开声明。其中他提到了德国内部贸易对民主德国经济的重要性，但也表示德国内部贸易并非不可替代，相信民主德国有能力克服当前的困难。尽管如此，格罗提渥还是希望能够尽快与联邦德国重启德国内部贸易协定谈判。他在声明中明确表示："目前，联邦德国各大报纸都在大肆宣扬这样一件事情，即德国内部贸易的中断会导致民主德国经济出现重大困难，并将使民主德国的计划经济陷入混乱。那结果怎么样？由于受到联邦德国中止《柏林协定》的威胁，民主德国将在某些项目上尽早处理相关业务以及找到解决方案，这是十分必要且有益的。联邦德国这一举措的策划者应该知道，他们的企图终将破灭，因为民主德国反应迅速，并为此付出了很大的努力。德国内部贸易对于每个参与方来说都是至关重要的。停止德国内部贸易将损害各方的利益。民主德国赞成保持和扩大同联邦德国和西柏林的贸易，我们接受了联邦德国政府和西柏林参议院的提议，开始就新的贸易协定进行谈判。联邦德国的一些报纸称民主德国尚未就相关谈判提出具体建议，对此只能说，民主德国不想破坏当前的贸易协定。因此，民主德国正在等待有关达成新协定的具体提案。另一方面，尽管民主德国为了民族利益，希望继续发展德国内部贸易，但我想强调一点，不应高估德国内部贸易对民主德国经济发展的重要性。民主德国从联邦德国购买了大量商品，这常常损害了民主德国与其他国家的贸易，为了从联邦德国购买商品，民主德国无法完全接受其他国家的供货请求。在过去的几年中，民主德国购买联邦德国的煤炭只是为了联邦德国的

---

　　① Margarethe Müller-Marsall, Hrsg., *Archiv der Gegenwart: Deutschland 1949-1999*, Bd. 3, 1957-1962, Sankt Augustin: Siegler Verlag, 2000, S. 2709.

经济利益，目的是促进联邦德国矿工的就业。联邦德国煤炭行业的危机、煤炭和焦炭的堆积都在表明谁才是对这些商品交易特别感兴趣的一方。诚然，民主德国的一些行业引入了来自联邦德国一定数量和种类的轧制材料和化工产品，并青睐于联邦德国个别类型的机器和设备。轧制材料在联邦德国的交货中具有最高的经济价值。但在这方面，也必须注意到民主德国真实的对外贸易结构。以轧制材料为例，社会主义国家的供货占民主德国进口份额的 80%，联邦德国的供货占 10%，其他西方国家的供货也占 10%。如果把民主德国的轧钢产量和进口总量加在一起，联邦德国的供货在民主德国轧钢消费中所占的份额仅为 4% 左右。这些意味着什么？抵制德国内部贸易将迫使民主德国部分行业重新调整方向，引入来自其他国家的轧制材料和机械设备。这可能会给民主德国的一些行业造成暂时性困难。自建国以来，由于西方国家的经济封锁和禁运，民主德国经常面临这样的困难。民主德国一直都能够应对，它在未来也能够应对。"[1]

与此同时，民主德国领导层甚至以破坏德国统一基础，损害民族共同利益为由，指责联邦德国中止德国内部贸易协定的行径。德国统一社会党机关报《新德意志报》10 月 14 日发表了民主德国部长会议关于联邦德国中止《柏林协定》的声明[2]，其中提到，民主德国了解到，联邦德国政府和西柏林参议院是在抗议声中中止了德国内部贸易协定。无论过去还是现在都没有理由中止该协定。因此，联邦德国代表在正式移交解约函时无法给出任何理由。《柏林协定》的中止对于德意志各个地区的经济来说都是一个沉重的打击。随着两个德意志国家之间最后一个纽带的破裂，联邦德国政府继续推行加深德国分裂的政策。这项破坏民族团结的政策只适合于在联邦德国进行核军备竞赛并准备发动新战争的那些势力的利益。与此同时，中止《柏林协定》的目的在于抑制民主德国社会主义的发展。联邦德

---

① Margarethe Müller-Marsall, Hrsg. , *Archiv der Gegenwart：Deutschland 1949-1999*, Bd. 3, 1957-1962, Sankt Augustin：Siegler Verlag, 2000, S. 2711.

② 与此同时，苏联政府发布官方声明称，由于联邦德国单方面中止了原来的德国内部贸易协定，因此推动缔结一个新的德国内部贸易协定是联邦德国自己的事情。参见 Deutschland（Bundesrepublik）Bundeministerium für innerdeutsche Beziehungen, Hrsg. , *Dokumente zur Deutschlandpolitik*, Reihe Ⅳ, Bd. 5, Frankfurt am Main：Alfred Metzner Verlag, 1971, S. 418.

国政府过去曾多次做出这种尝试，但总是以失败告终。即使是这次针对民主德国经济发起的新一轮攻击，也无法阻止其社会主义建设。在工人、科学家和技术人员的首创精神以及其他社会主义国家的帮助下，因必要的改变造成的暂时困难终将得到解决。为了掩饰其反和平和破坏民族团结的意图，联邦德国政府在中止该协定时表示，已经做好谈判的准备。西柏林参议院也表达了谈判的意愿。民主德国政府指出，这在国家间的经贸关系中是一种违反常规的做法，因为之前一直有效的贸易协定在没有任何理由的情况下被中止。就在今年 8 月，两个德国刚完成关于 1961 年及其随后几年德国内部贸易中商品清单的谈判，并共同达成协议。尽管如此，民主德国政府准备进行新的贸易谈判，并等待联邦德国政府提出相关建议。民主德国政府已指示对外贸易及德国内部贸易部维持必要的德国内部贸易，同时授权该部接受西柏林参议院提出的谈判提议并与之进行谈判。①

此外，民主德国还提醒联邦德国注意，中止《柏林协定》会对西柏林经济产生难以承受的后果，由于《柏林协定》被中止，民主德国向西柏林的货物供应将得不到保障。民主德国试图以此迫使联邦德国尽快回到谈判桌前。10 月 16 日，民主德国对外贸易及德国内部贸易部埃尔文·西默（Erwin Siemer）司长在《新德意志报》上发表文章指出，联邦德国中止德国内部贸易协定的行为可能会对联邦德国与西柏林之间的贸易产生极为不利的影响。该文认为，《柏林协定》的附件还包含各项规定，以规范西柏林和联邦德国之间的货物流通。民主德国和联邦德国之间的贸易协定也受《柏林协定》的约束，因为这样会影响到双方的商品往来。如果不签署新的德国内部贸易协定，向西柏林的货物供应将无法再维持当前的水平。这也适用于《柏林协定》的附件，该附件还规范了向西柏林输送电力、天然气和饮用水的相关规定。②另外，民主德国将取消向西柏林供应褐煤砖和食物。而西柏林对褐煤砖以及猪肉的需求完全依赖民主德国的供应。由于水路和陆路运输的控制权都掌握在民主德国手中，因此，民主德国只需中断

---

　　① Margarethe Müller-Marsall, Hrsg. , *Archiv der Gegenwart*：*Deutschland 1949-1999*, Bd. 3, 1957-1962, Sankt Augustin：Siegler Verlag, 2000, S. 2716.

　　② Margarethe Müller-Marsall, Hrsg. , *Archiv der Gegenwart*：*Deutschland 1949-1999*, Bd. 3, 1957-1962, Sankt Augustin：Siegler Verlag, 2000, S. 2717.

供应，就能使西柏林受到严重影响。此外，《柏林协定》还涉及两德交通服务协议。在 1961 年 1 月 1 日之后，东、西马克货币区之间的交通服务结算将处于一种无有效合约的状态之下。这意味着，除非双方就相互间交通支付达成新的协定，否则将无法继续使用西柏林通道。

除了公开发出呼吁外，民主德国对外贸易及德国内部贸易部长劳 10 月 20 日还致函联邦德国经济部长艾哈德，要求就恢复《柏林协定》进行会谈。他在信中写道："由于联邦德国政府做出单方面决定，1951 年 9 月 20 日签署的《柏林协定》及其附加协议于 1960 年 9 月 30 被迫中止。在联邦德国经济部授权递交的解约函中，联邦德国表示愿意就贸易协定进行新的谈判。我要通知您，民主德国部长会议 1960 年 10 月 13 日已授权对外贸易及德国内部贸易部与联邦德国相关主管机构就德国内部贸易及有关事项进行必要的谈判。民主德国部长会议认为，双方保持相互间的经贸关系是有益的，因为先前经贸关系的中断将损害德意志各地区的经济发展。由于《柏林协定》是在您的授命下中止的，我认为，为了将来就新的德国内部贸易协定进行谈判，您必须提出相应的提案。希望您能同意我的观点，并请您为此创造条件，确保谈判早日启动。"[1] 与此同时，劳还致信西柏林市长勃兰特，建议尽早启动西柏林与民主德国之间的谈判。

为了促使联邦德国尽快恢复《柏林协定》，民主德国又以保障西柏林通道安全作为交换筹码。[2] 10 月 21 日，劳在接受科隆《德意志报》（Deutsche Zeitung）采访时再次表示，民主德国支持继续发展和扩大德国内部贸易。民主德国非常期望改善 1960 年 8 月新修订的《柏林协定》。改善贸易协定应当由双方共同进行磋商。但是，如果联邦德国不希望对该协定进行任何改善，则该协定可以重新生效；至少对于双方而言，这总比没有协定

---

① Margarethe Müller-Marsall, Hrsg. , *Archiv der Gegenwart：Deutschland 1949-1999*, Bd. 3, 1957-1962, Sankt Augustin：Siegler Verlag, 2000, S. 2717-2718.

② 在这之前，民主德国已经解除西柏林与东欧国家之间的过境障碍。1960 年 10 月 29 日《世界报》（Die Welt）的一篇报道称，西柏林市长维利·勃兰特 10 月 28 日在波恩举行的外国记者招待晚宴上宣布，自 10 月 2 日以来，东欧和西柏林之间过境交通的障碍在没有（民主德国）官方公开宣布的情况下被解除了。参见 Margarethe Müller-Marsall, Hrsg. , *Archiv der Gegenwart：Deutschland 1949-1999*, Bd. 3, 1957-1962, Sankt Augustin：Siegler Verlag, 2000, S. 2731.

要好，否则就不需要进行谈判了。民主德国政府也一再表示，愿意根据与西柏林当局达成的协定，保证进出西柏林的通道不受阻碍。但是，联邦德国政府必须表示出愿意恢复贸易谈判的意向，因为它已经单方面中止了先前的贸易协定。① 11 月 9 日，德国统一社会党中央政治局又发表声明称："为了实现两个德意志国家正常共存的利益，以及避免德意志民族的进一步分裂，民主德国政府宣布愿意无条件地继续执行现行的贸易协定。"② 同日，西默司长在接受《明镜周刊》（Der Spiegel）采访时称，如果《柏林协定》能够继续执行，那么一切困难就都可以避免。③

鉴于联邦德国迟迟没有就恢复《柏林协定》做出决定，民主德国一方面继续对联邦德国释放缓和信号；另一方面开始主动打"苏联牌"，其公开表示，如果联邦德国拒绝续签《柏林协定》，那么民主德国将寻求苏联方面的经济支持。民主德国国务委员会主席乌布利希 12 月 3 日在东柏林宣布："民主德国代表团近期访问了苏联，双方在莫斯科讨论双边贸易协定的一个重要作用是，确保民主德国的社会主义建设不会受到联邦德国政府中止《柏林协定》的影响。苏联共产党中央第一书记兼部长会议主席赫鲁晓夫同志热情接待了民主德国代表团，双方就民主德国如何同苏联进行经济合作与协作达成一致意见，以便尽可能消除联邦德国实施的经济干扰措施。非常感谢苏联朋友和我们就此达成共识。我们高兴地注意到，在有民主德国 100 多名专家参加的讨论中，除了商讨与 1961 年计划相关的双边贸易问题外，还商定了 1965—1980 年期间远景计划中的控制数字。"④

由上可见，联邦德国 1960 年 9 月 30 日宣布中止《柏林协定》后，民主德国对此的反应总体上相对温和，并没有采取过激的行动。尽管民主德国在第一时间就向联邦德国表达了抗议，但随后更多的是向后者提出各种建议，试图促使双方尽快就恢复《柏林协定》或签订新的德国内部贸易协

① Margarethe Müller-Marsall, Hrsg. , *Archiv der Gegenwart：Deutschland 1949-1999*, Bd. 3, 1957-1962, Sankt Augustin：Siegler Verlag, 2000, S. 2718.

② *Stiftung Archiv der Parteien und Massenorganisationen der DDR im Bundesarchiv* DY 30 J Ⅳ 2/2 735, Bl. 32.

③ *Der Spiegel* Nr. 46, 1960, S. 34.

④ Margarethe Müller-Marsall, Hrsg. , *Archiv der Gegenwart：Deutschland 1949-1999*, Bd. 3, 1957-1962, Sankt Augustin：Siegler Verlag, 2000, S. 2746.

定进行谈判。在此期间，民主德国在批评联邦德国这一"无理行径"的同时，也向联邦德国释放出积极信号。具体表现为：民主德国以维护德意志民族共同利益，避免德国进一步分裂，保障西柏林的供应安全，促进两德和欧洲的缓和与和平为由，不断向联邦德国抛出贸易谈判的橄榄枝。与此同时，民主德国也向联邦德国清晰地表明，其手中握有"西柏林牌"和"苏联牌"，并且自己可以克服当前暂时性的经济困难。尽管如此，民主德国的上述反应也从侧面反映出，民主德国对德国内部贸易存在较强的依赖性，导致它无法轻易放弃德国内部贸易，以及在经济上与联邦德国完全切割。

4.《柏林协定》的重新生效及其影响

事实上，联邦德国在宣布中止《柏林协定》时，就已做好与民主德国进行谈判的准备。为此，联邦德国政府密切关注中止《柏林协定》后的局势发展，并积极商讨下一步的计划。1960 年 11 月 9 日，阿登纳政府内阁召开会议，深入研究了当前面临的一些问题，其中包括进一步推动有关德国内部贸易的谈判，分析和评估中止《柏林协定》可能产生的后果。阿登纳总理在会上强调，他仍然认为中止《柏林协定》的举措是正确和必要的，但他也认为，宣布中止《柏林协定》的同时也应提出谈判建议，这才是正确的做法。因此，在今后关于德国内部贸易的谈判过程中应提出积极的建议，但值得注意的是，迄今针对联邦德国和西柏林的干扰措施将阻碍缔结新的德国内部贸易协定。阿登纳总理提议，建立一个由联邦外交部、联邦经济部和联邦总理府组成的工作组，共同对中止《柏林协定》产生的影响进行分析研究。因为中止《柏林协定》会产生深远影响，相关分析研究是联邦政府迫切需要的。他还指示上述三个部门应紧密合作，尽快撰写出相关的分析研究报告。①

11 月 17 日，联邦德国经济部负责德国内部贸易事务的主管领导卡尔·克劳特维格（Carl Krautwig）与民主德国对外贸易及德国内部贸易部负责德国内部贸易的主管领导海因茨·贝伦特（Heinz Behrendt）在西柏林

---

① Hans Booms und Ulrich Enders und Ursula Hullbusch, Bearb., *Die Kabinettsprotokolle der Bundesregierung 1960*, Bd. 13, München: Oldenbourg, 2003, S. 377-378.

举行了一次非正式会晤。双方对签订一个新的德国内部贸易协定的前景进行了讨论。[①] 11 月 23 日，由联邦德国总理府、联邦德国外交部、联邦德国经济部以及联邦德国全德事务部的代表组成的德国内部贸易工作组联合呼吁恢复关于德国内部贸易的谈判，以期在《四方协定》（Viermächte-Abkommen）的法律基础上达成新的德国内部贸易协定。不过在谈判期间，联邦德国代表应全力促使民主德国取消 1960 年 9 月 8 日施行的管控限制措施。[②]

11 月 30 日，阿登纳政府内阁再次召开会议讨论德国内部贸易问题。联邦外交部长布伦塔诺认为，首先必须澄清联邦德国的立场，待今日内阁会议结束之后，就应当及时通报西方三国驻德代表。他认为，如果民主德国在事实上并最终在法律上适时撤销先前对西柏林采取的干扰措施，那么西方盟国对两德贸易谈判就不会有任何顾虑。是民主德国而不是联邦德国通过无端的骚扰措施造成了现在的困难局面，这是一个至关重要的事实。联邦经济部长艾哈德在会上强调，在《柏林协定》中止后，他积累了很多有益的经验，例如，民主德国做出何种反应以及《柏林协定》的中止会对民主德国产生哪些经济上的影响。只要民主德国陷入经济困境，它就势必会根据联邦德国在中止《柏林协定》时所表达的意图，就新的德国内部贸易协定进行谈判。最后，联邦经济部国务秘书韦斯特里克撰写了一份声明，内容涉及联邦内阁关于德国内部贸易问题的决定，并且得到了联邦内阁的批准。该声明称，联邦德国政府内阁在西柏林参议院代表、议会党团主席及其副手在场的情况下做出如下决定：正如解约函中所规定的那样，授权联邦德国德国内部区域贸易信托局局长与东马克货币区代表团团长进行谈判时，审视是否存在延续德国内部贸易的可能性。[③]

[①]　Hans Booms und Ulrich Enders und Ursula Hullbusch, Bearb. , *Die Kabinettsprotokolle der Bundesregierung 1960*, Bd. 13, München: Oldenbourg, 2003, S. 404.

[②]　Hans Booms und Ulrich Enders und Ursula Hullbusch, Bearb. , *Die Kabinettsprotokolle der Bundesregierung 1960*, Bd. 13, München: Oldenbourg, 2003, S. 409-410.

[③]　Hans Booms und Ulrich Enders und Ursula Hullbusch, Bearb. , *Die Kabinettsprotokolle der Bundesregierung 1960*, Bd. 13, München: Oldenbourg, 2003, S. 411-412, 415.

12月16日，两德贸易谈判代表关于德国内部贸易协定的谈判进入最后决定阶段。联邦德国出于保护西柏林通路安全的目的，单方面引入"撤销条款"（Widerrufsklausel），而民主德国政府则坚持其1960年9月8日实施的管控措施。联邦德国贸易谈判代表库尔特·利奥波德建议，在秘密协议中解决有争议的问题。12月17日，德国统一社会党中央政治局就德国内部贸易事宜召开特别会议，会上批准了民主德国国务院提交的一份草案。该草案声称，民主德国毫无保留地愿意继续执行现行的德国内部贸易协定。12月20日，两德贸易谈判代表贝伦特和利奥波德在一次秘密谈话中达成妥协，双方同意使1960年8月16日达成的德国内部贸易协定[①]得到恢复。

12月21日，阿登纳政府内阁就签订新的德国内部贸易协定召开会议。会上联邦经济部国务秘书韦斯特里克向内阁成员详细汇报了民主德国贸易谈判代表的要求和让步。他获悉，德国内部贸易协定可以在通报西方盟国的前提条件下签署。但是，他无法保证民主德国的贸易谈判代表在最后时刻不会提出进一步的要求或拒绝作出让步。联邦外交部国务秘书卡斯滕斯指出，联邦德国必须要事先通报西方盟国。内阁会议决定授权联邦德国贸易谈判代表签署新的德国内部贸易协定，但签约时间保留至22日下午3时。[②]联邦德国随后将21日的联邦内阁会议和22日的北约理事会会议的结果向盟国大使做了通报。

12月29日，两德贸易谈判代表经过不断协商，最终达成了一项秘密协议，其中除了包括一些技术细节外，还包括西柏林通道的自由通行权，以及作为回报联邦德国不会对莱比锡博览会进行干扰。[③]联邦德国经济部长艾哈德12月30日正式对外宣布，1951年9月20日签订的《柏林协定》及其所有附加协议和附件以及1960年8月16日修订后的《柏林协定》将于1961年1月1日恢复生效。民主德国方面口头同意废除1960年9月8

---

① 1960年8月16日，两德对1951年《柏林协定》进行了修订。参见附录15。

② Hans Booms und Ulrich Enders und Ursula Hullbusch, Bearb., *Die Kabinettsprotokolle der Bundesregierung 1960*, Bd. 13, München: Oldenbourg, 2003, S. 437.

③ Hans Booms und Ulrich Enders und Ursula Hullbusch, Bearb., *Die Kabinettsprotokolle der Bundesregierung 1960*, Bd. 13, München: Oldenbourg, 2003, S. 437.

日对西柏林采取的限制措施（办签证入境、联邦德国签证无效），而这些措施便是造成联邦德国随后中止《柏林协定》的导火索。据《法兰克福汇报》（Frankfurter Allgemeine Zeitung）称，双方已承诺对谈判结果保密。该协议不受限制地适用于整个西马克货币区。①

由上可见，《柏林协定》的重新恢复与两个德国之间的相互妥协是密不可分的。双方都因《柏林协定》的中止而承受着巨大的压力，迫使它们最终不得不走到谈判桌前。民主德国之所以愿意做出妥协主要基于经济上的考虑。德国内部贸易当时占其外贸总额的 11%左右②，是其整体经济发展计划中一个不可分割的组成部分。失去这部分外贸份额会给民主德国计划经济带来不小的问题。民主德国国家计划委员会主席布鲁诺·洛伊施纳（Bruno Leuschner）承认，苏联方面只能在型钢、钢板、钢轨等方面满足民主德国的进口需求，它无法提供优质板材、管材、不锈钢、特殊类型的轧钢、特殊质量和规格的优良钢板、特殊种类的建筑钢材，这些产品几乎完全依赖资本主义国家。③由此可见，在一些工业领域，联邦德国的供货对民主德国经济发展有着重要意义。

联邦德国之所以做出妥协主要基于维护西柏林安全的考虑。事实上，如果彻底中断德国内部贸易，西柏林的物资供应就会立刻出现严重问题，因为这座城市对褐煤砖以及基本食物的需求全部依靠民主德国的供应。此外，根据《柏林协定》的相关规定，民主德国有义务让携带合格发货单的联邦德国货物进入西柏林，如果该协定从 1961 年 1 月 1 日起不再有效，民主德国就可以在不违反任何协定的情况下，立刻让西柏林的对外交通瘫痪。1961 年 1 月 4 日，民主德国最高领导人乌布利希讲到，联邦德国政府在美国的授意下，采取了中止《柏林协定》的措施，显然没有考虑好它将引发怎样的后果。④正是鉴于西柏林日益严峻的经济困境，联邦德国政府最

① Margarethe Müller-Marsall, Hrsg. , *Archiv der Gegenwart：Deutschland 1949-1999*, Bd. 3, 1957-1962, Sankt Augustin：Siegler Verlag, 2000, S. 2749.

② 参见附录 1。

③ *Stiftung Archiv der Parteien und Massenorganisationen der DDR im Bundesarchiv* NY/4097/15, Bl. 89.

④ *Stiftung Archiv der Parteien und Massenorganisationen der DDR im Bundesarchiv* DY J Ⅳ 2/2 744, Bl. 13.

终同意重新恢复《柏林协定》。

经过两德贸易谈判代表不断协商和相互妥协后，1961 年初，随着所谓"撤销条款"的引入①，德国内部贸易在一个新的保留条件下建立起来。该条款规定，所有子账户 1② 下已获批准的供货申请可以在无需任何理由的情况下予以撤销。该条款可以使联邦德国在民主德国干扰西柏林通道时能够给予快速、合法的防御性回应。在 1960 年底关于德国内部贸易协定的谈判中，联邦德国没能以协议的形式获得民主德国对维持西柏林通道正常化的保证。因此，"撤销条款"更多地充当了一种制衡措施。联邦德国希望借此尽可能地夺回其在德国内部贸易中的主动权。虽然民主德国对此表示强烈抗议，但最终还是接受了这一歧视性条款。至此，历时 3 个月的"防御性"中止《柏林协定》行动画上了句号。在随后 1961 年 8 月的"柏林墙"事件中，联邦德国不再采取类似的经济制裁措施。德国内部贸易仍然正常进行。

综上所述，德国内部贸易在 1960 年秋冬经历了一次重大危机。由于民主德国对西柏林通道以及入境访问实施了限制措施，联邦德国决定"防御性"中止《柏林协定》。然而，尽管这种暂时中止贸易协定的举措并没有最终演变为解除《柏林协定》，但这一过程也充分体现了德国内部贸易在冷战对抗高潮时期的脆弱性。这反映出，20 世纪 50 年代至 60 年代初，联邦德国对民主德国的经济政策深受美苏冷战对抗的国际环境以及阿登纳政府"实力政策"的影响。

不过，在美苏实力（尤其是军事方面）日益构成均势的情况下，这种经济制裁措施在民主德国和苏联面前所展现出的"实力"效应大打折扣。具体表现为，苏联以及民主德国在西柏林通道问题上并未做出多少实质性的让步③。与第一次柏林危机④相比，西方的反制措施并没有达到其所期望

---

① Deutschland（Bundesrepublik）Bundesministerium der Justiz, Hrsg., *Bundesanzeiger*, Nr. 18 vom 26. Januar 1961, Köln：Bundesanzeiger Verlagsgesellschaft, 1961.

② 子账户 1 所结算的货物包括钢铁制品、非金属制品、矿产品、电子产品以及机器等所谓的"硬性货物"，这些货物对于民主德国的经济发展有着特殊的重要性。

③ 例如，满足联邦德国一直以来的要求，即对长期保持西柏林通路的畅通做出明确的保证或承诺。

④ 具体参见本书第一章第二节的内容。

的结果。这与民主德国自身经济和战略地位的提升息息相关。随着 20 世纪 50 年代民主德国经济的快速恢复和发展，民主德国早已度过了战后初期经济重建最困难的时期，成为东方社会主义阵营中经济实力仅次于苏联的国家。就工业化以及生产力的发展程度而言，民主德国要远高于其他东欧社会主义阵营的盟友。因此，对于苏联而言，民主德国已不再是占领区时期的"经济包袱"，反而成为经互会中最重要的经济伙伴。此外，由于民主德国身处东西方冷战对峙的前沿阵地，它还是苏联对抗以美国为首的西方资本主义阵营最重要的桥头堡，其重要的战略地位不言而喻。因此，无论是出于经济利益还是安全利益的考量，苏联在第二次柏林危机中始终坚定地站在民主德国的身后，为后者提供强大的支撑。与此同时，民主德国为了维护国家安全利益，表现出强硬的政治立场。这使得第二次柏林危机陷入僵持状态。

显然，联邦德国这次高估了经济制裁措施的效力。事实上，该政策对于抑制民主德国对西柏林通道的"干扰"，并没有起到预期的效果，但它给西柏林带来的消极影响却是联邦德国无法承受的。1960 年的柏林危机中，联邦德国最终主动放弃经济制裁便是一个例证。这些充分暴露了，这一时期联邦德国对民主德国经济政策的行为限度。阿登纳总理在其执政末期也意识到了这一点。例如，"柏林墙"建造期间，阿登纳政府也没有对民主德国实施经济制裁。"柏林墙"建立后，联邦德国的德国统一政策日趋务实化。阿登纳政府对民主德国经济政策的经验教训也为后任联邦政府所借鉴。尤其是，当触及民主德国的国家安全利益时，经济施压措施被证明效力十分有限。为了克服日益固化的德意志民族分裂状态，联邦德国开始推行和解合作的德国统一政策，即更加重视扩大双方的经贸往来，不断增进两德间的交流合作，推动两德关系良性互动，并向和解的方向发展，进而克服日益固化的德意志民族分裂状态。作为联邦德国对民主德国经济政策的重要实践平台，德国内部贸易日益受到重视，其规模不断扩大。

通过这次危机，民主德国领导人也清醒地意识到，联邦德国有能力中止德国内部贸易协定。联邦德国的经济制裁措施也确实给民主德国的经济造成创伤，并再次暴露了民主德国对德国内部贸易的传统依赖性①，这种依赖性不仅体现在工业资源方面，而且还体现在工业技术领域。一直以来，联邦德国的重工业原料以及精密材料供应对民主德国偏重于重工业的经济发展模式具有重要意义。因此，在受到联邦德国经济制裁的打击后，民主德国许多工业企业处于停工和减产的状态。由此而引起的失业危机加剧了社会局势的动荡和紧张，同时也加剧了民主德国居民的出走，其中大部分为青壮劳动力和具有高素质的专业技术人员②。此外，由于民主德国的工业技术水平相对落后，致使其在特殊工业产品领域很难找到替代联邦德国的进口源，何况还能享受各种税费优惠。这从另一个方面彰显了德国内部贸易对民主德国经济发展和社会稳定的价值。也正因为如此，民主德国才不愿轻易放弃德国内部贸易，最终主动同联邦德国达成了妥协。1961年 1 月，《柏林协定》的重新生效便是这种妥协的产物。③

此外，值得注意的是，联邦德国阿登纳政府的经济制裁措施也受到了

---

① 随着德国内部贸易的不断发展，民主德国经济对德国内部贸易的依赖性引起民主德国政府的担忧和警惕。《新德意志报》对此发表文章称："虽然民主德国从德国内部贸易中获得许多优质的产品，但是我们同样知道，这意味着对帝国主义国家进口的依赖，这仿佛证明社会主义没有生存能力似的。我们给了西德帝国主义一个干扰我们生产的机会。"参见 Neues Deutschland vom 30. Juli 1968.

② 1961 年 2 月 17 日的联邦德国政府公报公布了以下数据，在 1949 年 9 月至 1960 年底期间，共有 253 万 1540 名民主德国难民登记进入联邦德国，1945—1949 年间的苏占区难民人数估算为 43 万 8760 人，因此，1945—1960 年间的民主德国（含苏占区）难民总数上升到297 万 300 人。1954—1960 年间的民主德国难民中 25 周岁以下的青少年 97113 人（仅 1960年就有 76313 人），大学生 11705 人（1960 年有 1648 人），医生 3110 人（1960 年有 688 人），大学教师 738 人（1960 年有 142 人），其他教师 15885 人（1960 年有 2033 人），工程技术人员 15536 人（1960 年有 2648 人），人民警察和部队人员 11941 人（1960 年有 707 人），务农人员 41300 人（1960 年有 3500 人）。参见 Margarethe Müller-Marsall, Hrsg. , Archiv der Gegenwart: Deutschland 1949-1999, Bd. 3, 1957-1962, Sankt Augustin: Siegler Verlag, 2000, S. 2767-2768.

③ 为了减少对德国内部贸易的依赖性，在第二次柏林危机结束后不久，民主德国便积极开展所谓的"清除干扰"行动，尝试摆脱对联邦德国的一些重要产品的依赖。因此，只有在迫切需要的情况下，钢、铁、机器以及其他特殊产品才从联邦德国购入。在其他情况下，民主德国则依靠从其他的西方工业国家进口。然而，由于受到诸多内外部客观因素的限制和影响，民主德国为脱离德国内部贸易获取经济独立性而进行的尝试，后被事实证明效果不佳。因此，该行动只进行了几年便自行停止了。具体参见本节三（五）民主德国"清除干扰"行动的影响。

本国一些企业的抵制。可见，德国内部贸易不仅仅是联邦德国政府贯彻其德国统一政策的平台，同时也涉及联邦德国企业的切身利益。特别是，随着联邦德国经济迅速增长，对外贸易和对外投资不断扩大，联邦德国企业与民主德国的经贸往来也日益频繁和紧密。因此，如何将国家的政治、安全利益同本国企业的经济利益合理地融合在一起，也日益成为随后两届联盟党领导的联邦政府在制定与实施对民主德国经济政策时所要解决的问题。这也是导致联邦德国开始主动调整对民主德国经济政策的一个重要因素。

还有，联邦德国政府最终决定放弃经济制裁政策，也与西方盟国及其主要出口商的态度有关。联邦德国经常哀叹西方盟友缺乏政治团结。后者经常以牺牲联邦德国和联邦德国企业的利益为代价，来维护它们的出口利益。这会使联邦德国在与西欧其他国家的竞争中逐渐失去其在民主德国的市场份额。与此同时，经济制裁措施将会促使民主德国在经济和政治上更高程度地融入东方社会主义阵营，让两个德国之间的对立和隔离进一步加剧。特别是在西柏林局势岌岌可危的情况下，中断两德贸易关系在政治上是十分危险的，在经济上也是代价高昂的①。之后，联邦德国政府被迫正视现实，逐渐开始推行德国内部贸易便利化路线。联邦德国也由此彻底放弃了通过经济施压迫使民主德国做出政治妥协的策略；相反，它试图通过在德国内部贸易中满足民主德国一些愿望，从而诱使后者在放松双边交流交往管控方面做出一些让步。

三　曲折发展的德国内部贸易

20 世纪 50 年代，德国内部贸易在新的贸易协定②的基础上得到了进一步发展，贸易额由 1950 年的 6.71 亿联邦德国马克上升到 1960 年的 20.37 亿联邦德国马克，提高了两倍多（+210%）。然而，事实上，德国内部贸易的增长幅度远低于同期联邦德国对外贸易的增长幅度（+395%）和民主

---

① 特别是对于西柏林的生存和安全而言。
② 《法兰克福协定》（1949 年）和《柏林协定》（1951 年）。

德国对外贸易的增长幅度（+401%）①。不仅如此，就这一时期德国内部贸易的整体发展状况而言，则呈现出曲折发展的态势，特别是出现了两次明显的倒退阶段——朝鲜战争期间以及第二次柏林危机期间。造成这一状况的主要因素包括东西方冷战对峙、德国内部贸易不平衡问题、德国内部贸易内部程序的复杂性和结构性问题、西柏林安全问题以及民主德国的"清除干扰"（Störfreimachung）行动等。

（一）东西方冷战对峙的严重制约

1947 年，随着美国对苏联"遏制政策"（Policy of Containment）的出台，美苏冷战正式打响。之后，双方对抗不断白热化，美国便着手对苏联及其势力范围内的国家采取贸易限制乃至贸易禁运的政策。② 1949 年 2 月，美国国会通过了《出口管制法案》（Export Administration Act），开始对与苏东社会主义国家有关的贸易实行全面管制。《出口管制法案》签署后不久，在美国的提议下，西方世界迅速在同年 11 月成立了"巴黎统筹委员会"（简称"巴统"）③，其宗旨是限制成员国向社会主义国家出口高技术和战略物资，从而阻碍社会主义国家经济、技术和军事潜力的发展。贸易管制的货物主要分为三类：清单 1（禁运清单）包含了完全禁止出口的军用货物或关键技术④；清单 2（配额清单）列出了可以根据配额出口的货物；清单 3（保留清单）列出了在某些条件下允许出口的货物。1951 年，美国国会又通过了《共同防御援助管制法》（The Mutual Defense Control Act of 1951）⑤，要求凡是接受美援的国家在与社会主义国家进行贸易时，

① Deutschland（Bundesrepublik）Statistisches Bundesamt，Hrsg.，*Statistisches Jahrbuch der Bundesrepublik Deutschland*，Stuttgart：Metzler-Poeschel，1960，S. 289；（DDR）Staatliche Zentralverwaltung für Statistik，Hrsg.，*Statistisches Jahrbuch der Deutschen Demokratischen Republik*，Berlin（Ost）：Staatsverlag der Deutschen Demokratischen Republik，1960，S. 573.
② Rolf Hasse，*Theorie und Politik des Embargos*，Köln：Institute für Wirtschaftspolitik an der Uni zu Köln，1973，S. 152.
③ 正式名称为"输出管制统筹委员会"（Coordinating Committee for Multilateral Export Controls）。
④ 如核技术，微电子技术。
⑤ 又称为《巴特尔法案》（Battle Act）。

如果违反美国关于禁运的规定，美国就会停止对它们的援助。可见，美国试图尽可能地使盟国在禁运规定上与其保持一致。

尽管西方国家的禁运规定并不直接适用于德国内部贸易①，然而作为"巴黎统筹委员会"的成员国之一，联邦德国有义务支持美国的禁运政策②，这就不可避免地干扰了德国内部贸易的正常发展。通过两德 1951 年共同签署的《柏林协定》，联邦德国政府可以对德国内部贸易中的货物进行管制，从而对民主德国造成一定的经济压力。为此，民主德国总统威廉·皮克（Wilhelm Pieck）曾强烈指责西方盟国以及联邦德国破坏整个德国的经济联系，给德国人民的生活带来困难。③与此同时，民主德国还向联邦德国提出建议，将德国内部贸易额增至每年十亿联邦德国马克，并称接受这一建议将会保证联邦德国的充分就业，并使之摆脱英美独占资本家的羁绊而获得经济独立。拒绝这一建议则重新表现出波恩当局反人民的态度。④

1950 年 6 月 25 日，朝鲜战争爆发，美国及其西方盟国开始加大对社会主义国家经济封锁的力度。朝鲜战争期间，钢铁被列为第一类的战略物资，联邦德国政府在绝大多数情况下会延迟或拒绝向民主德国供应钢铁产品。⑤德国内部贸易也随之跌入低谷。1950 年德国内部贸易额为 6.71 亿联邦德国马克，而到了 1951 年则锐减至 2.71 亿联邦德国马克，降幅高达60%。在随后的两年间，德国内部贸易额虽有所回升，但仍没有恢复到

---

① 联邦德国认为，禁运规定涉及主权国家的对外经济关系，不适用于民主德国，因为联邦德国声称单独代表整个德国，不承认民主德国的主权国家地位，德国内部贸易对联邦德国而言也不属于对外贸易。

② 出于维护全德经济的统一性，弥合德意志民族的分裂，缓和两德间的政治对立以及保障西柏林的经济、政治和通道安全等方面的考虑，联邦德国从未对民主德国实施全面的经济禁运政策。

③ 世界知识社辑：《欧洲安全和德国问题文件汇编》（第一集 1945—1953），世界知识社 1956 年版，第 126 页。

④ ［民主德国］德国莱比锡大学地理研究组编：《德意志民主共和国在重建中》，朱立人译，人民出版社 1953 年版，第 71 页。

⑤ 不过，联邦德国对民主德国的钢铁禁运政策时常会受到西柏林安全问题的影响。如，1950 年 6 月 30 日，盟国高级委员会和联邦德国经济部的代表在彼得斯贝格一致同意，一旦民主德国解除当前对西柏林商品和服务供应的限制，那么针对民主德国的钢铁禁运就会中止。参见 Margarethe Müller-Marsall, Hrsg., *Archiv der Gegenwart：Deutschland 1949－1999*, Bd. 1, 1948－1953, Sankt Augustin：Siegler Verlag, 2000, S. 331.

1950 年的水平，分别只有 2.73 亿联邦德国马克和 5.56 亿联邦德国马克。①

　　1951 年 9 月 3 日，民主德国总理格罗提渥在莱比锡秋季博览会开幕之际发表了讲话，其中谈及德国内部贸易发展面临的障碍。他称："在美国占领当局系统性的干预下，德国内部贸易被扰乱了。几个月以来，美国人一再阻挠德意志两个贸易伙伴之间达成贸易协定。自 1950 年 9 月 7 日起，我们与联邦德国同胞就一项新的贸易协定进行了谈判，为此，我们提议双方互相供应价值 10 亿联邦德国马克的货物。然而，该谈判无法继续下去，因为美国殖民统治者总是为其下令进行的破坏行为编造新的理由，并且不断地给两德贸易谈判制造困难。尤其是在四个占领区城市——柏林。一次是电力供应，另一次是发货单……但我必须认真指出的一件事是：我们将很快使自己摆脱美帝国主义的专横与强权行为，在这种情况下，民主德国工业正在制造我们目前从联邦德国或其他资本主义国家进口的重要产品，这些产品将由我们自己生产的或者从和平阵营国家那里购买。这并不意味着我们要放弃德国内部贸易。反之，民主德国政府愿意随时增加协定中规定的货物数量。但是这取决于盟国高级委员会，我们不受它的辖制。"②民主德国对外贸易及德国内部贸易部长格奥尔格·汉德克（Georg Handke）在谈到民主德国对外贸易发展状况时表示："1951 年第二季度，民主德国的外贸总额与去年同期相比增长了 88.4%，同苏联的贸易增长了 97.9%，同波兰的贸易增长了 44.6%，同资本主义国家的贸易增长了 25%，相反同联邦德国的贸易减少了 30% 左右。"③

　　10 月 4 日，苏联管制委员会主席瓦西里·I. 崔可夫（Wassili

---

　　① Deutschland（Bundesrepublik）Statistisches Bundesamt, Hrsg. , *Statistisches Jahrbuch für die Bundesrepublik Deutschland*, Stuttgart：Metzler-Poeschel, 1952, S. 233. 参见附录 2；Deutschland（Bundesrepublik）Bundesministerium für innerdeutsche Beziehungen, Hrsg. , *Zehn Jahre Deutschlandpolitik*：*die Entwicklung der Beziehungen zwischen der Bundesrepublik Deutschland und der Deutschen Demokratischen Republik 1969 - 1979*：*Bericht und Dokumentation*, Bonn：Bundesministerium für innerdeutsche Beziehungen, 1980, S. 29. 参见附录 1。

　　② Margarethe Müller-Marsall, Hrsg. , *Archiv der Gegenwart*：*Deutschland 1949-1999*, Bd. 1, 1948-1953, Sankt Augustin：Siegler Verlag, 2000, S. 545-546.

　　③ Margarethe Müller-Marsall, Hrsg. , *Archiv der Gegenwart*：*Deutschland 1949-1999*, Bd. 1, 1948-1953, Sankt Augustin：Siegler Verlag, 2000, S. 546.

I. Tschuikow）向西方盟国驻德高级专员发出复照，以回应他们在 9 月 6 日抗议民主德国阻碍西柏林和德国西部地区之间的货物运输。苏联的照会指出，西方列强当局千方百计让德国内部贸易协定难以缔结，受西方列强限制性措施的影响，该协定因此要到 1951 年 9 月 20 日才能签署，1950 年的德国内部贸易协定只履行了 50%，西方列强严重违反了 1949 年在巴黎和纽约达成的协议。苏联政府要求西柏林贸易公司提交发往联邦德国的商品原产地证明，这符合盟国管制委员会 1946 年 1 月 16 日的《四项决定》（Vierer-Beschluss）。西方三国驻柏林军事指挥官禁止西柏林贸易公司提供此类证明，由此损害了民主德国的经济。因为它为投机者和黑市商人提供了不受控制的出口机会。[①]

10 月 24 日，西方盟国驻德高级专员与联邦德国经济部长艾哈德达成了一致意见，德国内部贸易协定的进一步执行取决于民主德国当局取消对西柏林和联邦德国其他州之间货物和邮件自由流动的限制。9 月 20 日《柏林协定》签署时，民主德国谈判代表口头答应取消现有的相关限制。但实际上，由于拒绝提供发货单和包裹运输，贸易障碍变得更加严重。[②]

1952 年 7 月 31 日，苏联管制委员会主席崔可夫向西方盟国驻德高级专员发出抗议信，谴责后者干扰德国内部贸易正常运行。该抗议信指出，西方占领当局已于 1950 年 2 月对向民主德国交付的钢材实行了禁运措施，并且在 1950 年 5 月开出了禁运清单，任意阻止联邦德国向民主德国出口货物，包括已经签发的货物。一年来，西方占领当局一直有计划地阻挠两德缔结德国内部贸易协定。最近，它们还对一些希望与民主德国进行贸易的联邦德国企业进行打击报复。由于这些肆意妄为的行为，德国内部贸易额从 1951 年上半年的 2.01 亿联邦德国马克下降到 1952 年上半年的 900 万联邦德国马克。这些行为有悖于整个德国的经济利益，旨在进一步加深德国的分裂。它们也违背了 1949 年西方盟国在《纽约协定》（New Yorker

---

[①] Margarethe Müller-Marsall, Hrsg. , *Archiv der Gegenwart*: *Deutschland 1949–1999*, Bd. 1, 1948–1953, Sankt Augustin: Siegler Verlag, 2000, S. 570.

[②] Margarethe Müller-Marsall, Hrsg. , *Archiv der Gegenwart*: *Deutschland 1949–1999*, Bd. 1, 1948–1953, Sankt Augustin: Siegler Verlag, 2000, S. 581.

Abkommen)① 和《巴黎协定》(Pariser Abkommen)② 中所作的承诺，即取消对德国内部区域贸易的限制，恢复1948年3月1日以前的德国内部货物交换的流程，并计划进一步发展德国内部区域贸易。③

8月23日，西方盟国驻德高级专员在给苏联管制委员会主席崔可夫的一封信中，驳斥了苏联对西方盟国阻挠两德贸易往来的抗议，认为这是毫无根据的。信中提到了1952年8月1日缔结的德国内部贸易协定，并强调指出，尽管5月5日联邦德国的拖欠数额已经超过1900万联邦德国马克，但在1952年5月5日至8月9日期间，联邦德国向民主德国的供货额超过了民主德国向联邦德国的供货额，贸易逆差超过1300万联邦德国马克。联邦德国政府已通知西方盟国驻德高级专员，由于民主德国迟延交货，联邦德国根据新的德国内部贸易协定所承担的供货义务已尽可能迅速和彻底地履行完了。然而，过去和现在都有证据表明，苏联占领当局对西柏林通道的干扰妨碍了德意志两部分之间贸易的健康发展。对于先前抗议中提及的苏联方面针对西柏林实施的干扰措施，信中这样写道："除了上述措施外，苏联占领当局在过去6个月中采取了一些严厉措施，目的是将民主德国与联邦德国隔离开来。美国驻德国高级专员约翰·J. 麦克洛伊（John J. McCloy）先生在1952年6月30日的照会中，曾多次对此提出强烈抗议。我只需要指出这样一个事实，即苏联占领当局大大减少了过境点数量，在德意志两个地区之间设置了路障以及划定了无人区，以便严格监测德意志两个部分之间的旅行交通。另外，美国政府仍在为德国的政治和经济统一而努力，这会为德国内部贸易创造最有利的条件。"④

此外，值得注意的是，在20世纪50年代上半期，随着东西方冷战对峙不断加剧，两个德意志国家随后分别开始了西向一体化和东向一体化，彼此间日益疏远的关系也是影响德国内部贸易发展的一个重要因素。而到

① 即《关于结束柏林封锁的四国协定》。

② 即《苏、美、英、法四国外长巴黎会议公报》。

③ Margarethe Müller-Marsall, Hrsg., *Archiv der Gegenwart*: *Deutschland 1949-1999*, Bd. 1, 1948-1953, Sankt Augustin: Siegler Verlag, 2000, S. 784.

④ Margarethe Müller-Marsall, Hrsg., *Archiv der Gegenwart*: *Deutschland 1949-1999*, Bd. 1, 1948-1953, Sankt Augustin: Siegler Verlag, 2000, S. 796.

了 20 世纪 50 年代末 60 年代初，英、美、法三国连同联邦德国就西柏林问题同苏联以及民主德国发生激烈的矛盾和冲突，东西方冷战也由此走向高潮。在此期间，德国内部贸易不仅受到严重冲击，就其法律基础——《柏林协定》也被联邦德国暂时性中止。在民主德国看来，自其建立伊始就面临着一场肆无忌惮的经济战争：币制改革、经济禁运、撕毁贸易合同，在国际市场上实行经济制裁，引诱专业工人和特殊人才出走，私下贩卖人口，进行间谍和破坏活动。[①]

20 世纪 50 年代，西方盟国和联邦德国对德国内部贸易的严格管控不仅催生了大量的非法贸易，同时也引来一些联邦德国企业家的批评。例如，在民主德国莱比锡博览会上，两德商人之间达成的贸易协议受到西方战略物资禁运规定的严格管制。像钢管这样的基本商品也被列入禁运清单。为了绕过这些限制，两德商人很自然地彼此建立了秘密的联系方式，私下里进行非法买卖。为了企业自身的利益，克虏伯公司（Friedrich Krupp AG）董事会成员卡尔·洪德豪森（Carl Hundhausen）就曾公开对阿登纳政府限制德国内部贸易的立场提出过批评。[②]

（二）贸易不平衡问题的制约

除了受到外部严峻的国际环境的影响之外，德国内部贸易还存在着不平衡问题。由于民主德国国营工业生产和供货能力不足，产品质量存在某些缺陷，产品服务和客户服务也存在劣势。主要输出制造技术上要求不高、利润较低的商品的总体趋势使民主德国处于越来越弱势的地位。相反，联邦德国在某些领域拥有特别强大的谈判基础，特别是在特种钢、无缝钢管以及高品质的机械产品等方面。

1950 年 2 月 8 日，联邦德国就曾以民主德国没有遵守《法兰克福协定》按时供货为由，停止向民主德国供应钢铁产品。联邦德国还表示，该措施不具有政治性质。民主德国方面则回应称，联邦德国的这一行为遵循

---

① ［德］埃贡·克伦茨编：《柏林墙倒塌 30 年记：原民主德国方面的回顾与反思》，王建政译，社会科学文献出版社 2021 年版，第 5 页。

② ［德］马库斯·沃尔夫：《隐面人：前东德情报局局长回忆录》，胡利平译，国际文化出版公司 1999 年版，第 81，84 页。

了帝国主义的冷战路线，是以牺牲整个德国尤其是联邦德国的经济为代价的。民主德国遵守了《法兰克福协定》规定的供货和付款合同。2 月 26 日，两德通过签订议定书，同意钢铁货物的发货单重新获得批准。民主德国则承诺在《法兰克福协定》期满前完成供货义务。此外，双方还商定大幅扩大当时已订立的价值 6 亿联邦德国马克的贸易协定，在没有事先协商的情况下，今后不再实施货物禁运。① 4 月 8 日，联邦德国向民主德国的硬煤交付以及民主德国向西柏林的褐煤砖交付暂时中止。联邦德国政府声称之所以实施煤炭禁运，是因为民主德国没有遵守上一年的对等交货协定。② 8 月 11 日，根据《法兰克福协定》，民主德国拖延交付的农产品总额达 1700 万联邦德国马克，同样数额的木材交付也悬而未决。民主德国已承诺每月交付 2.5 万实积立方米的坑木。另外，3.5 万实积立方米的板材和 5 万实积立方米的圆木能否按时交付值得怀疑。③ 到了 11 月中旬，联邦德国方面称，根据目前的德国内部贸易协定，民主德国延迟交付的货物总额估计为 1300 万联邦德国马克。④

　　1956 年德国内部贸易额超过了 13 亿联邦德国马克，比 1955 年增加了 1.7 亿联邦德国马克。不过，在 1956 年最后一个季度，民主德国的货物交付量急剧下降。民主德国 1956 年承诺交付 430 万吨褐煤砖，但到当年年底却只交付了 100 万吨褐煤砖。根据德意志诸州银行公布的相关信息，到 1956 年底，民主德国在德国内部贸易中的存货账户拖欠额接近 7300 万联邦德国马克，而它欠联邦德国的债务甚至达到了 8760 万联邦德国马克。由于民主德国拒绝使用联邦德国马克现金偿还债务，并且拒绝接受官方贷款，因此，联邦德国政府必须使其投标与民主德国的实际交付保持一致，

① Margarethe Müller-Marsall, Hrsg. , *Archiv der Gegenwart*：*Deutschland 1949-1999*, Bd. 1, 1948-1953, Sankt Augustin：Siegler Verlag, 2000, S. 242, 249.

② Margarethe Müller-Marsall, Hrsg. , *Archiv der Gegenwart*：*Deutschland 1949-1999*, Bd. 1, 1948-1953, Sankt Augustin：Siegler Verlag, 2000, S. 275.

③ Margarethe Müller-Marsall, Hrsg. , *Archiv der Gegenwart*：*Deutschland 1949-1999*, Bd. 1, 1948-1953, Sankt Augustin：Siegler Verlag, 2000, S. 350.

④ Margarethe Müller-Marsall, Hrsg. , *Archiv der Gegenwart*：*Deutschland 1949-1999*, Bd. 1, 1948-1953, Sankt Augustin：Siegler Verlag, 2000, S. 397.

特别是那些民主德国特别重视的货物（联邦德国的钢铁和煤炭）。[1]

尽管存在贸易不平衡的问题，民主德国仍然表达了希望进一步扩大德国内部贸易的意愿，并坚决反对西方盟国和联邦德国采取贸易限制措施。8月29日，民主德国总理格罗提渥在其官方报纸《每日评论》（*Tägliche Rundschau*）上发表文章，吁请联邦德国民众抵制进口那些可能在联邦德国生产的英美产品。为了促进德国内部贸易，联邦德国民众应团结一致抵制英美驻德高级专员的任何干涉行为，并无视英国和美国出台的相关限制措施。联邦德国的经济界应积极参与同民主德国的贸易活动。联邦德国和西柏林的人民特别是经济界已经认识到，避免危机的唯一方式是与民主德国进行贸易，由此进而与苏联、东欧人民民主国家以及中国进行贸易。[2]

1952年10月27日，联邦德国经济部公布了当前德国内部贸易的账户余额，其中显示民主德国对联邦德国的净债务高达4176万联邦德国马克。[3]随着1953年7月朝鲜战争的结束，德国内部贸易也开始进入比较稳定的增长阶段，德国内部贸易额也由1954年的8.85亿联邦德国马克快速增加到1960年的20.38亿联邦德国马克。不过，值得注意的是，1953年民主德国"6·17事件"并没有影响德国内部贸易的发展。相反，在这期间，联邦德国通过提高无息透支贷款额度促进了德国内部贸易的发展。因此，德国内部贸易额在1953年以及随后的一年里都有了快速的增长。与前一年相比，民主德国的供货额在1953年上升了39.3%，联邦德国的供货额上升了52.1%。到了1954年，民主德国的供货额同比上升了46.5%，联邦德国的供货额同比上升了67.4%。[4]然而好景不长，受第二次柏林危机以及"柏林墙"事件的影响，1961—1963年，德国内部贸易额再次下降。1961年，德国内部贸易额为18.28亿联邦德国马克，随后两年分别为18

①　Margarethe Müller-Marsall, Hrsg. , *Archiv der Gegenwart*: *Deutschland 1949-1999*, Bd. 2, 1953-1957, Sankt Augustin: Siegler Verlag, 2000, S. 1858.

②　Margarethe Müller-Marsall, Hrsg. , *Archiv der Gegenwart*: *Deutschland 1949-1999*, Bd. 1, 1948-1953, Sankt Augustin: Siegler Verlag, 2000, S. 361.

③　Margarethe Müller-Marsall, Hrsg. , *Archiv der Gegenwart*: *Deutschland 1949-1999*, Bd. 1, 1948-1953, Sankt Augustin: Siegler Verlag, 2000, S. 831.

④　参见附录1和附录2。

亿联邦德国马克以及 19.36 亿联邦德国马克，均低于 1960 年。[①]

（三）内部程序的复杂性和结构性问题的制约

德国内部贸易从建立伊始就不是一种自由贸易。它并非直接由两德企业之间进行的贸易，而是在联邦德国德国内部区域贸易信托局和民主德国对外贸易及德国内部贸易部的主导和协调下完成的贸易。[②]双方交易的货物无论在数量上还是金额上都有严格的限定（即所谓的配额）。此外，来自民主德国的货物时常会受到联邦德国的审查，以确保货物的数量和定价[③]不会对其国内市场造成持久的冲击，否则就会被认定为存在倾销行为。

此外，由于德国内部贸易内部程序的复杂性，两德间无法充分地进行货物交换，这也是德国内部贸易长期处于较低水平的原因之一。从 1951 年《柏林协定》的框架中[④]可以看到，德国内部贸易的操作流程十分复杂。例如，严格的进出口货物申报审批程序，诸多苛刻的货物种类和额度限制，以及繁琐的结算体制。因此，20 世纪 40 年代末至 50 年代初，"非法贸易"十分猖獗[⑤]，并对德国内部贸易造成了很大的冲击。

为了抑制德意志地区之间大量的"非法贸易"，联邦德国政府 1951 年7 月 14 日实施了一项法令，联邦德国（包括西柏林）与民主德国（包括东柏林）之间的所有商品往来以及货币和票据流通均须接受海关边境管制。沿东、西马克货币区边界十公里宽的狭长地带被宣布为海关边境管辖区（Zollgrenzbezirk），海关部门在该地区拥有很大的权力。特别是，海关官员

---

① 参见附录 1 和附录 2。

② 这也与民主德国的政治、经济体制有关。在民主德国，国营（或集体）企业的一切外贸活动都由对外贸易及德国内部贸易部进行统一管理，国内企业不能直接同国外企业进行贸易洽谈。因此，联邦德国企业的谈判对象由民主德国企业变为民主德国对外贸易及德国内部贸易部。

③ 在德国内部贸易的框架内，原产于民主德国的商品不被征收关税和农产品附加税，它们对联邦德国国内的价格水平构成了特别的风险。为了避免这些危险，采购的价格需要受到监控，即所谓的价格核查程序。

④ 具体内容参见本章第二节第一部分的相关内容。

⑤ 据估计，1953 年非法贸易的金额仍徘徊在官方贸易额的 40% 至 200% 之间。参见 Fritz Federau, „Der Interzonenhandel Deutschlands von 1946 bis Mitte 1953 ", *Vierteljahrshefte zur Wirtschaftsforschung*, Nr. 4, 1953, S. 386.

值班时可随时进入除建筑物以外的所有地方。他们不受交通法规的约束。他们在沿货币区边界100米的地带，50米的建成区内设置路障和障碍物，并且可以设置避难所，以防止未经授权的货物运输。在海关边境管辖区，过境车辆都必须应海关官员的要求停车，相关人员须出示证件，并接受搜身检查以及行李搜查。跨境邮递物品只要看上去装有货物，就会被纳入海关监管。联邦德国的邮政局有义务向海关检查站转交此类邮件。联邦德国的联邦铁路局还须向海关当局提供行政协助。[①]

1951年11月27日，东柏林地方法院颁布了一项法令，旨在防止食品和工业产品的投机活动。该法院宣称，以西柏林为首的投机者和走私者不断向西柏林和联邦德国非法运输大量民主德国的食品和工业产品，并从中获得了高额的利润。因此，该法令规定，东柏林和民主德国其他地区的居民在东柏林购买食品和工业产品时有义务出示口粮卡或身份证。受雇于东柏林或民主德国其他地区的国营企业或集体企业，但在这些地区以外具有永久居住权的人，只需出示相关工作证件，便可购买自用商品。[②]

除了投机者和走私者之外，占领国当局也在从事一些非法运输活动。1952年8月25日，苏联管制委员会（Sowjetische Kontrollkommission）副主席伊凡·F.谢米恰斯特诺夫（Ivan F. Semitschastnow）向美国驻德副高级专员塞缪尔·里伯（Samuel Reber）发出一封抗议信，谴责美国以军事运输为幌子从东柏林非法运输货物，因为这些运输不受管制。苏联监管机构一再提请美国当局注意这种非法行为。但即便如此，非法运输的情况仍然存在。例如，1952年2月28日，从东柏林运出的22车金属废料和美国军事文件一起被运往联邦德国。3月11日和7月9日，又分别有25车和19车从东柏林运出的金属废料和美国军用物资一起运往联邦德国。民主德国政府坚持要求美国当局停止滥用此项权力，因为这将使东柏林和西方占领

---

① Margarethe Müller-Marsall, Hrsg., *Archiv der Gegenwart：Deutschland 1949-1999*, Bd. 1, 1948-1953, Sankt Augustin：Siegler Verlag, 2000, S. 527.

② Margarethe Müller-Marsall, Hrsg., *Archiv der Gegenwart：Deutschland 1949-1999*, Bd. 1, 1948-1953, Sankt Augustin：Siegler Verlag, 2000, S. 850.

区之间的货物运输失去管控。[1]

此外，两个德国也注意到了德国内部贸易的结构性问题，并采取了一些有针对性的举措。在贸易结构上，民主德国从联邦德国输入的货物以硬煤、钢铁、冶金和轧钢设备、工业炉和铸造机械、化学品、肉类和乳制品等为主，而联邦德国主要从民主德国输入能源燃料（褐煤砖和石油）、纺织机械制造、印刷、办公用机械制造、机床制造、纺织品和服装、糖和谷物等。[2] 20 世纪 50 年代初，德国内部贸易占民主德国外贸总额的 7% 左右，在 20 世纪 50 年代后半期，其比重稳定在 10%—11%。与之相比，德国内部贸易占联邦德国外贸总额的比重更低，始终在 1.1%—2.5% 之间波动。[3]

1957 年 11 月，两德贸易谈判代表签署了新的德国内部贸易协定，其中列入了 1958—1959 年的货物清单。这是自 1951 年《柏林协定》生效以来，协定有效期首次改为两年。但是，原则上除个别例外情况外，只有在 1958 年底之后，为单个子账户制定了中期结算的情况下，1959 年的交付和购入方能进行。1958 年商定的交货额为 11.02 亿联邦德国马克，比 1957 年最初拟定的货物清单高出 1.02 亿联邦德国马克。然而需要注意到的是，在 1957 年 3 月底，民主德国额外交付了价值 6000 万联邦德国马克的石油，并从联邦德国购入了相同价值的钢材，后来双方又商定了若干其他项目，因此，与当前的协定相比，交货额实际上仅增加了 1000 万联邦德国马克。通过民主德国中央银行在联邦德国中央银行开立的特别账户——S 账户，民主德国在履行完子账户 8（主要是褐煤砖）的交货义务后，便可以以联邦德国马克存款购买其他货物，但前提是它们已列入货物清单。除了将无息透支贷款额度从 1 亿联邦德国马克增加到 1.5 亿联邦德国马克外，新协定没有任何根本性的变化。在新的无息透支贷款额度中，仅子账户 8 就独

---

[1]　Margarethe Müller-Marsall, Hrsg., *Archiv der Gegenwart*: *Deutschland 1949–1999*, Bd. 1, 1948-1953, Sankt Augustin: Siegler Verlag, 2000, S. 796.

[2]　Horst Lambrecht, „Innerdeutscher Handel: Entwicklung, Warenstruktur, wirtschaftliche Bedeutung", in Claus-Dieter Ehlermann und Siegfried Kupper und Horst Lambrecht und Gerhard Ollig, *Handelspartner DDR - innerdeutsche Wirtschaftsbeziehungen*, Baden-Baden: Nomos Verlagsgesellschaft, 1975, S. 101-126.

[3]　参见附录 1。

享了 4000 万联邦德国马克的贷款额度，其余 1.1 亿联邦德国马克的贷款额度分配给了其他账户。往年仍在管理的子账户 1 和子账户 4 将在 1957 年底关闭，结余金额将转移至子账户 5 和子账户 8。双方将于 1958 年 1 月协商最终结算，在此过程中达成的协议将以附加协议的形式首次更改新的货物清单。为了结算 1956 年底以前承付的支付交易，将继续使用旧的子账户 2，直至另行通知为止。现行有效的货物清单将在 1957 年底到期。如果事先提出申请，则仍然可以像往年一样在次年 3 月 31 日之前授予必要的许可。①

1960 年 8 月 16 日，两德贸易谈判代表在柏林签署了新的德国内部贸易协定②，它是 1951 年《柏林协定》的一个组成部分，只能与《柏林协定》一起中止。鉴于先前协定的时效期最长为两年，新协定不再规定有效期的时限。由于债务只能通过货物交付来抵消，因此消除了德国内部贸易的现有负担，其中无息透支贷款③可以通过联邦德国马克现金来偿还。此外，《柏林协定》框架内的货物账户数量将从三个减少至两个，配额货物的数量和范围也将大大减少。同样重要的是，个别项目的配额将不再具有决定性意义，双方可根据自己的意愿和资产以支付现金的方式进行购买，而不用顾及任何可能存在的供货或购买困难。

在子账户 1 中，包括双方 5.4 亿联邦德国马克的交易额度。与之前一样，民主德国供应的货物包括林业产品、焦化柴油、矿石和有色金属，增加了机器、车辆、钢铁和造船产品、电工产品、办公设备以及化油器燃料和其他矿物产品；联邦德国供应的货物包括钢铁、硬煤和有色金属，增加了机器、车辆、钢铁和造船产品，以及电工产品和办公设备。此外，民主德国计划每年交付 2.3 亿联邦德国马克的褐煤、2 亿联邦德国马克的石油产品、1 亿联邦德国马克的金属加工产品，剩余的 1000 万联邦德国马克的一半金额分配给坑木和原木产品，另一半金额分配给有色金属。联邦德国则将每年的钢铁交付额增加至 3.15 亿联邦德国马克，金属加工产品的交付额为 1.7 亿联邦德国马克，硬煤的交付额为 4000 万联邦德国马克，有色金

① Margarethe Müller-Marsall, Hrsg., *Archiv der Gegenwart: Deutschland 1949–1999*, Bd. 3, 1957–1962, Sankt Augustin: Siegler Verlag, 2000, S. 2066.

② 该协定于 1961 年起开始实施。

③ 1959 年至 1968 年，无息透支贷款的额度被固定为 2 亿联邦德国马克，参见附录 3。

属的交付额为 1500 万联邦德国马克。

在子账户 2 中，民主德国交付的农产品（包括猪肉、谷物和马铃薯淀粉）的配额上限为 9350 万联邦德国马克，其他所有产品取消配额上限。联邦德国交付的牲畜、肉类、鱼类、鱼类制品和砾石的配额上限为 7500 万联邦德国马克，其他所有产品取消配额上限。之前的服务账户没有纳入新的贸易协定之中。之前的特别账户 S 则保持不变。一方在无法全额付款的情况，可以通过特别账户 S 以联邦德国马克现金支付款项。第一次账户结算将在 1962 年 6 月 30 日进行。通常情况下，双方须在 30 天内以现金结算差额，然后将所有账户重置为零。新协定的特殊优势在于，未来的结算机制还可以使长期供应协议延长数年。每年发生的交付和付款可计入协议总金额。联邦德国德国内部区域贸易信托局局长利奥波德指出，作为东欧社会主义阵营的一部分，民主德国有义务将其出口总额 75% 的货物交付给东欧其他社会主义国家。在其出口总额剩余的 25% 中，德国内部贸易所占比重不到一半。因此，即便新协定提供了将货物交易额提高到任何水平的可能性，但东欧社会主义阵营内部供货义务的限制仍将存在。[1]

在 20 世纪 50 年代，联邦德国的一些中小型企业也十分愿意同民主德国企业进行更多的贸易往来。然而，受限于德国内部贸易复杂的操作流程和诸多限制，它们所实现的贸易远远少于其所期望的。随着战后联邦德国经济的飞速发展，这种贸易结构性弊病日益凸显。到了 20 世纪 60 年代中期，东西方关系开始逐步得到改善，联邦德国政府迫于本国企业施加的压力以及务实德国统一政策的需要，主动放松对德国内部贸易的一些苛刻限制，德国内部贸易随之进入到了一个高速发展的阶段。

（四）西柏林安全问题的制约及影响

"二战"后，西柏林安全问题主要涉及三个方面[2]，一个是通路（对外交通）安全问题，另一个是经济（生存发展）安全问题，第三个是政治

---

① Margarethe Müller-Marsall, Hrsg. , *Archiv der Gegenwart*: *Deutschland 1949-1999*, Bd. 3, 1957-1962, Sankt Augustin: Siegler Verlag, 2000, S. 2683.

② 这三个方面之间存在着密切的联系。

（法律地位）安全问题。联邦德国维持德国内部贸易的一个重要原因便是维护西柏林的安全，这是因为德国内部贸易对于西柏林的生存来说至关重要。例如，民主德国每年向西柏林供应土豆、糖、圆木、柴油和汽油、板材以及超过 100 万吨的褐煤砖。此外，西柏林每天从民主德国获得 36.5 万千瓦时的供电量。单就运输而言，西方国家无法保障为西柏林正常供应这些大宗货物。西柏林企业为从民主德国获取货物，向后者供应了各种制成品。成千上万的西柏林市民因此有了工作和面包。①

然而，在冷战尖锐对峙时期，柏林问题成为两大阵营对抗的焦点，并直接影响到德国内部贸易的发展。在此期间，两个德国都将柏林问题作为讨价还价的筹码。1950 年 9 月 29 日，联邦德国贸易代表团团长戈特弗里德·考夫曼（Gottfried Kaufmann）宣布，由于民主德国当局决定停止向西柏林供电，双方关于新的德国内部贸易协定的谈判于 9 月 21 日中断。考夫曼补充说，在此之前，谈判已经取得了积极进展。1949 年《法兰克福协定》将于 9 月 30 日到期。不过，已经签发和批准的订单确保了未来 3 个月的货物往来。随后，联邦德国政府批准了一项关于控制与民主德国商品往来的规定。边境检查站被授权将所有来自民主德国的货物运往指定关卡，以便实施集中监管。② 11 月 9 日，民主德国政府最终同意与联邦德国达成一项协议，即民主德国发电厂将从 11 月 18 日起每天向西柏林提供 40 万千瓦时的电力供应，而联邦德国的发电厂将为民主德国输送同样数额的电量。由于这项协议的达成，双方将恢复关于新的德国内部贸易协定的谈判，该谈判曾因西柏林电力供应中断而暂时中止。③

建国初期，联邦德国曾试图将德国内部贸易协定的签署与西柏林通道安全保障结合起来。这一时期，苏联以抑制"非法贸易"为由，要求西柏林企业提供货物发货单，并对来自西柏林和联邦德国的货物运输进行审

① Margarethe Müller-Marsall, Hrsg., *Archiv der Gegenwart: Deutschland 1949-1999*, Bd. 1, 1948-1953, Sankt Augustin: Siegler Verlag, 2000, S. 532.

② Margarethe Müller-Marsall, Hrsg., *Archiv der Gegenwart: Deutschland 1949-1999*, Bd. 1, 1948-1953, Sankt Augustin: Siegler Verlag, 2000, S. 376.

③ Margarethe Müller-Marsall, Hrsg., *Archiv der Gegenwart: Deutschland 1949-1999*, Bd. 1, 1948-1953, Sankt Augustin: Siegler Verlag, 2000, S. 397.

查。西方盟国和联邦德国则以拒绝签署德国内部贸易协定相要挟。1950年7月18日，联邦德国经济部的一位发言人在新闻发布会上宣布，只有在苏联给予一个有约束力的保证——联邦德国和西柏林之间铁路、高速公路和水路的货物运输能够顺利进行的情况下，联邦德国政府才会签署新的德国内部贸易协定。只要苏联当局推迟签发发货单，西方盟国就会中断四方会谈。①

1951年6月11日，西方盟国驻西柏林的三位军事指挥官发布命令，禁止西柏林企业按照苏联管制委员会的要求，提供输出至联邦德国的货物原料的原产地证书，以便后者在某些货物的发货单上做出标记，避免将来自东方阵营国家或民主德国的原料用于输出至联邦德国的货物当中。西方盟国认为，根据1948年2月的《四国协议》（Viermächte Vereinbarung），每个占领区的军事指挥官都有权决定其占领区的货物输出。苏联对这一解释提出异议，并指责西方盟国企图将稀缺货物从德国东部地区非法运输至德国西部地区，从而掠夺民主德国经济。②

7月6日，两德贸易谈判代表签署了一项德国内部贸易协议，规定双向交换4.82亿联邦德国马克的货物。此外，民主德国贸易谈判代表承诺清除联邦德国与西柏林之间的邮政运输障碍。该协议不包括西柏林输出货物的原产地证书要求。货物监管将由西柏林当局严格执行，以防止非法运输。但是，民主德国保留了在特殊情况下提出异议的权利，然后交由混合仲裁委员会进行审查。联邦德国方面宣布，如果西柏林与联邦德国之间的货物运输再次受到干扰，将会导致德国内部贸易协定失效。③

7月26日，盟国高级委员会发表声明称，苏联管制委员会针对西柏林向联邦德国的货物输出施加了限制措施，给西柏林经济造成了严重后果，还称将对此保留采取一切必要措施的权力，以确保西柏林合法贸易自由恢

---

① Margarethe Müller-Marsall, Hrsg., *Archiv der Gegenwart*: *Deutschland 1949-1999*, Bd. 1, 1948-1953, Sankt Augustin: Siegler Verlag, 2000, S. 527.

② Margarethe Müller-Marsall, Hrsg., *Archiv der Gegenwart*: *Deutschland 1949-1999*, Bd. 1, 1948-1953, Sankt Augustin: Siegler Verlag, 2000, S. 513.

③ Margarethe Müller-Marsall, Hrsg., *Archiv der Gegenwart*: *Deutschland 1949-1999*, Bd. 1, 1948-1953, Sankt Augustin: Siegler Verlag, 2000, S. 555.

复。只要这些限制措施继续存在，盟国高级委员会就不会认可已经草签的德国内部贸易协定。该声明还指出，一批价值超过 7000 万联邦德国马克的货物无法正常发货，因为苏联当局拒绝签署货物发货单（Warenbegleitscheine），除非生产企业能够提供这批货物原料的原产地证书。这是苏联当局采取的不正当管控措施。西方盟国驻德高级专员将与苏联管制委员会进行合作，准备采取所有可能的措施防止货物非法流动，因为这似乎是苏联采取限制措施的初衷。[①]

1952 年 2 月 23 日，联邦德国政府发布新闻公报称，《柏林协定》已于 1951 年 9 月 20 日签署，前提条件是联邦德国各州与西柏林之间的货物运输可以不受阻碍地进行。然而不幸的是，由于未能在所有领域实现这一期望，该协定并未正式生效。在过去的两个月中，联邦德国代表与民主德国代表进行了谈判，讨论了从西柏林运往联邦德国的货物附带发货单的问题，并初步达成了协议。民主德国代表显然未能获得苏联管制委员会对该协议的批准。[②]

受美苏激烈对峙和西柏林安全问题的影响，20 世纪 50 年代初，德国内部贸易起步艰难且发展曲折。1953 年 1 月，联邦德国统计局发布了 1952 年德国内部贸易的统计数据。1952 年德国内部贸易额为 1.8 亿联邦德国马克，而 1951 年为 2.71 亿联邦德国马克。联邦德国购入的货物价值 7000 万联邦德国马克（上年为 1.23 亿联邦德国马克），联邦德国交付的货物价值 1.1 亿联邦德国马克（上年为 1.48 亿联邦德国马克）。此外，1952 年联邦德国和西柏林之间附带发货单的货物额为 44.4 亿联邦德国马克，而 1951 年为 41.4 亿联邦德国马克，联邦德国从西柏林购入的货物额从 12.2 亿联邦德国马克增加至 14 亿联邦德国马克，联邦德国向西柏林输出的货物额从 29.2 亿联邦德国马克增加至 30.4 亿联邦德国马克，西柏林电气和机械工程行业的产品约占联邦德国输入额的 60%。而在联邦德国向西柏林输出的

① Margarethe Müller-Marsall, Hrsg. , *Archiv der Gegenwart: Deutschland 1949-1999*, Bd. 1, 1948-1953, Sankt Augustin: Siegler Verlag, 2000, S. 530.

② Margarethe Müller-Marsall, Hrsg. , *Archiv der Gegenwart: Deutschland 1949-1999*, Bd. 1, 1948-1953, Sankt Augustin: Siegler Verlag, 2000, S. 652.

货物中，食品占据首位，比重约为 35%。①

由于美苏冷战持续升温，柏林问题再次成为东西方关系中十分敏感的问题。20 世纪 50 年代末，民主德国曾表示希望通过加强柏林地区的经济联系来缓解柏林日益加剧的紧张局势。1958 年 11 月 7 日，东柏林市长弗里德里希·艾伯特（Friedrich Ebert）向西柏林当局提出了一项附加的贸易协定草案，以解决跨境通勤问题、西柏林工人就业问题以及跨境访问问题。艾伯特在给西柏林市长勃兰特的信中写道："希望西柏林参议院最终放弃前线城市政策，东柏林市政府授权我向西柏林参议院提交一份贸易协定草案，以造福于整个柏林地区的人民，该草案旨在通过缔结贸易协定来发展柏林两部分间更密切的经济关系。该贸易协定将涵盖德国内部贸易货物清单以外的交货，每年的货物额约 2.1 亿联邦德国马克至 2.2 亿联邦德国马克。东柏林市政府和民主德国政府可以在向柏林西部地区供应重要的食品、工业产品以及原材料和建筑材料方面做出很大贡献。反过来，来自东柏林和民主德国的订单可以使西柏林机械制造企业和其他企业的现有生产能力得到更好的利用，从而保障西柏林大量工人获得工作机会。例如，西柏林电力工业企业向民主德国国营企业供应诸如某些类型的成套开关和控制装置、变压器、牵引电动机等产品；在无线电和电信技术领域供应结构元件、电视机显像管等产品；在涡轮机、发电机和锅炉制造以及钢结构方面满足民主德国向中国以及其他社会主义国家履行大宗商品出口订单。在民主德国石化工业发展方面，特别是在输油管道和所有相关设备的建设方面，民主德国相关企业也可以与西柏林管道制造公司和锅炉制造公司建立合同关系。"②

然而，民主德国释放出的缓和与合作的信号不久便被第二次柏林危机所破坏。在此期间，联邦德国试图通过将德国内部贸易与西柏林对外交通的安全保证进行挂钩。为了迫使民主德国就此做出妥协让步，联邦德国政府在征求西方盟国的意见之后，采取了暂时中止《柏林协定》的强力措

---

① Margarethe Müller-Marsall, Hrsg., *Archiv der Gegenwart: Deutschland 1949-1999*, Bd. 1, 1948-1953, Sankt Augustin: Siegler Verlag, 2000, S. 874-875.

② Margarethe Müller-Marsall, Hrsg., *Archiv der Gegenwart: Deutschland 1949-1999*, Bd. 3, 1957-1962, Sankt Augustin: Siegler Verlag, 2000, S. 2279.

施。尽管双方最终被迫做出了一定的妥协，《柏林协定》也在一些附加条件下得到恢复，但是德国内部贸易不可避免地在 20 世纪 60 年代初的几年中再次陷入困境，贸易额也出现了明显下滑①。

（五）民主德国"清除干扰"行动的影响

在联邦德国总理阿登纳执政时期，民主德国经常面对西方盟国和联邦德国的经济限制和制裁。与此同时，民主德国关于加强两德经贸往来与合作的建议也常常被联邦德国所忽视。因此，民主德国慢慢产生了摆脱对联邦德国经济依赖的信念。在此过程中，民主德国始终高度重视与苏联保持紧密的经济合作。就在 1951 年《柏林协定》签订后不久，民主德国便公开宣布，它与苏联达成了一项 1952—1955 年长期贸易协定。根据该协定的相关规定，为了促进两国经济的进一步发展，双方将大幅提升双边贸易额。民主德国很大一部分的供货将集中在重型机械和工业装置上，其中一些生产项目将在民主德国的五年计划中重新启动，而苏联将大幅增加对民主德国的原材料和半成品供应。与此同时，两国政府还签署了科技合作协议。这项协议将大大加强双方在经济和科学技术领域的合作，并为民主德国首个五年计划的实施提供重要助力。②

20 世纪 50 年代初，由于德国内部贸易对民主德国战后的经济恢复和重建具有非常重要的意义，所以民主德国迫切希望扩大德国内部贸易规模。在这一时期，即便是 1951 年《巴黎条约》（Pariser Vertrag）③ 获得批准，民主德国也不愿阻碍东西方贸易和德国内部贸易正常进行。1955 年 3 月 10 日，在莱比锡春季博览会开幕式上，民主德国部长会议副主席兼对外贸易及德国内部贸易部长海因里希·劳特别指出，不言而喻，民主德国政府高度重视德国内部贸易，努力使其从规模上尽可能地得到扩大，以期克服现存的德国内部边界（Zonengrenzen）④ 以及我们祖国分裂产生的影响，

---

① 参见附录 1.

② Margarethe Müller-Marsall, Hrsg., *Archiv der Gegenwart: Deutschland 1949-1999*, Bd. 1, 1948-1953, Sankt Augustin: Siegler Verlag, 2000, S. 568.

③ 即《欧洲煤钢共同体条约》。

④ 两德统一前，联邦德国与民主德国之间的东、西（马克货币）区界线。

保持德意志两部分地区之间牢固的经济联系。美帝国主义的侵略企图、《巴黎条约》以及类似条约的签订不会限制、封锁或中断东西方贸易。相反，两个世界市场之间的贸易应该得到进一步加强和扩大。任何阻碍和平贸易的行为都是有害无益的，必须彻底放弃。[①]

在 1959 年的莱比锡秋季博览会上，劳也曾强烈呼吁两德签订价值 30 亿联邦德国马克的贸易协议，并将德国内部贸易描述为一种"特殊的民族关切"。民主德国表示愿意同联邦德国一同进入世界市场，并与联邦德国企业在第三国开展联合项目和投资。劳还表示愿意出席汉诺威博览会。1960 年，他还倡议两德签订一项长期的钢铁采购合同，并使交易额逐年递增。他甚至想让（民主德国）德国国营铁路改用联邦德国的煤炭。[②]

然而，直到 1961 年初，在经历《柏林协定》暂时中止和重新恢复的插曲之后，民主德国才开始尝试同联邦德国在经济上划清界限，其具体表现形式是《民主德国国家计划委员会 1961 年 1 月 4 日关于确保民主德国经济免受联邦德国军国主义分子恣意破坏的决定》（Beschluss der Staatlichen Plankommission über die Sicherung der Wirtschaft der DDR gegen willkürliche Störmaßnahmen militaristischer Kreise in Westdeutschland vom 4. Januar 1961）的出台。这是民主德国针对德国内部贸易采取的首个由中央政府指导的行政措施。事实上，正是联邦德国政府 1960 年 9 月 30 日中止《柏林协定》的举措，为民主德国这一具有深远意义的决定提供了决定性的推动力。民主德国政府在所谓"清除干扰"行动的背景下，大力宣传对外贸易的重新定向，这在实质上是远离西方资本主义阵营，并更多地转向东方社会主义阵营。其战略目的是去除联邦德国未来对民主德国实施经济制裁的基础。

尽管经过艰苦的角力，两德在最后一刻避免了德国内部贸易的中断，但民主德国仍对联邦德国恢复德国内部贸易的动机持怀疑态度，并以这一

---

① Margarethe Müller-Marsall, Hrsg., *Archiv der Gegenwart: Deutschland 1949-1999*, Bd. 2, 1953-1957, Sankt Augustin: Siegler Verlag, 2000, S. 1419.

② *Handelsblatt* vom 4. Dezember 1959.

过程为契机，使其对联邦德国敲诈勒索企图的潜在担忧成为"清除干扰"行动的启动键。尽管民主德国贸易谈判代表团团长提出了各种抗议，但联邦德国政府还是通过了一项关于"撤销条款"的新规定，这使民主德国的怀疑更加强烈。"撤销条款"于 1961 年 1 月 1 日生效，其中规定，如果民主德国对联邦德国和西柏林做出冒犯之举，联邦德国则可以暂时中止个别供贷合同。由此，联邦德国拥有了一种可操控的制裁手段，而不必对《柏林协定》进行全面限制。民主德国政府明确将"撤销条款"视为联邦德国政府的不良动机，称其阻碍了民主德国经济和技术的进步。

1961 年 1 月 4 日，根据德国统一社会党中央委员会明确提出的一项战略任务，即为确保民主德国经济免受联邦德国军国主义分子恣意破坏，民主德国需要采取大量措施并将它们进行协调和整合。民主德国国家计划委员会为此做出一系列重要的决定，其中包括国家计划委员会的所有部门要深刻领会把握德国统一社会党中央委员会下发的材料，它们涉及确保民主德国经济免受联邦德国军国主义分子恣意破坏的任务：必须查清民主德国经济对联邦德国商品的依赖程度。例如，在一周内，简要列出 1961 年计划从联邦德国购买的货物，这些货物中哪些可以从社会主义国家获得或从进口计划中完全剔除；在两周之内，确认 1961 年度哪些货物必须从联邦德国采购，但不能保证它们会实际交付。因此，在采购联邦德国商品清单上的货物应限于需求最为迫切的货物，而且这些货物无法通过任何其他方式获得；将这些货物信息告知民主德国境内的采购方，以便它们能够争取使其业务或设施在很大程度上不依赖于资本主义国家的商品供应；在三周之内，确认必须进口的货物的供货合同签订情况，哪些已经签订了供货合同，哪些计划签订或可能签订供货合同。国家计划委员会的所有实务部门要对关于减少购买联邦德国商品的纪要材料进行深刻把握，并在 1961 年 2 月 15 日前制订出摆脱对联邦德国商品依赖的相关方案。这些方案须包括民主德国经济仍然依赖联邦德国供应的那些商品的研发任务，以及将某些相关企业自身产品的生产转为此类商品的生产。同时，必须考虑到满足与社会主义阵营国家进行国际合作需求的可能性；对外贸易及德国内部贸易部拟定一份所有从联邦德国购入货物的清单，以便在编制 1962 年及随后几年的采购计划时，剔除所有非必要从联邦德国购入的货物。①

此外，民主德国国家计划委员会认为，"排除干扰"行动面临的一个主要障碍是，进口要求通常是根据只适用于联邦德国商品的技术标准规定的。因此，确保民主德国经济安全的一个决定性的先决条件是，继续采用其他技术准则的标准化。投资、研究和技术部要确保现在和未来参考的民主德国标准（TGL）② 应符合社会主义阵营的标准。国家计划委员会的实务部门务必确保与其他东欧阵营国家协调一致，以便使民主德国标准成为所有研发、设计和项目规划机构的唯一工作基础。联邦德国标准（DIN）将不再用于工作原理，并由民主德国标准取代。联邦德国标准应与目录中相应的苏联标准（GOST）进行比较，以便开发人员、设计人员和外贸官员可以根据苏联标准执行他们的测算、设计和订购。标准化局的任务是尽一切可能与标准委员会、测量和测量仪器委员会进行更密切的合作，以便使新制定的民主德国标准和苏联标准保持一致。民主德国的标准化计划须与苏联的相关计划相协调。③

1961 年 5 月 3 日，民主德国官方报纸《经济报》（*Die Wirtschaft*）将"排除干扰"行动称作政治问题，其中这样写道："我们针对来自联邦德国的干扰行动所采取的安全措施是一个高度政治化的问题。我们在工厂里制造的任何一个工件、任何一个产品，只要它能够使我们摆脱对联邦德国的供应依赖，它就不仅仅是一项经济或技术上的成就，还是一个具有政治意义的事情，它有助于我们巩固社会主义，从而巩固和平。"④ 6 月 9 日，罗斯托克地区经济委员会主任库尔特·韦斯特法尔（Kurt Westfal）在接受《新德意志报》采访时更是明确表示："清除干扰行动是一项具有重大意义的政治任务。"⑤

可见，民主德国的"清除干扰"行动正是针对联邦德国在恢复《柏林

---

① Matthias Judt, Hrsg. , *DDR-Geschichte in Dokumenten：Beschlüsse, Berichte, interne Materialien und Alltagszeugnisse*, Berlin：Christoph Links Verlag, 1998, S. 154–155.

② 该技术标准主要在苏联和社会主义国家使用。

③ Matthias Judt, Hrsg. , *DDR-Geschichte in Dokumenten：Beschlüsse, Berichte, interne Materialien und Alltagszeugnisse*, Berlin：Christoph Links Verlag, 1998, S. 155–156.

④ *Die Wirtschaft* vom 3. Mai 1961.

⑤ *Neues Deutschland* vom 9. Juni 1961.

协定》时附加"撤销条款"的应对举措，也被视作一项重大的政治任务。民主德国试图寻求一种彻底的解决方式，即不再允许联邦德国政府对其实施任何严重的干扰措施，以影响民主德国正常的生产过程。具体来说，民主德国有必要完全或部分替代联邦德国的产品，因为联邦德国的这些产品极有可能会对民主德国国营企业的正常生产造成干扰，为此，民主德国试图采取三种方式来开展"清除干扰"行动。

民主德国首先考虑的是节约。如果不能实现节约，民主德国则试图自己生产相应产品或开发功能等效产品。如果这条道路被证明是行不通的，它则会寻找其他的供应源，其优先选项是吸引苏联的供应商，但也考虑来自其他社会主义国家的供应商。只有当来自盟友的供应商因技术上或产能上的不足而拒绝供货时，它才会在中立国甚至北约国家中选择潜在的供应商。除了有形商品之外，"清除干扰"行动还涵盖了无形商品。在许可证、专利和商标方面，德国统一社会党中央政治局禁止民主德国企业与联邦德国企业进行任何形式的合作，其中就涉及民主德国国营沃尔芬胶片公司（Filmfabrik Wolfen）。该公司与联邦德国勒沃库森阿克发胶片股份公司（Filmfabrik Agfa）一起在第三方市场发行带有"阿克发"徽标的胶片。因此，民主德国必须尽快解决一些企业的名称和商标使用权冲突。[1]在著名的德国汉莎航空（Deutsche Lufthansa）案例中，1963 年该公司的名称和徽标让与了一家设在科隆的联邦德国航空公司，此后该公司一直以民主德国国际航空公司（Internationalen Flugverkehr）的名称从事公共航空运输。最后，民主德国还努力促进技术标准化不断从联邦德国标准转换到苏联标准或民主德国标准。

显然，民主德国对外贸易政策的重新调整在组织方面异常复杂，而且在财政上代价十分高昂。仅在 1962 年，民主德国财政用于研发的资金中，几乎有三分之一用于相关措施。"清除干扰"行动的费用约为 10 亿民主德国马克。[2]尽管民主德国为此付出了巨大的经济代价，但是实际执行效果不

---

① 参见 Reiner Karlsch und Paul Werner Wagner, *Die AGFA-ORWO-Story: Geschichte der Filmfabrik Wolfen und ihrer Nachfolger*, Berlin: Verlag für Berlin-Brandenburg, 2010.

② André Steiner, *Von Plan zu Plan: Eine Wirtschaftsgeschichte der DDR*, Berlin: Aufbau-Taschenbuch Verlag, 2007, S. 125.

佳。从各个部门向国家控制中央委员会（ZKK）提交的大量报告中可以看出，"清除干扰"行动的进展非常缓慢。德国统一社会党中央政治局成立的调查委员会的报告也证实了这种情况，该委员会的报告基于对化工、机械工程、轻工业和无线电工业领域的40多家国营企业的调查①，其中记录了以下四个关键点：

第一，缺乏专有技术。在许多情况下，由于专有技术不足，民主德国无法自行生产所需替代的产品或功能等效的替代产品。

第二，资源和生产存在瓶颈问题。即使具备所需的专业技术，但原材料和生产的瓶颈导致民主德国无法完全禁止进口某些西方商品。这与苏联的供货状况有间接关系，苏联拒绝了许多补偿性供货的请求。

第三，规划、协调和实施不力。组织层面的众多缺陷记录在案，由此造成大量的摩擦损耗。例如，马格德堡的卡尔·李卜克内西（Karl Liebknecht）国营企业1961年通过自产曲轴成功替代联邦德国的产品。然而，其生产所需的压力表仍须从联邦德国进口。这显然没有完全实现"清除干扰"行动的目标。事实上，直到1960年，这种压力表此前一直由民主德国自己生产，但是由于计划变更，遂放弃了自行生产。②

第四，在操作层面上的"固执"。不应将改革委托给那些在改革中利益受损的群体。它们会让"排除干扰"行动悄然失败的风险加大。检查专员对技术和经济领域精英的"西方病"抱怨很大，后者宁愿坚持保留联邦德国的商业伙伴，也不愿费力费钱地寻找替代解决方案或在社会主义国家寻找可靠的供应商。③

这一状况有一定的合理性，因为它符合外贸商人和工程师的自身利益。他们最重要的关切是满足计划指标（配额），可靠的合作伙伴和可信赖的优质产品让其更容易完成任务。政治意识形态的背景在这些考虑中发

---

① *Stiftung Archiv der Parteien und Massenorganisationen der DDR im Bundesarchiv* DY 30/Ⅳ 2/2029/115, Bl. 153.

② *Stiftung Archiv der Parteien und Massenorganisationen der DDR im Bundesarchiv* DY 30/Ⅳ 2/2029/85, Bl. 158.

③ *Stiftung Archiv der Parteien und Massenorganisationen der DDR im Bundesarchiv* DY 30/Ⅳ 2/2101/23, Bl. 10.

挥着次要作用。更何况，因为社会主义兄弟国家的企业在交货能力、供货意愿、遵守合同和产品质量方面有相当的保留。尽管在实施过程中存在诸多问题，但"清除干扰"行动仍取得了一些效果，在某些行业中甚至取得了相当可观的成果。例如，在1960—1962年间，德国内部贸易中电气工程产品的贸易额下降了约为62%，机械和汽车工程产品的贸易额下降了54%，精密机械和光学产品的贸易额下降了46.2%。[1]

在民主德国积极开展"排除干扰"行动的同时，联邦德国对民主德国的经济政策出现了显著调整。特别是，民主德国在1961年8月13日修建"柏林墙"后，联邦德国政府内阁多次讨论了在进入西柏林受阻的情况下，是否以经济制裁（终止《柏林协定》和贸易禁运）来进行回应。[2]先前，联邦总理阿登纳和联邦外交部长施特劳斯一再反对联邦经济部长艾哈德的建议，坚持对民主德国实行贸易限制的政策路线。不过，令人惊讶的是，在20世纪60年代初柏林危机的最高潮，经济制裁在两德政治对抗的过程中不再扮演重要角色。尽管如此，针对民主德国修建"柏林墙"的行动，联邦德国政府在与德国工业联合会协商后，提出抵制1961年莱比锡秋季博览会的建议。至少他们希望在破坏民主德国的国际形象上有所作为。这个建议随后得到了许多联邦德国企业的积极响应。在1961年秋天，只有494家联邦德国企业赴莱比锡秋季博览会参展，而之前联邦德国的参展商通常有1000余家。此外，1961年莱比锡秋季博览会仅吸引了约7700名联邦德国访客，而前一年为2.78万名。不过，从1963年起，这一数字又回到了"柏林墙"修建前的水平。[3]

与此同时，德国统一社会党中央政治局认真研究了西方盟国对民主德

① Deutschland（Bundesrepublik）Statistisches Bundesamt Wiesbaden, Hrsg., *Fachserie 6*, *Handel*, *Gastgewerbe*, *Reiseverkehr*, *Reihe 6 -m*, *Warenverkehr mit der Deutschen Demokratischen Republik und Berlin（Ost）*, Stuttgart/Mainz: W. Kohlhammer Verlag, 1962, S. 6.

② 1961年8月16日，9月6日以及11月23日，阿登纳政府内阁就柏林问题以及对民主德国和苏东阵营可能采取的（经济）反制措施进行了商讨。参见 Ulrich Enders und Jörg Filthaut und Ralf Behrendt, Bearb., *Die Kabinettsprotokolle der Bundesregierung 1961*, Bd. 14, München: Oldenbourg, 2004, S. 236, 246-247, 264-265.

③ Fritsche Christiane, *Schaufenster des „ Wirtschaftswunders " und Brückenschlag nach Osten*: *Westdeutsche Industriemessen und Messebeteiligungen im Kalten Krieg（1946-1973）*, München: Internationaler Verlag der Wissenschaften, 2008, S. 551.

国实行禁运的可能性，并于 1961 年秋得出结论：既不用担心西方盟国会采取经济制裁措施，也不用担心德国内部贸易会中断。①因此，民主德国对外贸易及德国内部贸易部不为官方宣传和正在推进的"清除干扰"行动所影响，在 1961 年底至 1962 年初制订了与联邦德国新的合作计划。1962 年春，民主德国首席谈判代表海因茨·贝伦特在一次秘密讨论中探讨了在《柏林协定》框架之外，获得超过 20 亿联邦德国马克贷款的可能性，该笔贷款的期限为 10 年。民主德国计划通过交付货物来偿还贷款。尽管因相关信息泄漏而导致该贷款计划流产，不过这一过程清楚地表明，民主德国仍然对保持两德密切的经济联系感兴趣。这同样适用于民主德国 1963 年的贸易指令。该指令涉及改善与联邦德国的经济关系，将扩大硬煤采购和进口工业设施作为优先事项。②事实上，这也与民主德国经济发展面临的现实困境密切相关。

　　1962 年 3 月 8 日，《华沙生活报》（Zycie Warszawy）发表了一篇题为《在 1962 年门槛上的民主德国经济》的文章。该文主要基于民主德国的卡尔-海因茨·格斯特纳（Karl-Heinz Gerstner）博士专门为《华沙生活报》撰写的一篇社论。文中指出，在上一年，因为与联邦德国进行冷战，民主德国的经济状况显著恶化。在此期间，西方针对民主德国的经济和政治施压策略有所增强，特别是来自西柏林方面。这迫使民主德国在经济上作出重大改变。这些变化导致工业生产增长有所放缓。1961 年，民主德国未能全面实现七年计划确定的目标。七年计划涵盖的时段为 1959—1965 年，规定工业生产增长 85%。因此，这意味着，每年的工业生产增长至少应达到10%。这种增长速度近年来一直保持不变。然而，1961 年的增长率仅为6.2%。联邦德国政府破坏民主德国经济的行为达到高潮的标志是 1960 年 9 月《柏林协定》的中止。民主德国与联邦德国之间的贸易额近年来达到了

---

　　① *Stiftung Archiv der Parteien und Massenorganisationen der DDR im Bundesarchiv* DY 30/Ⅳ A2/610/34.

　　② *Stiftung Archiv der Parteien und Massenorganisationen der DDR im Bundesarchiv* DY 30/Ⅳ A2/610/275.

20 亿联邦德国马克，在民主德国 140 亿外汇马克①的外贸总额中，德国内部贸易扮演了重要角色，但这一数字并没有充分反映出它对民主德国经济的根本重要性。这源于在历史进程中形成的德国经济内在的传统联系。由于这种贸易结构和德国经济的整体联系，民主德国经济的许多分支机构都依赖于联邦德国的产品，其中不仅涉及钢铁、轧制产品和煤炭（硬煤），而且在很大程度上也涉及机械和半成品。

尽管联邦德国政府最终同意恢复《柏林协定》，它担心中止贸易协定会对西柏林的经济生活产生严重后果，但对民主德国而言，新的威胁和报复风险依然存在。1961 年，联邦德国总理阿登纳和联邦德国外交部长施特劳斯一再强调，联邦德国政府不会回避利用贸易作为政治勒索的手段。同年，民主德国则提出了一个口号，"我们必须摆脱干扰"，爱国运动应运而生，它开始寻求用自己生产的产品替代联邦德国的产品。事实证明，民主德国某些工业部门对联邦德国商品的依赖度非常大，暂时难以克服。仅在化学品行业，民主德国就从联邦德国购买了 1500 种产品，而现在必须寻找替代品。由于付出了巨大的努力，民主德国的工业企业能够开始生产数千件以前不得不从联邦德国进口的产品。在无法做到替代的领域，特别是在原材料和半成品方面，苏联会迅速提供大量的支持和额外的供应。

此外，其他社会主义国家也向民主德国提供了帮助。其中，波兰做出了巨大的贡献。当民主德国开始面临联邦德国军国主义分子经济勒索的直接威胁时，波兰政府增加了对民主德国的交付，超出了双边贸易协议规定的配额。波兰的其他交付，特别是有机染料和制药原料的交付，帮助民主德国相关行业摆脱了令人讨厌的瓶颈。波兰还提供了轧制产品和其他产品，它们对于执行民主德国化工产业发展计划至关重要，而这些产品以前是由联邦德国供应的。就钢铁工业的其他产品、特殊板材等而言，波兰为使民主德国摆脱经济干扰做出了重大贡献。位于克拉科夫的"齐格蒙特"（Zygmunt）钢铁厂的工人为民主德国的一些新建钢铁生产企业制造了约 3000 吨的成套装备和设施，例如，萨克森州的里萨（Riesa）大型轧管厂。

---

① 民主德国对外贸易统计数据使用的货币单位是外汇马克（Valuta-Mark），1 个外汇马克相当于 1 个联邦德国马克。

这家新建的轧管厂将于1962年启动生产，它扮演的角色非常重要，因为民主德国的无缝管供应量取决于该厂的生产状况。由于西柏林开展了"引诱专业人员行动"（Fachleute-Kaperaktion），约有6万名东柏林工人去往西柏林工作。结果，东柏林的荧光灯管厂流失了几百名工人。这些企业为整个民主德国以及外贸出口提供灯具产品。受此影响，1961年民主德国灯泡和灯具的产量大幅下降，致使其国内灯具市场出现严重的供应短缺。好在波兰立即交付了大量灯具产品，民主德国灯具市场的供应缺口很快得到填补。

1961年8月13日以后，民主德国国内生产基本恢复到原有水平，由此克服了暂时的经济困难。除了波兰的额外交付外，已经进行了12年的科技合作对德波双方都极为有利。就在前一年，（民主德国）皮耶斯特里茨（Piesteritz）氮气厂从（波兰）霍茹夫（Chorzow）氮气厂获得建造专用机器的完整资料。这使得新的生产流程得以启动，并不再依赖联邦德国的机器交付。这样的例子还可以举出很多。民主德国的工人意识到，波兰的额外交付并不是一件容易的事情。他们还知道，波兰的经济计划必须为之作出改变，有时还伴随着牺牲。民主德国的工人对此向波兰全体人民表示感谢。民主德国政府已经设定了在1961年底前使民主德国经济"摆脱干扰"的任务。这一目标也要在其基本要求规定的期限内实现。如果联邦德国政府今日决定断绝与民主德国的贸易关系，它将不再对民主德国的经济造成严重冲击。这使我们能够自由地进行和平条约谈判和解决西柏林问题。实现民主德国对联邦德国的经济独立不仅是民主德国的胜利，也是整个社会主义阵营的胜利。①

然而事实上，民主德国需要克服的困难远比想象的复杂得多。民主德国财政部的职员瓦尔特·西格特（Walter Siegert）认为，联邦德国政府1960年9月突然宣布中止1961年的贸易协议，拟通过采取停止供货的手段对民主德国经济的多个领域造成严重干扰。民主德国政府制定了"排除干扰"计划，以此对联邦德国政府的举措进行反击。然而，无论是对民主

---

① Margarethe Müller-Marsall, Hrsg. , *Archiv der Gegenwart*: *Deutschland 1949-1999*, Bd. 3, 1957-1962, Sankt Augustin: Siegler Verlag, 2000, S. 3023-3024.

德国还是对经互会的各个伙伴国而言，即使能够找到解决方案，时间上也过于仓促。[①]由于诸多现实困难无法克服，抑或付出的代价过于庞大，到20世纪60年代中后期，"排除干扰"这一行动口号渐渐在民主德国的官方宣传中消失了。

此外，值得注意的是，"柏林墙"建立后，民主德国一方面声称要摆脱对德国内部贸易的依赖，另一方面却不断要求联邦德国扩大德国内部贸易。联邦德国经济部1962年5月27日宣布，民主德国曾在不同场合向联邦德国德国内部贸易信托局表示，如果可能的话，民主德国希望额外购买硬煤、机械工程产品、化工产品和食品，它可以在日后通过反向交货的方式抵消这笔额外购买的款项。联邦德国政府目前正在审查，民主德国有无用尽协议配额的可能性，以及它在什么条件下和在多大程度上有可能重振德国内部贸易。5月30日，《新德意志报》的一篇报道称，民主德国已于2月13日向联邦德国经济部提出书面询问，联邦德国是否可以每年额外向民主德国供应300万吨硬煤，为期10年，年交货价值约2.25亿联邦德国马克，以及总价值为5亿联邦德国马克的设备。[②]

综上所述，20世纪50年代至60年代初，处于激烈对抗状态的东西方关系严重制约了联邦德国对民主德国的经济政策实践。这一时期，在美国对苏联遏制政策以及阿登纳政府"以对抗求统一"政策的影响下，德国内部贸易的发展受到很大的掣肘。而这种"限制"恰恰体现出了遏制政策与"实力政策"的核心思想。虽然联邦德国延续德国内部贸易更多地是为了缓和德意志民族的分裂状态，然而经济限制措施又不可避免地削弱了德国内部贸易的桥梁和纽带功能。这一时期，联邦德国对民主德国的经济政策因此被打上了自相矛盾的烙印。这一状况直到东西方关系转向缓和以及联邦德国政府的德国统一政策务实化后，才发生了根本性转变。

此外，德国内部贸易结构性失衡以及德国内部贸易额占两德各自外贸总额的不同比重，充分反映出德国内部贸易对民主德国经济发展的特殊重

---

① ［德］埃贡·克伦茨编：《柏林墙倒塌30年记：原民主德国方面的回顾与反思》，王建政译，社会科学文献出版社2021年版，第93页。

② Margarethe Müller-Marsall, Hrsg., *Archiv der Gegenwart: Deutschland 1949-1999*, Bd. 3, 1957-1962, Sankt Augustin: Siegler Verlag, 2000, S. 3071.

要性。特别是民主德国对联邦德国某些重要原材料和工业制成品的供应有着较强依赖性。这从另外一个侧面体现出，德国内部贸易对联邦德国具有非常重要的政治意义。不过，在发展德国内部贸易的过程中，联邦德国政府不得不面对这一现实，即德国内部贸易对民主德国经济发展所起到的重要作用，在一定程度上有助于维护德国统一社会党政权的稳定。此外，在"柏林墙"建成后的几年中，随着德国内部贸易的进一步发展，民主德国经济的两个结构性弱点不断暴露出来，即创新动力不足，并因此缺乏对经济结构变化的适应能力。这些缺陷后来在昂纳克执政时期的对外债务危机中扮演了重要角色。

第三节 联邦德国对民主德国经济政策的
艰难转变（1963—1969）

一 从"对峙"走向"缓和"

自 20 世纪 60 年代初起，美苏关系和东西方关系开始发生深刻的转变，发生了一些重要事件，其中包括"柏林墙"危机、古巴导弹危机以及越南战争等。在这一时期，美苏实力对比慢慢发生了变化。特别是，美苏政治军事力量呈现出势均力敌的局面，还形成了一种所谓的"恐怖平衡"（Balance of Terror）[①]，在彼此都能确保互相摧毁的情况下，双方都不敢冒发生直接军事冲突的风险，否则将会出现同归于尽的局面。在这种客观形势下，美苏分别调整了它们的对欧政策和对德政策。在欧洲大陆，美苏为了维护既得利益，都想继续维持战后欧洲的分裂现状。在德国问题上，美国不愿为了联邦德国的利益而同苏联直接进行正面对抗，而是寻求在维持战后德国分裂现状的前提下谋求同后者达成妥协。德国问题也因此被一系列有关限制战略核武器的会谈所取代。至此，美苏关系从过去的紧张激烈

---

① 在冷战时期，主要是指美国和苏联在核力量方面的相互钳制的恐怖平衡状态。

对抗进入到既对抗又对话，既斗争又妥协的新阶段。战后形成的美苏在欧洲的冷战对峙局势也随之开始慢慢"解冻"。

美国的战略调整以及美苏关系趋向缓和势必会对东西方两大阵营中的其他国家产生巨大和深远的影响。就西方资本主义阵营而言，到了20世纪60年代，"二战"后遭受严重破坏的西欧各国早已从战争的创伤中恢复过来，并在经济、政治以及社会领域实现了全面复兴，综合实力不断增强。特别是，以联邦德国和法国为轴心组建的欧洲共同体日益牢固。因此，西欧各国不再像战后初期那样完全依赖于美国，而是开始谋求联合自强的独立发展道路。尤其是，夏尔·戴高乐（Charles de Gaulle）领导下的法国政府不愿过分服从美国，开始实行独立自主的外交路线，重新谋求其在国际秩序中的大国地位。在发展对苏关系时，戴高乐政府采用"缓和、谅解、合作"的政策替代了之前的冷战与对抗政策。1966年6月，戴高乐应邀访问苏联，双方发表《法苏宣言》。戴高乐独立自主的缓和外交政策对欧洲其他国家产生了很强的示范效应，特别是对联邦德国产生了巨大的影响。西欧其他国家出于自身经济、安全利益以及独立发展的需求，也普遍期望改善和缓和同苏东社会主义国家之间的关系。

随着美苏关系日趋缓和以及限制战略核武器会谈的不断展开，苏东阵营也逐步从战争的恐惧中走了出来，并开始将注意力转移到自身的经济建设上来。正是由于发展经济的迫切需要，苏东阵营也日益表现出愿同经济、科技更为发达的西方国家发展关系的兴趣。面对美苏的大国沙文主义和民族利己主义，东西欧国家都认识到它们共同的处境和相互加强联系与合作的必要性，东西方缓和进程也由此得到了进一步推动。

联邦德国身处美苏冷战前沿的桥头堡，且严重依赖美国提供的军事保护，因此其对欧洲局势的变化历来十分敏感。由于美苏在战略核武器力量方面形成僵局，并开始谋求相互间的妥协，这使得战后欧洲和德国的分裂格局进一步固化。阿登纳政府的"向西方一边倒"政策和"哈尔斯坦主义"也由此陷入难以为继的困境。联邦德国已经无法继续单凭西方盟国尤其是美国的承诺和保障来实现德国统一。如果联邦德国仍然顽固坚持冷战对抗政策，拒绝同苏东国家改善关系，不仅会令自己在国际上更加孤立，而且还会成为"一道阻碍别人前进的障碍，或成为一块阻碍缓和的绊脚石。"①

此外，随着联邦德国经济实力的不断增强，它在追求自身经济、政治、安全以及民族利益时获得了更大的行动空间，在对外政策上做出相应调整也就成为一种必要。经过近20年的快速发展，联邦德国已经从一个几乎沦为废墟的国家逐步成长为"欧洲经济火车头"。特别是，联邦德国是一个工业和贸易大国。早在20世纪60年代初，联邦德国的工业生产和商品输出就已在资本主义世界中位列第二，仅次于美国。到了20世纪60年代末，联邦德国在西方世界中成为仅次于美国和日本的世界第三大经济体。②自20世纪60年代中期起，联邦德国开始利用自身的经济力量作为战略武器，以服务于其政治目标和利益。联邦德国财政部长施特劳斯称："只有当一项坚定的政策把经济实力和政治实力结合起来，使两者相互对应时，经济实力才会转化为政治实力。"③

为了满足日益迫切的投资和出口需要，联邦德国需要为本国企业开拓更为广阔的市场渠道，苏东社会主义国家的市场无疑具有很大的吸引力。在成为"经济巨人"之后，联邦德国亟需改变其"政治侏儒"的尴尬形象。谋求与自身经济地位相称的政治地位，拓展自身在国际上的外交空间，以及扩大它在苏东阵营（尤其是民主德国）的政治影响力，也逐步成为联邦德国面临的现实任务。更重要的是，自"柏林墙"建立以来，德意志国家的分裂状态日益固化，而且民主德国也逐渐得到国际社会的广泛承认。尽快改善和克服当前残酷的民族分裂现状，要求联邦德国必须根据新的国际形势调整自身对外政策。而改变和缓和同苏东社会主义国家的关系便成为一种必然要求与现实选择。

可见，东西方关系由全面对抗走向逐步缓和，对联邦德国建国以来所

---

① ［联邦德国］维利·勃兰特：《会见与思考》，张连根等译，商务印书馆1979年版，第377页。

② 复旦大学资本主义国家经济研究所：《战后联邦德国经济》，上海人民出版社1975年版，第5—8页；Harald Winkel, *Die Wirtschaft im geteilten Deutschland 1945-1970*, Wiesbaden: Franz Steiner Verlag, 1974, S. 118.

③ Otto Zierer, *Franz Josef Strauß. Lebensbild*, München: Herbig, 1979, S. 359.

奉行的强硬统一政策和对外政策提出严峻的挑战。联邦德国在经济、政治、安全以及民族利益上的客观需求，也成为对其过时僵化的政策进行调整的现实要求。客观来讲，虽然东西方关系的缓和为联邦德国联盟党政府的东方政策转型带来了剧烈阵痛，但同时也为其改善与苏东社会主义国家间的关系提供了契机。值得注意的是，这种机遇也为联邦德国实现国家统一目标提供了另外一种更为现实的道路选择，即通过缓和的东方政策来推动欧洲和平进程进一步发展，进而为德国在欧洲的和解中实现统一创造条件。

二　"僵化"的德国统一政策与"缓和"的东方政策

1961 年 8 月 13 日，"柏林墙"的修建标志着联盟党阿登纳政府在德国问题上实行的"全面倒向西方"政策宣告彻底失败。针对在柏林发生的这一重大事件，总部位于汉堡的一份大众报纸《图片报》（Bild）批评称，西方没有在柏林采取必要的措施。该报 8 月 16 日的头版标题便是："面对东方的行动——西方该怎么做？西方什么都没做！"① 1963 年，阿登纳在连续执政 14 年后黯然下台，联邦经济部长艾哈德接任联邦总理一职。联邦德国的德国统一政策开始慢慢发生转变。

1963 年 10 月 18 日，艾哈德总理在其首个政府声明中提到："愿意加强生活在分裂了的德意志两部分人民之间的交往与联系，尽可能地巩固德意志两部分间的访问与旅行交通。"②他同时也强调："联邦德国政府欲想办法解决德国问题，但不接受和承认民主德国政权以及在国际法上提升民主德国政权的地位"。③"德国统一的道路相当遥远，并充满了荆棘和坎坷，需要克服诸多艰难险阻。在这条路的终点，是一个由德意志人民自由投票选举出来的全德政府，在自由谈判下和四大国签订和平条约，才会实现

---

① *Bild* vom 16. August 1961.

② Klaus von Beyme, Hrsg., *Die Großen Regierungserklärungen der Deutschen Bundeskanzler von Adenauer bis Schmidt*, München: Carl Hanser, 1979, S. 162.

③ Klaus von Beyme, Hrsg., *Die Großen Regierungserklärungen der Deutschen Bundeskanzler von Adenauer bis Schmidt*, München: Carl Hanser, 1979, S. 159.

（两德）统一。"①由此可见，在民主德国的国家地位问题上，艾哈德政府上台后可谓是完全继承了前任政府的衣钵，仍然固守不承认政策。

11月1日，艾哈德总理参加了美国哥伦比亚广播公司（Columbia Broadcasting System）的一次电视讨论，其中在谈及德国问题时，他明确表示："我们愿意为统一付出高昂的代价。最重要的是，我们不会畏惧巨大的物质牺牲。在德国，没有人会相信存在统一路线图这样的东西。但是在德国，没有人准备放弃统一。我在政府声明中也讲过，当德国东部地区有人称，一个分裂的德国，两个德意志国家并存是客观现实，那么在我看来，从长远来看，更强大的现实是一个民族再次走到一起的意愿，但却不能以这样或那样的方式说，它会出现在今天、明天或者未来的某个时刻。那将是自以为是的想法。"②显然，艾哈德政府已经充分意识到，解决德国问题的艰巨性、复杂性和长期性。

不过，在没有化解严重政治分歧的情况下，两德长期以来形成的相互对峙、对立与隔绝的局面是无法得到有效缓和的。尽管如此，为了克服"柏林墙"对两德人员互访，特别是对西柏林市民自由访问东柏林及民主德国其他地区产生的巨大障碍，艾哈德总理在其执政后不久，曾试图通过扩大德国内部贸易和提供贷款，换取民主德国在两德旅行交通方面的让步。

11月30日，联邦德国副总理兼全德事务部长埃里希·蒙德（Erich Mende）在不可分割的德国委员会（Kuratorium Unteilbares Deutschland）年会上宣称："为了扩大两德间资本品和消费品贸易，联邦德国政府向民主德国提供的贷款仍然是无条件的。然而，联邦德国政府希望德国东部地区当局表现出善意，例如为民主德国的政治犯提供便利，赋予西柏林市民在东柏林探亲访友的权利，以及放宽民主德国人民出境旅行访问的条件。"③

---

① Klaus von Beyme, Hrsg., *Die Großen Regierungserklärungen der Deutschen Bundeskanzler von Adenauer bis Schmidt*, München: Carl Hanser, 1979, S. 161.

② Margarethe Müller-Marsall, Hrsg., *Archiv der Gegenwart: Deutschland 1949-1999*, Bd. 4, 1962-1966, Sankt Augustin: Siegler Verlag, 2000, S. 3419-3420.

③ Margarethe Müller-Marsall, Hrsg., *Archiv der Gegenwart: Deutschland 1949-1999*, Bd. 4, 1962-1966, Sankt Augustin: Siegler Verlag, 2000, S. 3433.

12 月 2 日，民主德国《新德意志报》发表社论拒绝了联邦德国的提议，并称："刚刚走马上任的联邦德国全德事务部长埃里希·蒙德似乎很难适应他的新职位。他在上周六表示，如果民主德国准备拆除其与西柏林边界的安全防御措施，联邦德国将向民主德国提供一些贷款。蒙德首先应当注意到这样一个事实——安全与和平对我们而言是不可售卖的。我们不想向极端分子和前哨城市的政客屈服，哪怕只是一小步，即便是数额可观的联邦德国马克也不会诱使我们屈服。更重要的是，迄今为止，这两个德意志国家之间的贸易和支付只受到联邦德国方面的干扰，而与信贷不足问题关联不大。莱茵河畔的狂热分子仍然坚持在每年年中的某个时间点清算结算账户的荒谬程序。他们坚持《柏林协定》中的保留条件和"撤销条款"，希望借此能够敲诈民主德国。他们还坚持抵制莱比锡博览会。而联邦德国外交部长施罗德最近在东京表示，只有当联邦德国的产品供应获得政治让步时，才会与民主德国和其他社会主义国家作交易。"①

由于艾哈德政府在德国统一政策上墨守成规，联邦德国希望通过加强两德经济关系来改善两德间旅行交通的想法并没有得到民主德国的积极响应，两德间的冰冷关系也没有解冻。因此，在艾哈德执政期间，两个德国之间只是达成了一项圣诞节和新年期间西柏林市民访问东柏林的《通行证议定书》②（Passierscheinprotokoll），使西柏林市民自"柏林墙"建立以来首次能够赴民主德国首都东柏林进行为期 18 天的探亲团聚。③

---

① *Neues Deutschland* vom 2. Dezember 1963.

② 1963 年 12 月 12 日至 17 日，西柏林参议院议员霍斯特·科贝尔（Horst Korber）与民主德国部长会议副主席埃里希·温特（Erich Wendt）就西柏林市民赴东柏林探亲许可问题先后进行了七轮讨论，并于 17 日签订了《通行证议定书》。参见 Deutsche Gesellschaft für Auswärtige Politik, Hrsg., *Dokumente zur Berlin-Frage 1944-1966*, 4. Aufl., München: De Gruyter Oldenbourg, 1987, S. 572.

③ 1963 年 12 月 18 日至 1964 年 1 月 4 日，民主德国邮局工作人员代表民主德国当局在西柏林共发放了 69 万 8124 张通行证。1963 年 12 月 19 日至 1964 年 1 月 5 日，共有 124 万 2810 名西柏林市民能够探望他们在东柏林的亲属。《埃森汇报》（*Essener Allgemeine Zeitung*）称，只有 211 张通行证未获批准，其中大多数是因为要探望的亲属的住所不在柏林地区，还有些是因为申请者的名字在民主德国的通缉名单上。据《新德意志报》称，民主德国政府为这项措施的实施花费了 370 万民主德国马克。参见 Margarethe Müller-Marsall, Hrsg., *Archiv der Gegenwart: Deutschland 1949-1999*, Bd. 4, 1962-1966, Sankt Augustin: Siegler Verlag, 2000, S. 3452.

尽管艾哈德政府在对民主德国的政策上没有做出明显调整，但在东方政策上却做出了较大改变。与阿登纳政府不同，艾哈德政府除了重视与苏联发展双边关系之外，开始主动同其他东欧社会主义国家恢复交往。这一时期，艾哈德政府采用了更为灵活的"运动政策"（Politik der Bewegung），以弹性机动原则通过发展双边贸易来改善同东欧各国的关系，施加联邦德国的经济影响力，同时试图分化东欧各国与民主德国的关系，使民主德国陷入孤立，进而实现德国统一。1963—1964 年，联邦德国先后与波兰、匈牙利、保加利亚、罗马尼亚四国签订了《贸易协定》，互设了贸易代办处。可以看出，从本质上讲，这种"运动政策"还是一种继续孤立民主德国的政策。

"柏林墙"的建立成为战后德国分裂和东西方冷战的重要标志性建筑，德国问题也因此变得更加复杂难解。为了应对日益严峻的德国分裂状态，同时处理解决两德间过境交通、邮电通讯、护照签发等新问题，艾哈德政府在全德事务上加强了机构建设。1964 年 9 月 9 日，在联邦内阁举行的一次会议上确定了联邦副总理蒙德兼任联邦全德事务部长，未来当涉及德国内部接触问题时，联邦各相关政府部门应及时向他通报情况并积极介入。联邦总理艾哈德保留了自己对这些问题进行必要协调的权利。这一安排是在蒙德副总理 8 月 28 日向新闻界提出扩大和重组德国内部贸易信托局之后作出的。扩大后的德国内部贸易信托局将隶属于他领导的联邦全德事务部。蒙德表示，这样做的理由是，德国内部贸易信托局在其当前的组织机构中已无法满足需求。这在德意志两部分间的护照问题、铁路和邮政运输的技术事项、关于建造萨勒（Saale）桥等谈判中体现的尤为明显。因为德意志另一部分地区拥有一个中央领导机构，因此加强协调全德接触也是必要的。[①]

"柏林墙"建立后，东西方关系慢慢趋于缓和，联邦德国强硬的德国统一政策也失去了现实基础，被迫随之发生转变。为此，艾哈德政府开始将缓和与合作的理念融入其德国统一政策。与此同时，为了避免德国分裂

---

① Margarethe Müller-Marsall, Hrsg., *Archiv der Gegenwart*: *Deutschland 1949-1999*, Bd. 4, 1962-1966, Sankt Augustin: Siegler Verlag, 2000, S. 3582.

成为既定事实，艾哈德政府在公开场合不断提醒西方盟国要履行恢复德国统一的责任和义务。1965年4月12日，艾哈德总理在联邦政府《1964年德国统一政策的进展报告》序言中特别指出："在不损害我们合法主张的前提下，即我们为整个德国以及隔离墙和铁丝网两侧的所有德国人负责任地行事，我们已尽一切努力帮助柏林和德国东西区界另一侧的人民。……我们今天看到了，我们从来没有使用武力解决联邦德国关切的问题！强权政治对德国人民没有任何帮助。……我们将不停地告诉苏联和东方阵营国家，民族自决权对我们来说是必不可少的。这与民族主义思想无关，而是一个民族如果不想放弃自己，就必须获得尊重。过去的几个月我们刚刚确认了正在寻找的联系点。我们已经与波兰、匈牙利、保加利亚和罗马尼亚交换了贸易代表团，与捷克斯洛伐克的相关谈判仍在进行中。我们与南斯拉夫达成更为广泛的经济协定和其他协定表明，只有良好的意愿才能获得足够的回旋余地。我们还准备同苏联政府首脑举行会谈。的确，我们不断重申的民族自决要求有时会让人感到不舒服，并非每个人都喜欢听。但是，即使我们确信英、美、法三国政府仍致力于承担恢复德国统一的义务，我们也不能停止提醒它们。"①

在拓展与东方社会主义国家贸易活动的同时，联邦德国极力劝说西方盟国限制与民主德国的贸易往来，以维护和支持联邦德国的德国统一政策。1965年9月13日，艾哈德总理呼吁西方盟国通过限制与民主德国的贸易，以示对联邦德国的声援。艾哈德对此解释说："德国内部贸易首先具有政治功能。西方国家与民主德国间贸易的增加会使德国内部贸易的政治功能失去效力。"②

对于民主德国而言，联邦德国艾哈德政府的东方政策是一种典型的瓦解苏东阵营，离间它们关系的政策。因而，民主德国呼吁社会主义国家要加强相互间的团结与合作。与此同时，民主德国也向其他东欧盟国派出贸易代表团，并开始加大同西方国家开展经济合作的力度，以此抵消联邦德

① Margarethe Müller-Marsall, Hrsg. , *Archiv der Gegenwart*: *Deutschland 1949-1999*, Bd. 4, 1962-1966, Sankt Augustin: Siegler Verlag, 2000, S. 3722.

② Margarethe Müller-Marsall, Hrsg. , *Archiv der Gegenwart*: *Deutschland 1949-1999*, Bd. 4, 1962-1966, Sankt Augustin: Siegler Verlag, 2000, S. 3809.

国同其盟国交往产生的消极影响。1965 年 6 月 6—7 日出版的法国《世界报》（Le Monde）刊登了民主德国总理维利·斯托夫（Willy Stoph）关于民主德国与法国之间经济关系的采访。斯托夫在采访中作了以下说明：与 1964 年相比，到 1970 年，民主德国经济发展的远景计划为民主德国与法国的贸易额提供了增至三倍的可能性。早在 1965 年，民主德国与法国的贸易额就比上一年增加了 80%，特别是民主德国从法国进口了用于化学工业的完整设备。阻碍双边贸易关系进一步扩大的主要障碍是，这样的远景计划只有在签订长期贸易协定的基础上才能充分利用。同样不利的事实是，缺乏可以审查扩大双边贸易可能性的贸易代表团。事实证明，更加糟糕的是，位于西柏林的盟国旅行社和联邦德国政府对民主德国贸易伙伴的歧视侵犯了后者的权利。为此，民主德国特别欢迎戴高乐总统 4 月 27 日发表的声明，该声明反对在一国内政中进行任何歧视，并希望法国政府现在能够抵制联邦德国在这方面的任何干涉，为与民主德国实现经济关系正常化铺平道路。[1]

此外，民主德国还坚持要求联邦德国在国际法上承认其主权国家地位。与此同时，苏联对联邦德国这种软化苏东阵营的政策保持高度警惕。为了加强苏联同民主德国的同盟关系，1964 年，双方签订了一份友好互助条约。该条约特别规定："缔约双方应采用一切必要措施，以制止企图修改第二次世界大战结果的军国主义和复仇主义势力的侵略。"[2]这份条约再次向西方国家表明，苏联对维持战后欧洲现状的态度与决心。

显然，艾哈德政府这种企图越过苏联与民主德国的迂回策略，仍难以突破德国问题上的僵局。其主要原因在于，苏联已经放弃了统一德国的政策，积极地谋求在政治和法律上承认战后欧洲现状。另外，由于联邦德国对承认奥得—尼斯河线（Oder-Neisse line）[3]持保留态度，也被一些苏东社会主义国家视为一种复仇主义政策。为了进一步缓和外交上的孤立状

---

[1] Margarethe Müller-Marsall, Hrsg. , *Archiv der Gegenwart：Deutschland 1949-1999*, Bd. 4, 1962-1966, Sankt Augustin：Siegler Verlag, 2000, S. 3765.

[2] Deutsches Institut für Zeitgeschichte, Hrsg. , *Dokumente zur Außenpolitik der Deutschen Demokratischen Republik*, Berlin：Staatsverlag, 1964, S. 1023-1024.

[3] 1945 年《波茨坦协定》规定的波兰和德国的国界。

态，表示出更大的和解意愿，1966 年 3 月，艾哈德政府向绝大多数国家的政府递交了一份照会，史称"和平照会"（Friedensnote）。该照会主要表达了联邦德国谋求和解的态度，并愿意同苏东社会主义国家共同发表放弃使用武力的声明，该照会内容没有涉及民主德国以及德国东部边界问题。因而，这份照会的象征意义远远大于实际意义。

综上所述，虽然艾哈德政府在德国统一政策上基本是"萧规曹随"，但为了顺应东西方关系的缓和以及进一步孤立民主德国，而采用了更为弹性的东方政策。该届联邦政府主动加强了与苏东社会主义国家之间的贸易互动，并发表了一份放弃使用武力的"和平照会"。由于联邦德国仍坚持拒绝承认民主德国，亦不愿承认战后德波边界，艾哈德政府的"运动政策"因而没有取得实质性的成果。最终，因对内对外政策遭到一系列的失败，该届政府只存在了 3 年时间。

1966 年 12 月，由联盟党与社民党组成的大联合政府宣告成立，基民盟主席库尔特·G. 基辛格（Kurt G. Kiesinger）接任联邦总理一职。与前任联邦政府相比，该届政府更加正视战后德国分裂对峙的局面，即德意志土地上存在两个不同制度的国家，但在对民主德国政策的基本原则上并没有太大的突破。12 月 13 日，基辛格总理在首个政府声明中强调："联邦德国政府同德意志另一部分地区当局之间建立联系的必要性并不意味着对第二个德意志国家的承认。我们在处理这些接触时，会依照实际情况而定，以便不会在世界舆论面前留下这样的印象，即我们正在偏离自身的法律立场。"[1]但值得注意的是，他同时也强调："本届政府愿尽全力促进同德意志另一部分地区人民之间的人员、经济和思想联系。……联邦德国政府将努力扩大德国内部贸易——这不是对外贸易，同时寻求一个扩大信贷规模的可能性，以及通过特定的组织措施来加强德国内部的联系。"[2]就在该政府

---

[1]　„Bundeskanzler Kiesinger: Regierungserklärung", in Deutschland（Bundesrepublik）Bundesministerium für innerdeutsche Beziehungen, Hrsg. , *Texte zur Deutschlandpolitik*, Reihe Ⅰ/Bd. 1, Bonn: Deutscher Bundes-Verlag, 1968, S. 24.

[2]　„Bundeskanzler Kiesinger: Regierungserklärung", in Deutschland（Bundesrepublik）Bundesministerium für innerdeutsche Beziehungen, Hrsg. , *Texte zur Deutschlandpolitik*, Reihe Ⅰ/Bd. 1, Bonn: Deutscher Bundes-Verlag, 1968, S. 24−25.

声明发布后不久，基辛格总理又在圣诞夜讲话中再次强调了加强德国内部贸易的重要性。他这样讲道："通过保障德国内部贸易的持续发展，来加强两边人民的交流，不仅促进了全德人民的团结，同时也改善了德意志另一部分地区人民的生活条件。"①显然，基辛格政府已经意识到，需要采取更加积极有效的措施防止德意志民族进一步分裂。

除了主动加强两德各领域合作交流之外，大联合政府开始致力于缓和双方紧张的对立关系，并将其与推动欧洲缓和进程结合起来，作为实现德国统一的现实路径。1967年4月12日，基辛格总理在一份政府声明中讲道："联邦德国政府愿意缓和德意志两部分之间的关系。德意志内部关系的缓和是欧洲内部关系缓和的一个组成部分，两者有着千丝万缕的联系。如果德意志内部的紧张局势得不到缓解，会有欧洲的缓和吗？如果欧洲内部关系得不到改善，会有德意志内部关系的缓和吗？"②另外，考虑到未来德国统一后的体量会骤然增加，这将不可避免地会打破欧洲当前的平衡状态，势必会招致强大的外部阻力，基辛格总理由此得出这样一个结论：只有通过将整个德国长期融入欧洲和平秩序，同时克服欧洲东西部之间的冲突，（两德）统一作为一种渐进式的"共同成长"才有可能成为现实。③

由此可见，尽管基辛格政府没有彻底放弃传统教条式的"单独代表权主义"，但其德国统一政策也体现出务实与缓和的显著特征。特别是，除了继续主张加强两德人员交往、思想交流之外，该届联邦政府还高度重视促进德国内部贸易持续发展，使其更好地发挥桥梁纽带作用。在其执政期

---

① Deutschland（Bundesrepublik）Presse- und Informationsamt, Hrsg. , *Bulletin des Presse-und Informationsamtes der Bundesregierung*, Nr. 162vom 29. Dezember 1966, Bonn: Deutscher Bundes-Verlag, S. 1315.

② „Bundeskanzler Kiesinger: Regierungserklärung ", in Deutschland（Bundesrepublik）Bundesministerium für innerdeutsche Beziehungen, Hrsg. , *Texte zur Deutschlandpolitik*, Reihe I / Bd. 1, Bonn: Deutscher Bundes-Verlag, 1968, S. 45-46.

③ Dieter Oberndörfer, Hrsg. , *Die Große Koalition 1966 - 1969. Reden und Erklärungen des Bundeskanzlers*, Stuttgart: Deutsche Verlags-Anstalt, 1979, S. 77.

间，基辛格总理曾多次为扩大两德经济合作提出一些具体的实施方案。[1]而这种务实政策的出台，一方面是为了满足本国工商业日益强烈的出口需求；另一方面则更多考虑的是，通过两德间的经济纽带可以带动两德间的人员往来，从而进一步达到缓和两德关系的目的。

此外，与其前任艾哈德政府不同，基辛格政府不再将民主德国排除在谈判对象之外，而是愿意与对方进行政治沟通。在这一时期，两德高层开始以书信往来的形式进行对话。不过，由于双方在单独代表权这一核心问题上存在严重矛盾和立场上的分歧，两德间的政治对话未取得实质性进展。例如，1967 年 5 月 10 日，民主德国总理维利·斯多夫致函联邦德国总理基辛格，要求"就两德关系正常化问题进行直接谈判，但必须以联邦德国承认民主德国为先决条件，并且联邦德国必须放弃单独代表权主义"。[2]然而，基辛格在随后的回信中拒绝了斯多夫的要求，并明确表示："那种在政治上和国际法上分裂德国的要求有悖于全体德意志人民的意志。双方应该为了欧洲局势的缓和以及全体德意志人民的利益，促进相互间在人员、经济、思想上的交流。……联邦德国承诺放弃对德意志另一部分地区使用武力"。[3]之后，双方又多次进行书信往来，但并没有达成任何共识。

在继续加强与西方盟国合作的同时，基辛格政府试图进一步缓和同东

① 1967 年 4 月 12 日，基辛格总理在政府声明中对加强德意志内部经济关系提出如下建议：提供公共担保和发放信贷额度；建立能源交换市场以及建造联合的电力运输网；商讨建立经济、技术共同体；参见 „Bundeskanzler Kiesinger: Regierungserklärung", in Deutschland (Bundesrepublik) Bundesministerium für innerdeutsche Beziehungen, Hrsg., *Texte zur Deutschlandpolitik*, Reihe I/Bd. 1, Bonn: Deutscher Bundes-Verlag, 1968, S. 46-47; 此外，1968 年 3 月 11 日，基辛格总理又在《分裂的德意志之民族状况报告》中提到，在东柏林设立一个德国内部贸易办事处的计划将被审议，并将就扩大德国内部贸易同民主德国进行谈判。参见 „Bundeskanzler Kiesinger: Bericht der Bundesregierung über die Lage der Nation im geteilten Deutschland", in Deutschland (Bundesrepublik) Bundesministerium für innerdeutsche Beziehungen, Hrsg., *Texte zur Deutschlandpolitik*, Reihe I/Bd. 2, Bonn: Deutscher Bundes-Verlag, 1968, S. 126.

② „DDR-Ministerratsvorsitzender Stoph: Brief an Bundeskanzler Kiesinger", in Deutschland (Bundesrepublik) Bundesministerium für innerdeutsche Beziehungen, Hrsg., *Texte zur Deutschlandpolitik*, Reihe I/Bd. 1, Bonn: Deutscher Bundes-Verlag, 1968, S. 65-67.

③ „Bundeskanzler Kiesinger: Brief an DDR-Ministerratsvorsitzender Stoph", in Deutschland (Bundesrepublik) Bundesministerium für innerdeutsche Beziehungen, Hrsg., *Texte zur Deutschlandpolitik*, Reihe I/Bd. 1, Bonn: Deutscher Bundes-Verlag, 1968, S. 69-70.

欧其他社会主义国家的关系，并在理论和实践上对已经过时的"哈尔斯坦主义"做出重大修正。最突出的例子就是，联邦德国于 1967 年同罗马尼亚建交，次年初又与南斯拉夫恢复了外交关系。然而，由于这两个国家都与民主德国保持着外交关系，联邦德国为此提出了所谓的"先天缺陷理论"（Geburtsfehlertheorie），即这些国家在战后隶属于苏联领导的东欧社会主义阵营，它们同民主德国建交并非完全具有自主决定权，因此可以不受"哈尔斯坦主义"的束缚。①显然，基辛格政府根据国际形势的变化对其东方政策进行了调整。不过，正当联邦德国同东欧部分国家的关系有所改善之际，1968 年的"布拉格之春"（The Prague Spring）事件使基辛格政府的东方政策遭受沉重打击。另外，由于基辛格政府在承认战后欧洲现状（特别是德国东部边界）、废除 1938 年《慕尼黑协定》②（Münchner Abkommen）、放弃单独代表权等问题上态度保守，联邦德国的东方政策难以实现大的突破。

三　民主德国的划界政策与联邦德国的反应

早在民主德国成立之初，德国人民委员会便宣布成立全国阵线（Nationale Front）的目的，其中就包括统一德国。③民主德国总理格罗提渥在施政纲领中着重强调，工农国家政权将坚定不移地为和平，为德意志民族的重新统一而奋斗。④此外，民主德国在其首部宪法中也加入了维护国家统一的规定——"德国是由德国各州组建的一个不可分割的民主共和国……只

---

① Heinrich August Winkler, *Der lange Weg nach Westen: Deutsche Geschichte II, vom 'Dritten Reich' bis zur Wiedervereinigung*, München: C. H. Beck, 2000, S. 260.

② 官方名称为《德国、英国、法国和意大利 1938 年 9 月 29 日在慕尼黑达成的协定》（Abkommen zwischen Deutschland, dem Vereinigten Königreich, Frankreich und Italien, getroffen in München, am 29. September 1938）。英法两国为了免遭战祸，出卖捷克斯洛伐克的利益，将苏台德地区及捷南部与奥地利接壤的领土划割给德国。

③ 具体内容参见世界知识社辑《欧洲安全和德国问题文件汇编》（第一集 1945—1953），世界知识社 1956 年版，第 134 页。

④ Ernst Diehl, *Geschichte der Sozialistischen Einheitspartei Deutschlands: Abriss*, Berlin: Dietz, 1978, S. 219-220.

存在一个德国国籍。"①显然，民主德国的这部宪法是为一个统一的德国而撰写的，并不仅限于这个在苏占区单独成立的新生社会主义国家。

建国初期，民主德国高举民族统一的旗帜迎合了德意志人民要求重新统一的愿望。它试图动员在德国东西部所有的民族力量，以实现民族国家重新统一的梦想。然而，由于两德在统一问题上存在着根本性分歧，民主德国尽管为争取民族统一做出过不懈努力，但始终没有取得任何成果。面对联邦德国坚决奉行向西方"一边倒"的政策，加快社会主义建设开始成为民主德国政府的基本任务。与此同时，德国统一社会党还把向劳动人民解释民族问题的社会内容视为首要的思想政治工作。为此，它明确指出，民族问题本质上是阶级问题，须在工人阶级及其同盟军消灭垄断资产阶级统治的斗争中得到解决。②

尽管如此，民主德国这一时期奉行的仍是"一个民族一个德国"政策。在其看来，两德国民皆属于同一个民族——德意志民族，只是民族内部存在着阶级斗争。1954 年，德国统一社会党中央委员会第一书记乌布利希在德国统一社会党党代会上作总结发言时讲道："我们赞成一个统一的德国，因为在我们祖国西部的德国人是我们的同胞，因为我们爱我们的祖国，因为我们知道，恢复德国统一是必然的历史发展规律。"③然而，到了20 世纪 50 年代中后期，随着美苏冷战进入全面对抗状态以及两德先后加入相互对立的东西方阵营，德国问题逐渐陷入僵局之中。1958 年，民主德国公开提出签订"和平条约"的建议，寻求确立德意志土地上两种社会制度并存的事实，以得到国际社会的肯定和承认。④这也是民主德国突破联邦德国外交封锁的一次重要尝试。

由于西方国家利用西柏林特殊的地理位置，不断地对民主德国进行渗

---

① Rudolf Schuster und Werner Liebing, Hrsg. , *Deutsche Verfassungen*, 13. Aufl. , München：W. Goldmann, 1981, S. 189, 212.

② Ernst Diehl, *Geschichte der Sozialistischen Einheitspartei Deutschlands：Abriss*, Berlin：Dietz, 1978, S. 232.

③ 世界知识社编：《德国统一社会党第四次代表大会文件选辑》，纪年译，世界知识出版社 1956 年版，第 211—212 页。

④ Deutschland（Bundesrepublik）Bundesministerium für innerdeutsche Beziehungen, Hrsg. , *DDR-Handbuch*, Bd. 1, 3. Aufl. , Köln：Verlag Wissenschaft und Politik, 1985, S. 286.

透，并以更高的工资、重新安置补贴以及更易买到的消费品为诱饵挖角其娴熟劳动力，民主德国的安全稳定持续面临着严峻的挑战。直到 1961 年 8 月，民主德国通过修建"柏林墙"①才有效抑制了大量技术人员以及劳动力的流失②。"柏林墙"建立后，德国统一社会党为了维护和巩固自身政权的稳定，防止本国被联邦德国并吞，逐步放弃了德国统一的旗帜。1963 年，民主德国公开表示，两个德国再次统一已经变得不现实。③ 1964 年，民主德国领导人乌布利希在莫斯科与苏联领导人赫鲁晓夫签署了《苏德友好合作互助条约》④。该条约确认了德意志两个主权国家的存在，并称民主德国的边界是不可侵犯的。只有经过两德之间的谈判才能实现统一。

1964 年初，民主德国开始给本国公民颁发新的身份证件，并在上面明确注明"民主德国公民"，以此向全德人民共同的国籍发起挑战。1964 年底，民主德国对来自非社会主义国家的访客实行最低兑换额措施，试图以此减少西方国家（特别是联邦德国）对其公民的影响。⑤民主德国财政部于 1964 年 11 月 25 日对外宣布："根据财政部长的命令，从 1964 年 12 月 1 日起，来自联邦德国和其他非社会主义国家/地区的公民访问民主德国包括

---

① 民主德国称之为"反法西斯防卫墙"（Antifaschistischer Schutzwall）和"强化边境"（Befestigte Staatsgrenze）。

② 联邦德国被驱逐者、难民和战争受害者部 1962 年 1 月 2 日宣布，1961 年共有 20 万 7026 名民主德国难民申请在联邦德国避难，其中包括 3 万 2858 名 24 周岁以下的单身青年。此外，8 月份抵达联邦德国的民主德国难民人数最多，共计 47433 人。与 1960 年相比，1961 年的难民人数增加了 7836 人。1945—1961 年的民主德国（含苏占区）难民人数共计约为 317.73 万人。参见 Margarethe Müller-Marsall, Hrsg., *Archiv der Gegenwart*: *Deutschland 1949-1999*, Bd. 3, 1957-1962, Sankt Augustin: Siegler Verlag, 2000, S. 2977.

③ Deutschland（Bundesrepublik）Bundesministerium für innerdeutsche Beziehungen, Hrsg., *DDR-Handbuch*, Bd. 1, 3. Aufl., Köln: Verlag Wissenschaft und Politik, 1985, S. 266-267.

④ 全称为《苏维埃社会主义共和国联盟和德意志民主共和国友好合作互助条约》（Vertrag über Freundschaft, gegenseitigen Beistand und Zusammenarbeit zwischen der Deutschen Demokratischen Republik und der Union der Sozialistischen Sowjetrepubliken）。

⑤ 德国统一社会党最后一任总书记克伦茨称，这一规定是在苏联的催促之下引进的，除了用来限制来自联邦德国和西柏林的旅行者之外，还有一个原因就是，民主德国的物价水平与西方根本无法相比，因为对基本食品、乘车费用、文化与体育等设施的补助原本只是用于民主德国公民，而没有考虑到联邦德国和西柏林的来访者。参见 ［德］埃贡·克伦茨编《柏林墙倒塌 30 年记：原民主德国方面的回顾与反思》，王建政译，社会科学文献出版社 2021 年版，第 30—31 页。

其首都东柏林期间，必须用联邦德国马克或他国货币兑换一定数量的民主德国马克。最低兑换额度为每人每天 5 民主德国马克。西柏林访客每人每天的最低兑换额度为 3 民主德国马克。强制兑换的民主德国马克不可兑换回本国货币。在完成强制兑换制度规定的数额之外，所有访客都可以在指定的民主德国货币和信贷机构以民主德国中央银行的官方汇率继续用联邦德国马克或他国货币兑换任意数额的民主德国马克。退休人员和儿童免于强制兑换义务是因为他们通常由陪同亲属照顾。通过民主德国旅行社协调访问民主德国的访客也免于强制兑换义务，因为他们已经用其本国货币支付了旅行期间的生活费。这些措施并不影响莱比锡博览会目前的相关规定，即来自非社会主义国家、联邦德国和西柏林的参展商和参观者每人每天最低兑换 25 民主德国马克。"①

民主德国的这一举措一经实施便引起联邦德国的激烈反应。联邦德国《世界报》报道称，联邦德国全德事务部 11 月 26 日发表了措辞严厉的声明，其中指出，目前尚不清楚苏维埃地区当局打算如何将这种专横行为同其反复表达的关于扩大德国内部贸易的愿望相协调。联邦德国全德事务部长蒙德 11 月 28 日在英戈尔施塔特（Ingolstadt）召开的巴伐利亚州自由民主党州议会上发表讲话时表示，联邦德国政府已经准备就苏维埃地区当局在德国内部贸易框架中提出的 5 亿联邦德国马克贷款请求进行谈判。联邦德国仅希望这种让步能够使双方人员往来得到充分便利，但在后者实行强制兑换制度之后，不要指望联邦德国能向它提供 5 亿联邦德国马克贷款，更不要指望联邦德国政府会以提供贷款的方式感谢强制兑换制度的实施。②

1964 年 12 月 2 日，联邦德国政府指示德国内部贸易信托局局长阿尔弗雷德·波拉克（Alfred Pollak）停止与民主德国谈判代表海因茨·贝伦特讨论贷款事宜。显然，这一指示是联邦德国对民主德国实施最低兑换额措施的直接回应。就在同一天，联邦德国国防部国务秘书卡尔—甘瑟·冯·哈斯（Karl-Günther von Hase）公开表示，如果民主德国没有针对这种强制

---

① Margarethe Müller-Marsall, Hrsg. , *Archiv der Gegenwart*：*Deutschland 1949-1999*, Bd. 4, 1962-1966, Sankt Augustin：Siegler Verlag, 2000, S. 3629.

② Margarethe Müller-Marsall, Hrsg. , *Archiv der Gegenwart*：*Deutschland 1949-1999*, Bd. 4, 1962-1966, Sankt Augustin：Siegler Verlag, 2000, S. 3630.

兑换规定的法律补救措施，联邦德国政府会将其视为加深德国分裂的一种尝试。这一措施进一步限制了双方人员自由互访的权利。他还称，联邦德国在关于《通行证协定》（Passierschein-Abkommen）的谈判中已经坚决拒绝了民主德国关于实行强制兑换制度的要求。特别是，1964—1966年期间，民主德国还希望获准每年10万吨化肥的交付。它还呼吁将机械和其他产品的短期信贷额度（无息透支贷款额度）从1亿联邦德国马克增加到5亿联邦德国马克，并将所谓"软性货物"的信贷额度从1亿联邦德国马克提高到2亿联邦德国马克。此外，民主德国要求在1965年之前免除年度结余平衡。满足这一要求就等于向民主德国提供长期贷款。最后，民主德国还要求对其石油产品给予更高的补贴。[①]

除了实行最低兑换额措施之外，民主德国还向联邦德国提出数额巨大的赔偿要求。1965年4月26—28日，德国统一社会党中央委员会举行第九次全体会议，德国统一社会党中央委员会第一书记兼国务委员会主席乌布利希就德国从希特勒法西斯主义手中解放以来民主德国取得的成就作了全面报告。其中，他讲道："我们现阶段仍然面临艰巨的任务，我们仍需要克服棘手的矛盾。技术革命的客观要求与我们的经济能力之间存在矛盾，这尤其体现在资金积累方面。造成这种局面的主要原因在于，联邦德国帝国主义直至1961年为止对民主德国发动的经济冷战。最近几天，社会民主党经济学家弗里茨·巴德（Fritz Baade）教授再次指出，截至1961年，民主德国遭受了约1000亿民主德国马克的损失。据我们不完全统计，损失价值近1200亿民主德国马克。这笔款项是由民主德国代整个德国作出的赔偿，国民收入损失主要包括工业生产下降、社会维稳成本、被引诱出走骨干人员的教育和培训支出、西柏林协助偷越国境的边境居民、通过诈骗和走私到西柏林的财物以及其他一些损失。当然，我们要求联邦德国偿还这些欠民主德国的债务。它给我们带来的国民收入损失大约是1950—1961年间国民经济的投资总和。试想一下，如果我们追加投资1200亿民

---

① Margarethe Müller-Marsall, Hrsg., *Archiv der Gegenwart*: *Deutschland 1949-1999*, Bd. 4, 1962-1966, Sankt Augustin: Siegler Verlag, 2000, S. 3641.

主德国马克，我们的国民经济今天会是什么样子。"①

　　20 世纪 60 年代中后期，民主德国进一步推行与联邦德国划清界限的政策，并在坚持德国统一的立场上不断后退，之前一直强调的"全德"（整个德国）的提法渐渐消失了。1967 年初，民主德国政府把"全德问题秘书处"（Staatssekretariat für gesamtdeutsche Fragen）更名为"西德问题秘书处"（Staatssekretariat für westdeutsche Fragen）。2 月 20 日，民主德国人民议院表决通过了《民主德国国籍法》（Gesetz über die Staatsbürgerschaft der DDR），在该法的各项规定中，"民主德国国籍"取代了"德国国籍"的提法。民主德国内政部长弗里德里希·迪克尔（Friedrich Dickel）将《民主德国国籍法》描述为对联邦德国"单独代表权主义"的回应。②同年 8 月，民主德国将对外贸易及德国内部贸易部（Ministerium für Außenhandel und Innerdeutschen Handel）更名为对外经济部（Ministerium für Außenwirtschaft）③。

　　1968 年 4 月 6 日，民主德国放弃了 1949 年以"全德"为基础的宪法，开始在新宪法中将自己称为"德意志民族的社会主义国家"。④它将宪法的适用范围缩小至只适用于本国的同时，提出了纲领性的口号，即"民主德国及其公民……除此之外还要争取消除帝国主义列强加给德意志民族的分裂状态，在民主和社会主义的基础上逐步使两个德国接近，直至最后重新统一。"⑤显然，虽然民主德国还保留着追求统一的口号，但已经放弃了作

---

　　①　Margarethe Müller-Marsall, Hrsg. , *Archiv der Gegenwart*：*Deutschland 1949-1999*, Bd. 4, 1962-1966, Sankt Augustin：Siegler Verlag, 2000, S. 3733, 3735.

　　②　联邦德国政府发言人、国务秘书卡尔—甘瑟·冯·哈斯随后对新闻界表示，民主德国制定新《国籍法》的目的是进一步加深德国的分裂，使两个德意志国家的存在具有可信度。《民主德国国籍法》不仅违反了仍然有效的 1913 年《帝国国籍法》——规定了所有德国人的国籍问题，而且还违反了尚未修订的 1949 年《民主德国宪法》第 1 条——规定了统一的德国公民身份。参见 Werner Weber und Werner Jahn, *Synopse zur Deutschlandpolitik 1941 bis 1973*, Göttingen：Otto Schwartz, 1973, S. 718-719.

　　③　1973 年 12 月又更名为对外贸易部（Ministerium für Außenhandel）。

　　④　Rudolf Schuster und Werner Liebing, Hrsg. , *Deutsche Verfassungen*, 13. Aufl. , München：W. Goldmann, 1981, S. 243.

　　⑤　Rudolf Schuster und Werner Liebing, Hrsg. , *Deutsche Verfassungen*, 13. Aufl. , München：W. Goldmann, 1981, S. 244-245.

为全德核心的要求，建立了自己的国家，替代了过去的法定国家，并以此作为其"两个德国"的分离主义政策的基石。

与此同时，民主德国在两德人员互访方面继续加强管控，并通过行政手段和经济手段有意加以限制。1968 年 6 月 11 日发布的《民主德国护照法》（Paßgesetz der Deutschen Demokratischen Republik）第五条实施细则明确规定了两德间旅行访问的证件要求：1.（1）民主德国和联邦德国之间的旅行访问需要办理护照和签证；（2）民主德国和独立政治体西柏林之间的旅行访问需要办理护照和签证；（3）联邦德国公民经民主德国的过境运输需要办理护照和签证；（4）来自独立政治体西柏林的市民经民主德国的过境运输需要办理护照和签证。2.（1）民主德国公民需要带有出境签证的民主德国护照才能前往联邦德国旅行访问；（2）民主德国公民需要带有出境签证的民主德国护照才能前往独立政治体西柏林旅行访问；（3）民主德国人民警察的授权机构负责签发护照和签发签证。3.（1）非社会主义国家的公民和在民主德国居住的无国籍人士需要出境和重新入境签证才能前往独立政治体西柏林旅行访问；（2）民主德国人民警察的授权机构负责为无有效母国护照的公民签发签证和签发外籍护照。4.（1）联邦德国公民需要有效护照和入境签证才能进入民主德国，并需要出境签证才能离开民主德国；（2）居住在联邦德国的联邦德国公民的入境签证应在民主德国边境口岸签发，并出示获得签证的许可证。这些许可证必须由居住在民主德国的亲属或邀请机构向国家主管机构进行申请。出境签证由民主德国人民警察的主管机构签发；（3）联邦德国公民在民主德国首都一日游时，必须出示有效护照。一日游许可证应在民主德国过境点签发。5.（1）联邦德国公民过境民主德国前往独立政治体西柏林旅行访问时，需要持有效护照和过境签证，返程亦然；（2）过境签证应在民主德国过境点申请签发。6.（1）独立政治体西柏林的市民过境民主德国前往联邦德国旅行访问时，需要持有效的西柏林居民身份证和过境签证，返程亦然；（2）过境签证是民主德国过境点根据申请在有效的西柏林居民身份证副页上签发的。7. 独立政治体西柏林的市民需要持有效的西柏林居民身份证和入境签证才能进入民主德国。在民主德国过境点出示许可证后，入境签证应在有效的西柏林居民身份证附页上签发。8.（1）签发护照和签发签证应收取以下费用：

a）— 2 年　　　　　　　　　　　10 民主德国马克

　　— 10 年　　　　　　　　　　30 民主德国马克

b）出境签证（Ausreisevisum）　　5 民主德国马克

c）护照签证（Sichtvermerk）　　　5 民主德国马克

d）出境和重新入境签证（Aus - und Wiedereinreisevisum）

　　— 单次　　　　　　　　　　15 民主德国马克

　　— 多次　　　　　　　　　　40 民主德国马克

e）入境签证（Einreisevisum）　　15 民主德国马克

f）东柏林一日居留许可证（Tagesaufenthaltsgenehmigung für die Haupt-stadt der DDR）　　　　　　　5 民主德国马克

g）过境签证（Transitvisum）

　　— 单次　　　　　　　　　　5 民主德国马克

　　— 两次　　　　　　　　　　10 民主德国马克

（2）在合理的情况下，可以减少或免收护照和签证费。9.（1）该实施细则于 1968 年 6 月 12 日生效；（2）根据先前适用的程序。[1]

1968 年 6 月 20 日，民主德国提高了最低兑换额度，联邦德国访客由原来的每天须兑换 5 民主德国马克提高到 10 民主德国马克。西柏林访客到东柏林由原来每天须兑换 3 民主德国马克提高到 5 民主德国马克，前往民主德国其他地方也须每天兑换 10 民主德国马克。[2]显然，对于联邦德国公民和西柏林市民而言，民主德国的这一规定无疑增加了他们前往民主德国探亲访友、旅游观光的经济负担。从此，这一措施成为民主德国贯彻其分离主义政策的一个重要手段，并对两德人员往来造成严重影响。[3] 1968 年 7

---

[1] Margarethe Müller-Marsall, Hrsg. , *Archiv der Gegenwart：Deutschland 1949-1999*, Bd. 4, 1962-1966, Sankt Augustin：Siegler Verlag, 2000, S. 4562.

[2] „ DDR-Staatssekretär Kaminsky：Begründung von Maßnahmen zur Zurückweisung der Bonner Alleinvertretungsanmaßung auf dem Gebiet der Finanz - und Steuerpolitik vor der Volkskammer ", in Deutschland（Bundesrepublik）Bundesministerium für innerdeutsche Beziehungen, Hrsg. , *Texte zur Deutschlandpolitik*, Reihe Ⅰ/Bd. 2, Bonn：Deutscher Bundes-Verlag, 1968, S. 175.

[3] 1973 年底和 1980 年底，民主德国再次提高最低兑换额度。受此影响，1974 年和 1981 年，联邦德国赴民主德国的访问人数出现大幅下滑。参见附录 8。

月1日起，民主德国开始对联邦德国和西柏林企业主在民主德国陆路和水路的运输业务征收负担均衡税。

针对民主德国对两德人员交流实施的一系列限制性措施，联邦德国政府及其相关部门随即采取应对措施，试图尽可能地抑制民主德国分离主义政策的消极影响，为两德人员交往提供便利条件。1968年7月9日，联邦德国全德事务部在政府公报中宣称："联邦全德事务部、联邦邮电部和联邦财政部宣布，在访问德意志另一部分地区时，联邦德国公民包括西柏林市民被该地区当局收取的签证费将由联邦政府报销。联邦德国所有的邮政局和邮政收发处将从1968年7月9日起开始报销1968年7月1日以来的旅行签证费。相关人员报销时须出示以下证明材料：1. 带有签证的联邦德国护照或临时西柏林身份证。2. 联邦德国包括西柏林的过境点的旅行证明文件。基于西柏林市民和联邦德国其他地区公民被收取的不同数额的签证费，联邦邮政局和邮政收发处根据西柏林过境点和联邦德国其他地区过境点的每份旅行证明文件，分别支付15联邦德国马克和20联邦德国马克。东柏林一日居留许可证的费用尚未报销。对于乘坐机动车的旅行者，位于过境点的联邦德国海关管理局将对其发放的报销单上的出入境记录进行确认。联邦德国的铁路旅客在其返回联邦德国后再在之前发放的报销单上确认出入境记录。西柏林的铁路旅客在其出境前会在柏林动物园海关收到报销单。"[1]

此后，联邦德国邮电部在1969年2月27日的政府公告中宣布，为了继续努力改善德意志两部分间的邮电通信，联邦德国邮电部长维尔纳·多林格（Werner Dollinger）向民主德国邮政管理局转移支付了约510万联邦德国马克，以补偿1968年上半年德意志内部邮寄管理的成本支出。这一时期，民主德国向联邦德国索要的补偿金额约2130万联邦德国马克。由于这笔账目基于国际结算模式，因此联邦德国无法认可其索要的补偿金额。1968年下半年的账目尚不确定。多林格部长曾在2月21日给民主德国邮电部长鲁道夫·舒尔茨（Rudolph Schulze）的信中，对民主德国邮政管理

---

① Margarethe Müller-Marsall, Hrsg., *Archiv der Gegenwart*: *Deutschland 1949-1999*, Bd. 5, 1966-1970, Sankt Augustin: Siegler Verlag, 2000, S. 4602.

部门仍未准备好就双边邮电业务的正常化和改善进行谈判表示遗憾。除此之外，他提议立即将两德（含西柏林）间的电话线路数量（目前为 34 条）翻两番，并着手改善其他领域的交往问题。①

除了实行与联邦德国进行划界的分离主义政策之外，民主德国还积极主张尽可能广泛地整合苏东阵营经济体以及反对东欧各国在经济上实行自给自足的模式。1969 年 4 月，在莫斯科举行的经互会第二十三次（特别）会议上批准了苏东阵营经济一体化模式，该模式基本上是由民主德国设计的，它是一项框架协议。随后，民主德国副总理格哈德·韦斯（Gerhard Weiss）在德国统一社会党的理论刊物《团结——科学社会主义的理论和实践杂志》（*Die Einheit-Zeitschrift für Theorie und Praxis des Wissenschaftlichen Sozialismus*）1969 年专刊 9/10 期上发表了一篇理论文章，题为《在经互会中寻求新的更高层次的合作》，文中写道："20 年来，民主德国成功地发展成为一个拥有现代化工业、集约型农业、繁荣的民族文化和有计划地提高人民生活水平的社会主义国家，只有与苏联和其他经互会国家密切合作，才能成为社会主义国家共同体不可分割的一部分。通过与苏联和其他社会主义国家优先发展对外经济关系，民主德国的对外经济关系被置于一个全新的社会主义基础上……正如瓦尔特·乌布利希同志在共产党和工人党国际会议上所言，今天客观的历史发展对民主德国和所有经互会国家都提出了两项具有历史意义的任务——社会主义革命必须继续发展社会主义社会，掌握科学技术革命；必须挫败帝国主义的扩张计划，通过联合斗争迫使帝国主义接受和平共处。争取最高的劳动生产率的斗争，争取对所有社会过程进行最有效的社会主义规划、管理和组织形式的斗争，换句话说，争取人民在社会安定、和平和幸福中生活的斗争，对于社会主义国家来说，已经成为全球范围内社会主义与帝国主义之间斗争的主战场。今天，没有一个社会主义国家能够独自完成这一任务。社会主义国家中社会主义经济规律的运行、国际阶级斗争的加剧和现代生产力的发展，要求社会主义国家共同体在马克思列宁主义、无产阶级国际主义的基础上共同发展、

---

① Margarethe Müller-Marsall, Hrsg. , *Archiv der Gegenwart：Deutschland 1949–1999*, Bd. 5, 1966–1970, Sankt Augustin：Siegler Verlag, 2000, S. 4741.

巩固和融合。……根据苏联在社会主义国家共同体中的这一立场，德国统一社会党中央委员会第十一次会议在关于党和政府代表团对苏联友好访问成果的决议中指出：在兄弟国家人民最重要的生活领域实现社会主义一体化，在兄弟国家人民之间建立稳定的、不可分割的联系，巩固社会主义国家共同体，是两国人民的共同事业。这符合他们的切身利益和世界社会主义的利益。社会主义经济一体化正在逐步全面实现。这也反映在民主德国和苏联之间的互惠协定中。两国不仅关心相互供应意义上的分工，而且涉及从研发开始，影响投资活动和生产，以及继续进行相互供应的措施。民主德国政府—苏联政府联合委员会关于在电子数据处理、石油化学、天然气勘探和开发以及最终储存设施等领域进行合作的决定，反映了社会主义国际分工的新质量。……社会主义国家间生产的日益一体化将使民主德国的各个经济部门越来越有可能从其他经互会国家，特别是从苏联那里大规模地引入现代产品；另一方面，坚持把社会主义经济一体化的所有优势用于民主德国的经济，有助于民主德国在机械工程、电气工程和化学工业等领域发挥优良传统和生产潜力，通过向经互会的其他国家提供更大范围和更高质量的服务，可以为巩固社会主义国家共同体的经济和政治服务。"[①]

综上所述，联邦德国政府在这一时期更加注重同东欧社会主义国家进行经济和政治方面的接触与合作，同时试图与民主德国缓和关系。然而，苏联推行的"勃列日涅夫主义"（Breschnew-Doktrin）再次表明，苏联维护战后欧洲现状的坚决态度，也暴露出联邦德国半教条半灵活式东方政策的弊端。首先，在没有同苏联以及所有东欧社会主义国家实现正式和解之前，联邦德国以缓和政策松动苏东社会主义阵营，显然与苏联维持战后欧洲现状的政策相抵触。其次，由于联邦德国在"单独代表权主义"和德国东部边界问题上持保留态度，限制了其在德国统一政策以及东方政策上的活动空间。随着苏联出兵布拉格，以及民主德国国际地位的日益提高，大联合政府的相关政策自然也就失去了着力点。虽然联邦德国政府采取了缓和与务实的态度，两个德国开始进行政治上的沟通，并加强了相互间的经

---

① Margarethe Müller-Marsall, Hrsg., *Archiv der Gegenwart*: *Deutschland 1949-1999*, Bd. 5, 1966-1970, Sankt Augustin: Siegler Verlag, 2000, S. 4913-4916.

贸关系，但其仍缺乏整体性政策理念构想。与此同时，联邦德国还必须面对民主德国推行的一系列划界政策。显然，面对东西方日益缓和的潮流，以及两德分裂日益固化的现实，承认战后欧洲和德国现状以及主动打破两德僵化关系已成为联邦德国政府唯一现实可行的选择。然而，直到1969年10月，当社民党与自民党联合执政后，联邦德国政府在德国统一政策以及东方政策上的突破才最终得以完成。

四 贸易松绑：德国内部贸易的初步繁荣

由于战后美苏争霸以及东西方阵营之间全面对峙，德国内部贸易自建立之初就不是一种自由化的贸易模式，它深受各种与之相关的行政条例、贸易规则、以及政府限令等限制与羁绊[①]。此外，当西柏林通道安全受到严重威胁时，联邦德国政府还经常将德国内部贸易作为一种施压工具。受此影响，阿登纳时期的德国内部贸易呈现出曲折发展的历史轨迹。

1961年8月，"柏林墙"的建立迫使西方盟国承认了战后欧洲和德国的现状——民主德国属于苏联的势力范围。随着苏联与美国实力差距的进一步缩小，西方国家转向奉行共存与缓和的政策。在这种情况下，联邦德国建国以来所推行的强硬统一政策最终以失败告终。国际形势的显著变化促使联邦德国被迫调整与民主德国之间的关系，使其由拒不接受战后欧洲和德国的现状，逐步转向承认欧洲与德国业已分裂的现实。"柏林墙"事件结束后，由于西柏林独立的政治、经济地位再次得到英、美、苏、法四大国的确认，战后长期困扰欧洲和平与安全的柏林问题也在很大程度上得到解决。然而，战后德国的分裂状态却随之进一步加深。

正是基于上述原因，德国内部贸易不再被联邦德国政府作为一种应对柏林危机事件的政治武器，而是彻底转变为消除两德间政治对立，以及缓和德意志分裂状态的一种有力工具。与此同时，随着联邦德国经济迅速崛

---

① 例如，1949年《军政府法规第53号法令》（修订版）、1950年《第500号规定》、1951年《同东马克货币区进行货物贸易的法规》以及1951年《柏林协定》有关德国内部贸易具体操作模式、流程与监管等各种条例和规定。

起，联邦德国政府也日益开始重视满足国内企业对拓宽德国内部贸易销售渠道的要求。因而在经济层面上，联邦德国政府不断地对德国内部贸易相关的一些限制性条例进行调整与修改，德国内部贸易也获得了某种程度的自由化发展，逐渐呈现出一种互惠互利的双赢趋势。

阿登纳执政末期以及艾哈德执政后，联邦德国政府就曾表现出逐步放弃早先对民主德国实行的限制性经济政策的迹象。具体表现为，联邦德国政府开始正视德国分裂日益固化的现实，且更多地强调在双方分歧较小且存在利益交集的经济领域开展双边合作，以此来缓和与加强德意志两部分间的关系。德国内部贸易的角色和功能被重新定位，日益成为联邦德国政府在德国统一政策上的重要着力点，联邦德国对民主德国经济政策在其德国统一政策中的地位也与日俱增。

1965 年 12 月，联邦德国外交部国务秘书京特·哈尔科特（Günther Harkort）在一场题为《经济、政治和对外贸易》的演讲中指出："民主德国不被认为是一个独立的国家，双方缺乏官方机构的正式接触，但联邦德国政府仍然支持德国内部贸易的发展。因为它是两边最强大、最实际的联系纽带。为了使德国内部贸易发挥其政治影响力，必须使民主德国依赖联邦德国的货物输出。所以，拓展德国内部贸易成为当务之急，尤其是生产品方面的输出。"[1]

尽管艾哈德政府肯定了德国内部贸易在克服德国分裂方面的重要作用，但缺乏一些具体有效的实施方案，且此时该届政府更多关注的是，缓和同东欧社会主义国家间的关系。基辛格领导的大联合政府成立后，出于尽早实现两德关系"破冰"的考虑，联邦德国积极寻求加强德意志内部的经贸合作。此时，基辛格政府从德国内部贸易中看到了促进两德关系缓和的可能性。为此，联邦德国开始迎合民主德国和联邦德国企业就进一步发展德国内部贸易的要求，不断放松对德国内部贸易的管控。

除了致力于缓和两德关系之外，大联合政府还试图通过扩大德国内部贸易减少苏联对民主德国的影响。基辛格总理在《分裂的德意志之民族状

---

① Deutschland（Bundesrepublik）Auswärtiges Amt, Hrsg., *Die Auswärtige Politik der Bundesrepublik Deutschland*, Köln: Verlag Wissenschaft und Politik, 1972, S. 555.

况报告》中讲道："苏联努力将民主德国的经济牢固地结合到东方阵营的经济体制中。我们必须尝试扩大同德意志另一部分地区的经济联系。例如，通过银行集团成立一个为德国内部贸易融资的协会，废除'撤销条款'，对现行增值税进行减免，并将清算日期推迟一年。"[1]自 1967 年开始，联邦德国积极采取多种措施来改善两德间商品和服务流通的框架条件，不断为加强两德经贸合作创造良好氛围，提供有效保障，减少限制措施。

1967 年 3 月，为扩大联邦德国企业在德国内部贸易中的资本货物输出，基辛格政府开始为其提供"联邦担保"（Bundesgarantien），资本货物的担保范围被扩大至一般政治风险。联邦德国通过补充德国内部贸易的现有担保选项，弥补本国企业在与民主德国进行贸易时，相比其他西方工业国的竞争对手所存在的劣势。1967—1969 年，联邦德国企业提出的 333 项担保申请得到批准，联邦德国政府为此提供的担保金额达到 6 亿 2280 万联邦德国马克。[2]联邦德国经济部长和财政部长一致同意，要使联邦德国企业的资本货物能够更加便利地运送到民主德国。此后，如果货物或服务在合同签订后不早于半年交付，或延长一段时间，在合同签订后的一年内交付，联邦德国政府可以为适合投资的资本货物或材料以及服务（如装配）合同提供担保。[3]

此外，基辛格政府还规定了交付担保和支付担保的划分。就交付担保而言，如果因非联邦德国一方采取的政治措施（包含交货限制），导致被担保方无法交付货物或提供服务，则适用于交付担保。如果上述事件或措施也造成联邦德国境内公司之间无法履行类似的合同（例如，紧急状态），则不适用交付担保。就支付担保而言，如果在合同约定的正常结算到期日

① „Bundeskanzler Kiesinger: Bericht der Bundesregierung über die Lage der Nation im geteilten Deutschland", in Deutschland (Bundesrepublik) Bundesministerium für innerdeutsche Beziehungen, Hrsg., *Texte zur Deutschlandpolitik*, Reihe Ⅰ/Bd. 2, Bonn: Deutscher Bundes-Verlag, 1968, S. 126.

② „Große Anfrage der Fraktion der CDU/CSU zur Deutschlandpolitik und Antwort der Bundesregierung", in Deutschland (Bundesrepublik) Bundesministerium für innerdeutsche Beziehungen, Hrsg., *Texte zur Deutschlandpolitik*, Reihe Ⅱ/Bd. 5, Bonn: Deutscher Bundes-Verlag, 1979, S. 138. 参见附录 11。

③ Margarethe Müller-Marsall, Hrsg., *Archiv der Gegenwart: Deutschland 1949-1999*, Bd. 5, 1966-1970, Sankt Augustin: Siegler Verlag, 2000, S. 4239.

后 6 个月，被担保方的索款要求未被满足，则适用支付担保。原则上，只有当商定的付款条件保持在正常业务范围内时，才能获得支付担保。交付后的付款期限超过 5 年或处于业务准备状态的交易不予担保。联邦德国政府最多为被担保方交付货物价值的 90% 进行担保，因此规定了 10% 的免赔额。每年的担保费为担保总额的万分之五。德国内部贸易的发展现状表明，特别是在涉及向民主德国提供资本货物的长期业务中，联邦德国企业无法在其所期望的范围内与其他西方工业国的供货商展开竞争。两德间的贸易是德国内部贸易而非对外贸易。因此，联邦德国政府的出口担保和出口担保金，即所谓的德意志出口贸易信贷保险[①]不能用于德国内部贸易的供货方。另一方面，对于其他西方工业国而言，其与民主德国之间的贸易属于对外贸易。当这些国家的出口商在向民主德国交付货物时，可以获得针对这些交易风险（生产风险和出口风险，即货物发运前后的风险）的国家担保。因此，它们与联邦德国企业相比具有明显的竞争优势。此外，这些企业还获得了财政上的出口补贴。[②]

由上可见，基辛格政府出台"联邦担保"政策的主要目的在于，一方面可以消除本国企业因政治风险引发的种种顾虑，鼓励它们同民主德国签订长期贸易协议。另一方面针对日益激烈的国际竞争，也可以保障它们在民主德国市场中的竞争优势。同年 5 月，联邦德国又成立了工业设备融资协会，为向民主德国提供货物和服务的本国企业提供中期贷款支持。该协会支配着两笔各 1.5 亿联邦德国马克的限额贷款资金。[③]

1966 年，经合组织[④]国家与民主德国之间的贸易额占民主德国外贸总额的 9.7%，德国内部贸易额占民主德国外贸总额的 10.2%。与 1965 年

---

① 又称为赫尔墨斯保险（Hermes-Garantien）。

② Margarethe Müller-Marsall, Hrsg., *Archiv der Gegenwart: Deutschland 1949-1999*, Bd. 5, 1966-1970, Sankt Augustin: Siegler Verlag, 2000, S. 4239-4240.

③ Deutschland (Bundesrepublik) Bundesministerium für innerdeutsche Beziehungen, Hrsg., *Zehn Jahre Deutschlandpolitik: die Entwicklung der Beziehungen zwischen der Bundesrepublik Deutschland und der Deutschen Demokratischen Republik 1969 - 1979: Bericht und Dokumentation*, Bonn: Bundesministerium für innerdeutsche Beziehungen, 1980, S. 28.

④ 全称为经济合作与发展组织（Organization for Economic Co-operation and Development）。

（2.12 亿外汇马克）相比，经合组织国家交付的资本货物（铸造、钢结构和机械产品、陆地车辆、船只、飞机、电气工程产品）急剧增加，金额达到 3.48 亿外汇马克。在德国内部贸易中，联邦德国交付了 2.73 亿外汇马克的资本货物，而 1965 年这一数字为 1.754 亿外汇马克。与 1965 年相比，民主德国与经合组织国家之间贸易的增长率为 64%，德国内部贸易的增长率为 56%。与 1965 年一样，对于经合组织国家而言，它们与民主德国之间的贸易也是十分活跃的，贷方余额从 2.57 亿外汇马克增至 3.21 亿外汇马克。①由此可见，德国内部贸易这一时期已经开始面临激烈的国际竞争，这与民主德国积极同其他西方工业国发展经贸关系直接相关。

特别值得注意的是，为了去除两德经济关系发展的障碍，进一步向民主德国释放缓和与合作的信号，基辛格内阁开始就是否废除《柏林协定》中的"撤销条款"进行讨论。该条款自引入《柏林协定》之初就一直遭到民主德国的抨击，民主德国认为联邦德国能够借此对其进行敲诈。1967 年 5 月 23 日，联邦德国经济部长卡尔·A. F. 席勒（Karl A. F. Schiller）向联邦内阁提议废除"撤销条款"，并建议联邦外交部就此事与西方盟国进行磋商。6 月 28 日，西方盟国驻德代表同意了联邦德国的这一提议。8 月 16 日，联邦德国政府正式宣布废除《柏林协定》中的"撤销条款"。②

席勒部长随后对外宣称，联邦德国政府在认真权衡利弊之后决定废除《柏林协定》中的"撤销条款"。该条款是 1951 年《柏林协定》在 1961 年初重新生效后由联邦德国引入的。众所周知，1951 年《柏林协定》曾于 1960 年 9 月暂时性中止。联邦德国政府认为，"撤销条款"已经过时了，它不利于德国内部贸易的进一步扩大。不过，放弃"撤销条款"并不意味着联邦德国政府对保持柏林通道的开放，并确保自由通行方面的重视度比以前降低了。③基辛格政府的这一举措表明，联邦德国不再将德国内部贸易

①　Margarethe Müller-Marsall, Hrsg. , *Archiv der Gegenwart*: *Deutschland 1949-1999*, Bd. 5, 1966-1970, Sankt Augustin: Siegler Verlag, 2000, S. 4419.

②　Walter Naasner und Christoph Seemann und Christine Fabian, Bearb. , *Kabinettsprotokolle der Bundesregierung 1967*, Bd. 20, München: De Gruyter Oldenbourg, 2010, S. 83-84.

③　Margarethe Müller-Marsall, Hrsg. , *Archiv der Gegenwart*: *Deutschland 1949-1999*, Bd. 5, 1966-1970, Sankt Augustin: Siegler Verlag, 2000, S. 4344.

作为一种施压手段，同时也表现出联邦德国政府希望缓和两德关系的姿态。

与此同时，联邦德国政府还决定在德国内部贸易的支付交易领域引入一项改进措施，以实现其扩大和促进德国内部贸易的既定目标。席勒部长对此解释说："德国内部贸易中货物流通和服务流通的支付往来是通过子账户进行处理的，对于这些子账户而言，可以利用 2 个价值 1 亿结算单位（1 个结算单位等于 1 个联邦德国马克）的无息透支贷款。根据协议，自 1967 年 8 月 21 日起，这些账户暂时被视为一个单位。于是，这两笔无息透支贷款也将合并为一，总计为 2 亿结算单位。因此，无论是哪个子账户，只要有业务发展需要就可以使用无息透支贷款。这项措施可以使目前负债一方更容易增加订单。"[1]

1967 年 8 月 16 日，联邦德国经济部宣布，德国内部贸易信托局将在莱比锡秋季博览会上设立咨询处，波拉克局长负责领导咨询处并参加莱比锡秋季博览会。这是自 1961 年以来，德国内部贸易信托局首次参加莱比锡博览会。9 月 1 日，联邦德国经济部和财政部在一份联合声明中宣布，将采取进一步措施以促进德国内部贸易的发展。联邦德国财政部的一份公报指出，该部与联邦德国经济部达成协议，共同颁布了针对德国内部贸易的衡平法规（Billigkeitsregelung）。该法规为向民主德国输出货物和从民主德国购入货物提供税费优待。联邦德国企业向民主德国交付货物时可以免征增值税，同时保留进项税的减免。从民主德国购买商品时，联邦德国企业有权按一定比例减少其营业税税额。从 1968 年 7 月 1 日起，粮食和农产品 2% 的减税率（增值税法附件 1）和所有其他产品 4% 的减税率将分别提高至 2.5% 和 5%。某些货物（远洋船以及增值税法免税货物表 1 中指定的原材料和辅助材料）被排除在减税范围之外。如果联邦德国企业需要出口这类货物，它将失去减税的权利。这项法令旨在防止因联邦德国实行增值税制度而对德国内部贸易造成干扰。同时，它能够将基辛格政府多次表达的意愿付诸实践，即通过提供各种便利措施来扩大德国内部贸易，从而加强

---

① Margarethe Müller-Marsall, Hrsg., *Archiv der Gegenwart*: *Deutschland 1949-1999*, Bd. 5, 1966-1970, Sankt Augustin: Siegler Verlag, 2000, S. 4344-4345.

分裂德国的两部分地区之间的联系。[①]

　　相比前两届联邦政府，基辛格政府更加正视本国企业的利益诉求，并且能够积极为其创造更多有利条件，特别是尽力满足它们在扩大与民主德国经济合作上的需求。1967 年 10 月 11 日，基辛格内阁开会讨论了西柏林工商界提出的促进德国内部贸易进一步发展的一揽子提议，诸如西柏林企业计划向民主德国交付一座价值 2 亿联邦德国马克的发电厂，并以民主德国向西柏林的电力供应（每年 3000 万联邦德国马克）抵消这笔建造费。此外，未来五年联邦德国每年向民主德国额外交付 80 万吨（价值 5000 万联邦德国马克）硬煤，民主德国则须同意建设一条从联邦德国到西柏林的输电线路，以及联邦德国在无需考虑边界走向的情况下，在赫尔姆施泰特（Helmstedt）附近开采 2000 万吨褐煤。德意志联邦银行则将德国内部贸易中的无息透支贷款额度增加 1 亿联邦德国马克，达到 3 亿联邦德国马克，结算账户清算再暂停两年，即到 1970 年。联邦内阁在这次会议上批准了上述提议。[②]

　　与此同时，联邦德国开始逐步解除对德国内部贸易中的一些货物在数量上或金额上的限制。截至 1967 年 12 月底，德国内部贸易中 1/3 的工业产品被联邦德国政府取消了配额限制，另有 1/3 的工业产品的配额额度提高了 1600 万联邦德国马克。1968 年春，基辛格政府宣布，将原定 6 月 30 日德国内部贸易框架内的结算账户的清算程序向后推迟一年。同年 5 月底，联邦德国政府又决定减少招标流程，以便于民主德国向联邦德国输出产品。

　　尽管如此，民主德国仍然对德国内部贸易中尚存的一些苛刻条例和限制措施不满。民主德国总理斯多夫在人民议院发表声明称："两德之间的贸易仍然受到来自联邦德国方面的严重干扰。我们注意到，联邦德国政府最近已经废除了一些早先出台的片面规定，其中包括废除歧视性条款——'撤销条款'。然而，这些都无法回避一个事实，即联邦德国政府依然是阻

---

① Margarethe Müller-Marsall, Hrsg. , *Archiv der Gegenwart：Deutschland 1949-1999*, Bd. 5, 1966-1970, Sankt Augustin：Siegler Verlag, 2000, S. 4351.

② Walter Naasner und Christoph Seemann und Christine Fabian, Bearb. , *Kabinettsprotokolle der Bundesregierung 1967*, Bd. 20, München：De Gruyter Oldenbourg, 2010, S. 476-477.

碍德国内部贸易发展的主要因素。联邦德国政府多年来颁布繁多的法令、法规以及复杂的招标程序，导致联邦德国与民主德国的贸易变得更加困难。我们与联邦德国企业界都同意，是时候该废除联邦德国阻碍德国内部贸易发展的所有附加及特定条款了。"①

事实上，基辛格政府并没有就此止步，在废除一些"过时"的贸易条款后，联邦德国积极采取一些组织措施来为两德经济合作和贸易往来提供驱动力。1968 年 3 月，基辛格总理公开表示："我们希望自去年 9 月底以来关于扩大德国内部贸易的谈判能取得双方都满意的结果。我们正在考虑在东柏林设立一个德国内部贸易办事处。我们需要为德意志两部分间的经济关系制定一个整体概念，其中包括审查民主德国提出的信贷申请。负责德国内部关系事务的内阁委员会正在制定这样的一个整体概念。"②

1968 年 12 月 6 日，联邦德国的德国内部区域贸易信托局局长威利·克莱因迪安斯特（Willy Kleindienst）在东柏林与民主德国对外经济部副部长海因茨·贝伦特就至 1975 年的德国内部贸易达成新协定③。该协定包含四项主要内容：一是多年来一直悬而未决的石油补偿金问题得到解决。1968 年 12 月 31 日和 1969 年 12 月 31 日，联邦德国分别把 6000 万联邦德国马克（即共计 1.2 亿联邦德国马克）转入德国内部贸易框架内的结算账户。这笔付款与以下协议相关，即联邦德国将按这些金额向德意志另一部分地区交付所有类型的机器和资本货物。联邦德国还对未来不支付石油补

① „DDR-Ministerratsvorsitzender Stoph: Erklärung vor der Volkskammer", in Deutschland (Bundesrepublik) Bundesministerium für innerdeutsche Beziehungen, Hrsg., *Texte zur Deutschlandpolitik*, Reihe I/Bd. 1, Bonn: Deutscher Bundes-Verlag, 1968, S. 141–142.

② Deutschland (Bundesrepublik) Bundesministerium für innerdeutsche Beziehungen, Hrsg., *Texte zur Deutschlandpolitik*, Reihe I/Bd. 2, Bonn: Deutscher Bundes-Verlag, 1968, S. 126.

③ 协议谈判过程及内容参见 „Neue Vereinbarungen im innerdeutschen Handel", *Deutschland-Archiv: Zeitschrift für Fragen der DDR und der Deutschlandpolitik*, Köln: Wissenschaft und Politik, 1969, S. 81–83.

偿金的燃料交付设定了新的配额。①二是相比 1968 年，双方到 1975 年对各类机器、车辆和电工产品的年度配额都增加一倍以上。②三是无息透支贷款额度（目前为 2 亿联邦德国马克）将根据民主德国在德国内部贸易中的交付额进行调整，具体数额相当于联邦德国上一年度购入额的 25%③。四是结算账户的清算期限被废除。④

在双方交换已签署的函件时，克莱因迪安斯特局长发表了一份声明，其中表示，新协定已经为德意志两部分地区之间长期和连续的贸易关系创造了新的条件。新协定是联邦德国为全面改善德意志内部关系所做出的贡献，它对于德意志两部分地区的经济而言是必不可少的，因为双方可以顺畅地进行货物流通。他认为，联邦德国在促进德国内部贸易发展方面已经实现了既定目标，由此建立了一个新的商业基础。现在该轮到另一方为之努力了。民主德国随后也对该协定的签订做出表态，称新协定中的这些贸易安排是朝着消除两德间现有贸易壁垒迈出的一步。它们为贸易双方服务，符合商业伙伴的利益。⑤关于这项新协定签署的重要意义，联邦德国经济部长席勒在当天的新闻发布会上着重指出："联邦德国致力于扩大的德

---

　　①　联邦德国称，该笔 1.2 亿联邦德国马克的款项是对民主德国因联邦德国石油税变更而收入减少的一种补偿，并非承认民主德国在法律上的索赔。自 1969 年起，民主德国将在德国内部贸易的框架内每年向联邦德国交付 3000 万联邦德国马克的柴油和 2000 万联邦德国马克的汽油，联邦德国则不再支付补偿金。参见 „Innerdeutscher Handel und falsche Optik", *Deutschland-Archiv: Zeitschrift für Fragen der DDR und der Deutschlandpolitik*, Köln: Wissenschaft und Politik, 1968, S. 592; Michael Hollmann und Christine Fabian und Uta Rössel, Bearb., *Kabinettsprotokolle der Bundesregierung 1968*, Bd. 21, München: De Gruyter Oldenbourg, 2011, S. 483.

　　②　之后，联邦德国将其对民主德国的机器交付额在 1968 年 3 亿联邦德国马克的基础上每年增加 5000 万联邦德国马克。到 1975 年，该交付额将达到 6.5 亿联邦德国马克。民主德国将其对联邦德国的机器交付额在 1968 年 2 亿联邦德国马克的基础上每年增加 5000 万联邦德国马克。到 1975 年，该交付额将达到 5.5 亿联邦德国马克。

　　③　这意味着，民主德国在德国内部贸易中的交付额每增加 1 个联邦德国马克，下一年就能额外获得 0.25 个联邦德国马克的无息透支贷款。这为民主德国向联邦德国输出更多产品创造了强大的经济动力。由于清算交易的收入只能用于增加联邦德国货物的购入量，因此在随后的几年里，德国内部贸易呈现出强劲的增长势头。参见附录 1 和附录 2。

　　④　德国内部贸易的余额结算以往是在每年的年中商定的。随着结算期限的废除，在德国内部贸易框架内签订长期合同的障碍被消除了。

　　⑤　Margarethe Müller-Marsall, Hrsg., *Archiv der Gegenwart: Deutschland 1949-1999*, Bd. 5, 1966-1970, Sankt Augustin: Siegler Verlag, 2000, S. 4702.

国内部贸易不是对外贸易。我们希望弥合而不是僵化德意志两部分间的关系。我们希望弥合而不是加深德意志民族的分裂。所以，我们尽全力促进和德意志另一部分地区人民之间的人员、经济、思想上的联系。"①

此外，联邦德国政府大幅提高无息透支贷款额度的举措也是为了改善德国内部贸易中长期存在的失衡问题。其主要目的在于减少民主德国在德国内部贸易中的赤字，以此缓解长期以来的联邦德国输出过剩问题。联邦总理基辛格曾在联邦议院的讲话中明确指出，民主德国之所以负债严重，最根本的原因在于其有限的供应能力。联邦德国提供的无息透支贷款和其他措施可以短期缓解这一问题。②

对于民主德国而言，无息透支贷款具有双重作用：一方面，可以充分利用这种无息透支贷款增加对联邦德国产品的输入；另一方面，也可以从中节省大笔的贷款利息。由于常年处于贸易顺差一方的联邦德国从未使用过这项贷款，所以，民主德国可以独享无息透支贷款在经济利益上带来的好处。而正是基于这样的原因，日后随着无息透支贷款额的不断提高，它在联邦德国对民主德国的经济政策中日益扮演着重要角色。这不仅仅体现在为德国内部贸易的快速增长注入强劲动力，更体现在改善两德人员交往方面所起的杠杆作用。

为了持续推进德国内部贸易自由化便利化，基辛格政府不断简化德国内部贸易中的项目审批流程，从而在一定程度上改善了德国内部贸易的一些顽疾。1969 年 1 月 21 日，联邦德国颁布德国内部贸易法规之"第 2 号普通许可"后，联邦德国输往民主德国的一半货物不再需要申请"个别许

---

① „Bundesminister Schiller: Erklärung vor der Bundespressekonferenz", in Deutschland (Bundesrepublik) Bundesministerium für innerdeutsche Beziehungen, Hrsg., *Texte zur Deutschlandpolitik*, Reihe Ⅰ/Bd. 3, Bonn: Deutscher Bundes-Verlag, 1970, S. 137-138.

② „Bundeskanzler Kiesinger: Bericht der Bundesregierung über die Lage der Nation im geteilten Deutschland", in Deutschland (Bundesrepublik) Bundesministerium für innerdeutsche Beziehungen, Hrsg., *Texte zur Deutschlandpolitik*, Reihe Ⅰ/Bd. 2, Bonn: Deutscher Bundes-Verlag, 1968, S. 126.

可"，只需在联邦商业经济局登记备案即可。①同年 12 月 19 日，联邦德国颁布德国内部贸易法规之"第 3 号普通许可"后，民主德国输往联邦德国的一半货物免于申请"个别许可"。②由于项目审批流程的持续简化，联邦德国企业可以更加积极地同民主德国相关企业开展贸易往来，节省了因等待审批结果所造成的额外成本。受上述政策的积极影响，德国内部贸易额从 1969 年的 37.34 亿联邦德国马克增加到 1970 年的 45.48 亿联邦德国马克，增加了 12%。③

1969 年 3 月 26 日，基辛格内阁召开会议，其中讨论了联邦经济部的一项提议，即为了促进德国内部贸易便利化，在 6 个月内取消德国内部贸易框架内 45 个货物类别中 34 个货物类别的配额限制。该提议得到了大部分内阁成员的支持。例如，联邦全德事务部长赫伯特·魏纳（Herbert Wehner）表示，如果可以期望对方做出承诺，他会支持该项建议。他认为继续等下去就不是什么好主意了。联邦流离失所者、难民与战争受害者部长温德伦认为，取消配额带来的好处多于坏处。联邦参议院及各州事务部长卡尔洛·施密德（Carlo Schmid）也认为，（两德）经济相互依存关系的改善在政治上是有利的。由于联邦经济部未就此提交书面议案，因此这次内阁会议没有对此进行投票表决。尽管联邦经济部最终没有取消相应的配额限制，但提高了民主德国输出货物的配额额度。④

在 20 世纪 60 年代，德国内部贸易的发展总体保持一种上升的态势。

---

① Deutschland（Bundesrepublik）Bundesministerium für innerdeutsche Beziehungen, Hrsg. , *Zehn Jahre Deutschlandpolitik*：*die Entwicklung der Beziehungen zwischen der Bundesrepublik Deutschland und der Deutschen Demokratischen Republik 1969 - 1979*：*Bericht und Dokumentation*, Bonn：Bundesministerium für innerdeutsche Beziehungen, 1980, S. 28.

② Deutschland（Bundesrepublik）Bundesministerium für innerdeutsche Beziehungen, Hrsg. , *Zehn Jahre Deutschlandpolitik*：*die Entwicklung der Beziehungen zwischen der Bundesrepublik Deutschland und der Deutschen Demokratischen Republik 1969 - 1979*：*Bericht und Dokumentation*, Bonn：Bundesministerium für innerdeutsche Beziehungen, 1980, S. 29.

③ „Die innerdeutschen Beziehungen 1988 -Zahlen, Daten, Fakten ", in Deutschland（Bundesrepublik）Bundesministerium für innerdeutsche Beziehungen, Hrsg. , *Texte zur Deutschlandpolitik*, Reihe Ⅲ/Bd. 6, Bonn：Deutscher Bundes-Verlag, 1989, S. 544-545. 参见附录 1。

④ Michael Hollmann und Walter Naasner und Christoph Seemann, Bearb. , *Kabinettsprotokolle der Bundesregierung 1969*, Bd. 22, München：De Gruyter Oldenbourg, 2012, S. 164-165.

1960 年，德国内部贸易额只有 20.38 亿联邦德国马克，到了 1969 年增加到了 37.34 亿联邦德国马克。①上述数据表明，以 1960 年为基准，德国内部贸易额在之后的 10 年间增加了近 1 倍。不过，就其整体发展轨迹来看，共发生过两次小幅波动。1961—1963 年，由于受到第二次柏林危机以及民主德国"排除干扰"行动的影响，德国内部贸易出现了一定的倒退与停滞。另外，1966—1967 年，主要受限于民主德国较高的供应义务②、吃紧的外汇平衡以及石油供应的中止，德国内部贸易额再次出现明显下降。不过，自 1968 年以后，随着联邦德国一系列贸易便利化措施的实施以及两德间新的无息透支贷款协议的达成，德国内部贸易额在随后的几年里快速增长，呈现出良好的发展态势。例如，1970 年德国内部贸易额为 45.48 亿联邦德国马克，1971 年增至 52.36 亿联邦德国马克。③

此外，值得注意的是，这一时期德国内部贸易的商品结构发生了较为明显的变化。这尤其体现在联邦德国从民主德国购入原料和生产性商品的数额方面。20 世纪 60 年代前半期，其份额占联邦德国从民主德国购进商品总额的 51%，而到了 20 世纪 60 年代下半期，这一份额降至 31%，整整降低了 20%。究其原因，在于联邦德国大幅减少了对民主德国矿产品（主要是褐煤）和石油产品（柴油、汽油、重油等）的购入。这与同期消费品以及农产品和食品的购进额大幅增长形成鲜明对比。这两类产品占联邦德国从民主德国购进商品总额的份额分别从 22% 和 16% 上升至 29% 和 26%。联邦德国向民主德国交付的商品也以原料和生产性商品为主，其所占份额也有所下降，从 57% 降至 52%。应该强调的是，联邦德国钢铁产品对民主德国经济的重要性自 20 世纪 60 年代初以来明显下降，其所占份额从 30% 降至 16%，民主德国对购入联邦德国化工产品的兴趣则有所增加，其所占份额从 17% 增至 21%。另外，民主德国也加大了对联邦德国投资性工业产品的购入，其中机械产品所占份额从 11% 增至 16%。④

综上所述，自"柏林墙"建立之后，联邦德国对民主德国的经济政策

---

① 参见附录 1。
② 即履行民主德国在经互会内部的供应义务。
③ 参见附录 1。
④ 参见附录 12。

随着其德国统一政策一同逐渐发生转向。在东西方关系开始走向缓和，欧洲与德国分裂状态日益固化的情况下，德国内部贸易所固有的纽带作用日益受到联邦德国政府的重视。特别是在基辛格执政时期，联邦德国希望通过加强两德经济交流来缓和两德关系，进而带动双边人员往来和各领域交流，拉紧两德人民的情感纽带和利益联结。紧密的经济关系和频繁的人员往来有利于营造缓和的氛围，为政治关系的逐步"解冻"创造有利的内部条件。从1967年起，联邦德国主动为德国内部贸易自由化便利化进行政策松绑，就是朝着这个方向迈出的第一步。

与此同时，联邦德国政府也在尽力满足本国企业的出口需求，在此过程中逐步实现联邦德国在德国内部贸易中的经济利益与政治利益的协调统一。因而，这一时期联邦德国对民主德国的经济政策也变得更加积极有为，注重实效。该政策也不再表现出摇摆性特征——"既限制又合作"，而是日益呈现出鲜明的务实性和稳定性特征——"以合作促缓和"。在新形势下，联邦德国已彻底放弃对民主德国采取经济限制和经济制裁措施，转为持续加强与民主德国的经贸合作。即便欧洲和德意志内部发生危机事件，联邦德国也没有对民主德国进行经济施压。例如，1968年"布拉格之春事件"发生期间，联邦德国仍同民主德国缔结了一项新的贸易协定，以扩大相互间的货物交换。同年，民主德国提高了针对联邦德国和西柏林访客的最低兑换额度，也没有遭到联邦德国的经济反制。

然而，由于联邦德国尚未同苏东社会主义国家达成和解，两德僵化关系也没有得到有效改善。因此，德国内部贸易虽然得到了一定程度的"松绑"，但仍受到一些政治因素的强力制约，它固有的桥梁纽带作用也没有得到充分发挥。即便如此，基辛格政府对民主德国的经济政策实践为后任政府留下了宝贵经验。具体表现为，联邦德国开始以各种形式的经济让步换取民主德国在其他方面（尤其是人员交往方面）的让步，借此弥合两德的对立和隔阂，拓展两德的交流与合作，增进两德民众的情感交融，维系德意志民族的共同意识，为实现德国统一不断创造有利条件。这种政策模式在20世纪70年代社民党执政期间得到加强，并于20世纪80年代联盟党重新执政后得到完善，最终在加速德国统一的内部进程方面发挥了重要的杠杆作用。

小　结

在美苏冷战对峙的直接影响下，德意志民族被人为地分裂为两个国家。联邦德国成立后，联盟党阿登纳政府借助西向结盟来强化自身实力，并奉行"以对抗求统一"的政策，拒绝承认民主德国政权，不与后者进行政治接触。由于两德在经济领域存在利益交集，联邦德国愿意通过货物和服务交换与民主德国创建和维持稳定的经济联系，以缓解因强硬的统一政策造成的两德紧张关系，相互间不断加深的隔阂，以及国家分裂给德意志民族带来的巨大创伤，同时确保两德间不致爆发全面的冲突。然而，在美苏冷战对抗以及阿登纳政府"实力政策"的影响下，联邦德国对民主德国的经济政策存在明显的矛盾性——"既合作又限制"。

一方面，联邦德国政府依据相关国际协定和《基本法》之规定，秉持"一个德国"原则，通过与民主德国签订《柏林协定》，规范和延续了德国内部贸易。这一特殊形态的贸易活动在加强德意志两部分联系的同时，对民主德国及其民众释放"磁力"，并为西柏林的经济和政治安全提供保障。1953 年民主德国骚乱危机期间，阿登纳政府通过德国内部贸易以及食品援助行动，主动向民主德国民众提供了人道主义援助。此举不仅维护了西柏林的安全，同时也在一定程度上缓和了紧张局势。

另一方面，由于受到"巴黎统筹委员会"对东欧社会主义国家实行经济遏制政策的影响，联邦德国政府也对德国内部贸易设置了诸多苛刻限制，特别是在冷战高潮时期对钢铁、硬煤等重工业物资进行限运或禁运。另外，德国内部贸易有时会被当做施压武器。这尤其体现在柏林地区出现交通封锁危机的时候。1960 年秋，联邦德国政府甚至采取了暂时中止《柏林协定》的措施。因此，这一时期德国内部贸易总体呈现出曲折发展的态势。尽管德国内部贸易有时会发生异化，但它更多充当的是一种"防御型"而非"进攻型"的施压武器。

在实践过程中，阿登纳政府对民主德国的经济政策受到诸多因素的制约和影响，例如，西方盟国对苏东国家的"遏制政策"，联邦德国在盟国中弱势的政治地位及其在德国统一政策上狭小的活动空间，西柏林经济、政治和通道安全固有的脆弱性，民主德国对德国内部贸易有限的依赖性，联邦德国企业日益高涨的利益诉求等。不过，阿登纳政府为后任联邦政府的德国统一政策提供了一种实践模式。

然而，随着美苏关系从对峙走向缓和，联邦德国政府强硬的德国统一政策和东方政策也难以为继，通过经济制裁反制民主德国的措施已彻底失败。1963 年阿登纳下台后，随后两届联盟党主导的联邦德国政府被迫在德国统一政策上做出调整。"实力政策"越来越让位于"以接近求转变"（Wandel durch Annäherung）政策。在自身强大经济实力的保障下，联邦德国日益重视通过加强两德经贸合作来改善双边关系，启动德意志内部的缓和进程，推动双方人员往来和各领域交流，维持实现德国统一的机会和前景。

不过，由于艾哈德政府和基辛格政府仍拒绝承认民主德国，并对战后欧洲边界现状持保留态度，导致其无法和苏东国家尤其是民主德国实现关系正常化。尽管如此，自 20 世纪 60 年代中后期起，联邦德国对民主德国的经济政策慢慢发生了模式转变——从"既合作又限制"到"以合作促缓和"，并成为"以接近求转变"政策的先声和重要组成部分。此时，扩大两德经贸合作已成为联邦德国弥合德国分裂的主要抓手和"助推器"。德国内部贸易也成为扩大联邦德国对民主德国影响力、吸引力的重要工具。为了表示愿意与民主德国缓和关系的诚意，联邦德国政府在德国内部贸易中采取了许多积极措施，如废除《柏林协定》中的"撤销条款"，简化审批流程，提高无息透支贷款额度，对长期资本货物交付提供政府担保，扩大信贷业务，废除结算账户的清算期限等。德国内部贸易由此实现了某种程度的自由化便利化。此时，联邦德国对民主德国经济政策的调整旨在顺应新的国际形势和德国统一政策的要求，抑制民主德国实施的与联邦德国划分界限的措施，满足联邦德国企业日益高涨的出口、投资需求，提升联邦德国企业的市场竞争力。

第三章　联邦德国对民主德国"积极"的经济政策（1969—1989）

20 世纪 70 年代，随着东西方关系的进一步缓和，社民党领导的联邦德国政府开始全面实施"新东方政策"，推动两德关系正常化。1972 年的《基础条约》保留了德国内部贸易的特殊地位，两德经贸关系也得到进一步的发展。此后，联邦德国政府通过各种经济施惠措施，进一步巩固两德关系的缓和态势，抑制民主德国的划界政策和民族分离主义政策。联邦德国对民主德国经济政策的"积极"特征即使在 20 世纪 80 年代初美苏关系再度恶化，联邦德国右翼政党重新执政也没有发生改变，甚至还得到进一步的加强。为了缓和美苏中程导弹危机对两德关系带来的消极影响，科尔政府通过对深陷借贷危机的民主德国提供政府担保贷款的方式，不仅改善了两德间的僵化关系，而且缓和了当时紧张的欧洲局势。此时，联邦德国对民主德国的经济政策已将密切两德关系与推动欧洲缓和进程有机结合起来，为日后德国的重新统一积聚了内外部的有利条件。

第一节　社民党时期对民主德国经济政策的全面调整（1969—1982）

一　社民党"以接近求转变"政策的实施

（一）联邦德国政府德国统一政策的转变

1961 年 8 月的"柏林墙"事件彻底宣告联盟党阿登纳政府"向西方一边倒"政策的破产。此时，社民党领导人已经开始酝酿新的东方政策。在"柏林墙"建立期间，西柏林市长勃兰特曾极力要求西方盟国对苏联和民主德国采取强硬立场，然而，西方盟国除了口头抗议之外，没有采取任何实质性的反制措施。显然，在西柏林的利益不受触动的情况下，它们不会为此冒核战争的风险。这使勃兰特市长受到极大的震动。他后来写道："这一天的经验对我以后岁月中的政治考虑具有决定性影响。被称之为我的东方政策，就是在这种背景下形成的。"[1]

"柏林墙"事件以及后来的古巴导弹危机都说明了一个问题：美苏两国开始倾向于承认战后欧洲和德国的分裂现状，对尊重彼此的势力范围已达成一种默契。为维护各自既得利益，美苏在对抗中也开始寻求和平共处的途径。随着国际局势的日益缓和，联邦德国将国家统一寄希望于西方盟国的做法越来越不符合现实，那种通过对抗谋求统一的思想也失去生存的土壤。与此同时，民主德国的政权逐步得到巩固，并在国际社会上获得更多正式承认的趋势日益明显。[2]为此，社民党的

---

① [联邦德国] 维利·勃兰特：《会见与思考》，张连根等译，商务印书馆 1979 年版，第 11 页。

② 至 1963 年为止，承认民主德国的国家只有 13 个。到了 1970 年，与民主德国建交的国家增至 26 个。随着 1972 年两德签订《基础条约》以及 1973 年两德同时加入联合国，与民主德国保持外交关系的国家迅速超过了 100 个。参见 Deutschland（Bundesrepublik）Bundesministerium für innerdeutsche Beziehungen, Hrsg., *DDR-Handbuch*, Bd. 1, 3. Aufl., Köln: Verlag Wissenschaft und Politik, 1985, S. 286-287.

一些政治家开始重新考虑如何解决德国问题，即实现德意志国家重新统一的可行道路问题。

1963 年 7 月 15 日，西柏林市长勃兰特（社民党人）及其亲密顾问埃贡·巴尔（Egon Bahr）在图青市（Tutzing）基督教学院发表的演讲中谈及德国问题。勃兰特对此讲道："对于我们的人民而言，除了不断尝试打破东西方之间固化的阵营壁垒以外，没有其他的和平统一的前景。……我们需要找到尽可能多的真正的接触点和尽可能多的有意义的交流。这是一种转变政策。"①巴尔也表示："德国的重新统一不是一次性行动，而是一个拥有多个步骤和多个阶段的进程。……美国总统制定了这样一种模式，即积极同苏东阵营发展贸易，将这种模式应用到德国，则会开辟一个异常广阔的领域。……现在的问题在于，是否有办法使（两德）边界与柏林墙变得松动。这是一个可以用一种模式来表达的政策——以接近求转变。"②勃兰特和巴尔的上述思想成为后来社民党德国统一政策和东方政策的理论基础，同时也在日后联邦德国对民主德国经济政策的调整中发挥了指导作用。

到了 20 世纪 60 年代中期，联邦德国社民党人开始主动向苏东国家释放缓和与合作的信号。与此同时，社民党人甚至提出具体建议，试图通过加强与苏东国家的经济合作来换取德国的重新统一。1965 年 2 月 11 日，联邦德国被驱逐者联盟主席、联邦议院社民党议员温泽尔·雅克施（Wenzel Jaksch）对外宣布了一项 500 亿联邦德国马克的合作计划，拟将东欧国家的生活水平提高到西欧国家的高度。根据这项计划，联邦德国政府将参与一项 300 亿联邦德国马克的复兴计划，灵活的新东方政策第二阶段可能会随之启动，它的第一阶段是以联邦议院 1961 年决定在东欧各国设立贸易代表团为序幕。他表示，实现德国统一与欧洲和平的关键在于联邦德

① Deutschland (Bundesrepublik) Bundesministerium für innerdeutsche Beziehungen, Hrsg. , *Dokumente zur Deutschlandpolitik*, Reihe IV/ Bd. 9, Frankfurt am Main：Alfred Metzner Verlag, 1978, S. 567-568.

② Deutschland (Bundesrepublik) Bundesministerium für innerdeutsche Beziehungen, Hrsg. , *Dokumente zur Deutschlandpolitik*, Reihe IV/ Bd. 9, Frankfurt am Main：Alfred Metzner Verlag, 1978, S. 573-574.

国同东欧邻国的新型关系，因此必须通过牺牲经济来换取德国的统一，以及与东欧邻国达成和平谅解。

雅克施详细建议，联邦德国政府应向东欧国家（民主德国除外）提供有利于和平经济的项目投资贷款，该贷款分 10 年发放，金额为 300 亿联邦德国马克。其他西欧国家也应以同样的方式参与这项行动，以便讨论总共 500 亿联邦德国马克的贷款问题。西欧国家展现出的伟大的经济团结所期望获得的回报，不是东西方关系暂时的缓和，而是东方阵营国家为和平而努力的意愿，以及长期保持经济合作的意愿。该计划将解决以下问题：（1）一般投资问题和经济优先事项；（2）协调内河运输的扩展计划（莱茵河—多瑙河主航道）；（3）扩大欧洲道路交通及其跨国融资；（4）协调能源经济项目，其中包括原子能；（5）就预防性保健设备的交换使用向卫生和社会保险机构提供咨询；（6）在职业培训和青年交流方面的合作；（7）相互促进旅游业的发展；（8）关税和货币问题；（9）工业自动化对国民经济和社会进步的影响。最后在新东方政策的第二阶段，苏联也将被纳入西欧合作圈。[1]

这一时期，美国方面也公开表态支持联邦德国推行缓和、谅解、合作的东方政策，并认为这项政策最终将有益于德国的统一事业，同时强调了美国在解决德国问题方面的重要性。1965 年 6 月 25 日，美国参议员威廉·富布赖特（William Fulbright）在参加第十七届欧洲委员会协商会议第一次会议时，就德国问题和大西洋关系发表讲话称："在一个分裂的欧洲中的德国问题是西方面临的最重要的问题。然而事实是，德国不太可能在不远的将来重新统一。欧洲的分裂仍然太深，短期内无法达成和解，彼此对抗的力量仍然太过强大，不允许任何未经双方同意的现状改变。但他认为，可以为德意志民族的最终统一制定现实的计划。通过扩大联邦德国和民主德国之间的人员、文化和贸易关系，在不远的将来可以取得很大的收获。通过扩大东欧和西方之间的经济和文化关系，可以使德国统一取得更大的进展。德国与东欧国家的关系因根深蒂固的深度恐惧和不信任而受阻。联

---

① Margarethe Müller-Marsall, Hrsg., *Archiv der Gegenwart: Deutschland 1949-1999*, Bd. 4, 1962-1966, Sankt Augustin: Siegler Verlag, 2000, S. 3688.

邦德国和东欧国家之间在文化和经济领域的现存协定有助于消除这种恐惧，从而缓和东欧人对德国目前分裂状态的态度。这当然是德国统一事业取得进展的一条漫长而艰辛的间接道路，但最终可以被证明是一条最快捷的道路。无论如何，似乎很明显，联邦德国与民族主义日益增强的东欧国家之间建立友好关系，必然会削弱后者对民主德国履行的盟友义务，民主德国政权将因此受到破坏。这将为两德统一铺平道路。德国问题不能被视为一个欧洲问题，只能靠欧洲人来解决。除了 1944 年和 1945 年的《四方协定》（Viermächte-Abkommen）① 规定英、法、美三国有义务通过与苏联进行谈判来实现德国统一之外，在其看来，没有美国的参与，就德国问题达成令人满意的协议是非常不现实的。"②

1966 年底，随着联盟党—社民党大联合政府正式成立，社民党的一些政治家进入联邦内阁，例如勃兰特成为联邦副总理兼外交部长，席勒担任联邦经济部长，魏纳出任联邦全德事务部长。就这样，社民党的德国统一政策理念也随之融入基辛格政府的决策当中。联邦全德事务部和联邦外交部致力于缓和联邦德国与民主德国在内的苏东阵营国家间的关系，联邦德国主管德国内部贸易的联邦经济部多次提议扩大德国内部贸易，并为之采取了一系列影响深远的措施。上述联邦政府部门的积极举措充分体现了社民党"以接近求转变"政策的理念，同时也得到了联邦总理基辛格（联盟党人）的支持。

1968 年 4 月，勃兰特以联邦德国外交部长的身份在美国《外交事务杂志》（Foreign Affairs）上发表《德国的东方政策》一文，明确表示联邦德国已经主动采取新的东方政策，最后将促成放弃使用武力，并在持久和平的秩序中寻求德国问题的解决。③然而，由于联盟党人基辛格总理仍未能彻底摆脱"单独代表权主义"的窠臼，所以，勃兰特在对外政策上受到了很

---

① 即《关于德国管制机构的伦敦协定》（Londoner Abkommen über Kontrolleinrichtungen in Deutschland vom 14. November 1944）以及《波茨坦协定》。

② Margarethe Müller-Marsall, Hrsg., *Archiv der Gegenwart*: *Deutschland 1949-1999*, Bd. 4, 1962-1966, Sankt Augustin: Siegler Verlag, 2000, S. 3772-3773.

③ Willy Brandt, "German policy toward the East", *Foreign Affairs*, New York: Council on Foreign Relations, Vol. 46, Issue 3, 1968, pp. 476-486.

大的制约。最终，大联合政府的东方政策也以失败告终。

1969 年 9 月，联邦德国议院进行大选。战后长期执政的联盟党在选举中首次失利，社会民主党同自由民主党组成联合政府，由社民党人勃兰特担任联邦总理。这为全面施行"新东方政策"（Neue Ostpolitik）提供了契机。在联盟党推行"向西方一边倒"政策长达 20 年之后，社民党开始在坚持西方联盟的基础上，全面奉行与苏东社会主义国家缓和的东方政策，联邦德国外交政策也因此更趋完善。

1969 年 10 月 28 日，勃兰特在其上任后的首个政府声明中，阐明了其东方政策的主要核心思想："在与西方盟国保持合作以及协调一致的同时，我们也要同东方国家达成谅解。在这种背景下，我更加强调，德意志人民需要与苏联及所有东欧人民保持和平，我们有诚意进行沟通……，但我们的对话伙伴也应该明白，联合国宪章中所规定的自决权，也适用于德国人民，这个权利与意志无法成为谈判对象……，联邦德国政府坚信，尊重各伙伴国领土完整的放弃使用武力政策对欧洲缓和具有决定性贡献。"[1]勃兰特的政府声明很快得到了美国的支持和肯定。美国总统理查德·M. 尼克松（Richard M. Nixon）在给勃兰特的一封亲笔信中这样写道："您在联邦议院发表了令人印象深刻的政府声明，这表明贵国政府正在做出最大的努力，以增强我们西方联盟的凝聚力和实力，与此同时，贵国政府也在努力减少欧洲长期存在的紧张局势的根源。这也是我们的目标。"[2]

此外，在两德关系方面，勃兰特总理强调："当前现实的政策目标在于克服两个德意志国家之间的僵化关系，以维护民族的统一……联邦德国政府愿意在平等的基础上与民主德国进行谈判，以达成契约式的合作协定。联邦德国政府决不考虑在国际法上承认民主德国。尽管在德意志土地上目前存在两个国家，但它们相互间不互为外国；它们之间的关系只能是

---

[1]　„Bundeskanzler Brandt: Regierungserklärung", in Deutschland（Bundesrepublik）Bundesministerium für innerdeutsche Beziehungen, Hrsg., *Texte zur Deutschlandpolitik*, Reihe Ⅰ/ Bd. 4, Bonn: Deutscher Bundes-Verlag, 1970, S. 38.

[2]　Margarethe Müller-Marsall, Hrsg., *Archiv der Gegenwart: Deutschland 1949-1999*, Bd. 5, 1966-1970, Sankt Augustin: Siegler Verlag, 2000, S. 4958.

一种特殊的关系。基于这种政策，联邦德国准备同民主德国达成相互间放弃使用武力或武力胁迫的协定。此外，联邦德国政府尊重四大国在西柏林的特殊责任，并建议美、英、法三国继续同苏联协商有关改善西柏林状况之事宜。"①随后，联邦议院社民党议会党团主席魏纳对勃兰特的这一立场进行进一步的阐述："分裂了的德意志两部分之间的德国内部关系不同于我们与其他国家之间的关系，这种特殊关系也被其他国家所接受和维护。这种特殊关系不由外交部以及对外政策所决定，它是一种特别必要、不可或缺的关系。"②为了加紧同民主德国进行接触和建立联系，缓和两德之间的关系，避免刺激苏联和民主德国，勃兰特政府一上台便决定将联邦全德事务部更名为德国内部关系部。③

在勃兰特的政府声明发布后不久，联邦德国便积极地为其"新东方政策"构建相互依赖的条约基础。1969 年 11 月，联邦德国同英、美、苏等国签署了《防止核扩散条约》（Atomwaffensperrvertrag）。④随后，又经过多次艰苦谈判和做出重大让步之后，联邦德国同苏东国家以及四大国之间签订了一揽子协定。其中 1970 年 8 月签订的《莫斯科条约》（Moskauer Vertrag）⑤ 尤为关键，它不仅关系到联邦德国与苏联的关系，而且为整个条约网的建立打下了基础，并为联邦德国进一步打通与其他东欧各国的关系铺平了道路。该条约规定只能通过使用和平手段来解决争端，不得使用武力或以武力进行威胁。双方有义务完全尊重欧洲各国现存边界内的领土完

---

① „Bundeskanzler Brandt: Regierungserklärung", in Deutschland（Bundesrepublik）Bundesministerium für innerdeutsche Beziehungen, Hrsg., *Texte zur Deutschlandpolitik*, Reihe Ⅰ/ Bd. 4, Bonn: Deutscher Bundes-Verlag, 1970, S. 11-12.

② Deutschland（Bundesrepublik）Deutscher Bundestag, Hrsg., *Deutscher Bundestag: 6. Wahlperiode, 6. Sitzung, 29. Oktober 1969*, Bonn: Verlag Dr. Hans Heger, 1969, S. 60.

③ 复旦大学资本主义国家经济研究所编：《德意志联邦共和国政府机构》，上海人民出版社 1975 年版，第 42 页。

④ „Bundeskanzler Brandt: Erklärung vor der Bundespressekonferenz（anlässlich der Unterzeichnung des Atomwaffen Sperrvertrags）", in Deutschland（Bundesrepublik）Bundesministerium für innerdeutsche Beziehungen, Hrsg., *Texte zur Deutschlandpolitik*, Reihe Ⅰ/Bd. 4, Bonn: Deutscher Bundes-Verlag, 1970, S. 62-64.

⑤ 全称为《德意志联邦共和国和苏维埃社会主义共和国联盟之间的条约》（Vertrag zwischen der Bundesrepublik Deutschland und der Union der Sozialistischen Sowjetrepubliken vom 12. August 1970）。

整。各国边界不可侵犯，包括奥得河—尼斯河线。双方签订的本条约不影响它们过去签订的双边和多边条约及协议；1970 年 12 月签订的《华沙条约》（Warschauer Vertrag）规定了奥得河—尼斯河线现在和未来均不可侵犯；1971 年 9 月签订的《四方协定》①（Viermächteabkommen über Berlin）明确规定了西柏林的特殊地位和通行权②；1972 年 12 月签订的《基础条约》（Grundlagevertrag）则奠定了两德关系正常化的基础；1973 年 12 月签订的《布拉格协定》（Prager Vertrag）则声明 1938 年 9 月的《慕尼黑协定》无效。

上述条约网的建立为联邦德国同苏东国家建交扫清了障碍，前联盟党政府奉为圭臬的"哈尔斯坦主义"最终被丢弃了。与此同时，两德关系也实现了正常化。随着勃兰特"新东方政策"的大获成功，社民党政府的德国统一政策也达到了预期目标，并进入全面实践阶段。然而，1974 年 5 月，勃兰特因其私人顾问兼总理办公室秘书君特·纪尧姆（Günter Guillaume）被揭露为民主德国间谍而引咎辞职。时任联邦财政部长的赫尔穆特·施密特（Helmut Schmidt）接任联邦总理后，面临的一项重要任务就是巩固勃兰特政府在德国统一政策上取得的成果。由此，联邦德国结束了其"新东方政策"的集中实施阶段，开始进入困难的巩固阶段。③

1974 年 5 月 17 日，施密特在其首个政府声明中明确表示，将确保社民党德国统一政策的延续性和稳定性。他讲道："勃兰特政府的德国统一政策是富有魄力和成效的。……政府换届丝毫不会影响这项政策的延续。我们会本着现实主义和冷静的态度，把力量集中在主要事情上，集中在现在必须做的事情上。'延续性和集中性'是本届政府的指导原则。……我

---

① 全称为《美国、苏联、英国和法国关于柏林的协定》（Viermächte-Abkommen über Berlin zwischen den USA, der UdSSR, Großbritannien und Frankreich vom 3. September 1971）。

② 同时承认西柏林与联邦德国的特殊关系，也允许联邦德国公民和西柏林市民赴民主德国进行访问。

③ ［美］W. F. 汉里德、［美］G. P. 奥顿：《西德、法国和英国的外交政策》，徐宗士等译，商务印书馆 1989 年版，第 96 页。

们将不畏艰辛，继续改善与民主德国的关系，两德关系仍然是一种特殊关系。"①

事实上，早在 20 世纪 60 年代，施密特便是联邦德国缓和政策的先驱者之一。他还积极参与了社民党德国统一政策的制定与实践。施密特入主总理府后，新一届政府延续了社民党—自民党的政治联盟，并保留了勃兰特政府中的一些重要成员。例如，联邦外交部长瓦尔特·谢尔（Walter Scheel）升任联邦总统；勃兰特总理的首席谈判专家、"以接近求转变"策略的设计者、联邦国务秘书埃贡·巴尔入阁担任联邦经济合作部长。这为社民党德国统一政策的延续性提供了制度上的保障。在施密特看来，苏联人对勃兰特、谢尔以及巴尔有更确切的了解，这应当被他们看作是德国统一政策延续性的标志。②

这种德国统一政策的延续性还体现在施密特政府对条约政策的继承上。条约政策是社民党的德国统一政策理念的一种外化形式。通过与民主德国签订一系列条约、协定以及议定书的方式，联邦德国力图在德意志两部分间构建一种条约体系，以促进双方多领域的务实合作，推动各层级人员的交流互动。施密特总理曾这样评价条约政策的重要性："惟有我们的条约政策能让我们相信，德意志民族归属感的觉醒将超越分裂和所有国界……1969 年两德关系的积极改变，并没有使我们放弃自身的政治目标；相反，它已维护了双方在人员、文化、经济方面的联系，并且开启了新的开始和希望。"③在施密特执政期间，随着条约政策的不断践行，两德关系得到了稳步发展，双方达成 30 多项涉及经贸、科技、文化、交通、邮电、环保等广泛领域的协议。

在联邦德国历届总理中，施密特一直以务实的"实干家"著称。勃兰

---

① Klaus Stüwe, Hrsg., *Die großen Regierungserklärungen: Der deutschen Bundeskanzler von Adenauer bis Schröder*, Opladen: Leske und Budrich, 2002, S. 201, 206.

② [联邦德国] 赫尔穆特·施密特：《伟人与大国：施密特回忆录》，梅兆荣等译，世界知识出版社 1989 年版，第 7 页。

③ „Bundeskanzler Schmidt: Bericht zur Lage der Nation", in Deutschland（Bundesrepublik）Bundesministerium für innerdeutsche Beziehungen, Hrsg., *Texte zur Deutschlandpolitik*, Reihe II / Bd. 6, Bonn: Deutscher Bundes-Verlag, 1979, S. 120.

特曾对其最显著的政治特点总结为注重实效。①鉴于战后德国问题的特殊复杂性，施密特认为，德国的重新统一在短期内难以实现。因此，他始终把给予民主德国同胞切实的帮助以及保持德国统一的希望作为其德国统一政策的根本出发点，他还将德意志民族的归属感视为最高的价值观之一。②

在施密特执政期间，该届政府继承了勃兰特"新东方政策"所开创的新局面，继续大力推行缓和政策。具体表现为，全面发展与苏东国家的政治和经济关系，积极支持和参与1973—1975年的欧洲安全与合作会议，努力推动欧洲集体安全体系的建立，联邦德国最终成为欧安会《最后文件》③签署国之一。赫尔辛基会议也将东西方关系的缓和推向了高潮。"新东方政策"的全面实施不仅大大改善了联邦德国的外交空间，同时为德国问题的最终解决创造了有利的外部条件。

综上所述，社民党政府在国际形势日趋缓和、美苏在对德问题上相互妥协的情况下，彻底抛弃了前联盟党政府"向西方一边倒"政策，开始在西方联盟政策的基础上，向苏东国家全力推行缓和政策。这一时期，社民党秉持现实主义的态度，承认了德国和欧洲的分裂状态，开始寄德国统一的希望于渐变，并与欧洲和平进程结合起来，以图在消除欧洲分裂的前提下重新实现德国的统一。正是如此，联邦德国政府开始采取"以接近求转变"的迂回策略，主动同苏东国家进行和解。该政策对于20世纪70年代东西方关系的缓和起到了积极的推动作用。与此同时，它也缓解了两德互相对立和疏远的状态，促进了相互间的接触与往来，维系了德意志民族的认同感。可以说，社民党政府"新东方政策"的全面实施为德国的重新统一开辟了另一条道路，同时也改善了德国重新统一的内外部条件。正是在"新东方政策"的指导下，社民党政府积极调整了对民主德国的经济政策，使其逐步成为"以接近求转变"政策的核心组成部分。联邦德国对民主德国经济政策也彻底完成了由"既合作又限制"的消极模式向"以合作促缓和"的积极模式的转变。在德国统一政策的实践过程中，社民党政府经受

---

① Alan Watson, *The Germans: Who Are They Now?*, London: Mandarin, 1995, p. 247.

② Helmut Schmidt, *Die Deutschen und ihre Nachbarn*, Berlin: Siedler, 1990, S. 79.

③ 又称为《赫尔辛基最后文件》（Helsinki Final Act）。

住了各种考验。这其中包括民主德国昂纳克政府的民族分离主义政策以及来自在野党联盟党的猛烈抨击。

（二）民主德国愈演愈烈的民族分离主义政策

20 世纪 60 年代末至 80 年代初，联邦德国社民党执政时期，两德关系虽然已经实现了正常化，双方的各项交流也日渐频繁，然而，德意志民族分裂状况依然十分严峻。其主要原因在于，民主德国不仅极力否认德国内部关系的特殊性，将两德关系视为国际法下的关系，而且开始全力推行民族分离主义政策，试图进一步巩固战后欧洲的现状，化解联邦德国继续寻求德国重新统一的企图。《基础条约》签署以后，两德间交往的增多引发了民主德国对自身政权稳定和政治安全的担忧。为进一步维护和巩固自身的主权国家地位，民主德国甚至否认了战后德意志民族的同一性，并抛出"两个民族"的主张。

1969 年 11 月 9 日，针对联邦德国新任总理勃兰特在 10 月 28 日政府声明中提出的两德"特殊关系"论，《新德意志报》特意刊登一篇文章做出回应。文章中讲道："主权国家间的关系是通过国际法来调节的。这也同样适用于联邦德国同民主德国之间的关系，无论联邦德国方面是否准备接受。只有通过这种方式，两德相互接近以及关系正常化才有可能。"[1] 12 月，在德国统一社会党中央委员会第十二次会议上，这一主张以不同的形式表达了出来。会上五位主要发言者强烈反对德国内部贸易这一概念。民主德国最高领导人乌布利希将这种特殊关系的概念形容为一种"监护人与被监护人之间的关系模型"，联邦德国以此为理由干涉"民主德国这一主权国家的外交事务"，并作为全德"唯一代表"，"要求民主德国顺从"。他要求联邦德国同民主德国签订一个国际条约，"在这个基础上充分承认相互间的主权性"。[2]

1970 年 1 月 19 日，乌布利希在一次新闻发布会上又驳斥了勃兰特的

---

① *Neues Deutschland* vom 9. November 1969.

② *Neues Deutschland* vom 14. Dezember 1969.

民族理论①。他称："当前，勃兰特之所以以一种神秘的方式谈论民族统一，是因为他需要这一虚幻主张以避免同民主德国建立正常的、平等的、国际法上的关系"。②同年 12 月，在德国统一社会党成立 25 周年庆祝活动筹备委员会会议上，乌布利希又进一步讲道："资产阶级的德意志民族作为一个统一的民族，在 1871—1945 年从封建主义过渡到资本主义的演变过程中已不复存在。民主德国是社会主义的德意志国家，其已经完成了社会主义民族的构建过程。它已经创造了不可逆转的事实。联邦德国是北大西洋公约组织中的帝国主义国家，在国家政府垄断制度条件下，体现了旧的资产阶级德意志民族的残余。"③

1971 年 5 月，埃里希·昂纳克（Erich Honecker）接任民主德国最高领导人后，继续贯彻前任的"划界"政策。他强调："联邦德国颇有影响的势力把宝押在一些历史因素上，如同一个民族、同一种语言、相同的历史和文化以及在旧德国形成的千丝万缕的亲戚联系，妄想抹掉我们的社会主义制度。……在德意志民主共和国，在社会主义的德意志国家里正在形成着社会主义民族。"④

显然，民主德国政府的"两个民族"主张是以阶级理论为基础的，它将民族概念进行政治意识形态化，以阶级斗争代替历史上长期形成的民族共同体。其目的是通过培养独立的国家和民族认同，彻底切断连接两德间的政治和民族纽带，进而维护和巩固民主德国的主权独立。可以说，民主

---

① 1970 年 1 月 14 日，勃兰特在《分裂的德意志之民族状况报告》中除重新强调两德"特殊关系"外，还特别强调了民族的同一性，称"在德意志土地上的两个国家不仅是邻居，而且是被分裂的民族的一部分，仍保持着诸多的共同性。……两德有责任维护德意志民族的统一，彼此不互为外国。"参见 „Bundeskanzler Brandt: Bericht zur Lage der Nation", in Deutschland（Bundesrepublik）Bundesministerium für innerdeutsche Beziehungen, Hrsg., *Texte zur Deutschlandpolitik*, Reihe Ⅰ/Bd. 4, Bonn: Deutscher Bundes-Verlag, 1970, S. 218–219.

② „DDR-Staatsratsvorsitzender Ulbricht: Rede auf der internaitonalen Pressekonferenz", in Deutschland（Bundesrepublik）Bundesministerium für innerdeutsche Beziehungen, Hrsg., *Texte zur Deutschlandpolitik*, Reihe Ⅰ/Bd. 4, Bonn: Deutscher Bundes-Verlag, 1970, S. 261–262.

③ „Erster Sekretär des ZK der SED, Ulbricht: Zur nationalen Frage", in Deutschland（Bundesrepublik）Bundesministerium für innerdeutsche Beziehungen, Hrsg., *Texte zur Deutschlandpolitik*, Reihe Ⅰ/Bd. 6, Bonn: Deutscher Bundes-Verlag, 1971, S. 291.

④ ［民主德国］埃里希·昂纳克：《我的经历》，龚荷花等译，世界知识出版社 1987 年版，第 334 页。

德国政府的"两个民族"主张进一步强化了其"两个德国"政策。民主德国也由此彻底滑向了民族分离主义的深渊。

此后，民主德国领导层经常公开批评任何形式的两德"特殊关系"论和德意志民族统一论。1973 年 3 月 15 日，在《共产党宣言》（*Manifest der Kommunistischen Partei*）发表 125 周年之际，德国统一社会党中央委员会的国际科学会议在（东）柏林召开，德国统一社会党中央政治局委员库尔特·哈格尔（Kurt Hager）在会上作了主旨发言，其中他特别指出，在联邦德国，正在围绕"统一的德意志民族"进行蛊惑人心的民族主义宣传。对"共同传统"的援引，对"统一的文化民族"这一不科学的概念的竭力渲染，呼吁动员所有"精神和心灵的力量"来维护一个民族，直到"自由"的解决方案成为可能——这些都是为了维持"统一的文化民族"的虚构，模糊社会主义和资本主义的独立形态，否认社会主义民族在民主德国发展的客观进程，并对民主德国的劳动人民施加意识形态的影响。在这种所谓对民族问题的关切背后，除了老牌资本主义国家对利润的贪婪，以及消灭社会主义民主德国的帝国主义目标之外，还有基民盟领导人格哈德·施罗德最近反复重申的要求。他强调，他们把联邦德国视为整个德国的典范，在民族自决权的基础上实现德国统一仍然是他们的目标。这种新自由主义的概念与战后实际状况形成了鲜明的对比。民主德国是一个社会主义主权国家，是社会主义国家共同体的坚定成员，它与联邦德国没有任何"民族"因素和特殊性的关系。[1]

1973 年 9 月 21 日，民主德国外交部长奥托·文策尔（Otto Winzer）在纽约接受记者采访时也表示，两个德国同时加入联合国意味着战后时代的终结，再也没有公开的德国问题，也不存在德意志内部关系。两个德国拥有不同的社会制度，它们现在同时被联合国平等地接收为正式成员国，因此它们之间只有和平共存的关系。[2]与此同时，昂纳克政府开始大力推行

① Margarethe Müller-Marsall, Hrsg. , *Archiv der Gegenwart: Deutschland 1949-1999*, Bd. 6, 1970-1973, Sankt Augustin: Siegler Verlag, 2000, S. 5959.

② „DDR-Minister Winzer: Beitrag für dauerhafte friedliche Koexistenz", in Deutschland (Bundesrepublik) Bundesministerium für innerdeutsche Beziehungen, Hrsg. , *Texte zur Deutschlandpolitik*, Reihe Ⅱ/Bd. 1, Bonn: Deutscher Bundes-Verlag, 1975, S. 161.

民族分离主义政策，以此摆脱联邦德国的和平统一攻势，确保国家的独立和安全。其主要措施包括彻底放弃民族统一旗帜，不断在两德人员交往方面设置障碍，培养社会主义的国家认同感和民族认同感，以及进一步加强与苏联的同盟伙伴关系。

1974 年 10 月，民主德国朝着民族分离主义道路迈出更大的一步。民主德国开始以修改宪法的形式，删除了民主德国 1968 年宪法中有关德意志民族和德国统一的提法。例如，1974 年宪法第 1 条不再宣称民主德国是"德意志民族的社会主义国家"，改称为"工农社会主义国家"。第 8 条删除了克服德意志分裂状态以及逐步实现德国统一的相关内容。第 6 条则更加突出强调："民主德国是社会主义大家庭不可分割的组成部分。"[1]此外，昂纳克政府决定不再演唱本国国歌，因为其中一句歌词是"德国，统一的祖国"。[2]显然，这种社会主义大家庭内部的忠诚通过正式文件排斥了对全体德意志人的民族忠诚。这部修订后的宪法实际上是把德意志民族国家的分裂以法律形式予以肯定。不过，民主德国虽然在宪法中取消了"德意志国家"这一概念，但却无法抹掉它的德意志身份。

针对民主德国突然采取的修宪行动，联邦德国的德国内部关系部长埃贡·弗兰克（Egon Franke）随后发表了声明。他在声明中称，民主德国人民议院就民族问题修改宪法，是基于其长期对阶级民族的宣传。联邦德国政府认为，通过单纯的立法行为既不能创造民族也不能消灭民族，德意志民族也是如此。第二次世界大战结束后，德意志人民被人为地分裂为两个部分，他们现在分别生活在两个不同社会秩序的国家里，他们有权享有民族自决权。民主德国的修宪无法改变《基础条约》关于两德关系的法律基础。……宪法的修订不仅是民主德国长久以来宣传的拒统思想，而且也可能是其认为在特定条件下，共产主义制度下的德国统一无法实现。[3]

---

① Rudolf Schuster und Werner Liebing, Hrsg., *Deutsche Verfassungen*, 13. Aufl., München: W. Goldmann, 1981, S. 218-219.

② Helmut Schmidt, *Die Deutschen und ihre Nachbarn*, Berlin: Siedler, 1990, S. 40.

③ „Bundesminister Franke: Zur Änderung der DDR-Verfassung", in Deutschland (Bundesrepublik) Bundesministerium für innerdeutsche Beziehungen, Hrsg., *Texte zur Deutschlandpolitik*, Reihe Ⅱ/Bd. 2, Bonn: Deutscher Bundes-Verlag, 1976, S. 263, 266.

在限制两德人员交往方面，民主德国继续使用提高最低兑换额度的策略。联邦德国将其视为对两德人员接触的严重干预。1973 年 11 月，民主德国第三次提高最低兑换额度，将 1968 年重新规定的最低兑换额度翻了一倍。按照规定，来自非社会主义国家和西柏林的访客在东柏林每天须兑换 10 民主德国马克，在民主德国其他地区每天须兑换 20 民主德国马克，不满 16 周岁的来访者可免除强制兑换义务。①民主德国的这一措施旨在增加来访者的经济负担，从而减少西方国家（主要是联邦德国和西柏林）访客数量，降低它们对本国公民的影响。1973 年，非社会主义国家公民对民主德国的访问量逾 825 万人次，其中联邦德国和西柏林的访客人数超过 711 万人次，其所占比例为 86.2%。受民主德国这一举措的影响，1974 年一季度，非社会主义国家访客人数大幅下降，其中联邦德国和西柏林访客人数的降幅高达 25%以上。②1976 年 8 月，联邦德国青年联盟成员欲乘车赴柏林参加纪念“柏林墙”建成 15 周年大会，昂纳克政府拒绝他们使用过境公路。1977 年，联邦德国和西柏林访客被民主德国驱逐出境的人数从前一年的 628 人上升至 2955 人。③

1980 年 10 月 9 日，民主德国财政部签署了一项行政命令，将最低兑换额度再次上调。根据该命令，在民主德国境内，非社会主义国家访客每天的最低兑换额度从之前的 13 民主德国马克提高至 25 民主德国马克④，退休人员也不例外。未满 6 周岁的儿童可免除兑换义务，16 周岁以下的来访者每天则须兑换 7.5 民主德国马克。⑤在其实施后的两个月间，来自联邦

① „DDR-Anordnung: Neuregelung des verbindlichen Mindestumtausches für Besucher aus nichtsozialistischen Staaten und Westberlin", in Deutschland（Bundesrepublik）Bundesministerium für innerdeutsche Beziehungen, Hrsg., *Texte zur Deutschlandpolitik*, Reihe II/Bd. 1, Bonn: Deutscher Bundes-Verlag, 1975, S. 286.

② „Erster Sekretär des ZK der SED, Honecker: Es gibt keine Alternative zur Politik der friedlichen Koexistenz", in Deutschland（Bundesrepublik）Bundesministerium für innerdeutsche Beziehungen, Hrsg., *Texte zur Deutschlandpolitik*, Reihe II/Bd. 2. Bonn: Deutscher Bundes-Verlag, 1976, S. 106.

③ Wolfgang Jäger und Werner Link, *Republik im Wandel 1974-1982, Die Ära Schmidt*, Stuttgart: DVA, 1987, S. 364-365.

④ 这是民主德国政府自 1964 年实行强制兑换义务以来提出的最高兑换金额。

⑤ Margarethe Müller-Marsall, Hrsg., *Archiv der Gegenwart: Deutschland 1949-1999*, Bd. 8, 1979-1985, Sankt Augustin: Siegler Verlag, 2000, S. 7389.

德国和西柏林的访客人数同比分别下降24%和60%。①联邦德国总理施密特对民主德国的这一做法深感失望，他随后致信民主德国最高领导人昂纳克时言辞激烈，称："您违反了1974年我们关于最低兑换额度的约定，这种单方面的改变令我始料未及。您知道这会对退休人员、整个家庭、少年儿童产生很大的影响。在这里信任已经变得让人失望，这是一个非常重要的事实。"②

在培养公民对社会主义国家和民族的认同感方面，民主德国则将工作重心放在建设发达社会主义社会上。自昂纳克上台以来，德国统一社会党大力施行"经济政策与社会政策相统一"的新方针。这是一项广泛的社会政策纲领。国家财政中的社会基金开支不断增加，主要用于扩大住房建筑；稳定消费物价、公用事业费和房租；发展教育和卫生事业；用于疗养、文化和体育事业。③昂纳克政府希望通过这项政策能够借助民主德国业已取得的经济成就，提高劳动群众的福利水平，使他们更加积极地投身到社会主义事业中去。

此外，民主德国还通过进一步倒向苏联以及东欧社会主义国家来增强自身的稳定性。1975年10月7日，民主德国与苏联重新签订《苏德友好合作互助条约》④，该条约内容涉及全体社会主义国家共同体，社会主义国家进一步团结，以及苏联和民主德国全方位的合作和军事互助。通过这项条约，民主德国希望与苏联以及东欧社会主义阵营深度捆绑在一起，以便

---

①　„Zur Entwicklung der innerdeutschen Beziehungen seit 1980 ", in Deutschland（Bundesrepublik）Bundesministerium für innerdeutsche Beziehungen, Hrsg. , *Innerdeutsche Beziehungen. Die Entwicklung der Beziehungen zwischen der Bundesrepublik Deutschland und der Deutschen Demokratische Republik 1980 - 1986*：*Eine Dokumentation*, Bonn：Bundesministerium für innerdeutsche Beziehungen, 1986, S. 8.

②　Klaus Bölling, *Die fernen Nachbarn*：*Erfahrungen in der DDR*, Hamburg：Gruner und Jahr, 1983, S. 139.

③　[民主德国]埃里希·昂纳克：《我的经历》，龚荷花等译，世界知识出版社1987年版，第217—218页。

④　该条约是对1964年《苏德友好合作互助条约》修改后重新签署的，缘由是旧条约中关于德国统一、西柏林地位等提法与1970年签订的《联邦德国—苏联互不侵犯条约》的精神相矛盾。该条约的效力直至1990年10月3日两德正式统一才被终止。该条约的具体内容参见 *Neues Deutschland* vom 8. Oktober 1975。

长期保证国家政治安全和社会稳定。

1980 年 10 月 13 日，德国统一社会党总书记昂纳克在格拉市（Gera）发表的讲话中，宣布了民主德国的新路线，其主要目的是试图修改 1972 年的两德《基础条约》。他批评联邦德国在西方联盟中采取的积极政策，称后者是布鲁塞尔中程导弹决议①的发起者和推动者。两德旅行便利化的谈判是无法达成一致的，两德关系正常化取得进展或多或少依赖于民主德国相关要求的实现，即承认和尊重民主德国的国籍；解散位于萨尔茨吉特（Salzgitter）国家司法行政管理中心的"中央记录处"（Die Zentrale Erfassungsstelle）②；将设在东柏林和波恩的"常驻代表办事处"（Ständige Vertretung）改为大使馆；确定易北河（河中）的边界线。③

为了抑制民主德国愈演愈烈的民族分离主义及其大规模的划界措施，联邦德国采取了种种应对举措，即使为此付出巨大的代价也在所不惜。具体表现为：联邦德国政府通过签订条约的方式与民主德国实现关系正常化，积极利用各种经济杠杆促进两德关系稳定发展，尽最大可能地消除两德旅行交通的限制和负担，保障分裂的德意志民族两部分之间顺畅、自由、便利的交往交流，籍此维系因长期分离而渐行渐远的民族情感，为将来两德实现和平统一创造和积聚有利条件。

二 《基础条约》与德国内部贸易的快速发展

（一）《基础条约》：两德关系正常化的开端

1969 年，勃兰特出任联邦总理后，开始全面推行"新东方政策"，承认战后欧洲分裂现状，并积极改善同苏东国家的关系，同时着手解决两德关系正常化问题。虽然在统一问题上，两个德国存在着较大的分歧，但都

---

① 即 1979 年 12 月 12 日北大西洋公约组织双重决定。具体参见本章第二节第一部分的内容。

② 它的主要任务是，跟踪所有两德边界死亡事件，收集民主德国实际或企图谋杀出逃者的证据。

③ *Neues Deutschland* vom 14. Oktober 1980.

表示愿意改善两国之间的关系。经过了一系列双边谈判，联邦德国和民主德国终于在 1972 年 12 月 21 日正式签订了《基础条约》①。

《基础条约》② 的正文部分包括序言以及十项条款，还包括与条款同样重要的《附加议定书》（Zusatzprotokoll zum Grundlagenvertrag）《关于德国统一的信件》（Brief zur deutschen Einheit）和《关于〈基础条约〉的声明》（Erklärung zum Grundlagenvertrag）。该条约的主要内容为：双方致力于为欧洲的缓和与安全做出贡献；尊重各国在其当前边界内的领土完整与主权；保证边界的不可侵犯性；两德基于平等原则，发展相互间正常的睦邻关系；双方应遵守联合国宪章原则，尤其是国家主权平等、尊重独立、自主以及领土完整、自决权、维护人权、互不歧视原则；双方应以和平手段解决争端，放弃使用武力或武力威胁，并确认互不侵犯对方领土的完整性；任何一方不得在国际社会代表双方，或以对方名义采取行动；两国任何一方的管辖权仅限于本国之内，尊重彼此内政、外交的自主权；双方准备在关系正常化过程中来处理实际的和人道方面的问题，双方以本条约为基础，并为双方利益缔结协定，以发展双方在经济、科技、交通、司法、邮电、卫生、文化、环保及其他方面的合作，其细节在《附加议定书》中加以规定；双方在其政府所在地互换常驻代表；双方同意本条约不影响双方业已签订或牵涉到的双边或多边国际条约与协议。

值得注意的是，《基础条约》的签订是建立在两德就德国统一这一核心问题相互妥协的基础之上。《基础条约》的序言部分明确表明，"……从历史的事实出发，在不损害德意志联邦共和国和德意志民主共和国对原则问题，其中包括民族问题存有分歧的情况下，本着造福全体德意志人民的

---

① 全称为《德意志联邦共和国和德意志民主共和国之间关于两国关系基础的条约》（Vertrag über die Grundlagen der Beziehungen zwischen der Bundesrepublik Deutschland und der Deutschen Demokratischen Republik）。

② „Vertrag über die Grundlagen der Beziehungen zwischen der Bundesrepublik Deutschland und der Deutschen Demokratischen Republik", in Deutschland（Bundesrepublik）Bundesministerium für innerdeutsche Beziehungen，Hrsg.，*Texte zur Deutschlandpolitik*，Reihe Ⅰ/Bd. 11，Bonn：Deutscher Bundes-Verlag，1973，S. 268–273.

愿望，德意志联邦共和国和德意志民主共和国准备进行合作"。①就其内容而言也体现出一定的矛盾性。例如，该条约虽然部分满足了民主德国的要求，即承认了两个德国的存在，联邦德国也表示放弃其为德国唯一合法代表的主张，但条约仅规定了两个德国互设常驻代表而非大使馆，而且联邦德国的常驻代表是由联邦内政部派遣的。这充分体现了联邦德国有关两德特殊关系的主张。

在两德签订《基础条约》时，联邦德国虽然在定位彼此关系方面向民主德国做出了一定的让步，但是也取得了三大成果：第一，《基础条约》第7条及其《附加议定书》明确了双方准备发展在经济、科技、交通、邮电……领域的合作。与此同时，强调两德间的贸易将基于现行协定继续发展。两德将达成长期协定，促进经济关系的持续发展，调整过时的法规和改善贸易结构。②该补充协议的重要意义在于：一方面，德国内部贸易的特殊性以条约的形式得到了两德双方的共同认可，从而变相辅证和强化了社民党德国统一政策中关于两德关系特殊性，两德互不为外国的立场；另一方面，该条约不仅反映出双方就进一步加强和扩大德国内部贸易达成了共识，同时也体现出联邦德国将对民主德国开展更为积极的经济政策的意愿。第二，《基础条约》第7条还明确规定，双方准备在关系正常化过程中处理实际的和人道主义方面的问题。这项条款为日后加大两德间人员交流创造了有利条件。特别是，它对于来自民主德国紧急家庭团聚的公民来说尤为重要。第三，《基础条约》第2条保留了民族自决权、维护人权原

① „Vertrag über die Grundlagen der Beziehungen zwischen der Bundesrepublik Deutschland und der Deutschen Demokratischen Republik", in Deutschland (Bundesrepublik) Bundesministerium für innerdeutsche Beziehungen, Hrsg., *Texte zur Deutschlandpolitik*, Reihe Ⅰ/Bd. 11, Bonn: Deutscher Bundes-Verlag, 1973, S. 268.

② „Vertrag über die Grundlagen der Beziehungen zwischen der Bundesrepublik Deutschland und der Deutschen Demokratischen Republik", in Deutschland (Bundesrepublik) Bundesministerium für innerdeutsche Beziehungen, Hrsg., *Texte zur Deutschlandpolitik*, Reihe Ⅰ/Bd. 11, Bonn: Deutscher Bundes-Verlag, 1973, S. 271.

则，这为日后实现联邦德国《基本法》序言中的国家统一目标①，提供了相应的法理依据。

在两德关系正常化后，以上三个方面逐步建立起一种内在的联系，并在日后德国统一的进程中发挥了重要的作用。此时，德国内部贸易作为双方共同利益交集的角色更加凸显。事实上，自德国内部贸易建立以来，始终在两德间发挥着一种桥梁纽带作用。《基础条约》不仅保留了德国内部贸易的特殊地位，同时表达了双方决定进一步加强经济合作的意愿，并提出一些具有建设性的措施和方案。《基础条约》签订之后，联邦德国对民主德国的经济政策更为积极和务实。社民党领导的联邦政府以德国内部贸易为主要平台，同时采用多种经济手段来促进和改善两德关系的发展。尤其是，联邦德国更加注重通过在经济上对民主德国施惠的方式，来带动两德人员间的交流，进而保持和激发德意志民族的团结意识，并对民主德国民族分离主义政策产生的消极影响加以抑制。由此可见，两德《基础条约》的签订是社民党政府"以接近求转变"策略的具体体现，其为日后德国在自由的民族自决中完成和平统一创造了重要的内部条件。

《基础条约》的签订标志着联邦德国事实上承认了民主德国的主权国家地位。②尽管勃兰特政府自称这在国际法下并不适用，但还是招来了主要反对党联盟党的强烈炮轰。在联盟党看来，《基础条约》违反了维护德国统一的原则，它承认民主德国和联邦德国一样，是一个平等、独立的主权国家。这样，在德意志土地上存在着两个独立的国家，联邦德国不再代表整个德国。这就意味着，该条约加深了现存的德国分裂状态，违背了重新实现统一的目标。此外，有关柏林的地位问题也与《基本法》的规定不相

---

① 联邦德国《基本法》序言中包含："……全体德意志人民仍然要求，在自由的自决中实现德国的统一和自由"。参见 „Grundsatz für die Bundesrepublik Deutschland vom 23. Mai 1949, Präambel", in Ingo von Münch, Hrsg., *Dokumente des geteilten Deutschland*, Bd. 1, Stuttgart: Alfred Kröner, 1976, S. 91.

② 民主德国则由此正式放弃了德国重新统一的目标。参见 Deutschland (Bundesrepublik) Bundesministerium für innerdeutsche Beziehungen, Hrsg., *DDR-Handbuch*, Bd. 1, 3. Aufl., Köln: Verlag Wissenschaft und Politik, 1985, S. 276-277.

符合。随后，巴伐利亚州政府就这些问题向联邦宪法法院提出了诉讼。[①]

1973 年 7 月 31 日，联邦宪法法院在最终判决中肯定了《基础条约》的合法性。联邦宪法法院给出了如下解释："仍然具有法律能力的德意志帝国在战后继续存在，但由于缺乏国家机构，特别是缺乏制度化的机构，导致自身无法正常行使主权。联邦德国的建立并不意味着在德国西部地区建立了一个新的国家，而是重组了德国的一部分地区。因此，联邦德国不是德意志帝国的'法定继承者'，而是与其具有同一性，但两者在领土范围方面是'部分同一'的，因此，在这方面，其身份并不具有排他性。……'德国'（德意志帝国）是国际法主体，民主德国属于'德国'（德意志帝国），所以对联邦德国而言，它不被视为外国。因此，例如德国内部区域贸易以及随后相应的德国内部贸易都不是对外贸易。"[②]此外，"《基础条约》具有双重特性，就其性质而言，它是一项国家之间的条约，然而就其内容而言，则主要是一项规范内部关系的条约"。[③]由此可见，《基础条约》的签订并没有真正触动联邦德国政府德国统一政策中所遵循的"一个德国"原则。只不过是由原来的联邦德国单独代表全体德国，转变为由两个德国共同来代表。

联邦宪法法院的最终判决以法律的形式对两德特殊关系进行了更为合

---

① „Antrag der Bayerischen Staatsregierung an das Bundesverfassungsgericht auf Feststellung der Unvereinbarkeit des Grundvertrags mit dem Grundgesetz", in Deutschland (Bundesrepublik) Bundesministerium für innerdeutsche Beziehungen, Hrsg., *Texte zur Deutschlandpolitik*, Reihe Ⅰ/ Bd. 12, Bonn: Deutscher Bundes-Verlag, 1973, S. 627-645.

② „Urteil des Bundesverfassungsgerichts im Verfahren zur verfassungsrechtlichen Prüfung des Gesetzes zum Vertrag vom 21. Dezember 1972 zwischen der Bundesrepublik Deutschland und der Deutschen Demokratischen Republik über die Grundlagen der Beziehungen zwischen der Bundesrepublik Deutschland und der Deutschen Demokratischen Republik vom 6. Juni 1973 ", in Deutschland (Bundesrepublik) Bundesministerium für innerdeutsche Beziehungen, Hrsg., *Texte zur Deutschlandpolitik*, Reihe Ⅱ/Bd. 1, Bonn: Deutscher Bundes-Verlag, 1975, S. 92-93.

③ „Urteil des Bundesverfassungsgerichts im Verfahren zur verfassungsrechtlichen Prüfung des Gesetzes zum Vertrag vom 21. Dezember 1972 zwischen der Bundesrepublik Deutschland und der Deutschen Demokratischen Republik über die Grundlagen der Beziehungen zwischen der Bundesrepublik Deutschland und der Deutschen Demokratischen Republik vom 6. Juni 1973 ", in Deutschland (Bundesrepublik) Bundesministerium für innerdeutsche Beziehungen, Hrsg., *Texte zur Deutschlandpolitik*, Reihe Ⅱ/Bd. 1, Bonn: Deutscher Bundes-Verlag, 1975, S. 99.

理的解释。该判决还为联邦德国政府继续贯彻"一个德国"政策，提供了有力的法理依据。德国内部贸易的特殊性再次以法律的形式加以确认，德国内部贸易的相关机制以及与之相连的一系列法规、协定、议定书等仍然有效，并得到了完整保留。因此，德国内部贸易依然可以在德意志两部分之间，以一种特殊的方式发挥着一种政治和法律上的夹子作用，以此作为"德国经济统一体"继续存在的标志。与此同时，联邦德国政府也可以更加合理地利用这条"经济纽带"产生的杠杆作用，维系和加强两德间所固有的"文化和精神纽带"，进而为克服德国日益固化的分裂状态，为实现德国的重新统一保留希望。

此外，德国内部贸易继续成为联邦德国政府贯彻"一个德国"政策的重要平台。1973 年 10 月 7 日，联邦德国的德国内部关系部国务秘书卡尔·黑罗尔德（Karl Herold）在柏林高等研究院就德国内部贸易发表评论称："德国内部贸易与对外贸易有着本质的不同。最重要的在于两德间的贸易不征收关税。双方没有使两德间的贸易变为正常的对外贸易，这对于联邦德国所遵循的法律概念①——德意志的两个国家不互为外国而言，自然是十分重要的。"②

与此同时，德国内部贸易的特殊性继续得到欧共体的承认与支持。1972 年 3 月 5 日，欧共体部长理事会对联邦德国政府的德国统一政策声明表示支持，并表示，即使在《基础条约》签订之后，处在分裂状态的德国仍然存在，联邦德国同民主德国签订的条约不会对 1957 年《建立欧洲经济共同体条约》附带的《德国内部贸易及其相关问题议定书》产生任何影响。1973 年 9 月 20 日，欧共体部长理事会再次确认，无论是《基础条约》的签订，还是接受同民主德国的外交关系，抑或民主德国成为欧共体的伙

---

① 1969 年 8 月 17 日，联邦德国全德事务部国务大臣京特·韦特泽尔（Günter Wetzel）在柏林高等研究学院公开表示，两个德意志国家之间的关系既不是国际法下也不是宪法下的关系，而是德国内部的法律关系。参见 Deutschland（Bundesrepublik）Presse- und Informationsamt, Hrsg., *Bulletin des Presse- und Informationsamtes der Bundesregierung*, Nr. 107 vom 21. August 1969, S. 918 f.

② „Staatsekretär Herold: Zum innerdeutschen Handel", in Deutschland（Bundesrepublik）Bundesministerium für innerdeutsche Beziehungen, Hrsg., *Texte zur Deutschlandpolitik*, Reihe Ⅱ/Bd. 1, Bonn: Deutscher Bundes-Verlag, 1975, S. 274-276.

伴国家，都不会影响到《德国内部贸易及其相关问题议定书》的有效性。①
由此可见，这里体现出了很强的政治因素，即联邦德国坚持德国内部贸易
特殊性的决心以及其他欧共体成员国维护联邦德国政治利益的意愿。对于
联邦德国而言，维持两个德意志国家之间的特殊关系是十分必要和至关重
要的。

（二）快速发展的德国内部贸易

自战后两德分别建立以来，德国内部贸易始终作为链接双方的经济纽
带而存在着。不过，在20世纪60年代中后期之前，由于深受美苏冷战以
及联邦德国政府"实力政策"的影响，德国内部贸易经历了艰难曲折的发
展历程。这一时期，除受限于冷战紧张局势之外，德国内部贸易还掣肘于
种种苛刻的贸易法规和禁运条例以及自身结构性失衡问题。这些不利因素
极大地钳制了德国内部贸易的发展规模和发展速度，同时也严重地抑制了
其功能主义作用。它更多地被联邦德国当作"德国统一性"的象征，有时
甚至临时被联邦德国当作一种施压工具用于应对危机事件②。

从20世纪60年代后期开始，随着美苏关系出现缓和局面，以及联邦
德国政府开始大力推行"新东方政策"，阻碍德国内部贸易进一步发展的
一些内外部障碍得到了有效清除。德国内部贸易由此被注入新的动力，并
进入持续的繁荣发展时期。为了促进德国内部贸易不断增长，联邦德国主
动采取了一系列有针对性的措施。

1969年10月28日，新上任的社民党勃兰特政府发布声明称，将进一
步促进和便利德国内部贸易，联邦德国经济部已经或即将采取以下措施：
(1) 在工业统计（WI）货物清单中的5216个商品编号中，有4999个商品
编号下的商品可以自由购买，没有任何金额上的限制。其中，3893个商品
编号被列入第3（B）号普通许可，即购买这些商品不再需要获得单独的
许可。购买者只需为统计目的准备一份报告，并将其发送给联邦德国主管

---

① „Staatsekretär Herold: Zum innerdeutschen Handel", in Deutschland（Bundesrepublik）
Bundesministerium für innerdeutsche Beziehungen, Hrsg., *Texte zur Deutschlandpolitik*, Reihe II/
Bd. 1, Bonn: Deutscher Bundes-Verlag, 1975, S. 275.

② 尤其是在1960年柏林危机期间。

部门。对于剩余的自由招标申报编号（1106 个商品编号）所涵盖的商品，收货方必须向国家主管部门申请单独的许可。（2）属于工业统计货物清单中的 144 个申报编号下的商品只能购买其限额数量（配额区）。与前几年相比，配额区的申报编号范围再次被缩小（与 1970 年相比减少了 33 个申报编号，如铸铁散热器、钢管、工业盐、各种玻璃制品）。与 1970 年相比，仍在配额区的申报编号的价值限额有所提高（总共增加了 12%）。（3）不能在商业部门采购的商品仅是工业统计货物清单中 73 个申报编号下涵盖的商品（如黄金、硬煤、飞机、枪械）。（4）1969 年年初，通过第 3（B）号普通许可，大宗商品采购合同的审批程序已经大大简化。根据现在公布的修正案，第 3（B）号普通许可中的现行工业统计货物清单中增加了 692 个申报编号，总数达到了 4179 个。农业、钢铁、有色金属和纺织部门的商品首次被纳入其中。①

1972 年 12 月，《基础条约》第 7 条款及其《附加议定书》以条约的形式，明确表达了双方在开展经济、科技、交通等领域合作的共识，并强调两德间的贸易继续遵循现行的各种协议。两德还表示将达成长期贸易协定，促进双边经济关系持续稳定发展，过时的法规将得到修改，失衡的结构也将得到改善。这意味着两个德国皆同意之前涉及德国内部贸易的各种协定、议定书以及备忘录②均继续有效适用。

历届联邦德国政府都深知，维护德国内部贸易的特殊性对于维系两德"特殊关系"来说意义重大，并将其视为德国统一政策的重要组成部分。社民党政府更是深谙其道。1973 年 2 月 15 日，联邦德国特别事务部长巴尔在联邦议院里讲道："联邦德国和民主德国虽分属于两个不同的经济合作组织，但其相互间具有特殊的贸易体制。……在处理双方基本关系时，像贸易这样一个重要的领域是不能缺少的。……对此，联邦德国政府无意

---

① Margarethe Müller-Marsall, Hrsg. , *Archiv der Gegenwart*: *Deutschland 1949-1999*, Bd. 6, 1970-1973, Sankt Augustin: Siegler Verlag, 2000, S. 5275.

② 其中包括 1951 年《柏林协定》（1960 年修订）、1951 年《关税及贸易总协定》附带的《多奎议定书》、1951 年《欧洲煤钢共同体条约》附带的《过渡性条文协议》以及 1957 年《建立欧洲经济共同体条约》附带的《德国内部贸易及相关问题议定书》。

做出任何改变，也不允许它发生改变，因为它对于民族利益而言非常重要。"①联邦议院自由民主党议员汉斯—京特·霍普（Hans-Günter Hoppe）更是直白地表示："我们在两德经济关系的发展中所追求的目标是通过单纯的易货贸易，来发展两个德意志国家以及相关企业间长期、稳定的合作关系。"②

《基础条约》签订后，联邦德国政府向民主德国表达了希望通过签订两德经济合作框架协议，来进一步深化两德经济关系的想法。例如，在1973 年的莱比锡春季博览会召开期间，联邦经济部国务秘书德特勒夫·K.罗韦德尔（Detlev K. Rohwedder）向民主德国对外贸易部长霍斯特·泽勒（Horst Sölle）转交了联邦德国关于进一步推进双边经济关系的建议。这些建议涉及能源、石油、机器产品交换等领域。在同年的莱比锡秋季博览会上，联邦德国提出的上述建议得到了民主德国的回应，后者同意进行双边会谈。

虽然民主德国对两德"特殊关系"的说法极力否认，但出于自身经济利益的考虑，却在《基础条约》的谈判中接受了德国内部贸易的"特殊状态"，并将其纳入两德关系的基础。1972 年 11 月 22 日，民主德国统一社会党总书记昂纳克在接受美国《纽约时报》（*The New York Times*）专栏作家赛勒斯·L. 苏兹伯格（Cyrus L. Sulzberger）采访时表示："在《基础条约》中引入这一条款③是基于联邦德国特别的愿望，双方已经就此达成一致，因为我们也不想减少同联邦德国之间的贸易。……根据目前的协议，

---

① „Bundesminister Bahr: Rede vor dem Deutschen Bundestag", in Deutschland（Bundesrepublik）Bundesministerium für innerdeutsche Beziehungen, Hrsg. , *Texte zur Deutschlandpolitik*, Reihe Ⅰ/Bd. 12, Bonn: Deutscher Bundes-Verlag, 1973, S. 185.

② „Hans-Günter Hoppe: Rede vor dem Deutschen Bundestag", in Deutschland（Bundesrepublik）Bundesministerium für innerdeutsche Beziehungen, Hrsg. , *Texte zur Deutschlandpolitik*, Reihe Ⅱ/Bd. 4, Bonn: Deutscher Bundes-Verlag, 1978, S. 79.

③ 指《基础条约》第 7 条款及其《附加议定书》，其中涉及德国内部贸易所基于的现行协定仍然有效，调整过时的法规，改善贸易结构等内容。

没有理由改变它。这是两德关系中持续存在的少数特殊性之一。"①此外，通过《建立欧洲经济共同体条约》附带的《德国内部贸易及其相关问题议定书》，民主德国获得了"联系国"（assoziierte Land）的地位。民主德国不仅从德国内部贸易中获得增值税的减免，同时还获得欧共体对其免征负担均衡税的优待。据西方专家估计，民主德国每年因此获得价值约5亿联邦德国马克的好处。②

尽管两德在德国内部贸易中所追求的目标不尽相同，但维护并促进德国内部贸易的发展符合双方共同的利益。因此，在《基础条约》签订之后，两德迅速达成了一系列重要的经济合作协议。例如，1973年10月1日和15日，联邦德国工业和贸易信托局和民主德国对外贸易部达成有关钢铁产品以及有色金属输入输出协议。1974年2月13日，联邦德国工业和贸易信托局又与民主德国对外贸易部达成了有关机械制造产品输入输出协议。③上述两项协议的达成表明，联邦德国在新形势下主动调整了德国内部贸易中早已不合时宜的法规，放宽了对一些产品的输出限制，由此向民主德国展现出一种积极合作的姿态。

1976年5月19日，两德达成一项关于双方边境地区黑尔姆施泰特（Hermstedt）和哈尔布克（Harbke）的褐煤开采协议。该协议是基于1951年《柏林协定》中关于两德边境地区黑尔姆施泰特和哈尔布克的褐煤开采协议的一个补充协议。与此同时，双方矿业公司——联邦德国不伦瑞克煤矿公司（Braunschweigische Kohlen-Bergwerken）同民主德国矿业外贸公司（Außenhandelsbetrieb Bergbau-Handel）之间也达成一份商业协议。该协议

---

① „Erster Sekretär des ZK der SED, Honecker: Wir stehen am Beginn des friedlichen Nebeneinanders", in Deutschland（Bundesrepublik）Bundesministerium für innerdeutsche Beziehungen, Hrsg., *Texte zur Deutschlandpolitik*, Reihe Ⅰ/Bd. 11, Bonn: Deutscher Bundes-Verlag, 1973, S. 339-340.

② Margarethe Müller-Marsall, Hrsg., *Archiv der Gegenwart: Deutschland 1949-1999*, Bd. 6, 1970-1973, Sankt Augustin: Siegler Verlag, 2000, S. 5867.

③ „Große Anfrage der Fraktionen der SPD, FDP zur Deutschlandpolitik und Antwort der Bundesregierung", in Deutschland（Bundesrepublik）Bundesministerium für innerdeutsche Beziehungen, Hrsg., *Texte zur Deutschlandpolitik*, Reihe Ⅱ/Bd. 2, Bonn: Deutscher Bundes-Verlag, 1976, S. 340.

为相关矿业公司直接在边境煤矿区进行作业创造了前提条件。[①]另外，《褐煤开采协议》也成为两德经贸合作关系的一个典范。因为褐煤是一种重要原料，如果没有这项协议，双方就无法开采地跨民主德国（1000万吨）和联邦德国（500万吨）的褐煤矿藏。褐煤开采项目于1976年夏正式启动，整个开采期约为16年。联邦德国政府、下萨克森州政府以及不伦瑞克煤矿公司对该褐煤开采项目谋划已久，并且将其列入长期追求的目标。通过该协议，双方不仅可以扩大褐煤的市场供应，同时也会给该地区带来大量的就业机会。显然，该协议有力地践行了《基础条约》中有关"达成长期协定，促进经济关系持续发展"的原则。此外，该协议还令人体会到了："只要涉及双边利益，协议往往很容易达成。"[②]

为了推动两德在投资货物以及服务输出方面达成长期协议，联邦德国有意加强了联邦担保措施的作用。联邦德国政府根据双方履约情况，还会扩大额外批准的担保申请以及给予额外的担保额。例如，1972年被批准的担保申请为92项，其中4项为额外批准的项目，与之对应的担保总额为1.31亿联邦德国马克，其中有20万联邦德国马克为额外提供的担保额。到了1976年，尽管被批准的担保申请数量没有太大的变化，只有107项，但由于两德间达成了一些重大长期协议，例如，两德边境地区黑尔姆施泰特和哈尔布克的褐煤开采协议使得联邦担保额迅速增加，达到了14亿联邦德国马克，其中额外提供的担保额也上升到1030万联邦德国马克。[③]

显然，联邦担保措施降低了联邦德国企业同民主德国相关部门达成长期协议的风险，提高了联邦德国企业参与两德经济合作的积极性，这对推

---

①　„Mitteilung des Bundesministeriums für Wirtschaft zu den Vereinbarungen mit der DDR über den Abbau von Braunkohle", in Deutschland（Bundesrepublik）Bundesministerium für innerdeutsche Beziehungen, Hrsg., *Texte zur Deutschlandpolitik*, Reihe Ⅱ/Bd.4, Bonn: Deutscher Bundes-Verlag, 1978, S.211-212.

②　Wilhelm Bruns, *Von der Deutschlandpolitik zur DDR-Politik: Prämissen-Probleme-Perspektiven*, Opladen: Leske und Budrich, 1989, S.108.

③　„Große Anfrage der Fraktion der CDU/CSU zur Deutschlandpolitik und Antwort der Bundesregierung", in Deutschland（Bundesrepublik）Bundesministerium für innerdeutsche Beziehungen, Hrsg., *Texte zur Deutschlandpolitik*, Reihe Ⅱ/Bd.5, Bonn: Deutscher Bundes-Verlag, 1979, S.138. 参见附录11。

动德国内部贸易发展无疑是大有裨益的。正是在这种积极政策的诱导下，联邦德国有超过 6000 家企业参与到了德国内部贸易之中，其中许多是大中型企业，每年大约签订 5 万份商业合同。①这一时期两德间的经贸合作方式也更加多元化，特别是双方在冶金和化学工业领域的大型工业设备交易得到了迅速发展。例如，20 世纪 70 年代初，联邦德国第二大钢铁制造商萨尔茨吉特公司（Salzgitter AG）在民主德国的亨尼希斯多夫（Hennigsdorf）建造了一座价值 7000 万联邦德国马克的钢铁厂。② 1975 年 4 月，联邦德国化学工业巨头——赫斯特公司（Hoechst AG）与民主德国达成的框架协议涉及 3 个可交付使用的化工厂，价值 6 亿联邦德国马克。其中一个化工厂设计用于每年生产 20 万吨氯碱以及 22 万吨氯化钠。另一个化工厂设计用于生产单体聚氯乙烯，年生产能力 10 万吨。第三个化工厂设计用于生产聚氯乙烯，年生产能力 10 万吨。这些化工设施将于 1979 年前在民主德国的施科保（Schkopau）建成，并投入使用。此外，双方还明确保留了签订后续合同的可能性。③

　　就在同一时期，经过漫长的谈判，联邦德国钢铁工业巨头——克虏伯公司与民主德国政府在埃森（Essen）签署了一项长期合作的框架协议。民主德国《新德意志报》在报道这一消息时，称其为"科学—技术合作"，而克虏伯公司新闻办公室发布的声明则称它是"经济—技术合作"。这是一项价值数亿联邦德国马克的协议。在工厂建设方面，克虏伯公司首次与民主德国建立了密切的合作关系。④

　　随着两德企业间合作规模的不断扩大，德国内部贸易额也随之急剧增长。例如，1969 年德国内部贸易额仅为 37.34 亿联邦德国马克，1972 年增

---

　　① „Parlamentarischer Staatssekretär Höhmann: Europäische Faktoren bei den innerdeutschen Beziehungen", in Deutschland (Bundesrepublik) Bundesministerium für innerdeutsche Beziehungen, Hrsg., *Texte zur Deutschlandpolitik*, Reihe II/Bd. 6, Bonn: Deutscher Bundes-Verlag, 1979, S. 247 -248.

　　② Doris Cornelsen und Horst Lambrecht und Manfred Melzer und Cord Schwartau, *Die Bedeutung innerdeutschen Handels für die Wirtschaft der DDR*, *Deutsches Institut für Wirtschaftsforschung*: *Sonderheft 138*, Berlin: Duncker und Humblot, 1983, S. 133.

　　③ Margarethe Müller-Marsall, Hrsg., *Archiv der Gegenwart*: *Deutschland 1949-1999*, Bd. 7, 1973-1979, Sankt Augustin: Siegler Verlag, 2000, S. 6397.

　　④ *Frankfurter Allgemeine Zeitung* vom 16. April 1975.

加到了 53.55 亿联邦德国马克，到 1982 年则达到了 140.68 亿联邦德国马克。①由上述数据可以看出，以 1969 年为基准，德国内部贸易额在之后的 13 年间增加了近 3 倍。由此可见，与 20 世纪五六十年代相比，德国内部贸易在 20 世纪 70 年代得到了迅速的发展，贸易额也节节攀升。

在 20 世纪 70 年代，德国内部贸易的增长率与联邦德国同法国或者奥地利之间的贸易增长率大体相当，比联邦德国同意大利之间的贸易增长率要高。不过，民主德国在联邦德国外贸伙伴排行中仅位列第 13 或 14 位。这一时期联邦德国同法国以及同意大利的贸易额，分别是德国内部贸易额的 7 倍和 4 倍。②此外，还需值得注意的是，两德间的贸易发展并不平衡。在整个 20 世纪 70 年代，由于民主德国每年从联邦德国输入的产品多于其供应的产品，导致民主德国在德国内部贸易中连年出现贸易逆差。以往存在于德国内部贸易中的一些体制性结构问题虽得到了一定的缓解，但是这种技术性结构问题却日益凸显，并且阻碍了德国内部贸易的进一步发展。

为了改善和缓解这种德国内部贸易的不平衡性问题，联邦德国开始进一步加强无息透支贷款在德国内部贸易中的助推器作用。无息透支贷款自诞生伊始就是为了更好地推动德国内部贸易的发展，其目的在于诱使民主德国增加对联邦德国的货物输出，以此缓解长期以来的联邦德国输出过剩问题。1968 年 12 月 6 日，两德就无息透支贷款额度达成了一项协议。根据该协议，到 1975 年为止，无息透支贷款额度由每年固定的 2 亿联邦德国马克改为民主德国向联邦德国前一年出口额的 25%。③结果，1972 年无息透支贷款额就达到了 5.85 亿联邦德国马克，在 4 年时间增加了近 2 倍。

无息透支贷款除了被联邦德国政府用于助推德国内部贸易稳步发展之

① „Die innerdeutschen Beziehungen 1988 -Zahlen, Daten, Fakten ", in Deutschland (Bundesrepublik) Bundesministerium für innerdeutsche Beziehungen, Hrsg., *Texte zur Deutschlandpolitik*, Reihe Ⅲ/Bd. 6, Bonn: Deutscher Bundes-Verlag, 1989, S. 544–545. 参见附录 1。

② „Bundeskanzler Schmidt: Bericht zur Lage der Nation", in Deutschland (Bundesrepublik) Bundesministerium für innerdeutsche Beziehungen, Hrsg., *Texte zur Deutschlandpolitik*, Reihe Ⅱ/Bd. 6, Bonn: Deutscher Bundes-Verlag, 1979, S. 118.

③ Deutschland (Bundesrepublik) Bundesministerium für innerdeutsche Beziehungen, Hrsg., *Zehn Jahre Deutschlandpolitik: die Entwicklung der Beziehungen zwischen der Bundesrepublik Deutschland und der Deutschen Demokratischen Republik 1969–1979: Bericht und Dokumentation*, Bonn: Bundesministerium für innerdeutsche Beziehungen, 1980, S. 29.

外，它还在改善两德人员互访方面发挥着独特的杠杆作用。1973 年 11 月
15 日，民主德国就最低兑换额措施颁布了新的规定。民主德国对此给出的
理由是，自 1964 年开始实施的最低兑换额规定的初衷是促使访客合法地获
得足够的民主德国马克以支付其旅行期间的费用，从而防止非法货币交易
和非法货币输入，但即使在 1972 年修订条例后也没有完全实现；就平均应
收账款而言，仅在公共餐厅的自费开支平均每天约为 20 民主德国马克，不
包括服务、豪华产品、交通服务等费用；正如国家边境的随机检查所显示
的那样，由此产生的额外支付需求是由非法输入的民主德国马克或货物来
支付的，而其主要携带者是联邦德国公民和西柏林市民。一方面，民主德
国的消费品价格低廉，而资本主义国家的消费品和各种工业品的价格不断
上涨；另一方面，这导致入境访客在民主德国购买越来越多的商品。此
外，资本主义国家的银行特别是联邦德国和西柏林的银行正在非法交易社
会主义国家的货币，其中包括民主德国马克，它们以接近实际购买价值
1/5 的比例进行非法交易。预计 1973 年约有 3000 万日次的住宿量。显然，
这将给民主德国的消费品和工业品供应带来相当大的负担，因为其中一些
商品必须进口，而有一些商品则不再能够出口。由于世界市场上食品和奢
侈食品的价格，尤其是原材料的价格不断上涨，这将给民主德国的外贸收
支带来额外的负担。所有这些因素都促使最低兑换额度提高。而西方媒体
的评论文章指出，民主德国的这一决定可能要与联邦德国在西柏林设立联
邦环境局的计划联系起来。[①]然而，对于来自联邦德国和西柏林的访问人员
（尤其是退休人员）而言，最低兑换额度的提高无疑使其出行负担进一步
加重，旅行和探亲意愿也因此受到严重的影响。联邦德国为了保障和扩大
两德人员间的正常交流，不惜为此付出一定的经济代价。

　　1974 年 12 月 6 日，两德经过多轮次协商谈判，就延长无息透支贷款
协议达成一致。根据 1951 年《柏林协定》第 8 条之相关规定，1968 年 12
月 6 日达成的无息透支贷款协议第 2 款将延长至 1981 年 12 月 31 日，无息

---

①　Margarethe Müller-Marsall, Hrsg. , *Archiv der Gegenwart*：*Deutschland 1949-1999*, Bd. 7,
1973-1979, Sankt Augustin：Siegler Verlag, 2000, S. 6324.

透支贷款额度的上限设定为 8.5 亿①联邦德国马克。②当时，两德如果没有达成新的协议，无息透支贷款额度就会在 1976 年 1 月 1 日自动降至 2 亿联邦德国马克。对民主德国而言，这将意味着每年的周转资金最高减少 6.5 亿联邦德国马克，巨大的经济利益促使民主德国最终决定调低最低兑换额度。1974 年 11 月 15 日，民主德国财政部下令执行新的最低兑换额规定。据此，在非社会主义国家和西柏林拥有永久居留权的来访者在民主德国停留期间，每人每天须兑换 13 民主德国马克，在民主德国首都东柏林每人每天须兑换 6.5 民主德国马克；16 周岁以下的来访者免于强制兑换义务；未使用的民主德国马克可以存入一个账户，可以在重新入境民主德国时继续使用。不过，民主德国方面就调低最低兑换额度给出的理由是，1973 年 11 月 15 日的最低兑换额规定给予了民主德国经济利益必要的保护，使其免受资本主义货币操纵造成的损失和干扰，但与此同时，它没有充分促进来自非社会主义国家和西柏林的旅行交通。③

12 月 9 日，民主德国告知联邦德国和西柏林，将免除其退休人员访问期间的强制兑换义务，同时就切实改善诸如旅行交通、人员访问的可能性以及开展工业、经济和能源合作领域的谈判提出广泛建议。④就在同一天，联邦德国政府副发言人阿明·格林沃尔德（Armin Grünewald）在联邦新闻发布会上宣布了一项声明，其中指出，联邦德国政府高兴地注意到，民主德国政府目前已经正式告知，其决定从 1974 年 12 月 20 日起再次免除联邦德国退休人员访问期间的强制兑换义务。联邦德国政府将很快处理来自民主德国政府的信函，并就无息透支贷款问题作出决定。联邦德国政府一直

---

① 由于联邦德国给无息透支贷款设置了上限额度，导致无息透支贷款对德国内部贸易的刺激作用受到抑制。

② „Vereinbarung über den Swing im Handel zwischen der Bundesrepublik Deutschland und der DDR", in Deutschland（Bundesrepublik）Bundesministerium für innerdeutsche Beziehungen, Hrsg., *Texte zur Deutschlandpolitik*, Reihe Ⅱ/Bd. 2, Bonn: Deutscher Bundes-Verlag, 1976, S. 399.

③ Margarethe Müller-Marsall, Hrsg., *Archiv der Gegenwart: Deutschland 1949-1999*, Bd. 7, 1973-1979, Sankt Augustin: Siegler Verlag, 2000, S. 6326.

④ Margarethe Müller-Marsall, Hrsg., *Archiv der Gegenwart: Deutschland 1949-1999*, Bd. 7, 1973-1979, Sankt Augustin: Siegler Verlag, 2000, S. 6337.

认为，不能就某个议题与民主德国进行单独的谈判，而必须就一揽子问题进行谈判。民主德国政府也持相同的观点。民主德国领导层一直清楚，联邦德国政府关于无息透支贷款问题的决定取决于这一前提条件，即在圣诞节前免除联邦德国退休人员访问期间的强制兑换义务。民主德国政府已经在 11 月底向联邦德国政府做出相关承诺。不过，它当时并没有对外宣布这一举措。显然，在得到民主德国领导层的承诺之后，联邦德国政府才会指示其谈判代表与民主德国谈判代表进行协商，共同草拟 1975 年后无息透支贷款协议的文本。[①]

可以看出，联邦德国通过延长无息透支贷款协议和提高无息透支贷款额度的方式，令民主德国主动去除了一些限制两德人员互访的障碍。这意味着，联邦德国退休人员赴民主德国访问期间额外的经济负担被去除了，因而大大增加了他们的出行积极性，进一步推动了两德人员间的交往。与之相对，民主德国为了从无息透支贷款中获得可观的经济利益——主要是节省了贷款利息，所以做出了一定的妥协。

有关无息透支贷款所体现出的功能主义作用，联邦总理施密特在其政府声明中明确表示，维持和扩大与民主德国的贸易，即所谓的德国内部贸易，对联邦德国和西柏林来说同样重要。无息透支贷款是一种工具，即使在今天决不能也不会被废弃。它是出于我们自己的利益而使用的一种工具。自 1968 年底以来，两德间的货物交换已大大增加。联邦德国只对继续发展德国内部贸易感兴趣。这一贸易在政治和经济上仍然是两个德意志国家之间的重要纽带。[②]与之相比，联邦经济部长奥托·G. 兰布斯多夫（Otto G. Lambsdorff）的总结显得更为全面与深刻，他说："无息透支贷款不能被视为一个单纯的经济和商业问题，还应将其放到政治大背景中加以审视。……例如，最低兑换额问题，人道主义问题，放松旅行限制问题，我们不

---

① Margarethe Müller-Marsall, Hrsg. , *Archiv der Gegenwart：Deutschland 1949-1999*, Bd. 7, 1973-1979, Sankt Augustin：Siegler Verlag, 2000, S. 6339-6340.

② Margarethe Müller-Marsall, Hrsg. , *Archiv der Gegenwart：Deutschland 1949-19999*, Bd. 7, 1973-1979, Sankt Augustin：Siegler Verlag, 2000, S. 6340.

能将其从中完全分离出来。另外，也不能将其完全从经济合作框架中分离出来。"①由此可见，对于联邦德国而言，无息透支贷款具有经济和政治上的双重意义，其杠杆作用也倍受联邦德国政府的重视。

综上所述，自 20 世纪 60 年代末以来，在东西方关系和两德关系趋于"缓和"的大背景下，德国内部贸易也随之逐渐繁荣起来。特别是，两德《基础条约》签订之后，德国内部贸易的特殊性再次得到保留和确认。不仅如此，随着两德关系正常化，德国内部贸易不再被联邦德国政府当作一种施压工具，而更多地成为一种互惠互利的合作平台。在联邦德国各项积极措施的促进下，德国内部贸易进入快速发展期。此外，值得注意的是，联邦德国政府在推进德国内部贸易发展的同时，开始注重最大限度地发挥它的溢出效应，以此带动两德在其他领域的交流合作，这尤其体现在直接或间接促进两德人员交往方面，以此维护德意志民族在文化上和血缘上的联系。值得注意的是，联邦德国在与民主德国进行有关无息透支贷款事宜的谈判中，明确提出人道主义的附加条件，并取得了一定的成效。显然，在社民党执政时期，联邦德国对民主德国的经济政策从"消极"转变为"积极"，已经彻底完成了蜕变。

（三）以非商业性财政支付促两德人员交流

除德国内部贸易以及无息透支贷款之外，联邦德国还积极通过其他经济手段来促进两德关系的改善和发展。特别是在扩大两德人员交流方面，联邦德国向民主德国提供的巨额非商业性财政支付发挥了更为直接有效的作用。

从 1970 年至 1980 年底，民主德国从联邦德国共计获得 60 多亿联邦德国马克的非商业性财政支付。②这其中包含来自联邦财政、西柏林市财政、联邦铁路、联邦邮政等方面的转移支付。例如，1970—1979 年，联邦财政

---

① „Bundesminister Dr. Lambsdorff: Erklärung in der „ Jungendhochschule Wilhelm Pieck """, in Deutschland（Bundesrepublik）Bundesministerium für innerdeutsche Beziehungen, Hrsg., *Texte zur Deutschlandpolitik*, Reihe Ⅱ/Bd. 8, Bonn: Deutscher Bundes-Verlag, 1983, S. 418.

② Deutsches Institut für Wirtschaftsforschung, Hrsg., *Handbuch DDR-Wirtschaft*, Reinbek bei Hamburg: Rowohlt, 1985, S. 326.

的直接支付为 35. 81 亿联邦德国马克，这笔开支主要用于向民主德国支付过境费。过境费历来是联邦德国非商业性财政支付中最大的款项。此外，联邦德国在改善通往西柏林的公路、铁路以及航运交通基础设施方面分摊的费用也很高。联邦财政的间接支付为 4. 42 亿联邦德国马克，主要用于支付民主德国单独征收的费用和税费①。西柏林市向民主德国提供的财政支付约为 5. 27 亿联邦德国马克，主要用于向民主德国支付各种服务费用。联邦邮政向民主德国提供约 5. 76 亿联邦德国马克，用于支付邮件派送费、邮政管理费以及通信费。此外，联邦德国还向民主德国支付了 5. 2 亿联邦德国马克的签证费和道路使用费。②值得注意的是，这些非商业性财政支付的数额随着条约的修订而呈逐年提高之势。

以 1980 年为例，联邦财政的直接支付包括：过境费 5. 25 亿联邦德国马克、道路使用费 5000 万联邦德国马克、过境水道和泰尔托运河（Teltow）的建设费 4750 万联邦德国马克、西柏林通道改善费 2. 8 亿联邦德国马克；联邦财政的间接支付包括：报销民主德国向来访的联邦德国退休人员收取的签证费 670 万联邦德国马克，以及民主德国向来访的西柏林市民收取的入境许可证费 1200 万联邦德国马克；西柏林财政支付包括：建筑废料、城市固态垃圾清理费 2430 万联邦德国马克、废水处理费 2170 万联邦德国马克、东柏林地铁轨道交通使用、维护以及企业成本费 420 万联邦德国马克；联邦邮政支付包括：民主德国邮件派送费 8500 万联邦德国马克、民主德国邮政管理费 830 万联邦德国马克、联邦德国与西柏林之间的通讯服务费 320 万联邦德国马克。③显然，联邦德国对民主德国的非商业性财政支付主要用于改善或促进两德人员交往，为两德人民相互交流创造

---

① 自实行一次性支付过境费后，每年的此项支出急剧下降。

② „Antwort der Bundesregierung auf die Kleine Anfrage der Fraktion der CDU/CSU „Zahlungen an die DDR "，in Deutschland（Bundesrepublik）Bundesministerium für innerdeutsche Beziehungen，Hrsg.，*Texte zur Deutschlandpolitik*，Reihe Ⅱ/Bd. 8，Deutscher Bundes-Verlag，1983，S. 296. 参见附录 5。

③ „Antwort der Bundesregierung auf die Kleine Anfrage der Fraktion der CDU/CSU „Zahlungen an die DDR "，in Deutschland（Bundesrepublik）Bundesministerium für innerdeutsche Beziehungen，Hrsg.，*Texte zur Deutschlandpolitik*，Reihe Ⅱ/Bd. 8，Bonn：Deutscher Bundes-Verlag，1983，S. 297-299。

便利条件，并在财政经费上给予大力的支持。

1979 年 10 月 31 日，民主德国财政部司长汉斯·尼姆里希（Hans Nimmrich）和联邦德国常驻民主德国代表京特·高斯（Günter Gaus）在东柏林签署了机动车免税费协议以及关于一次性支付客车道路使用费的议定书。根据机动车免税协议，在联邦德国或民主德国注册的货运车辆如果在对方国家临时停留，将相应免除民主德国的道路使用费和联邦德国的机动车税。由于客运车辆在两德间流动极不均衡，因此无法将其纳入免税费协议。为了促进双边旅行交通，两德政府商定，联邦德国在 1980 年至 1989 年间每年向民主德国一次性支付 5000 万联邦德国马克过境费，西柏林也被纳入这项协议。民主德国从 1980 年 1 月 1 日起停止向联邦德国和西柏林的客运车辆单独收取道路使用费。联邦德国政府认为，一次性支付制度是对稳定德意志内部旅行交通的一个重要贡献。在过去十年的时间里，道路使用费的增长及其带来的负面影响将被抵消。可以预见，道路使用费的取消将促进两德旅行交通，特别是在两德边境地区以及柏林地区。[①]

1982 年 6 月 18 日，联邦德国与民主德国就进一步改善非商业性财政支付达成协议，民主德国对此作出的回报是，准许 1981 年 1 月 1 日前离境的原民主德国公民（逃兵除外）在没有犯罪记录的前提下访问民主德国，将在（西）柏林拥有永久居留权的居民赴民主德国一日游的时限延长 2 个小时，至次日凌晨 2 时止。此外，位于柏林北部的斯托尔佩多夫（Stolpe-Dorf）边境口岸也将向以旅行和探亲为目的的访客开放。为此，民主德国将允许公共汽车在那里行驶，就像德雷维茨（Drewitz）边境口岸的情况一样。[②]

由此可见，在两德《基础条约》签订之后，联邦德国政府加大了在人道主义方面的经济投入。与此同时，联邦德国政府还积极利用其他经济杠

---

① Margarethe Müller-Marsall, Hrsg., *Archiv der Gegenwart: Deutschland 1949-1999*, Bd. 8, 1979-1985, Sankt Augustin: Siegler Verlag, 2000, S. 7282.

② „Zur Entwicklung der innerdeutschen Beziehungen seit 1980 ", in Deutschland（Bundesrepublik）Bundesministerium für innerdeutsche Beziehungen, Hrsg., *Innerdeutsche Beziehungen. Die Entwicklung der Beziehungen zwischen der Bundesrepublik Deutschland und der Deutschen Demokratische Republik 1980-1986: Eine Dokumentation*, Bonn: Bundesministerium für innerdeutsche Beziehungen, 1986, S. 9.

杆促进两德旅行交通便利化。在这些有利因素的共同影响下，两德人员交流自 20 世纪 70 年代初以来呈现出大幅增长的势头。1970 年，民主德国公民赴联邦德国访问的人数为 125.4 万人次，到 1973 年迅速上升到 227.9 万人次，1979 年更是达到了 20 世纪 70 年代的顶峰——361.7 万人次，与 1970 年相比，增加了近 2 倍。与此同时，这一时期民主德国退休人员对联邦德国的访问量也在不断增加。1970 年为 104.8 万人次，到了 20 世纪 80 年代初则超过了 155 万人次，增长率接近 50%。另外，来自民主德国紧急家庭团聚的人数也有了显著的增长。例如，1972 年为 11421 人，到了 1982 年达到了 45709 人。①随着进出西柏林交通状况的改善，来往西柏林的人数也有所增加。1969 年进出西柏林的人数为 1017.3 万人次，此后这一数字稳步上升，到了 1982 年达到了 2392.7 万人次。②自《柏林四方协定》和《基础条约》签订以来，一直到 1980 年西柏林市民每年赴民主德国访问的人数始终维持在 300 万人次左右。③

　　除加强两德人员互访外，联邦德国政府还积极主动同民主德国进行协商谈判，并就进一步扩大两德在邮政和通讯领域的合作达成共识，从而拓

---

①　Deutschland（Bundesrepublik）Bundesministerium für innerdeutsche Beziehungen, Hrsg., *Zehn Jahre Deutschlandpolitik：die Entwicklung der Beziehungen zwischen der Bundesrepublik Deutschland und der Deutschen Demokratischen Republik 1969 - 1979：Bericht und Dokumentation*, Bonn：Bundesministerium für innerdeutsche Beziehungen, 1980, S. 44；„Reiseverkehr mit der DDR 1979", *Deutschland-Archiv：Zeitschrift für Fragen der DDR und der Deutschlandpolitik*, Köln：Wissenschaft und Politik, 1980, S. 332；„Deutsch-deutscher Reiseverkehr 1980 ", *Deutschland-Archiv：Zeitschrift für Fragen der DDR und der Deutschlandpolitik*, Köln：Wissenschaft und Politik, 1981, S. 352；„Deutsch-deutscher Reiseverkehr 1981 ", *Deutschland-Archiv：Zeitschrift für Fragen der DDR und der Deutschlandpolitik*, Köln：Wissenschaft und Politik, 1982, S. 237. 参见附录 8。

②　„Mitteilung des Senats von Berlin：17. Bericht über die Durchführung des Vier-Mächte-Abkommens und der ergänzenden Vereinbarungen zwischen dem 1. Juni 1988 und dem 31. Mai 1989", in Deutschland（Bundesrepublik）Bundesministerium für innerdeutsche Beziehungen, Hrsg., *Texte zur Deutschlandpolitik*, Reihe Ⅲ/Bd. 7, Bonn：Deutscher Bundes-Verlag, 1990, S. 212. 参见附录 7。

③　„Mitteilung des Senats von Berlin：17. Bericht über die Durchführung des Vier-Mächte-Abkommens und der ergänzenden Vereinbarungen zwischen dem 1. Juni 1988 und dem 31. Mai 1989", in Deutschland（Bundesrepublik）Bundesministerium für innerdeutsche Beziehungen, Hrsg., *Texte zur Deutschlandpolitik*, Reihe Ⅲ/Bd. 7, Bonn：Deutscher Bundes-Verlag, 1990, S. 211. 参见附录 4。

展了两德人民沟通交流的渠道。1969 年，两德（含西柏林）间的电话线路仅为 34 条，从联邦德国（含西柏林）拨往民主德国的电话次数为 50 万次。而到了 1982 年，两德（含西柏林）间的电话线路增至 1421 条，从联邦德国（含西柏林）拨往民主德国的电话次数上升到 2310 万次。此外，1975—1982 年，联邦德国寄往民主德国的信件数量平均每年约 7900 万封，包裹数量平均每年约 2700 万件。来自民主德国的信件数量平均每年超过 1 亿封，包裹数量平均每年约 950 万件。①

　　社民党执政期间也十分重视两德间的高层交流。20 世纪 70 年代末，美苏核军备竞赛再度升级，东西方关系的迅速恶化使两德关系再次蒙上了一层厚厚的阴影。面对日渐紧张的欧洲局势，1981 年 7 月，两德最高领导人施密特和昂纳克在通信中表达了共同的看法：鉴于两德特殊的地理位置和历史的经验教训，双方有责任确保欧洲的和平与安全。②同年 12 月，施密特首次访问民主德国，并与昂纳克进行了坦率的会谈。双方就家庭团聚、旅行交通、文化合作、技术合作、能源合作等问题交换了意见。会后双方发表联合声明称，决不允许在德意志的土地上再发生战争。……双方会在现有协议的基础上继续进行谈判和对话，努力维护睦邻友好关系。③

　　毫无疑问，两德间各领域交往的扩大与深化，有助于实现社民党政府德国统一政策所追求的目标：在加强两德经贸合作，增进两德政治互信的同时，为两德人员交流创造更多机会和更好条件，由此保持全民族追求民

　　① „Die innerdeutschen Beziehungen 1988 - Zahlen, Daten, Fakten-", in Deutschland (Bundesrepublik) Bundesministerium für innerdeutsche Beziehungen, Hrsg., *Texte zur Deutschlandpolitik*, Reihe Ⅲ/Bd. 6, Bonn: Deutscher Bundes-Verlag, 1989, S. 542 – 543. 参见附录 9 和附录 10。

　　② Heinrich Potthoff, Hrsg., *Bonn und Ost-Berlin 1969-1982: Dialog auf höchster Ebene und vertrauliche Kanäle, Darstellung und Dokumente*, Bonn: Dietz, 1997, S. 580-584.

　　③ „13. Dezember 1981 Gemeinsames Kommuniqué über das Treffen von Bundeskanzler Helmut Schmidt mit dem Generalsekretär des ZK der SED und Vorsitzenden des Staatsrates der DDR, Erich Honecker, vom 11. bis 13. Dezember 1981", in Deutschland (Bundesrepublik) Bundesministerium für innerdeutsche Beziehungen, Hrsg., *Texte zur Deutschlandpolitik*, Reihe Ⅱ/Bd. 8, Bonn: Deutscher Bundes-Verlag, 1983, S. 422.

族统一的意愿①，进而在推动欧洲缓和与和解的过程中等待重新统一的历史机遇。

综上所述，自联邦德国社民党政府上台以来，主动顺应了东西方日益缓和的时代潮流，开始全面推行"新东方政策"。随着英、美、苏、法四大国《柏林四方协定》以及两德《基础条约》的签订，两德关系逐步进入正常化轨道。在此期间，社民党政府彻底抛弃了前联盟党"过时"的强硬政策，开始凭借联邦德国自身强大的经济实力和技术优势，以缓和与合作的方式，不断地对民主德国进行渗透和施加影响。与此同时，联邦德国社民党政府开始对民主德国推行积极的经济政策，这使得德国内部贸易、无息透支贷款以及非商业性财政支付的杠杆角色更加凸显。特别是，它们在改善和密切两德关系，加强两德交流合作方面日益发挥着独特而又积极的作用。随着相互交往的不断深入，两德在 20 世纪五六十年代的严重对峙状态到了 20 世纪 70 年代被逐步打破，两德人民由于长期分离所产生的隔阂也得到一定程度的缓解。

三 社民党与联盟党关于对民主德国经济政策的辩论

在"二战"后的联邦德国议会，右翼联盟党与左翼社民党是最大的两个政党。它们在联邦德国政府的德国统一政策上存在固有的分歧。1969 年 9 月，社民党取代联盟党首度领导联邦德国政府后，从战后欧洲和德国分裂的现状出发，开始大力践行新的德国统一政策，使得这种分歧变得更加严重。例如，1972 年社民党勃兰特政府为了打破两个德意志国家长期隔绝对峙的局面，推动两德关系实现正常化，有条件地承认了民主德国的存

---

① 联邦德国政府认为，两德民众共同的归属感并没有减弱。联邦德国近 1/3 的民众在民主德国有亲戚或朋友，而在民主德国这一比例是其总人口的 2/3。最重要的是，联邦德国的年青一代计划赴民主德国旅行的频度高于平均水平。参见 „Bundesminister Windelen：Rede auf der Jahrestagung des Kuratoriums Unteilbares Deutschland", in Deutschland（Bundesrepublik）Bundesministerium für innerdeutsche Beziehungen, Hrsg., *Texte zur Deutschlandpolitik*, Reihe Ⅲ/Bd. 1, Bonn：Deutscher Bundes-Verlag, 1985, S. 101-102.

在①，最终促成两德《基础条约》的签订，前联盟党政府长期奉行的"单独代表权主义"也随之彻底终结。这引起了最大反对党联盟党的强烈不满，为此联盟党还以违宪为由向联邦宪法法院提出诉讼。

此外，社民党政府为了加强和改善同民主德国的关系，促进两德人员间的相互交往与联系，愿意做出一些经济上的牺牲，来换取民主德国放松对两德人员往来交流的部分限制措施。此时，联盟党作为议会中最大的反对党，仍没有彻底摆脱其传统的对抗性思维，对社民党的"缓和"政策给予了猛烈抨击。特别是，在对民主德国经济政策的理念及其实践模式方面，联盟党与社民党存在巨大分歧。为此，20 世纪 70 年代中期联盟党多次同社民党在联邦议院就这一问题展开激烈论战。

（一）联盟党有关对民主德国实行"经济制裁"的主张

在德国统一政策的实践中，社民党政府经常使用经济施惠的方式来拉近两德关系，改善两德间的旅行交通状况，扩大两德人员交流互访。例如，1973 年底，民主德国单方面提高了最低兑换额度，来访的联邦德国退休人员不再免除强制兑换义务。受此政策的影响，1974 年上半年，联邦德国赴民主德国的访问人数同比下降 23.4%，减少了 78 万人次。②为了换取民主德国在最低兑换额方面做出让步，社民党政府于 1974 年底延长了无息透支贷款协议，同时提高了无息透支贷款额度。作为回报，民主德国调低了最低兑换额度，免除了联邦德国退休人员访问期间的强制兑换义务。此外，联邦德国公民和西柏林市民使用私家车访问民主德国的限制也有所放松。

就在两德续签无息透支贷款协议后不久，联盟党议会党团主席卡尔·卡斯滕斯便发表了带有讽刺意味的讲话："未来 7 年，无息透支贷款额度将达到每年最高 8.5 亿联邦德国马克。众所周知，这项贷款是没有利息的，

---

① 联邦德国政府始终拒绝从国际法上承认民主德国，坚称两德间的关系为一种"特殊关系"，不互为外国。

② „Große Anfrage der Fraktionen der SPD, FDP zur Deutschlandpolitik und Antwort der Bundesregierung", in Deutschland（Bundesrepublik）Bundesministerium für innerdeutsche Beziehungen, Hrsg., *Texte zur Deutschlandpolitik*, Reihe II/Bd. 2, Bonn: Deutscher Bundes-Verlag, 1976, S. 351.

按照（国际金融市场上）正常 7% 的利率，向民主德国提供的这项贷款价值约 4 亿联邦德国马克。不难发现，在这种情况下，民主德国更容易免除联邦德国退休人员访问期间的强制兑换义务。"①联邦议院议长赖纳·巴泽尔（Rainer Barzel）（联盟党人）更是直接用"以金钱换取希望"来形容施密特政府的德国统一政策。此后，联盟党频频指责施密特政府为彰显由此取得的一些小的成就，而不断地给本国人民增添新的负担。②

在联盟党看来，社民党政府的"付出"与从民主德国得到的"回报"不成正比。尽管两德关系不再像以前那样僵硬，两德间的交流互通也得到了改善，但联邦德国也为此付出了巨大的代价。③因此，他们并不认同社民党政府的这种做法。相反，联盟党认为，联邦德国应采取强硬措施应对民主德国的这种不友善行为。在民主德国出台最低兑换额新规则后不久，联盟党议员蒙德便在联邦议院向社民党政府提出质询："鉴于民主德国将最低兑换额度增加了一倍，我们是否仍有义务在德国内部贸易框架内提供这些福利，目前无息透支贷款额度已经超过 6 亿联邦德国马克，联邦政府是否考虑将无息透支贷款额度减半，降至 3 亿联邦德国马克。"④

随后，联盟党还在联邦议院公开主张对民主德国实施经济制裁，以此来对抗民主德国不断采取的划界政策⑤。此外，联盟党还炮轰社民党现行对民主德国的经济政策，称其为是一种软弱的表现。1977 年 5 月 26 日，联盟党议员曼菲尔德·阿贝莱因（Manfred Abelein）在联邦议院中讲道：

---

① „Dr. Karl Carstens: Rede vor dem Deutschen Bundestag", in Deutschland（Bundesrepublik）Bundesministerium für innerdeutsche Beziehungen, Hrsg. , *Texte zur Deutschlandpolitik*, Reihe Ⅱ/Bd. 2, Bonn: Deutscher Bundes-Verlag, 1976, S. 423-424.

② Udo Wengst und Hermann Wentker, Hrsg. , *Das doppelte Deutschland: 40 Jahre Systemkonkurrenz*, Bonn: Bundeszentrale für politische Bildung, 2008, S. 323.

③ „Dr. Manfred Abelein: Rede vor dem Deutschen Bundestag", in Deutschland（Bundesrepublik）Bundesministerium für innerdeutsche Beziehungen, Hrsg. , *Texte zur Deutschlandpolitik*, Reihe Ⅱ/Bd. 1, Bonn: Deutscher Bundes-Verlag, 1975, S. 447.

④ „Staatssekretär Herold: Beantwortung von Fragen vor dem Deutschen Bundestag", in Deutschland（Bundesrepublik）Bundesministerium für innerdeutsche Beziehungen, Hrsg. , *Texte zur Deutschlandpolitik*, Reihe Ⅱ/Bd. 1, Bonn: Deutscher Bundes-Verlag, 1975, S. 304.

⑤ 《基础条约》签订后，两德人员交流大幅增加。在这种情况下，民主德国不断为两德人员接触设置障碍，其中包括提高最低兑换额度。1974 年，民主德国甚至通过修宪的方式去德意志化，试图彻底与联邦德国划清界限。

"现任政府在德国统一政策中奉行着一个刻板的公式，那就是经贸手段不适合作为对民主德国施压的工具。这是你们在德国统一政策中犯下的一个最糟糕的错误。如果联邦政府总是说，经济制裁措施从一开始就被弃用了。这样，你们就相当于给了民主德国在未来破坏协定以及进行勒索的特权。"①

显然，联盟党担心，如果社民党长期贯彻现行对民主德国的经济政策，即长期对民主德国采取温和的经济施惠策略，会逐步丧失联邦德国政府在德国问题上的基本立场和尊严，也会使民主德国借机向联邦德国提出更多、更高的要求。可见，联盟党在对民主德国经济政策的基本主张与执政党的政策实践截然相反。随后，阿贝莱因又讲道："我们强调这种观点，即通过给予民主德国经济或金融上的好处，来抑制其不断破坏条约的行为以及划界政策，已经不再适用了。此外，这不仅是政治智慧的问题，而且关乎联邦德国政府的尊严，对于民主德国的冒犯，不能总是忍气吞声，不做任何反应。"②对此，联盟党议会党团主席赫尔穆特·科尔（Helmut Kohl）也批评道："对于民主德国的民族分离主义及其在人道主义领域的种种限制措施，社民党政府放弃了在言辞上的进攻型策略，只知道与民主德国达成合作协定，就会失去自身的基本立场和底线。"③

此外，在联盟党看来，对民主德国实行经济制裁政策也是完全可行的，特别是通过削减无息透支贷款额度来迫使民主德国就范。其主要依据来自民主德国对德国内部贸易的依赖性。联盟党议员阿贝莱因讲道："仅纺织品进口配额就会给民主德国造成约6亿联邦德国马克的损失，而这些损失无法通过其他方式弥补。民主德国在德国内部贸易中的负债额达到了20亿联邦德国马克。没有我们的帮助，民主德国就无法实现其社会福利计

① „Dr. Manfred Abelein: Rede vor dem Deutschen Bundestag", in Deutschland（Bundesrepublik）Bundesministerium für innerdeutsche Beziehungen, Hrsg., *Texte zur Deutschlandpolitik*, Reihe Ⅱ/Bd. 5, Bonn: Deutscher Bundes-Verlag, 1979, S. 189.

② „Dr. Manfred Abelein: Rede vor dem Deutschen Bundestag", in Deutschland（Bundesrepublik）Bundesministerium für innerdeutsche Beziehungen, Hrsg., *Texte zur Deutschlandpolitik*, Reihe Ⅱ/Bd. 5, Bonn: Deutscher Bundes-Verlag, 1979, S. 190.

③ „Dr. Helmut Kohl: Rede vor dem Deutschen Bundestag", in Deutschland（Bundesrepublik）Bundesministerium für innerdeutsche Beziehungen, Hrsg., *Texte zur Deutschlandpolitik*, Reihe Ⅱ/Bd. 7, Bonn: Deutscher Bundes-Verlag, 1981, S. 294.

划。此外，其出口至西方国家 90% 的货物都是没有竞争力的产品，而且是在我们的帮助下进入到欧共体市场，它的工业现代化需要西方的先进技术。而且，民主德国几乎一半的外汇源自德国内部贸易。要是换做其他的贸易伙伴，这几乎是无法实现的。"①他指出，无息透支贷款规则完全被民主德国滥用，民主德国已获得 8.5 亿联邦德国马克的免息贷款②，每年可以节省几千万联邦德国马克的利息。联邦德国政府还设立一个 22.5 亿联邦德国马克的担保基金，可以向民主德国提供特惠信贷。此外，联邦德国政府为德国内部贸易制定了增值税优惠政策。事实上，单单通过欧共体关税优惠政策，民主德国就获得了几十亿联邦德国马克的好处。他认为政治和经济的内在关系可以重新构建。③联盟党议员卡尔·H. 莱姆里希（Karl H. Lemmrich）也认为，无息透支贷款对民主德国的重要性日益增加。他强调指出："1953 年的无息透支贷款额为 5000 万联邦德国马克，而到了 1978 年是 8.5 亿联邦德国马克，两者在数额上存在着明显的差异。"④

（二）社民党关于维护两德"经济合作"的阐释

面对联盟党人不断发出的诘难，联邦总理施密特（社民党人）亲自做出回应。他在联邦议院发表的讲话中明确指出："从原则上讲，联邦德国政府并不排除使用经济制裁措施。但是，我们已经认识到，将其始终视为一个政治工具是不适当的。它可能会破坏双方由经济合作构建的微妙的政治平衡点。"⑤与此同时，在这位社民党总理看来，联盟党这种通过经济制

---

① „Dr. Manfred Abelein: Sind Sanktionen gegen die DDR möglich？", in Deutschland（Bundesrepublik）Bundesministerium für innerdeutsche Beziehungen, Hrsg., *Texte zur Deutschlandpolitik*, Reihe Ⅱ/Bd. 6, Bonn: Deutscher Bundes-Verlag, 1979, S. 49-50.

② 1976 年至 1982 年，无息透支贷款的额度为每年 8.5 亿联邦德国马克。参见附录 3。

③ „Dr. Manfred Abelein: Rede vor dem Deutschen Bundestag", in Deutschland（Bundesrepublik）Bundesministerium für innerdeutsche Beziehungen, Hrsg., *Texte zur Deutschlandpolitik*, Reihe Ⅱ/Bd. 5, Bonn: Deutscher Bundes-Verlag, 1979, S. 190.

④ „Karl Heinz Lemmrich: Rede vor dem Deutschen Bundestag", in Deutschland（Bundesrepublik）Bundesministerium für innerdeutsche Beziehungen, Hrsg., *Texte zur Deutschlandpolitik*, Reihe Ⅱ/Bd. 6, Bonn: Deutscher Bundes-Verlag, 1979, S. 177.

⑤ „Bundeskanzler Schmidt: Bericht zur Lage der Nation", in Deutschland（Bundesrepublik）Bundesministerium für innerdeutsche Beziehungen, Hrsg., *Texte zur Deutschlandpolitik*, Reihe Ⅱ/Bd. 6, Bonn: Deutscher Bundes-Verlag, 1979, S. 114.

裁实现政治目标的口号老套而又过时，且不具有任何建设性。事实上，在前联盟党政府执政时期，联邦德国对无息透支贷款额度的调整也表现得十分谨慎。为此，他还特意举例加以反驳。例如，联邦总理阿登纳在 1961 年民主德国修建"柏林墙"时，都没有减少或废除无息透支贷款。还有，在 1968 年两德关系再次紧张期间，基辛格总理领导下的大联合政府甚至提高了无息透支贷款额度。他还补充道："无息透支贷款不仅具有政治功能，也是保持和扩大两德经贸关系不可或缺的工具，它不仅是为实现自身的经济目标，也是为实现国家的战略目标。……对我而言，联盟党这种威胁的口号仅作为一种愤怒的反应，是可以被理解的。然而，我认为这种方式似乎不是一个负责任的政治行为。"①此外，他还强调，"维护自身政治目标的最好方式并不是通过炫耀强硬和实力，这是我们在德国问题上采取的政策与联盟党希望采取的政策之间最重要的区别，联盟党人认为，联邦德国有一些王牌可以迫使民主德国去做一些他们不想去做的事情。我无法认出这些王牌。请告诉我它们是什么。"②

与施密特总理的回应相比，联邦德国经济部长兰布斯多夫（社民党人）在言语上的回击更为犀利："联邦德国政府虽不排除对民主德国实施经济制裁，但短期的制裁措施不会带来什么结果。我警告，——我向来是这样的态度——那些想将德国内部贸易当作施压工具的人，因为德国内部贸易始终是链接两个德意志国家的一个至关重要的纽带。"③社民党议员海茵茨·克罗伊茨曼（Heinz Kreutzmann）则一针见血地指出："联盟党人想通过使用经济制裁和类似的措施迫使一个自我封闭的国家做出让步，他们

①　„Bundeskanzler Schmidt: Bericht zur Lage der Nation", in Deutschland (Bundesrepublik) Bundesministerium für innerdeutsche Beziehungen, Hrsg., *Texte zur Deutschlandpolitik*, Reihe Ⅱ/Bd. 6, Bonn: Deutscher Bundes-Verlag, 1979, S. 114.

②　„Bundeskanzler Schmidt: Regierungserklärung zur Lage der Nation vor dem Deutschen Bundestag", in Deutschland (Bundesrepublik) Bundesministerium für innerdeutsche Beziehungen, Hrsg., *Texte zur Deutschlandpolitik*, Reihe Ⅱ/Bd. 4, Bonn: Deutscher Bundes-Verlag, 1978, S. 37.

③　„Aktuelle Stunde des Deutschen Bundestags zum Thema Haltung der Bundesregierung zu Plänen zur Wiedervereinigung Deutschlands sowie zu den Behinderungen der Arbeitsmöglichkeiten von in Ost-Berlin akkreditierten Journalisten", in Deutschland (Bundesrepublik) Bundesministerium für innerdeutsche Beziehungen, Hrsg., *Texte zur Deutschlandpolitik*, Reihe Ⅱ/Bd. 7, Bonn: Deutscher Bundes-Verlag, 1981, S. 242-243.

当然明白，这样一种政策会立刻招来苏东社会主义国家的反击。如果这种政策无法令民主德国完全按照他们的要求做出妥协，那么他们所主张的德国统一政策便会走向死胡同。"①

对于联盟党人提出的强硬反制措施，社民党议员埃贡·赫曼明确表示，民主德国非常清楚，如果联邦德国政府不想废除《基本法》的话，它就不能采取报复措施。我们在任何情况下都不能以牙还牙，因为这种报复行为根本无法取代德国统一政策。在本届政府的各项政策考虑中，只要涉及德国统一政策，就根本不存在报复行为。这是一种非常狭隘的思维方式，即以其人之道还治其人之身。当然，这也是最容易实施的政策。联盟党的这一策略已经实行多年，我们不会选择加入其中。②

对于经济制裁政策的可操作性问题，社民党议员布鲁诺·弗里德里希（Bruno Friedrich）公开在议会辩论中向联盟党议员问道："1977年，德国内部贸易额达到了96.6亿联邦德国马克，联邦德国的贸易顺差达到了5.25亿联邦德国马克。为了惩罚民主德国而去惩罚，这是联盟党一个明显的出发点！阿贝莱因先生您指的是，现在应该在哪些行业实施制裁？请您将目录递上来，我们好对此进行讨论！为了突出最重要的行业，哪个应该首当其冲，农业、机械制造业、还是电子工业？如果您想在这里及时通知这些相关企业，那么这些企业就要从对民主德国的经济制裁中获得补偿。另外，您如何评价对民主德国实施经济制裁的效果，从中我们想知道，它是否已经有了长期的定位。"③

另外，对于联盟党人提到的民主德国对德国内部贸易的依赖性，德国

---

① „Dr. Heinz Kreutzmann: Rede vor dem Deutschen Bundestag", in Deutschland（Bundesrepublik）Bundesministerium für innerdeutsche Beziehungen, Hrsg., *Texte zur Deutschlandpolitik*, Reihe II/Bd. 6, Bonn: Deutscher Bundes-Verlag, 1979, S. 220.

② „Aktuelle Stunde des Deutschen Bundestages zum Thema Reaktion der Bundesregierung auf die Diskriminierung von Journalisten", in Deutschland（Bundesrepublik）Bundesministerium für innerdeutsche Beziehungen, Hrsg., *Texte zur Deutschlandpolitik*, Reihe II/Bd. 4, Bonn: Deutscher Bundes-Verlag, 1978, S. 169.

③ „Bruno Friedrich: Rede vor dem Deutschen Bundestag. Bundesminister Franke: Rede vor dem Deutschen Bundestag", in Deutschland（Bundesrepublik）Bundesministerium für innerdeutsche Beziehungen, Hrsg., *Texte zur Deutschlandpolitik*, Reihe II/Bd. 6, Bonn: Deutscher Bundes-Verlag, 1979, S. 192-193.

内部关系部长弗兰克（社民党人）更是表示出了极大的怀疑。他认为，联邦德国在德国内部贸易中能够获得一些政治利益，但这并不意味着，联邦德国渴望通过商品和服务的交换使民主德国产生依赖性。对此，联邦德国也做不到，那将是个愚蠢的努力。其实，在联邦议院发言中不应提及这种依赖性。例如，联邦德国需要将德国内部贸易的数量和结构与民主德国外贸的数量和结构进行比较。对民主德国而言，联邦德国作为工业产品的供应方并非不可替代。如果将这种不可替代性作为依赖性的标准，那么民主德国对德国内部贸易的依赖性就无从谈起。[1]显然，在他看来，联盟党低估了民主德国通过其他方式规避联邦德国经济制裁的能力。

此外，弗兰克部长还着重指出，1968—1977 年十年间，德国内部贸易额翻了三番，从 29 亿联邦德国马克上升至 87 亿联邦德国马克。他认为，这种发展态势令人欣喜。它不仅为民主德国，也为联邦德国相关参与企业带来实际的经济利益。另外，德国内部贸易所达到的规模也受到积极评价，因为商品交换总是包含一个元素，它远远超越了物质和经济范畴。关于德国内部贸易及其适用规则的一些考虑很容易忽视西柏林在其中扮演的角色。以 1977 年为例，西柏林在德国内部贸易中的份额为 22.3%。换言之，它几乎占到了德国内部贸易额的 1/4。[2]他同时还强调，联邦德国之前同民主德国进行的无息透支贷款谈判，如同所有其他谈判一样，都存在着利益平衡的问题。联邦德国之所以重视德国内部贸易，一方面在于它所带来的政治利益；另一方面则是通过德国内部贸易来解决西柏林的供应问题。这些对于联邦德国而言，都是至关重要的国家利益。因此，不能产生这样的错误观念，即缓解德国内部贸易的支付状况，只是为了满足民主德

---

[1] „Bundesminister Franke: Fragen und Probleme der Deutschlandpolitik", in Deutschland (Bundesrepublik) Bundesministerium für innerdeutsche Beziehungen, Hrsg., *Texte zur Deutschlandpolitik*, Reihe Ⅱ/Bd. 6, Bonn: Deutscher Bundes-Verlag, 1979, S. 106.

[2] „Bundesminister Franke: Rede vor dem Deutschen Bundestag", in Deutschland (Bundesrepublik) Bundesministerium für innerdeutsche Beziehungen, Hrsg., *Texte zur Deutschlandpolitik*, Reihe Ⅱ/Bd. 6, Bonn: Deutscher Bundes-Verlag, 1979, S. 299.

国的要求。①

（三）两党对民主德国经济政策主张的比较分析

联邦议院这场关于联邦德国政府对民主德国经济政策模式的争论一直持续到了 20 世纪 70 年代末期，最终以联盟党的偃旗息鼓收场。透过这场争论，我们可以清楚地发现，联邦德国最重要的两个政党在对民主德国的经济政策上所持主张不同，形成了鲜明的对比。而这种对比不仅显示出两党德国统一政策理念的差异，同时也间接反映了两德经贸关系的特点，以及影响和制约联邦德国政府对民主德国经济政策实践的各种内外部因素。

1. 两党在德国统一政策理念上的巨大差异

联盟党承认德国内部贸易以及无息透支贷款能够在德国统一政策方面发挥效力，尤其体现在推动和改善两德人员交往方面。正如联盟党议员巴泽尔所言："民主德国已经加入联合国。我们必须通过经济手段来实现两德人员交往方面的进步，目前在政治方面我们已无法掌控，只能通过经济方面来加以补充。"②这充分说明联盟党已被迫承认战后德国分裂状态业已固化的残酷现实，而且认为，加强两德人员交往对于缓和国家分裂状态有着十分重要的意义。此外，联盟党也意识到了在新的"缓和"时期里，需重新审视其仅依靠西方盟国实力推动德国统一的政策。此时，作为两德仅存的共同利益交集——德国内部贸易成为联邦德国政府德国统一政策唯一有效的"着力点"。然而，与社民党不同的是，联盟党认为，不应该对民主德国过分的迁就，以经济代价换取对方的让步，应该在必要的时候对民主德国实施经济制裁。由此可见，联盟党既想以经贸手段作为一种链接两德的纽带，又想将其当作政治施压的武器。显然，联盟党的主张具有矛盾性。

---

① „Bundesminister Franke: Fragen und Probleme der Deutschlandpolitik", in Deutschland (Bundesrepublik) Bundesministerium für innerdeutsche Beziehungen, Hrsg., *Texte zur Deutschlandpolitik*, Reihe Ⅱ/Bd. 6, Bonn: Deutscher Bundes-Verlag, 1979, S. 106.

② „Dr. Rainer Barzel: Rede vor dem Deutschen Bundestag", in Deutschland (Bundesrepublik) Bundesministerium für innerdeutsche Beziehungen, Hrsg., *Texte zur Deutschlandpolitik*, Reihe Ⅱ/Bd. 2, Bonn: Deutscher Bundes-Verlag, 1976, S. 440.

事实上，这种现象早在联盟党阿登纳政府执政时期就已存在。具体表现为始终在合作与对抗的两极间摇摆。一方面，阿登纳政府希望通过加强两德经贸关系，使民主德国对德国内部贸易的依赖性增强，让联邦德国对民主德国人民产生吸引力；另一方面，它又希望必要时通过对民主德国的经济制裁，迫使后者在政治上做出相应的妥协。例如，1960年9月，阿登纳政府曾暂时中止了1951年《柏林协定》，以应对苏联和民主德国对西柏林通道的"干扰"行动。显然，后一种施压策略不仅是联盟党"以对抗求统一"政策的一种体现，同时也是冷战时期东西方严重对抗背景下的产物。到了20世纪70年代，尽管联盟党对其传统德国统一政策进行了一定的反思，但还是没有彻底去除早已过时的一些僵化理念。从某种程度上说，这一时期联盟党的德国统一政策仍处在艰难的转型中，其德国统一政策理念也大致延续着早先"实力政策"的特征。

与联盟党那种不合时宜且缺乏可靠依据的主张相比，社民党的德国统一政策显然更为积极与理性。早在20世纪50年代，社民党就开始主张德意志两部分要相互接近。1954年1月，社民党议员、联邦议院全德事务委员会主席魏纳就曾建议，可以设想一个小的解决方案，尽管它永远不会成为德国统一的替代方案，但它至少有可能成为整个解决方案的一个步骤。在这方面，应当考虑恢复柏林的统一，促进德意志两部分之间的交通和往来，以及消除德意志两部分之间的货币差距。[1]

1958年5月，社民党在斯图加特召开的党代会上提出了《社民党关于德国重新统一的决议》（Entschließung des SPD-Parteitages zur Wiedervereini-gung Deutschlands）。该决议试图创建一种泛欧安全秩序：将德国分裂的两部分纳入无核武器区，逐步减少和撤离驻扎在德国及其东部邻国的外国军队，并为参加无核武器区的国家军队数量设置上限。通过这种安全秩序建立一个框架，使德意志两部分能够更加紧密地联系在一起，并使德国在安全的自由中实现和平统一。与此同时，必须采取措施促进德意志两部分经济、社会和文化融合，克服冷战和德国内部的意识形态煽动，尽管这需要

---

① Werner Weber und Werner Jahn, *Synopse zur Deutschlandpolitik 1941 bis 1973*, Göttingen: Otto Schwartz, 1973, S. 180.

与苏联占领区当局进行协商。在对由于先前疏忽所造成的既定事实进行清醒的评估之后，最好采取措施减少德国分裂产生的消极影响，而不是陷入最终不可避免地承认德国分裂的绝望之中。①

1969 年，当社民党获得政府领导权后，面对日益"缓和"的东西方关系，主动承认并接受了欧洲和德国分裂的现实。社民党领导人认为，只有通过缓和东西方关系以及弥合欧洲分裂，才能实现德国的和平统一。因此，德国统一只能被视为一个长远的目标，德国问题也"只能在一项欧洲的和平安排中得到最后的解答"。②为此，社民党政府彻底抛弃了前任联盟党政府那种强硬的德国统一政策，开始采取现实主义态度，大力发展两德间经济、政治、文化和人员方面的交往，努力寻找和挖掘双方的利益共同点，在全方位密切两德关系的同时，积极推动欧洲的缓和进程，为最终实现德国统一创造内外部条件。

正因为如此，在社民党看来，德国内部贸易以及无息透支贷款不适合作为政治施压的工具。因为这种强硬政策只会导致两德关系再次紧张，破坏欧洲的缓和进程，进而造成德国统一的内外部条件恶化。显然，这有悖于社民党的德国统一政策理念。社民党更希望通过加强两德间的经济合作，逐步建立起相互间的信任，从而进一步推动两德在各个领域，尤其是人员方面的交流，以此来克服日益固化的德国分裂状态。因此，社民党政府不会考虑以一种类似"划界"的行为来回应民主德国的划界政策。

从社民党的主张中我们也可以看出，该党十分重视德国内部贸易在两个德意志国家间发挥的桥梁纽带作用，即通过这种特殊形态的经贸模式，可以将德意志两部分以及西柏林有效的链接起来。一方面，它可以作为"两德特殊关系"的外部象征，使德国问题保持着公开性。另一方面，德国内部贸易在维护西柏林经济、政治安全方面发挥着重要作用。正如社民党人所言，德国内部贸易可以解决西柏林的供应问题。由于西柏林处于民主德国领土包围之中，它对民主德国的供应有着天然的依赖性，尤其体现

---

① Werner Weber und Werner Jahn, *Synopse zur Deutschlandpolitik 1941 bis 1973*, Göttingen: Otto Schwartz, 1973, S. 313.

② Willy Brandt, *People and Politics: The Years 1960-1975*, Boston: Little, Brown and Company, 1978, p. 237.

在食品和能源方面。这种依赖性自德国分裂以来就始终存在着，而且关乎西柏林的安全与稳定。正因为如此，联盟党阿登纳政府于1960年底被迫恢复1951年《柏林协定》。可见，西柏林的经济、政治安全问题一直备受联邦德国政府的高度重视，并成为影响其重大决策的一个重要因素。

因此，联盟党有关采用削减无息透支贷款迫使民主德国就范的策略，无疑会削弱本该加强的德国内部贸易的纽带作用，而且还会直接威胁到西柏林的经济安全，进而再次触动冷战的神经。这些都与社民党缓和政策的理念相冲突，因而不为后者所接受。此外，社民党在其执政时期奉行的是一种条约政策。社民党通过无息透支贷款协议、增值税优惠规则以及联邦担保金条例等来促进和规范两德的经济关系。无息透支贷款是一个明确的合作协议，社民党政府显然不愿轻易对其做出强行改变，从而影响和破坏其所构建的条约体系。①

2. 两党就民主德国对德国内部贸易的依赖度存在分歧

从联盟党人在联邦议院的发言中，我们也可以明显看出，德国内部贸易建立在不对等互惠及不对称依赖的基础之上。这种不对等互惠性充分体现了两德在德国内部贸易中所追求的利益是不尽相同的。在这个共同利益交集中，联邦德国采取的是单方面对民主德国施惠的方式②，更多的是在追求政治上的利益，并希望以此对民主德国产生一定的吸引力；与之相对，民主德国则更多考虑的是从德国内部贸易中获取经济上的实惠。这也是后者始终不愿放弃德国内部贸易的主要原因。

不对称依赖性③则反映出两德在经济实力上的差距。例如，1961年，联邦德国的国内生产总值为3991亿联邦德国马克，到了1974年，达到了6874亿联邦德国马克。尽管战后民主德国的经济发展速度也比较快，但与联邦德国相比差距明显。1961年，民主德国国内生产总值为722亿民主德

① 事实上，尽管联邦德国曾多次提高无息透支贷款额度，但民主德国仍不时宣称，无息透支贷款规定是联邦德国实施政治压力的手段。参见 Deutschland（Bundesrepublik）Bundesministerium für innerdeutsche Beziehungen, Hrsg., *DDR-Handbuch*, Bd. 1, 3. Aufl., Köln: Wissenschaft und Politik Verlag, 1985, S. 652.

② 包括免关税及农产品附加税、欧洲共同体的免税待遇、提供无息透支贷款等。

③ 这点也可从德国内部贸易额占两德各自贸易总额的比重中窥得一斑。德国内部贸易常年仅占联邦德国贸易总额的2%，而占民主德国贸易总额的10%。

国马克，1974 年为 1348 亿民主德国马克①。在对外贸易方面，1960 年，联邦德国出口额为 479. 46 亿联邦德国马克，1974 年为 2305. 78 亿联邦德国马克。与之相对，1960 年民主德国出口额为 82. 57 亿外汇马克，1974 年为 274. 33 亿外汇马克。就工资收入水平而言，1974 年，联邦德国工人月平均工资为 1660 联邦德国马克，民主德国工人月平均工资为 846 民主德国马克。②由于这种经济实力对比的不平衡，使得两德间日益频繁的交往对民主德国自身稳定构成了一定的挑战和威胁。这导致民主德国一方面表现出愿意保持和扩大两德经济合作，另一方面则试图限制两德人员交往，减少来自联邦德国方面的影响。

上述两德经贸关系中的不对等互惠与不对称依赖充分体现出联邦德国在两德经贸关系中占据着一定的优势地位，而这也成为联盟党"经济制裁"主张的重要理论依据。不过，联盟党显然片面夸大了民主德国对德国内部贸易的依赖性，更理想化地将两德关系限定在一个封闭的空间内。在东西方贸易逐步自由化后，对民主德国实行经济施压变得更加不切实际。例如，1968 年 6 月 13 日《每日镜报》（Der Tagesspiegel）刊登的一篇评论称："对民主德国经济制裁这一手段早已变得迟钝，而且在阿登纳执政时期的使用就以失败告终，民主德国那时比现在更加依赖联邦德国的供货。"③

事实上，民主德国与经互会国家间的贸易历来是其对外贸易的主要部分。正如 1972 年民主德国统一社会党总书记昂纳克在接受采访时所言："在民主德国的对外贸易总额中，我们同苏联的贸易占 40%，同其他社会

---

① 20 世纪 70 年代中期，联邦德国马克与民主德国马克的实际汇率为 1∶2，黑市上的汇率为 1∶4，且呈逐年升高之势。参见 Jonathan R. Zatlin, *The Currency of Socialism: Money and Political Culture in East Germany*, Cambridge and New York: Cambridge University Press, 2007, p. 169.

② Deutschland (Bundesrepublik) Bundesministerium für innerdeutsche Beziehungen, Hrsg., *Zahlenspiegel. Bundesrepublik Deutschland / Deutsche Demokratische Republik - ein Vergleich*, Bonn: Bundesministerium für innerdeutsche Beziehungen, 1976, S. 12, 18, 25.

③ *Der Tagesspiegel* vom 13. Juni 1968.

主义国家的贸易占30%，……德国内部贸易所占比重大约为10%。"[1] 民主德国自建立伊始便在经济上与苏联紧密相连，苏联是民主德国经济的基本支柱。"二战"后，重型机械制造产品成为苏联的主要需求，并从一开始就构成了民主德国经济体制的一大特点。这种独特现象也反映在民主德国和苏联之间达成的长期供货协议之中。来自苏联的石油、天然气、冶金和化学原材料及其产品构成了民主德国的经济基础。民主德国70%—80%的生产能力则用于为苏联生产捕鱼船、轧钢机设备、旅游列车、起重机等制成品。工业部门400万名就业者中，170万人的生产活动与对苏联出口有关。[2]此外，随着国际局势的缓和，民主德国也开始增加同其他西方国家的经济交往与合作。因此，联邦德国不得不面对其他西方盟国的竞争及其对德国内部贸易造成的冲击。可见，联盟党"经济制裁"主张的理论依据是完全站不住脚的。同时，这也充分说明，联邦德国政府德国统一政策的制定与实施必须始终正视战后欧洲两大阵营格局的现实以及东西方关系的发展变化，特别是苏联因素的影响。

相比之下，社民党不仅能够理性看待民主德国对德国内部贸易有限的依赖性，而且还充分考虑到本国企业界在德国内部贸易中的经济利益。其实，东西方关系以及两德关系的缓和进程本身就具有"物质化"的特征。就德国内部贸易而言，民主德国需要联邦德国的资金、技术、设备以及高技术含量产品等；而联邦德国则比较看重民主德国的一些基础原料、能源燃料、个别工业品以及销售市场等。虽然德国内部贸易在联邦德国对外贸易中所占比重很低，但随着联邦德国经济的快速腾飞，社民党政府也更加重视本国企业日益增长的对外投资和销售需求。通过引导和支持本国企业与民主德国相关企业进行合作，不仅有利于扩大本国企业的生产，同时也可以促进本国相关行业的就业。因此，社民党反对对民主德国采取经济制

---

① „Erster Sekretär des ZK der SED, Honecker: Wir stehen am Beginn des friedlichen Nebeneinanders", in Deutschland（Bundesrepublik）Bundesministerium für innerdeutsche Beziehungen, Hrsg., *Texte zur Deutschlandpolitik*, Reihe Ⅰ/Bd. 11, Bonn: Deutscher Bundes-Verlag, 1973, S. 339-340.

② ［德］埃贡·克伦茨编：《柏林墙倒塌30年记：原民主德国方面的回顾与反思》，王建政译，社会科学文献出版社2021年版，第134页。

裁措施，以免影响和损害本国一些相关企业及其员工的切身利益。显然，将国家政治目标与本国企业利益有效结合，也是联邦政府制定和推行德国统一政策时需加以考虑的一个因素。

3. 两党皆以联邦德国的经济力量服务于德国统一政策

透视这场争论，我们还可以发现一个事实，那就是两党在利用联邦德国强大的经济力量服务于其德国统一政策方面是一致的。这也是历史因素和现实因素共同促成的结果。由于德国是"二战"的战败国，它在政治和军事上受到很大限制。战后联邦德国把政治、军事上的要求转变为经济上的要求，并利用其日益增强的经济实力来促进和实现自身的政治和安全利益。对联邦德国而言，经济力量已成为比军事力量更有效、更容易产生现实政治影响力的工具。联邦德国已经成为一个"经济政治"国家。"经济政治"代替了地缘政治。[①]对此，基辛格大联合政府财政部长施特劳斯（联盟党人）就曾说过："今日之经济力量取代了德皇凯泽时期的步兵师团"。[②]社民党领导人也表达了类似的观点。例如，社民党施密特总理在接受一次采访时，曾以某种克劳塞维茨[③]式的口气说："多年来，我们的经济政策就是我们的外交政策。"[④]

"二战"结束后，随着经济全球化进程的进一步加速，以及世界经济发展中相互依赖趋势不断加强，衡量一个国家的国力及影响力的标准逐步由军事力量转为综合国力，在这之中，经济实力尤为重要。虽然"二战"后国际关系的基础仍然是军事实力，但经济力量日益成为国际事务的推动力。联邦德国正是巧妙地利用经济力量来不断地改变其国际地位，并且在对外政策及德国统一政策上获得了更大的独立性和自主性。值得注意的是，战后联邦德国"经济奇迹"的产生与其社会市场经济的成功实践有着

---

① ［美］埃德温·哈特里奇：《第四帝国的崛起》，范益世译，世界知识出版社1982年版，第27、316页。

② ［美］埃德温·哈特里奇：《第四帝国的崛起》，范益世译，世界知识出版社1982年版，第4页。

③ 卡尔·冯·克劳塞维茨（Carl von Clausewitz），普鲁士著名将领、军事理论家和军事历史学家，其代表作《战争论》被誉为西方近代军事理论的经典之作。

④ ［美］埃德温·哈特里奇：《第四帝国的崛起》，范益世译，世界知识出版社1982年版，第316页。

直接的关系。虽然，联盟党在德国统一政策上没有为社民党留下太多的政治遗产①，但不可否认的是，联盟党开创的社会市场经济模式的大获成功，也为社民党凭借联邦德国强大的经济力量，实践其"以接近求转变"政策奠定了物质基础，增强了信心。例如，勃兰特在1961年就认为，赫鲁晓夫提倡的两大制度和平竞赛最终将是西方取得优势。为此他讲道："富裕和自由进行比赛将会表明，我们两者都有，而东方则一无所有。"②

由此可见，正是在强大经济力量的支撑下，社民党政府得以对民主德国推行更为积极和灵活的德国统一政策。为了密切两德关系，特别是为两德人民沟通交流创造机会和条件，联邦德国政府愿意付出一些经济代价。除了在德国内部贸易中提供高额的无息透支贷款③外，联邦德国政府还向民主德国提供了大量的非商业性财政支付。例如，1970—1979年，联邦德国共向民主德国支付了50多亿联邦德国马克的各种费用。④在社民党政府经济施惠策略的不断推动下，两德人员互访、通信交流的规模迅速扩大。

上述这些对于维系和增强德意志民族的认同感和归属感来说，其所起到的积极作用是不可估量的。与此同时，它们对民主德国的发展与稳定也产生了深远的影响。民主德国最高领导人昂纳克在回忆录中这样写道："联邦德国可能帮助民主德国社会主义社会的发展，但同时却也可能兼而并之。例如，我们公民旅行的大量增加，是一种开放政策，但却也有风

---

① 20世纪五六十年代，联盟党执政时期（特别是阿登纳时期）奉行"实力政策"和"哈尔斯坦主义"，致使联邦德国与苏东国家的关系长期处于封冻状态，且两德形成高度敌对的局面。这些加剧了德国的分裂。

② [联邦德国]彼得·本德尔：《盘根错节的欧洲》，马灿草等译，世界知识出版社1984年版，第62页。

③ 1970年至1979年，无息透支贷款每年的平均额度约为6.94亿联邦德国马克，民主德国每年的平均使用额约为6.18亿联邦德国马克，年平均使用率约为89%，其中1973年的使用率最高，达到95.5%，1978年的使用率最低，为79.6%。这是无息透支贷款自1949年设立以来使用率最高的一段时期。参见附录3。

④ „Antwort der Bundesregierung auf die Kleine Anfrage der Fraktion der CDU/CSU „Zahlungen an die DDR ""，in Deutschland（Bundesrepublik）Bundesministerium für innerdeutsche Beziehungen，Hrsg.，*Texte zur Deutschlandpolitik*，Reihe Ⅱ/Bd. 8，Bonn：Deutscher Bundes-Verlag，1983，S. 296.

险。"①联邦德国的德国内部关系部长弗兰克认为，数以百万计的联邦德国公民和西柏林市民赴民主德国进行访问，这是公民共同参与德国统一政策的标志。他讲道："我们赞成尽可能多地给全体德国人民提供这样的机会，让他们亲眼观察两个德意志国家的现实图景。我们并不害怕这种比较。"②

综上所述，社民党于1969年主政联邦德国后，开始通过增加两德在人员、组织、机构之间的接触与合作，来抑制德意志民族的进一步分裂，保持德国问题在政治上和法律上的公开性。这一时期，维系和增强民族凝聚力成为其德国统一政策优先考虑的事项。因此，社民党政府为促进两德人员互访，改善两德旅行交通，扩大两德通信交流，不惜动用大量的财政资金。然而，社民党政府的德国统一政策实践引来最大反对党联盟党的质疑与责问，两大政党随后围绕联邦德国政府对民主德国的经济政策模式展开了激烈的辩论。

就这场辩论的本质而言，是双方不同德国统一政策理念的碰撞和交锋。在新形势下如何推进德国统一，两大政党仍然存在显著的分歧。通过对比我们可以发现，这一时期的联盟党仍受其传统德国统一政策的一些过时理念的困扰，对民主德国实行经济制裁的主张不过是其早先"强硬"德国统一政策的一种延续，且与"缓和"时期的潮流格格不入。与之相反，社民党则以更加现实和理性的态度，将"以接近求转变"的策略融入到其德国统一政策当中。社民党认为，只有对民主德国采取缓和与和解政策，才能逐渐改善和密切两德关系，进而推动东西方关系的缓和，最终在全欧和解以及欧洲分裂结束的情况下完成德国统一。

此外，从这场辩论中可以看到，联邦德国政府对民主德国的经济政策受到诸多因素的制约与影响，其中包括欧洲两大阵营格局、西柏林的经济、政治安全、本国企业界的利益诉求、来自苏联的潜在干预等。这些因素致使无论是在严重对抗时期还是在缓和与合作时期，联邦德国对民主德

---

① ［德］赖因霍尔德·安德特，［德］沃尔夫冈·赫兹贝格：《倒台：昂纳克答问录》，顾增文等译，世界知识出版社1992年版，第43页。

② „Bundesminister Franke: Rede vor dem Deutschen Bundestag", in Deutschland (Bundesrepublik) Bundesministerium für innerdeutsche Beziehungen, Hrsg., *Texte zur Deutschlandpolitik*, Reihe Ⅱ/Bd. 4, Bonn: Deutscher Bundes-Verlag, 1978, S. 202.

国的经济制裁不仅无法达到其政治上的目标，反而会适得其反。

这场辩论还反映出两大政党都重视利用联邦德国的经济优势对民主德国施加影响。这一时期，联邦德国强大的经济实力为联邦德国政府的德国统一政策实践提供了物质保障。德国内部贸易日益成为联邦德国政府德国统一政策的重要着力点。不过，与联盟党相比，社民党能够理性看待民主德国对德国内部贸易的依赖性。因此，社民党更注重运用无息透支贷款、担保基金、特惠贷款、非商业性财政支付等经济手段作为杠杆，贯彻其"以接近求转变"的策略。

最终，这场持续数年的论战以联盟党的主动退出而谢幕。在历经"柏林墙"事件以及两德《基础条约》签订之后，联盟党的德国统一政策理念再次遭受巨大的冲击，并开始朝务实主义的方向发生蜕变。也正因为如此，联盟党于 20 世纪 80 年代初重新掌权后，彻底转变了其原有的僵硬立场，并在对民主德国经济政策理念方面向社民党趋同。

第二节　科尔政府对民主德国经济政策的
新突破（1982—1989）

20 世纪 70 年代末 80 年代初是国际局势发生重大转变的一个时期。苏联全球性的扩张，特别是出兵阿富汗，导致美苏关系进入冰河期。由于美国在联邦德国部署了新型中程导弹，两德关系随之陷入低谷。此时，处于对抗前沿的联邦德国正处于政府换届的特殊时期。新上任的右翼联盟党政府在审时度势后，放弃了传统对抗性的德国统一政策，开始走务实、理性的道路。具体表现在，科尔政府借鉴并发展了前社民党政府对民主德国经济政策的实践模式。为了克服欧洲中导危机对两德关系产生的消极影响，努力拓宽两德人员互访交流的渠道，科尔政府于 1983—1984 年向身处外债危机的民主德国提供了约 20 亿联邦德国马克的担保贷款。随着 20 世纪 80 年代中后期国际环境的逐步改善，科尔政府更加注重通过加强两德经贸交流，带动两德在其他领域的广泛合作，为日后的德国统一不断积聚有利条件。

一 欧洲中导危机与科尔政府的德国统一政策

（一）欧洲中导危机与日益冰冷的两德关系

1982 年 10 月，联盟党在联邦议院对联邦总理施密特（社民党人）发起建设性的不信任案并获得通过，迫使后者中途下台。联盟党在时隔 13 年后再度成为执政党，由基民盟党魁赫尔穆特·科尔担任联邦总理。与 30 多年前的首次执政相比，联盟党面临的国际形势依然严峻复杂。

20 世纪 70 年代，苏联开始凭借其急剧膨胀的军事力量迅速向外扩张。特别是 1979 年底苏联对阿富汗实施了军事干预行动，直接导致美苏关系急剧恶化，东西方阵营之间的紧张局势也再次加剧。面对苏联咄咄逼人的挑战，美国转而对苏联采取强硬政策[1]，以遏制苏联全球性进攻的势头。与此同时，双方再次掀起新一轮的军备竞赛，进而重新进入激烈的对抗时期。特别是美苏在欧洲腹地的争夺与较量表现得尤为明显和尖锐，还由此引发了长达数年之久的欧洲中程导弹危机。

1977 年之前，美国在西欧盟国的领土上部署了大量中程导弹，其打击力量相较苏联占有一定的优势。此后，苏联开始在其本土及东欧盟国的领土上部署了能够打到西欧任何一个角落的新型中程导弹（SS—20），以此抗衡美国在欧洲的战略核武器优势。面对这一急剧变化，美国及其西欧盟国都深感不安。1979 年 12 月 12 日，在美国的极力推动下，北约各国国防部长和外交部长（法国和冰岛除外）齐聚布鲁塞尔举行联合会议，并在会上一致通过了"双重决议"（Double-Track Decision）政策，从 1983 年起，将在英国、意大利、联邦德国、比利时、荷兰部署 572 枚美国潘兴 II（Pershing II）导弹和陆基巡航导弹，由此组成双重核反击力量。与此同时，美国还承诺将与苏联就限制欧洲中程核武器问题进行谈判。[2]

---

[1] 其中包括经济制裁，收紧对苏东国家企业的技术转让等。

[2] Reinhard Bettzuege, Hrsg., *Außenpolitik der Bundesrepublik Deutschland: Dokumente von 1949 bis 1994*, Köln: Verlag Wissenschaft und Politik, 1995, S. 469.

　　1980 年 10—11 月，美苏在日内瓦（Genève）举行了中程导弹问题的预备性会谈，但未能取得实质性成果。1981 年 9 月，双方达成协议，就欧洲中程导弹问题举行正式谈判。同年 11 月 30 日，关于欧洲中程导弹问题的谈判在日内瓦拉开帷幕。在随后的两年时间里，美苏共进行了 6 轮谈判。在此期间，双方虽然抛出了一些具体解决方案①，但由于双方立场相距甚远，始终无法达成共识，谈判也因此长期陷入僵局。随着 1983 年 11 月美苏中程导弹谈判的最终破裂，美国开始在英国、意大利和联邦德国部署新式中程导弹。苏联对此也毫不示弱，随即中断中欧裁军、美苏战略核武器等一系列谈判，并公开宣布将在民主德国和捷克斯洛伐克采取相应的报复性措施，以对抗美国的新型导弹部署行动。美苏关系旋即进入"第二次冷战"的寒冬。

　　受东西方关系再度紧张的影响，两德关系逐渐跌入低谷。日益严峻的欧洲中程导弹危机以及波兰政治、经济危机引起民主德国领导层的高度警惕。为了维护国家安全和社会安定，民主德国开始有意限制西方国家（尤其是联邦德国和西柏林）访客的数量。1980 年 10 月，民主德国上调最低兑换额度的新规②导致联邦德国和西柏林民众对赴民主德国旅行的预期急

---

　　①　在谈判期间，苏联先后提出"冻结现状""分阶段裁减华约和北约中导"等方案。其基本立场是，暂停在欧洲部署新的中程核导弹，保留苏联在欧洲部署的 SS—20 导弹，即使苏联削减在欧洲的中程导弹数量，也只能削减到与英法两国核弹头总数相等的水平。美国及其西方盟国则抛出了"零点方案""临时协定"等方案。其基本立场是，只有在苏联先拆除其在欧洲部署的 SS—20 导弹的前提下，美国才会考虑放弃在欧洲部署新型导弹；即便美国同意削减原定的部署计划，或者允许苏联在欧洲部署的中程导弹数量略多于美国，但在全球范围内美苏拥有的中程导弹所携核弹头数量必须相等。参见 Maynard W. Glitman, *The Last Battle of the Cold War: An Inside Account of Negotiating the Intermediate Range Nuclear Forces Treaty*, New York: Palgrave Macmillan, 2006, pp. 54-63; Special Consultative Group (SCG), *Progress Report on Intermediate-Range Nuclear Forces (INF)*, Brussels: NATO Information Service, 1983, pp. 12-22.

　　②　民主德国财政部长维尔纳·施米德尔（Werner Schmieder）在 1980 年 10 月 11 日《新德意志报》刊发的专访文章中，为其下达的这一命令进行了辩护。他在文中指出，西方国家的货币自 1974 年以来已经贬值，而民主德国基本商品的零售价格却没有变化。因此，民主德国马克的购买力增加了。6 年前确定的最低兑换额度已然过时，理应被新的条例取代；这属于民主德国的主权权利。不可能存在任何干扰访客和旅行交通的问题，因为重新确定强制最低兑换额度根本不会影响联邦德国或西柏林与民主德国（包括东柏林）之间的旅行交通。唯一受到新条例影响的是，西柏林利用民主德国马克进行投机的行为受到了遏制。参见 Margarethe Müller-Marsall, Hrsg., *Archiv der Gegenwart: Deutschland 1949-1999*, Bd. 8, 1979-1985, Sankt Augustin: Siegler Verlag, 2000, S. 7389.

剧下降。例如，1979 年 11 月和 12 月的访问人数为 43.7 万人次，而 1980 年 11 月和 12 月的访问人数是 33.3 万人次，同比下降了 24% 以上。两德边境地区的日交通量受到的冲击尤为严重。1980 年 11 月和 12 月的相关数字比上年同期减少了约 39%，从 6.3 万辆降至 3.84 万辆。1979 年，西柏林市民前往东柏林和民主德国其他地区访问的人数为 310 万人次，但在民主德国大幅提高最低兑换额度后，访问人数同比下降了约 60%。[①]民主德国的这一举措对两德旅行交通造成的影响甚大，以至于两德间旅行交通的规模一直到 1984 年[②]才恢复到 1980 年的水平。[③]

　　针对民主德国限制两德旅行交通的单边行动，联邦德国和西柏林第一时间作出反应。联邦新闻办公室主任兼政府发言人克劳斯·鲍林（Klaus Bölling）在一份政府声明中谈及两德关系呈现出的严重紧张状态。他称，民主德国曾多次声明也在努力实现两德关系进一步正常化，但它采取的这一措施与其先前的声明明显相悖。西柏林市长迪特里希·斯托贝（Dietrich Stobbe）则向民主德国政府发出了严重抗议。他认为，民主德国的举措近乎于阻止西柏林市民到东柏林以及民主德国其他地区进行访问。他表示已经请求西方盟国和联邦德国政府代表西柏林采取行动，并将马上通过西柏林参议院访问事务专员与民主德国政府进行沟通。联邦德国驻民主德国常驻代表高斯 10 月 10 日前往民主德国外交部就最低兑换额新规提出抗议。他拒绝接受民主德国政府提出的相关理由（对通货膨胀的补偿）。他表示，旅行问题是条约政策的脆弱核心。他在接受记者采访时称，他认为这是自 1974 年以来联邦德国政府遇到的最大和最严重的挫折。尽管这次抗议并未解决问题，但必须与民主德国就此进一步谈判。如果谈判没有取得任何成果，后果将会非常严重。[④]显然，民主德国在调整最低兑换额度的问题上没有事先与联邦德国进行协商或通报。联邦德国认为，民主德国的行为违反

---

　　① Margarethe Müller-Marsall, Hrsg., *Archiv der Gegenwart: Deutschland 1949-1999*, Bd. 8, 1979-1985, Sankt Augustin: Siegler Verlag, 2000, S. 7431.

　　② 1983 年 9 月，民主德国在获得联邦德国的十亿联邦德国马克担保贷款后，下调了最低兑换额度，并且放宽了两德人员互访的条件。

　　③ 参见附录 8。

　　④ Margarethe Müller-Marsall, Hrsg., *Archiv der Gegenwart: Deutschland 1949-1999*, Bd. 8, 1979-1985, Sankt Augustin: Siegler Verlag, 2000, S. 7389.

了《基础条约》和《交通运输协议》中有关"睦邻友好""旅行交通便利化"的承诺。因此，联邦德国和西柏林的领导人强烈谴责了民主德国以提高最低兑换额度为形式的划界措施。

由于两德在最低兑换额问题上关系日趋紧张，原定于 1980 年年中举行的无息透支贷款协议谈判没有实现。1981 年 12 月 11 日，民主德国国务委员会主席昂纳克在韦尔贝林湖畔的胡贝图斯托克（Hubertusstock）狩猎小屋会见了来访的联邦德国总理施密特。会谈期间，昂纳克开门见山地谈到民主德国的外汇困境，他向施密特急切地表达了希望签订一个长期无息透支贷款协议的想法。施密特则表示，如果民主德国能够理解联邦德国的立场，在最低兑换额问题上发生"转向"，那么联邦德国愿意做出妥协。民主德国至少要将已经翻倍的最低兑换额度减少 1/3。施密特试图将无息透支贷款协议续签事宜与最低兑换额问题捆绑在一起。施密特称："目前，在联邦德国还不具备同民主德国达成长期无息透支贷款协议的良好氛围，您将最低兑换额度提升一倍，导致联邦德国公民对双边关系产生严重的信任危机。我认为这件事情对两德关系造成了很大的伤害。强制兑换义务是一种可怕的负担，提高最低兑换额度这一行为也令人十分不悦，民主德国事先没有将其意图告知联邦德国，联邦德国也没有机会得到相关信息。这也给了联邦德国反对党猛烈攻击现任政府对民主德国政策的机会。"[1]

由于民主德国不愿对现行最低兑换额规定做出实质性的调整[2]，双方也未能在签订长期无息透支贷款协议方面达成共识。1981 年 12 月 17 日，双方最终签署了一项关于临时延长无息透支贷款执行期的协议，只是在原有协议时效范围的基础上延长半年至 1982 年 6 月 30 日，民主德国可以继

---

① Helmut Schmidt, *Die Deutschen und ihre Nachbarn*, Berlin: Siedler, 1990, S. 68-69.

② 1981 年 2 月，民主德国在最低兑换额方面曾作出过小幅让步。来自西柏林和联邦德国的重度残疾人和盲人的陪同人员将被免除强制兑换义务，但其本人除外。不过，如果他们的身份证明上有养老金办公室的说明——需要有人陪同，就可以获得豁免资格。仅在西柏林，受影响的人群就有约 1.5 万人至 2 万人。参见„Ausnahmen vom Zwangsumtausch", in Deutschland (Bundesrepublik) Bundesministerium für innerdeutsche Beziehungen, Hrsg., *Innerdeutsche Beziehungen. Die Entwicklung der Beziehungen zwischen der Bundesrepublik und der Deutschen Demokratischen Republik 1980-1986: Eine Dokumentation*, Bonn: Bundesministerium für innerdeutsche Beziehungen, 1986, S. 79.

续利用高达 8.5 亿联邦德国马克的无息透支贷款，双方在未来的半年时间内继续进行谈判。这是联邦德国政府留给昂纳克考虑是否要降低最低兑换额度的时间。如果 1982 年 6 月 30 日到期的无息透支贷款协议得不到续签，那么无息透支贷款额度会自动下降到 2 亿联邦德国马克。

1982 年 3 月 17 日，联邦德国经济部长兰布斯多夫访问东柏林时再次明确表示，修改现行最低兑换额规定与延长无息透支贷款协议密切相关。如果民主德国不准备下调最低兑换额度，它将不得不接受更少的无息透支贷款。与德国统一社会党中央政治局委员京特·米塔格（Günter Mittag）的会谈给兰布斯多夫留下的印象是，民主德国领导层会注意到联邦德国政府强调的政治背景，也会重新考虑最低兑换额度的变化。[1]然而，1982 年 4 月，民主德国对外贸易部却公开表示，现行最低兑换额度的水平将保持不变。[2]

1982 年 6 月 18 日，联邦德国和民主德国在一份换文中同意将无息透支贷款协议延长三年半，直到 1985 年 12 月 31 日。无息透支贷款额度将从当前的 8.5 亿联邦德国马克，减少到 1983 年的 7.7 亿联邦德国马克，1984 年的 6.9 亿联邦德国马克，以及 1985 年的 6 亿联邦德国马克。施密特政府延长无息透支贷款协议的举措尽管换来一些回报——促使民主德国放宽了本国公民赴联邦德国进行紧急家庭团聚的条件[3]，但它没有令民主德国在最低兑换额问题上做出实质性让步，后者既没有降低现行的最低兑换额度，也没有免除联邦德国和西柏林退休人员和少年儿童访问期间的强制兑

① Deutschland（Bundesrepublik）Bundesministerium für innerdeutsche Beziehungen, Hrsg., *Innerdeutsche Beziehungen. Die Entwicklung der Beziehungen zwischen der Bundesrepublik und der Deutschen Demokratischen Republik 1980-1986：Eine Dokumentation*, Bonn：Bundesministerium für innerdeutsche Beziehungen, 1986, S. 23.

② Deutschland（Bundesrepublik）Bundesministerium für innerdeutsche Beziehungen, Hrsg., *Informationen*, Nr. 9, Bonn, 1982, S. 2.

③ 根据民主德国 1972 年和 1973 年的相关规定，只有在（联邦德国的亲属）分娩、结婚、身患危及生命的疾病、死亡以及结婚纪念日的情况下，民主德国公民才能提出家庭紧急团聚申请。1982 年 2 月 11 日，民主德国内政部放宽了申请条件。申请条件包括（联邦德国的亲属）分娩、成年仪式、坚信礼仪式、第一次领圣餐仪式、结婚和结婚纪念日（包括教堂婚礼，25、50、60、65 和 70 周年的结婚纪念日，包括教堂婚礼的周年纪念日）、生日（60、65、70、75 周岁及之后每个周岁生日）、身患危及生命的疾病和死亡。参见 Margarethe Müller-Marsall, Hrsg., *Archiv der Gegenwart：Deutschland 1949-1999*, Bd. 8, 1979-1985, Sankt Augustin：Siegler Verlag, 2000, S. 7586.

换义务。而这些都是联邦德国所期望实现的结果。因此，两德紧张关系也没有得到有效改善。

就在两德达成新的无息透支贷款协议后不久，联邦德国总理施密特便在联邦议院重申，联邦政府一直认为，更大幅度地减少无息透支贷款不符合双方在进一步发展德国内部贸易方面的利益，尤其是柏林地区的工人从该贸易中受益匪浅。对联邦政府来说，至关重要的是，民主德国必须通过大幅调整最低兑换额度来消除两德旅行交通的急剧下降，因为它在1980年10月将最低兑换额度翻了一番。联邦政府不能放弃将两国关系的总体背景作为衡量基准。①

除提高最低兑换额度外，作为苏联重要的经济伙伴和战略盟友，民主德国在欧洲中程导弹问题上始终坚决地支持苏联的立场。1982年11月，德国统一社会党中央政治局会议严斥美国及其盟国扩张军备的行径，声称其严重危及社会主义国家的安全以及欧洲的和平进程。②此外，对于联邦德国新一届右翼联盟党政府在贯彻部署美国新型中程导弹决定上所表现出的坚定立场，民主德国表示强烈不满和坚决反对，甚至在《新德意志报》上公开指责科尔政府代表了联邦德国的反动势力。③两德关系随之迅速降温。因此，在科尔刚入驻联邦总理府的时候，有人对两德关系的未来走向进行了预测，说这是缓和的终结，甚至称，这是新"冰冻期的开始"。④

由此可见，美苏关系的"大气候"仍影响和制约着两德关系的"小气候"。随着美苏之间对抗的再次升级，两德关系的脆弱性也逐渐凸显。由于联邦德国身处东西方对抗的最前线，出于国家安全利益方面的考虑，尽快缓和与改善当前面临的外部危机成为联邦德国政府亟需解决的问题。与

---

① „Bundeskanzler Schmidt: Erklärung der Bundesregierung zu den Gipfelkonferenzen und zur weltpolitischen Lage vor dem Deutschen Bundestag", in Bundesministerium für innerdeutsche Beziehungen, Hrsg., *Texte zur Deutschlandpolitik*, Reihe Ⅱ/Bd. 8, Bonn: Deutscher Bundes-Verlag, 1983, S. 518.

② „4. Tagung des Zentralkomitees der SED", *Deutschland-Archiv: Zeitschrift für Fragen der DDR und der Deutschlandpolitik*, Köln: Wissenschaft und Politik, 1982, S. 871.

③ *Neues Deutschland* vom 14. Oktober 1982.

④ Kai Diekmann und Ralf Georg Reuth und Helmut Kohl, *Helmut Kohl: Ich wollte Deutschlands Einheit*, 2. Aufl., Berlin: Ullstein, 1999, S. 29.

此同时，在这次欧洲中程导弹危机中，该以何种方式实践德国统一政策和东方政策，这对联邦德国新一届政府的政治智慧也提出了挑战。可以说，这场危机是检验联盟党能否从其教条式德国统一政策和东方政策的束缚中彻底摆脱出来的试金石。从联盟党随后在应对和改善危机的具体表现上看，重新上台的联盟党显然已经做好了充分准备。

（二）科尔政府的德国统一政策

自建国以来，联邦德国始终将安全政策与缓和政策置于其对外政策中的优先地位。安全政策主要是指大西洋结盟政策或者说是融入北约政策。在这个军事政治联盟中，联邦德国与美国共同承担着这项现实义务。缓和政策主要就欧洲联合而言，或者说是承担克服战后欧洲分裂现状的责任。联邦德国历任政府都在努力保持这两项政策的一致性。为此，科尔上任联邦总理后不久，就着重指出："联邦德国对外政策和安全政策的基石是北大西洋公约组织以及同美国的伙伴关系。"[①] 1983 年 5 月，科尔总理在联邦议院的讲话中又进一步强调称："为了克服德国的分裂，我们必须依靠北大西洋联盟和欧洲共同体的支持，它们共同保障了我们的安全与自由，同时也支撑了统一的愿望——不仅仅是德国，而且也是欧洲本身。"[②]由此可见，科尔总理不仅坚定不移地延续了联盟党对外政策和安全政策的传统，并使其得到进一步加强。具体表现为德美关系的修复与改善。

面对愈演愈烈的欧洲中程导弹危机，联盟党科尔政府出于国家安全和联盟利益的考虑，积极支持美国在联邦德国的领土上部署新型中程导弹。这与前任施密特政府在贯彻北约双重决议上表现出的犹豫不决，形成了鲜明对比。与此同时，他还与里根总统就要求苏联从阿富汗撤军以及天然气管道项目[③]等一系列重大问题达成一致。之前一度疏离的德美关系也因此

---

①　„Aus der Regierungserklärung von Bundeskanzler Kohl", *Deutschland-Archiv: Zeitschrift für Fragen der DDR und der Deutschlandpolitik*, Köln: Wissenschaft und Politik, 1982, S. 1216.

②　„Bundeskanzler Kohl zur Deutschland - und Ostpolitik", *Deutschland-Archiv: Zeitschrift für Fragen der DDR und der Deutschlandpolitik*, Köln: Wissenschaft und Politik, 1983, S. 665.

③　1981 年，西欧计划通过贷款帮助苏联建造乌日哥罗德天然气管道，但遭到美国的强烈反对。美国禁止盟友向苏联出售运送石油和天然气的设备，苏联最后被迫自行完成了该项目。

重修旧好。科尔总理深知德国统一已不只是本民族自己的事情，它还取决于四大战胜国，尤其是美苏两个超级大国的态度。德美关系日益改善，特别是双方在军事与安全领域的合作交流不断扩大，不仅有助于加强联邦德国的安全防务能力，还有利于增加美国对联邦德国的信任度，这些对于获取美国对德国重新统一的认可和支持来说，是大有裨益的。

然而，在重视改善德美关系和推进欧洲联合的同时，科尔政府并没有抛弃社民党开创的"新东方政策"，更没有忽视德国重新统一的目标。1982年10月，科尔总理在就职仪式上就曾明确地表示："德意志人民的国家虽然破裂了，但德意志民族仍然存在，并将继续发展下去。……，联邦德国政府将竭尽全力在和平与自由中争取并完成德国的统一。"① 此后，科尔还利用各种场合，多次明确地表明新政府在德国重新统一问题上的坚定立场。由此可见，作为基民盟主席的科尔，其德国统一政策充分体现了联盟党的传统特点，即毫不动摇地坚持和维护《基本法》中有关重新统一的条款。

尽管同东方的缓和政策并非联盟党所创，而且之前身为反对党领袖的科尔曾强烈抨击过社民党政府的"承认政策"，②然而，联盟党再度执政并没有中断联邦德国政府德国统一政策的延续性。③科尔总理在其政府声明中表达了其德国统一政策的核心。他强调："我们会基于德意志人民和欧洲邻国的利益来改善两德间的合作。……我们期待改善两德间的旅行交通和人员互访。"④ 1983年5月，他又在政府声明中强调："联邦德国的德国统一政策始终基于《基本法》《德国条约》（Deutschlandvertrag）《东方条

---

① Klaus Stüwe, Hrsg., *Die großen Regierungserklärungen der deutschen Bundeskanzler von Adenauer bis Schröder*, Opladen: Leske und Budrich, 2002, S. 286.

② Karlheinz Niclauß, *Kanzlerdemokratie: Bonner Regierungspraxis von Konrad Adenauer bis Helmut Kohl*, Stuttgart: Kohlhammer, 1988, S. 120-125, 181-187.

③ 此外，长期与社民党联合执政的自民党同联盟党组成执政联盟，这也使得"新东方政策"的延续性在制度上也有了一定的保障。

④ „Bundeskanzler Dr. Kohl: Regierungserklärung vor dem Deutschen Bundestag", in Deutschland (Bundesrepublik) Bundesministerium für innerdeutsche Beziehungen, Hrsg., *Texte zur Deutschlandpolitik*, Reihe III/Bd. 1, Bonn: Deutscher Bundes-Verlag, 1985, S. 10-11.

约》①（Ostverträge）……《基础条约》……"②此外，之前施密特总理向民主德国德国统一社会党总书记昂纳克发出的访问邀请也得到了科尔总理的支持，以便让昂纳克知道这位新任联邦总理重视（政策的）连续性和对话。③

就科尔政府德国统一政策的具体特点而言，也首先体现在对社民党政府"缓和政策"的继承性上，例如，进一步深化与民主德国交流联络，在经济、文化、人员等领域深入开展合作交流，尽可能地克服战后两德人民之间日益加深的疏离感和隔阂感。正如科尔在回忆录中所言："除了突出我们的原则立场外，我的首要任务是保持和增强德意志人民的归属感。"④

为此，科尔政府十分重视德意志民族传统文化以及德国内部贸易对于重新实现德国统一的意义和作用。科尔总理在其首个《分裂的德意志之民族状况报告》中讲道："目前，在德意志土地上存在着两个国家，但只有一个民族……德意志民族的形成先于国家的产生，而且存在至今，这对我们的未来十分重要。"⑤ 这意味着，德意志民族并不是通过国家来赢得认同的，而更多地是通过自身历史、共同传统、价值观的发展确认的。显然，在他看来，与民主德国进行人员以及文化交流，有利于缓和由意识形态冲突所加深的民族分裂状态。此外，科尔总理还表达了进一步加强两德经济合作的愿望。对此，他讲道："德国内部贸易给双方提供了交流机会。它是两德关系中的一个重要组成部分，同时也给民主德国带来各种各样的好处。1982 年德国内部贸易额超过了 140 亿联邦德国马克，与上一年相比增长了 13%。联邦德国政府准备在现行条约的基础上扩大德意志内部的经济关系，以及基于双方共同的利益促其进一步发展。这种关系已经超越了国

---

① 联邦德国 1970 年与苏联签订的《莫斯科条约》和与波兰签订的《华沙条约》的统称。

② Klaus Stüwe, Hrsg., *Die großen Regierungserklärungen der deutschen Bundeskanzler von Adenauer bis Schröder*, Opladen: Leske und Budrich, 2002, S. 309.

③ Heinrich Potthoff, Hrsg., Die „*Koalition der Vernunft*": *Deutschlandpolitik in den 80er Jahren*, München: Deutscher Taschenbuch Verlag, 1995, S. 95.

④ Kai Diekmann und Ralf Georg Reuth und Helmut Kohl, *Helmut Kohl: Ich wollte Deutschlands Einheit*, 2. Aufl., Berlin: Ullstein, 1999, S. 29–30.

⑤ „Bericht der Bundesregierung zur Lage der Nation im geteilten Deutschland", *Deutschland-Archiv: Zeitschrift für Fragen der DDR und der Deutschlandpolitik*, Köln: Wissenschaft und Politik, 1983, S. 881.

际环境的变化，对两国而言，它是一个可持续和可预见的因素。"①

不过，科尔政府深知，务实的德国统一政策不能仅仅停留在口号和理论当中，它只有作为一种对话、协商、合作的政策才能获得成功。为此，他强调称："正如当前这种状况，我们不想贸然行事。我们想通过一些具体步骤缓和这种分裂状态，首先从危险性较低的领域开始……，德国统一政策必须要以我们这个时代的现实力量对比作为出发点……事实上，这种现实力量不仅仅包括政府政策和军事力量，还包括德意志民族关于祖国统一的意愿。保持德国问题的公开性不仅靠法律状况，而且还要靠德意志人民统一意愿的历史力量。那些与此背离的言论，无论在我们的西方盟友那里，还是在东方邻国那里，都不会被相信。"②

对于历届联邦德国政府而言，经济合作、文化交流以及人员交往这三个要素之间存在着紧密联系。特别是在社民党执政时期，联邦德国借助日益缓和的国际局势，开始大力推行缓和与和解政策。为此，联邦德国十分重视在"危险性较低"的经济领域，继续加强同民主德国的合作关系，以此促进两德在其他领域的交往合作。具体表现为，通过德国内部贸易这一合作平台来带动两德人员往来与各项交流，进而在文化上维持德意志民族共同的认同意识，从而尽可能地抑制民主德国的民族分离主义倾向以及德国日益固化的分裂状态。

与前社民党政府不同的是，除了重视依靠经贸手段外，科尔政府还注重通过金融信贷促进两德关系持续稳定发展，进而诱使民主德国在人员交往方面放松一些限制。其中的一个典型例子就是，1983 年 7 月，科尔政府针对民主德国严重的借贷危机，通过向民主德国提供一笔价值十亿联邦德国马克的担保贷款，以此来缓解两德僵化关系，进而缓和欧洲紧张局势。

---

① „Bundeskanzler Dr. Kohl: Bericht der Bundesregierung zur Lage der Nation im geteilten Deutschland", in Deutschland（Bundesrepublik）Bundesministerium für innerdeutsche Beziehungen, Hrsg., *Texte zur Deutschlandpolitik*, Reihe Ⅲ/Bd. 1, Bonn: Deutscher Bundes-Verlag, 1985, S. 140.

② „Bundeskanzler Dr. Kohl: Bericht der Bundesregierung zur Lage der Nation im geteilten Deutschland", in Deutschland（Bundesrepublik）Bundesministerium für innerdeutsche Beziehungen, Hrsg., *Texte zur Deutschlandpolitik*, Reihe Ⅲ/Bd. 1, Bonn: Deutscher Bundes-Verlag, 1985, S. 136 –137.

鉴于该笔贷款所产生的积极效应，联邦德国在一年后又决定向民主德国提供第二笔价值 9.5 亿联邦德国马克的担保贷款，在进一步促进两德在其他领域广泛合作的同时，继续尝试改善两德间的旅行交通和人员交流，特别是大力推动扩大两德青少年交流的规模。

综上所述，联盟党重回执政舞台后，主动顺应时代变化，对其传统德国统一政策和东方政策做出重大修正，放弃了先前的对抗路线。联盟党在巩固西方联盟的基础上，延续了社民党具有务实和缓和风格的德国统一政策与东方政策，开始主动践行"以接近求转变"的迂回战略。显然，20 世纪 70 年代，社民党执政时期在德国统一政策上所取得的巨大成就对联盟党产生了重大影响，并促使后者在德国的统一问题上开始采取更为现实的态度。于是便产生了这样一个有趣的现象：在社民党继承联盟党社会市场经济政策之后，联盟党也接过社民党"新东方政策"的接力棒。同社民党一样，联盟党不仅将德国统一作为一个长远目标，而且更多地将德国统一同欧洲缓和进程结合在一起。积极改善和发展两德关系，进一步推动欧洲和平进程，成为科尔政府德国统一政策与对外政策的重要目标。为了实现上述目标，尽快给欧洲中程导弹危机降温便成为科尔政府最迫切需要解决的问题。

二　民主德国外债危机与十亿联邦德国马克担保贷款

（一）破产边缘：民主德国日益严重的外债危机

20 世纪 70 年代末 80 年代初，世界政治和安全形势日益严峻，世界经济形势也危机四伏。在这一时期，世界主要工业国的失业与通货膨胀问题不断加剧。国际市场原油价格一路飙升，导致了各国物价水平剧烈上涨。从而最终引发全球范围内的经济危机。在这次全球经济危机中，苏东社会主义国家的经济形势也不容乐观。由于全球经济陷入衰退，导致国际市场竞争加剧，苏东国家向西方国家的出口变得更为困难。此外，全球经济衰退还使自 20 世纪 70 年代初以来世界金融市场上原本充足的信贷资金出现普遍紧缺，并导致贷款利率急剧上升。在苏东国家中，民主德国、匈牙利、罗马尼亚以及波兰①面临的经济危机尤为严重。截至 1980 年底，经互会国家欠西方国家的债务约达 700 亿—750 亿美元。②

自东西方关系走向缓和以来，随着民主德国同西方国家的经贸关系日益扩大，国际资本市场对民主德国经济发展的影响越来越大。具体表现为：民主德国对西方贸易（含德国内部贸易）的依赖性不断增加，由此还产生了巨额的贸易赤字。早在 1976 年，苏联最高领导人列昂尼德·I. 勃列日涅夫（Leonid I. Brezhnev）就曾向民主德国最高领导人昂纳克发出警告，不要与联邦德国建立过于密切的贸易伙伴关系，警惕社会主义国家向西方国家借债的"错误"行为。昂纳克则向勃列日涅夫保证，民主德国有一项使其摆脱对西方国家依赖的特别计划，甚至重新启用"清除干扰"这一老口号。③然而，到 1980 年底，民主德国对西方国家的债务达到 90 亿—100 亿美元。此外，根据德国内部贸易的账户统计，民主德国这一时期对联邦德国的债务为 38.9 亿联邦德国马克。④

民主德国产生外债危机的主要原因可归于以下几个方面：一是国际原材料和能源价格的急剧上升，进口商品的价格水涨船高，而民主德国无法通过提高自身出口产品的价格进行弥补；二是民主德国创新能力不足，劳动生产率相较西方国家明显偏低，其资本货物部门缺乏足够多具有竞争力的出口商品⑤，而且出口创汇能力弱，导致其对西方国家连年出现贸易逆

---

① 20 世纪 70 年代后期，波兰的国民经济发展不仅陷于停滞，而且出现倒退。1980 年夏，波兰政府宣布提高肉价，由此引发了席卷整个波兰的工潮。期间，联邦德国政府还为波兰提供了一笔十亿联邦德国马克的财政贷款。波兰方面则承诺 4 年内允许 12 万德裔人迁移到联邦德国。参见［德］施特劳斯《施特劳斯回忆录》，苏惠民等译，中国对外翻译出版公司 1993 年版，第 402—405 页。

② „Antwort der Bundesregierung auf die Kleine Anfrage der Fraktion der CDU/CSU „Zahlungen an die DDR ""，in Deutschland（Bundesrepublik）Bundesministerium für innerdeutsche Beziehungen, Hrsg., *Texte zur Deutschlandpolitik*, Reihe Ⅱ/Bd. 8, Bonn: Deutscher Bundes-Verlag, 1983, S. 300.

③ Hans-Herman Hertle und Konrad H. Jarausch, Hrsg., *Risse im Bruderbund – Die Gespräche Honecker-Breschnew 1974 bis 1982*, Berlin: Christoph Links Verlag, 2006, S. 125, 130.

④ „Antwort der Bundesregierung auf die Kleine Anfrage der Fraktion der CDU/CSU „Zahlungen an die DDR ""，in Deutschland（Bundesrepublik）Bundesministerium für innerdeutsche Beziehungen, Hrsg., *Texte zur Deutschlandpolitik*, Reihe Ⅱ/Bd. 8, Bonn: Deutscher Bundes-Verlag, 1983, S. 301.

⑤ 民主德国在世界市场上具备竞争力的产品主要包括照相机械和光学机械装置、玻璃和陶瓷产品以及乐器。

差；三是昂纳克政府长期推行颇受争议的"经济政策和社会政策相统一"的新方针，忽视了工业投资而偏重于社会政策。[1]

20世纪70年代以来，民主德国资本积累以及净生产性投资在国民收入中所占份额逐年下降，生产效率也随之降低。与之相反，由于昂纳克政府大力推行"经济政策和社会政策相统一"的新方针[2]，在非生产领域的投资迅速增加，特别是在居民住房建设方面。每年新建和改建住房的数字由1971年的8.67万套增加到1979年的16.3万套。9年中总计完成127.2万套，比1945—1970年完成的总数还多。[3]到1989年为止，民主德国总共建成约180万套新住房，这极大地改善了民众的生活条件，但也随之带来了一些严重问题，特别是不断增加的公共开支成为造成财政困境的重要原因之一。对国家财政预算而言，每一套新住房的交付使用都意味着更多的国家资助，因为房租只能覆盖成本的约1/3。民众付1民主德国马克租金，政府就要补贴支出2民主德国马克。1971年国家财政预算中的补贴支出为20亿民主德国马克，而到1989年增加至170亿民主德国马克。此外，昂纳克政府还通过行政法令提高了工资和养老金。

由于昂纳克政府奉行基本消费品价格稳定政策，对于粮食、肉类、牛奶、鸡蛋、蔬菜、房租、水电、燃料、交通服务等实行中央控价和价格补贴，基本消费品价格和租金长期稳定不变[4]，一直到1989年都保持在20世纪70年代初的水平。然而，基本消费品的生产成本和住房的维护成本则以正常的通货膨胀率上升。因此，国家需要为此提供巨额的财政补贴。例

---

① 1971年5月昂纳克上台后，民主德国20世纪60年代新经济体制的实践正式结束，20世纪50年代国民经济计划体系的监管随之回归，并与社会政策的新层面联系起来。参见 Christoph Boyer und Klaus-Dietmar Henke und Peter Skyba, Hrsg., *Geschichte der Sozialpolitik in Deutschland seit 1945*, Bd. 10, Baden-Baden: Nomos, 2008.

② 其实施的根本目的在于改善社会供给，提升居民生活水平，同时提高经济生产率，巩固政治和制度安全。

③ [民主德国]埃里希·昂纳克：《我的经历》，龚荷花等译，世界知识出版社1987年版，第269、273页。

④ 1979年，在昂纳克勉强的默许下，民主德国经济官员曾试图大幅提高消费品价格，其中包括所谓的基本生活食品。但最后出于对民众不满和社会动荡的诸多担忧，原定于1979年底全面提高消费品价格的计划以失败告终。参见 Rainer Weinert, Hrsg., „*Preise sind gefährlicher als Ideen*": *das Scheitern der Preisreform 1979 in der DDR*, Berlin: Forschungsstelle Diktatur und Demokratie, 1999.

如，食品物价补贴总额 1971 年为 55 亿民主德国马克，1989 年增至 327 亿民主德国马克。每购买 100 民主德国马克的食品，国家在其中补贴 85 民主德国马克。许多工业品①如手工玩具、锁具等，国家财政支出的物价补贴也从 1971 年的 10 亿民主德国马克提升到 1989 年的 120 亿民主德国马克。国家财政预算支出的约 1/4 须以这种方式作为物价补贴。②国家财政补贴使基本消费品的价格长期被人为地压低。

长期以来，昂纳克政府严格执行价格稳定政策，拒绝了民主德国主要经济学家关于提高产品价格的要求，并继续坚持推行昂贵的补贴政策，尽管巨额的补贴费用已经成为经济发展的一个非常沉重的负担。③特别是 20世纪 70 年代以来，世界经济形势的巨大变化对民主德国经济造成不小的冲击。1973 年的第四次中东战争引发石油危机，原材料的价格随之不断上涨。这对原材料资源匮乏的民主德国产生了严重的影响。由于昂纳克政府为其社会政策提供的财政补贴越来越多，投入到社会再生产领域的国家资金因此被削减。缺乏革新改造资金，机械设备更新不足，严重妨碍了劳动生产率和企业经济效益的提高。

受石油危机的影响，民主德国的贸易条件出现消极的变化，即民主德国必须为西方进口商品支付更多的外汇，而它向西方国家出口商品却变得更加困难了，既定的销售目标经常无法实现。这些对于一个高度依赖对外贸易的国家来说影响甚大。民主德国需要在机床和设备生产中加装现代化微电子操控系统，但是，当时却无法生产这种系统。它对西方国家产品的进口需求迅速增长，其中既包括微电子技术、计算机技术等高新技术，也包括咖啡、香蕉类热带水果等日常消费品。④然而，大量投资品和消费品（含耐用消费品和奢侈品）的进口是在西方借贷的支持下完成的。这也是

---

① 工业消费品，特别是技术消费品和纺织产品只有在推出全新产品或改进产品时才被允许涨价。

② ［德］埃贡·克伦茨编：《柏林墙倒塌 30 年记：原民主德国方面的回顾与反思》，王建政译，社会科学文献出版社 2021 年版，第 109—110 页。

③ Theo Pirker, Hrsg., *Der Plan als Befehl und Fiktion: Wirtschaftsführung in der DDR. Gespräche und Analysen*, Opladen: Westdt. Verlag, 1995, S. 309.

④ ［德］埃贡·克伦茨编：《柏林墙倒塌 30 年记：原民主德国方面的回顾与反思》，王建政译，社会科学文献出版社 2021 年版，第 112 页。

导致民主德国的西方债务不断增加的一个重要原因。

20 世纪 70 年代后期，德国统一社会党中央政治局曾专门讨论了生产性积累与非生产性积累之间的冲突性问题，但并没有取得任何成效。非生产性积累继续增长，生产性积累的份额则继续萎缩。①德国统一社会党中央政治局委员沃尔夫冈·赫格尔（Wolfgang Herger）认为，昂纳克的这项政策在行动上缺乏辩证法。既然昂纳克政府希望把经济政策与社会政策统一起来，那就不应当把一部分政策与另一部分政策持续地对立起来，就不应当让一条腿远离另一条腿飞奔而去。追求这样的统一，或迟或早都会陷入不可调和的紧张关系。这种关系早晚会爆炸。②

事实上，民主德国的经济实力难以支撑昂纳克政府如此庞大的社会福利计划。对于民主德国经济而言，在坚持"经济政策与社会政策相统一"新方针的同时，保持足够比例的生产性投资，这在当时的情况下是无法承受的。通过向西方银行借贷的方式减少所需的生产性积累，只能在一定时间内缓和这种根本性的矛盾，因为借贷仍需偿还。最重要的是，民主德国存在着严重的支付困难，因为其向西方国家的出口收入不足以偿还当前的西方贷款和应计利息。另外，通过不断地申请新贷款来偿还旧贷款本息的政策也是无法长久维持的。随着债务金额的不断增长，外国银行就会在发放新贷款时更加谨慎。

20 世纪 70 年代初，在联邦德国正式放弃"哈尔斯坦主义"之后，民主德国获得的国际认可度越来越高，能够比较容易地在国际金融市场上向西方银行借取外债来筹措资金，但民主德国的这种"债务政策"带来了沉重的经济、社会和政治负担，这些负担在某一时刻将导致国家出现重大危机，甚至威胁到它的生存。尽管这一时刻在 20 世纪 70 年代末还没有到来，但已经可以预见到了。

到了 20 世纪 80 年代初，随着西方债务的不断累积，民主德国陷入了债务困境。此时的西方银行不再愿意向它提供新贷款，而到期贷款又必须

---

① Theo Pirker, Hrsg., *Der Plan als Befehl und Fiktion：Wirtschaftsführung in der DDR. Gespräche und Analysen*, Opladen：Westdt. Verlag, 1995, S. 324-325.

② ［德］埃贡·克伦茨编：《柏林墙倒塌 30 年记：原民主德国方面的回顾与反思》，王建政译，社会科学文献出版社 2021 年版，第 38 页。

按时偿还。债务违约和国家破产的风险陡然升高，这对民主德国内部稳定构成了现实威胁。1981 年，民主德国当年须偿还西方银行的债务本息额达到了其当年对西方国家出口收入的 160%。①德国统一社会党中央政治局委员、主管对外贸易的亚历山大·S. 沙尔克—戈洛德科夫斯基（Alexander S. Schalck-Golodkowski）对当时的艰难处境做了如下的回顾："自昂纳克上任以来，正如我所说的，民主德国对西方工业国的负债净额大大增加，由于美国的紧缩性货币政策，由此产生的利息负债也飞速增长。我们几乎要将全部出口收入，有 5 亿—6 亿联邦德国马克用于支付贷款的本金和利息。生存还是毁灭，这是一个值得考虑的问题。"②

根据联邦德国当时获取的有关 1983 年的民主德国财政信息，可以对其西方债务状况有个更加准确和细致的了解。民主德国同西方国家的贸易额占其外贸总额的 30%。1982 年底，民主德国欠西方国家的债务在 90 亿—130 亿美元③之间，在经互会国家中高居第三位，仅排在波兰和苏联之后。④此外，民主德国的债务期限结构也存在严重问题。例如，1983 年民主德国的外债为 125 亿美元，其中当年须偿还的债务接近 35 亿美元，此外，它还将支付 5 亿—6 亿美元的利息。这意味着约 40%的债务须在当年内偿还，且年度债务利息非常高。但如果民主德国能够安然度过 1983 年，就可

---

① „MfS-HA XVIII［Sicherung der Volkswirtschaft］Grundfragen des Standes der Entwicklung der Volkswirtschaft der DDR im Zusammenhang mit der Gewährleistung der inneren Stabilität und Sicherheit der DDR, 25. Januar 1982［Auszüge］", *Deutschland-Archiv: Zeitschrift für Fragen der DDR und der Deutschlandpolitik*, Köln: Wissenschaft und Politik, 2009, S. 490.

② Alexander Siegfried Schalck-Golodkowski, *Deutsch-deutsche Erinnerungen*, Hamburg: Rowohlt, 2000, S. 285.

③ 1982 年，民主德国债务状况的恶化还与外汇马克兑美元的汇率发生变化有关。1981 年，两者之间兑换比例为 1.8：1，1982 年新增的部分债务（48.5 亿外汇马克）归因于两者之间的汇率变化（2.4：1）。参见„MfS-HA XVIII［Sicherung der Volkswirtschaft］Grundfragen des Standes der Entwicklung der Volkswirtschaft der DDR im Zusammenhang mit der Gewährleistung der inneren Stabilität und Sicherheit der DDR, 25. Januar 1982［Auszüge］", *Deutschland-Archiv: Zeitschrift für Fragen der DDR und der Deutschlandpolitik*, Köln: Wissenschaft und Politik, 2009, S. 492.

④ Seiffert Wolfgang, „Zur Verschuldung der DDR und ihren Konsequenzen", *Deutschland-Archiv: Zeitschrift für Fragen der DDR und der Deutschlandpolitik*, Köln: Wissenschaft und Politik, 1982, S. 1241-1243.

以避免债务违约风险，因为 1984 年它须偿还西方银行的债务只有 12 亿美元。①然而，由于民主德国的贸易盈余不足以支付 1983 年急需偿还的债额，民主德国短期借贷需求因此非常迫切。如果无法顺利从国外银行获得新贷款的话，民主德国将丧失履行还款义务的能力。②此外，还有另一个令民主德国担忧的状况：生活类原材料进口被缩减，能出口的产品全都用来出口。这导致其国内供应负担加重，妨碍了正常投资。如此快速增长的外贸赤字使得家庭日常生活支出不断增加。因而，民主德国民众的不满情绪也在日渐高涨。

巨大的债务压力迫使民主德国领导层再次向苏东阵营的"老大哥"苏联求助，正如在 1953 年的"6·17 事件"期间③以及 20 世纪 60 年代初的柏林危机期间④那样。20 世纪 80 年代初，民主德国曾计划将其西方债务规模降至不超过 120 亿外汇马克，并由苏联接管其在西方银行的大部分债务，金额约为 200 亿外汇马克（约合 83.33 亿美元，汇率为 2.4：1）。作为回报，民主德国将在 1987 年底前向苏联交付价值约为 300 亿外汇马克的货物，以平衡苏联承担的那部分债务的本金和利息。另外，民主德国供货的种类和数量可以使苏联在最大程度上取代西方进口货物。⑤然而事实上，在这次外债危机中，民主德国并没有得到苏联的有效支持，相反苏联的经济

① Margarethe Müller-Marsall, Hrsg., *Archiv der Gegenwart: Deutschland 1949-1999*, Bd. 8, 1979-1985, Sankt Augustin: Siegler Verlag, 2000, S. 7813.

② Helmut Kohl, *Erinnerungen 1982-1990*, München: Droemer, 2005, S. 173.

③ 1953 年 7 月上半月，苏联向民主德国提供了近 3000 车食品。8 月 22 日，为帮助民主德国尽快摆脱经济困难，稳定局势，苏联决定除了从 1954 年初完全免除民主德国的战争赔偿之外，将向民主德国提供一笔总额为 4.85 亿卢布的贷款，其中 1.37 亿卢布为自由兑换货币。此外，苏联还向民主德国追加提供了价值约 5.9 亿卢布的货物，其中包括食品、硬煤、铜、铅、铝、棉花等。参见 Margarethe Müller-Marsall, Hrsg., *Archiv der Gegenwart: Deutschland 1949-1999*, Bd. 1, 1948-1953, Sankt Augustin: Siegler Verlag, 2000, S. 984, 1008-1009.

④ 1960 年 12 月，民主德国代表团在莫斯科与苏联代表团就加强双边经济合作与协作达成共识，苏联方面还公开承诺，如果联邦德国决定不恢复《柏林协定》的话，它将向民主德国提供贸易支持。参见 Margarethe Müller-Marsall, Hrsg., *Archiv der Gegenwart: Deutschland 1949-1999*, Bd. 3, 1957-1962, Sankt Augustin: Siegler Verlag, 2000, S. 2746.

⑤ „MfS-HA XVIII [Sicherung der Volkswirtschaft] Grundfragen des Standes der Entwicklung der Volkswirtschaft der DDR im Zusammenhang mit der Gewährleistung der inneren Stabilität und Sicherheit der DDR, 25. Januar 1982 [Auszüge]", *Deutschland-Archiv: Zeitschrift für Fragen der DDR und der Deutschlandpolitik*, Köln: Wissenschaft und Politik, 2009, S. 494.

困境使其原本就处在紧张状态的财政状况进一步恶化。

20 世纪 70 年代末 80 年代初，由于苏联农业连年歉收，导致其粮食缺口越来越大。为了缓解自身粮食短缺困境，苏联决定扩大向西方资本主义国家出口石油，以增加外汇收入，用于从国外购买粮食和肉类。与此同时，在经互会内部，苏联自 1978 年起提高了向民主德国输出的原油价格，由原来的每吨 50 卢布提高到每吨 136 卢布。

1981 年 8 月 3 日，苏联领导人勃列日涅夫与来访的民主德国领导人昂纳克举行会谈，期间谈及当前面临的一些严峻问题，勃列日涅夫明确表达了苏联方面的态度。首先，在未来四年内，民主德国不能指望通过获得苏联的信贷来平衡双边贸易。第二，两国先前商定的石油供应量——民主德国向西方出口的最重要的原材料——存有疑问。第三，民主德国西方债务的增加引起苏联领导层持续的不安，因为这是西方各种施压的杠杆，可能会造成极其严重的后果，正如当前波兰以一种戏剧性的方式所表明的那样。特别是与联邦德国划清界限仍然是民主德国的当务之急。[①]

1981 年 10 月，苏共中央社会主义国家共产党与工人党联络部长康斯坦丁·V. 鲁萨科夫（Konstantin V. Russakow）访问民主德国，他此行的主要目的是代表勃列日涅夫告知昂纳克，苏联每年对民主德国的石油供应量将减少 10%。鲁萨科夫解释称，由于苏联农作物歉收，需要外汇换取粮食，否则它将无法维持其在世界上的地位，而这将对整个社会主义阵营产生不良影响。他还将连年农作物歉收描述为自苏联建国以来从未有过的巨大灾难。[②] 1982 年，鲁萨科夫再次访问民主德国。访问期间，他与昂纳克和埃贡·克伦茨（Egon Krenz）谈及苏联当时的困难局势，并将其与德俄1918 年条署《布列斯特和约》（Friedensvertrag von Brest-Litowsk）时的形势

---

① Hans-Hermann Hertle und Konrad H. Jarausch, Hrsg., *Risse im Bruderbund - Die Gespräche Honecker-Breschnew 1974 bis 1982*, Berlin: Christoph Links Verlag, 2006, S. 203, 206.

② Hans-Hermann Hertle, *Der Fall der Mauer. Die unbeabsichtigte Selbstauflösung des SED-Staates*, Opladen/Wiesbaden: Westdt. Verlag, 1999, S. 46-48.

做了比较。①民主德国此时面临严重的破产危险，但又不得不接受这种现实。苏联此举给民主德国各个部门造成了严重后果。一方面，石油是民主德国热力生产和工业生产领域的重要燃料，石油供应不足迫使民主德国企业部门改用褐煤②，而这又需要追加投资来改造相关设施；另一方面，民主德国不得不动用紧缺的外汇储备来支付从世界市场购入的石油。③

1982 年 2 月 4 日，民主德国德新社报道称，相比 1981 年，苏联 1982 年对民主德国的石油供应量将减少 12%。去年苏联石油供应量的最终数字尚未公布。根据官方数据，1980 年，民主德国从苏联购入 1900 万吨原油。1981 年民主德国的取暖油消费减少了 15%（约 130 万吨）。④与此同时，民主德国安全部在其提交的一份关于国民经济发展状况与基本问题的秘密文件中称，从 1982 年起，苏联每年对民主德国的石油供应量将从 1900 万吨减少到 1708.1 万吨。按照当时的市场价格，民主德国将 200 万吨从苏联石油提炼出的石油产品销往西方国家时，可以获得约 9 亿联邦德国马克的增值收入。⑤

苏联削减石油供应的原因仍然是，它需要在国际市场上购买粮食。这使得本已处于经济窘境的民主德国更加雪上加霜。长期以来，苏联以非常低廉的价格向民主德国供应石油，而民主德国则将这些石油加工后出口至西方国家，这不仅成为其重要的外汇来源之一，还是弥补外贸赤字的重要手段。1983 年，在民主德国向西方国家出口的货物中，石油产品所占比重

---

① ［德］埃贡·克伦茨编：《柏林墙倒塌 30 年记：原民主德国方面的回顾与反思》，王建政译，社会科学文献出版社 2021 年版，第 124 页。

② 这一措施导致环境污染问题越来越严重，尤其是到了 20 世纪 80 年代后期，并且引发了民众的不满。

③ ［德］汉斯·莫德罗：《我眼中的改革》，马细谱等译，中央编译出版社 2012 年版，第 43 页。

④ Margarethe Müller-Marsall, Hrsg., *Archiv der Gegenwart：Deutschland 1949-1999*, Bd. 8, 1979-1985, Sankt Augustin：Siegler Verlag, 2000, S. 7585.

⑤ „MfS-HA XVIII［Sicherung der Volkswirtschaft］Grundfragen des Standes der Entwicklung der Volkswirtschaft der DDR im Zusammenhang mit der Gewährleistung der inneren Stabilität und Sicherheit der DDR, 25. Januar 1982［Auszüge］", *Deutschland-Archiv：Zeitschrift für Fragen der DDR und der Deutschlandpolitik*, Köln：Wissenschaft und Politik, 2009, S. 488, 491.

达到了 30.2% 的高峰，而机械产品所占比重则降到了 9.8% 的低点。①因此，苏联减少石油供应的措施必然会导致民主德国石油产品出口收入的减少，无形中也削减了民主德国的外汇来源和偿还能力，并进一步加剧了其国际收支平衡的压力。

由于民主德国债台高筑，它已经无法从西方国家那里获得新贷款来缓解信贷危机②。除此之外，20 世纪 80 年代初，美国中央银行为应对通货膨胀采取了高利率政策，导致国际金融市场借贷利率急剧上升。仅在 1982 年上半年，西方债权人就从民主德国提取了 40% 的短期存款，投资到其他地方以获得更高的利率。全球信贷危机还造成债务成本的提高，进一步加剧了民主德国偿债压力。民主德国领导人不得不开始认真担心其国家的偿债能力。随着借贷利率的上升，西方国家的信贷封锁使民主德国债务状况变得更加复杂。1981—1982 年，民主德国必须额外筹集约 32 亿外汇马克，而民主德国的商品出口因西方国家经济的疲软而进一步受到抑制。③

与此同时，苏东社会主义阵营（尤其是苏联）也深陷经济困境之中，无力向其提供经济帮助。特别是，由于 20 世纪 70 年代以来贸易条件日益恶化，民主德国和苏联之间的债务急剧增加，苏联为此收紧了对民主德国的贷款条件，并宣布在不久的将来全面冻结信贷。④此外，在 20 世纪 70 年

---

① Dieter Lösch und Peter Plötz, „HWWA-Gutachten. Die Bedeutung des Bereichs Kommerzielle Koordinierung für die Volkswirtschaft der DDR", in Deutschland（Bundesrepublik）Deutscher Bundestag, Hrsg., *Der Bereich Kommerzielle Koordinierung und Alexander Schalck-Golodkowski. Bericht des 1. Untersuchungsausschusses des 12. Deutschen Bundestages*, Anhang Band, Bonn：Dt. Bundestag, Referat Öffentlichkeitsarbeit, 1994, S. 144. 20 世纪 80 年代前半期，在民主德国向联邦德国输出的货物中，石油产品所占比重达到 24%，接近 1/4，为历史最高水平，而机械产品所占比重则仅为 3%，处于历史低谷。参见附录 12。

② 自从 20 世纪 80 年代初国际债务危机爆发之后，西方银行对每一个潜在的债务国都进行了更为严格的信用审查，而民主德国在满分 100 分的评分标准中只得到 46.5 分，在信用度排名榜上仅位列第 49 位。与之相比较，联邦德国得到 94.1 分，排在美国、日本和瑞士之后，高居信用度排名榜第 4 位。参见 Margarethe Müller-Marsall, Hrsg., *Archiv der Gegenwart：Deutschland 1949-1999*, Bd. 8, 1979-1985, Sankt Augustin：Siegler Verlag, 2000, S. 7812-7813.

③ Jonathan R. Zatlin, *The Currency of Socialism：Money and Political Culture in East Germany*, Cambridge and New York：Cambridge University Press, 2007, pp. 136-140.

④ Hans-Hermann Hertle und Konrad H. Jarausch, Hrsg., *Risse im Bruderbund - Die Gespräche Honecker-Breschnew 1974 bis 1982*, Berlin：Christoph Links Verlag, 2006, S. 39-45.

代，民主德国在经互会中的贸易赤字达到了 39 亿外汇马克。[①]对于民主德国而言，如果它不能及时偿付西方国家的债务，那么它在国际金融市场上的商业声誉将会毁于一旦，民主德国本已糟糕的经济状况将会更加堪忧。

愈演愈烈的债务危机使民主德国陷入前所未有的困境，对国民经济濒临崩溃的担忧在民主德国高层中蔓延。1982 年 1 月 19 日，民主德国统一社会党政治局决定采取一系列重大措施，如加大对西方国家的货物出口，进一步减少进口西方国家的产品，不惜以牺牲国民经济、民生和国防（包括出售国家储备中具有战略意义的库存）的供给为代价。这些措施的目的是为了避免民主德国在 1982 年第一季度可能出现的破产危机。[②]然而，民主德国此时已不再有能力靠自己的力量解决债务问题了。

德国统一社会党中央政治局委员、中央书记兼国务委员会副主席米塔格后来回忆道："20 世纪 80 年代初发生的事情真可谓'生死攸关'。可供民主德国利用的高效资源不断减少，石油供应开始停滞不前，与先前比较，生产数量相同的货物现在需要加倍的付出。……那时，每天都会发布有关支付情况的最新动态……只剩下同联邦德国保持密切联系这条出路了。不过，民主德国领导人也深知，联邦德国政府之所以愿意提供贷款帮助，始终是以有利于在未来实现德国统一为前提条件的。对此，它在任何公开场合下都毫不隐晦。"[③]

1982 年 8 月 11 日，勃列日涅夫和昂纳克在克里米亚进行了一次首脑会晤。会晤期间，民主德国期望获得苏联援助的想法再次被打消。勃列日涅夫在会晤一开始就对昂纳克讲到，欢迎民主德国为实现苏联的粮食计划

---

①　„MfS-HA XVIII [Sicherung der Volkswirtschaft] Grundfragen des Standes der Entwicklung der Volkswirtschaft der DDR im Zusammenhang mit der Gewährleistung der inneren Stabilität und Sicherheit der DDR, 25. Januar 1982 [Auszüge]", *Deutschland-Archiv: Zeitschrift für Fragen der DDR und der Deutschlandpolitik*, Köln: Wissenschaft und Politik, 2009, S. 491.

②　„MfS-HA XVIII [Sicherung der Volkswirtschaft] Grundfragen des Standes der Entwicklung der Volkswirtschaft der DDR im Zusammenhang mit der Gewährleistung der inneren Stabilität und Sicherheit der DDR, 25. Januar 1982 [Auszüge]", *Deutschland-Archiv: Zeitschrift für Fragen der DDR und der Deutschlandpolitik*, Köln: Wissenschaft und Politik, 2009, S. 488.

③　Günter Mittag, *Um jeden Preis: im Spannungsfeld zweier Systeme*, Berlin: Aufbau-Verlag, 1991, S. 82.

作出贡献。他同时强调了对西方国家经济依赖的危险性，认为这种经济依赖性在民主德国目前正呈现出一种令人担忧的特征。不过，勃列日涅夫在谈及苏东国家同西方国家经济关系的问题时也表达了明确的立场，没有人想要完全中断与西方资本主义国家的经济联系，否则这将是一个非常荒谬的结论。[1]

由此可见，20 世纪 80 年代初，民主德国的西方债务问题已经到了刻不容缓的地步。鉴于两个德意志国家长期保持特殊的经济关系，且联邦德国拥有足够强大的经济实力施以援手，因此对于民主德国来说，在其借贷无门的情况下，通过向联邦德国方面申请一笔周转贷款，不失为摆脱自身外债危机的一种可能性出路。[2]即使是在昔日强硬敌手——联邦德国联盟党重掌大权之后，民主德国仍决定通过中间人向其表达出借贷的愿望。民主德国迫切的借贷需求恰好为联邦德国新任政府提供了一个借以改善双边关系的机会。

（二）十亿联邦德国马克担保贷款的谈判背景与过程

事实上，在施密特总理执政末期，民主德国就曾向联邦德国表达过借贷意愿。两德秘密谈判代表也曾就贷款事宜进行过多次秘密协商。1982 年10 月，联盟党科尔总理就职后，从前任联邦总理府部长汉斯·J. 维什涅夫斯基（Hans J. Vishnevskiy）处得知，施密特政府两年前便同民主德国进行了所谓"苏黎世模式"[3] 的秘密谈判。在这一模式下，负债累累的民主德国能够从联邦德国获得大约 40 亿—50 亿联邦德国马克的贷款。作为回报，民主德国须下调其公民赴联邦德国旅行的年龄限制，按照约定至少要保证下降 5 岁。大约 100 万民主德国公民由此获得旅行自由权。此外，民主德

① Hans-Herman Hertle und Konrad H. Jarausch, Hrsg. , *Risse im Bruderbund - Die Gespräche Honecker-Breschnew 1974 bis 1982*, Berlin：Christoph Links Verlag, 2006, S. 235.

② 事实上，在 20 世纪 80 年代初，对于昂纳克和米塔格试图扩大两德经贸联系的做法，民主德国的一些高层领导持警惕和批评的态度，认为他们使民主德国在政治和经济上对联邦德国产生新的依赖，甚至怀疑昂纳克与联邦德国进行了进一步的政治交易。参见 Detlef Nakath, Hrsg. , *Von Hubertusstock nach Bonn：Eine dokumentierte Geschichte der deutsch-deutschen Beziehungen auf höchster Ebene 1980－1987*, Berlin：Dietz, 1995, S. 49；Peter Przybylski, *Tatort Politbüro. Die Akte Honecker*, Berlin：Rowohlt, 1991, S. 345-348.

③ Bickerich Wolfram, *Der Enkel：Analyse der Ära Kohl*, Düsseldorf：ECON, 1995, S. 52；Helmut Kohl, *Erinnerungen 1982-1990*, München：Droemer, 2005, S. 174.

国在针对联邦德国和西柏林访客的最低兑换额规定中，须免除退休人员、残疾人和少年儿童访问期间的强制兑换义务。这项贷款业务由莱茵兰—普法尔茨州州立银行的子公司——苏黎世外贸信贷银行行长霍尔格·巴尔（Holger Bahr）牵头负责。然而，这一模式的相关谈判最终还是搁浅了。一方面，由于民主德国拒绝提供带有书面保证的回报，这会让其在盟友（特别是苏联）面前颜面尽失；另一方面，施密特总理对于这项贷款业务也表现得十分谨慎，毕竟它需要国家财政预算的支持。另外，欧洲中程导弹危机导致东西方关系骤冷，也对两德间的谈判产生了很大的负面影响。

1982 年秋，基社盟主席、巴伐利亚州总理弗朗茨·施特劳斯①通过朋友约瑟夫·梅尔茨（Josef März）获悉了民主德国的贷款愿望。梅尔茨是一位从事奶酪和肉类贸易的商人，同时担任基社盟在上巴伐利亚地区的临时财务主任兼基社盟经济顾问委员会副主席。梅尔茨还是民主德国长期的业务伙伴，双方有多年的生意往来。在联邦德国政府换届之后，民主德国对外贸易部长沙尔克有意同梅尔茨进行直接接触，想通过他与施特劳斯建立起联系。②施特劳斯随后就此事致函科尔总理，询问他是否对此事感兴趣，科尔总理在回信中明确表示赞成。③

1982 年 12 月 23 日，科尔总理又同施特劳斯就民主德国的贷款事宜进行了一次深入的谈话，并达成共识："鉴于民主德国当前显著恶化的经济状况，……，摆在联邦德国政府面前的一个现实问题是，是否有可能通过提供金融援助来进一步打开两德间探亲访问的这扇大门。这是联邦德国政

---

① 施特劳斯曾在德国统一政策上以强硬派著称，在十亿联邦德国马克担保贷款谈判中却做了大量穿针引线的工作。在与基社盟总书记兼议会党团主席格罗德·坦德勒（Gerold Tandler）的秘密对话中，施特劳斯甚至用一句话概况了他的战略思想："必须让民主德国对联邦德国马克的依赖性要像瘾君子对海洛因的依赖性那样强。"参见 Stefan Finger, *Franz Josef Strauß: Ein politisches Leben*, München: Olzog, 2005, S. 498.

② 沙尔克在其回忆录中写到，20 世纪 80 年代初，他在与米塔格以及其他人一起为民主德国的偿付危机寻找出路时，要不是民主德国由于债台高筑、西方银行拒绝放贷以及苏联减少石油供应而深陷危机之中，否则他们也不会想起施特劳斯。在民主德国，施特劳斯被冠以"冷战斗士""西方帝国主义代表"的称号。参见 Alexander Schalck-Golodkowski, *Deutsch-deutsche Erinnerungen*, Reinbek bei Hamburg: Rowohlt, 2000, S. 284.

③ „Die Vorgeschichte des Milliardenkredits: Erklärung von Franz Josef Strauß", *Deutschland-Archiv: Zeitschrift für Fragen der DDR und der Deutschlandpolitik*, Köln: Wissenschaft und Politik, 1983, S. 889-891.

府理应做的事，藉此更多的民主德国公民能够赴联邦德国进行访问。我们希望它能使民主德国公民不再听信德国统一社会党的敌对宣传。"①除此之外，科尔总理还出于另外一种考虑，即在当前这种情况之下，如果联邦德国不愿伸出援手的话，那么民主德国只能会更加向苏东阵营靠拢。②因此，在科尔总理看来，这是一个可以改善双方关系的良机。这次谈话结束后不久，他立刻委派施特劳斯负责贷款谈判事宜，联邦总理府国务秘书菲利普·延宁格（Philipp Jenninger）给予协助。

于是，施特劳斯通过梅尔茨作为中间人介绍，迅速同民主德国对外贸易部长沙尔克建立起私人联系。尔后，双方围绕贷款事宜先后进行了三轮秘密会谈。三次会谈期间，施特劳斯和延宁格作为谈判代表多次阐明联邦德国政府的立场和主张，即联邦德国政府的金融援助必须同两德民众交往的便利化结合起来，要求民主德国必须改进边境检查站的服务态度③以及放松对两德人员互访的种种限制。

由于联邦德国政府计划提供的贷款并非国家贷款，而是私人银行贷款，因此需要给予担保。民主德国建议，它愿意把5年的柏林总支付④作为抵押——根据当时的额度和计划中即将增加的额度，总金额约30亿联邦德国马克。随后，施特劳斯将民主德国财政部长草拟的信件转交联邦德国财政部长格哈德·施托尔滕贝格（Gerhard Stoltenberg）。信件内容的大致要点是，联邦德国准备在没有任何书面政治要求的情况下，提供这笔担保贷款。联邦德国既不需要民主德国提供担保，也不需要其承担任何责任，只需要它声明同意以下这种模式：如若民主德国拖延支付到期贷款，联邦

---

① Kai Diekmann und Ralf Georg Reuth und Helmut Kohl, *Helmut Kohl: Ich wollte Deutschlands Einheit*, 2. Aufl., Berlin: Ullstein, 1999, S. 30.

② Helmut Kohl, *Erinnerungen 1982-1990*, München: Droemer, 2005, S. 174.

③ 在十亿联邦德国马克担保贷款谈判期间，两德边境地区发生了德雷维茨过境站事件。1983年4月10日，联邦德国的一名卡车司机鲁道夫·布尔克特（Rudolf Burkert）在接受民主德国德雷维茨检查站盘问过程中死亡。民主德国官方称其死于心脏病，而联邦德国则根据其遗体解剖，证明死者是受到暴力伤害致死，并称这是一种谋杀行为。此后，联邦德国政府要求民主德国边境检查站必须符合文明社会的习惯，要坚决杜绝训斥、吼叫和刁难的行为。参见［德］施特劳斯《施特劳斯回忆录》，苏惠民等译，中国对外翻译出版公司1993年版，第412—414页。

④ 两德统一之前，联邦德国每年向民主德国支付的一笔通往西柏林的过境费用。

德国政府将从柏林总支付中扣除相应的数额，付给巴伐利亚州州立银行、黑森州州立银行以及莱茵兰—普法尔茨州州立银行。[①]

在向联邦德国申请贷款的事宜上，德国统一社会党高层内部事实上存在着不同意见。例如，德国统一社会党中央政治局委员、柏林专区党委第一书记康拉德·瑙曼（Konrad Naumann）就曾强烈反对向联邦德国借贷。1982 年 11 月初，他在柏林劳动者大会上发表了一篇文章，反对民主德国内部态度不明的势力，他称这部分人想回避国际阶级斗争，他们将议程及决议有时弄得过于复杂和不便。瑙曼还告诫人们必须时刻牢记，在民主德国工农联盟政权建立之初，在"先努力劳动，然后过上更好生活"原则指导下，劳动人民是如何工作的。他还进一步强调，在这个指导原则的背后，不仅是客观的经济规律，而且其后面还存在着取舍问题，即建设社会主义是通过自己的辛勤工作，还是借助类似美国"马歇尔计划"那种具有政治性的援助。无论是在当时还是现在，可以明确地说，民主德国的政治立场不是肮脏交易中的货物，他们无法用美元或其他任何方式进行购买！[②]尽管党内一些高层领导干部对向联邦德国借贷一事持反对意见，但鉴于当前民主德国财政的紧张状况以及向西方国家银行还贷的巨大压力，民主德国最高领导人昂纳克还是批准了与联邦德国达成的贷款协议草案。

1983 年 6 月 29 日，联邦德国政府内阁召开会议，其中首次讨论了向民主德国提供担保贷款的事宜。联邦总理府国务秘书延宁格向内阁成员通报了与民主德国就担保贷款事宜的谈判情况。他称，几周前，民主德国领导层向联邦政府申请十亿联邦德国马克贷款，并为此提供了抵押品。重要的是，这不仅是一个经济进程，而且还是一个政治进程，因此必须从两国关系的整体背景来加以看待。民主德国已经明确表示，它也看到了这种联系。随后，联邦总理委托了一个由巴伐利亚州州立银行领导的银行集团进行必要的谈判。相关谈判现已结束。十亿联邦德国马克担保贷款将分两期支付，每期 5 亿联邦德国马克，在正常的市场条件下以适当的间隔进行结

---

① ［德］施特劳斯：《施特劳斯回忆录》，苏惠民等译，中国对外翻译出版公司 1993 年版，第 416 页；Werner Filmer und Heribert Schwan, *Wolfgang Schäuble*: *Politik als Lebensaufgabe*, München: Bertelsmann, 1992, S. 130.

② *Neues Deutschland* vom 2. November 1982.

算。联邦政府可以为这笔贷款提供担保，不存在任何财务风险；但重要的是政治风险。然而，在这里，必须以信任换取信任。因此，他建议联邦政府批准这笔贷款并提供担保。

联邦总理科尔和联邦部长施托尔滕贝格、沃尔纳（Wörner）、兰布斯多夫、布鲁姆（Blüm）、施瓦兹—席林（Schwarz-Schilling）以及德意志联邦银行行长卡尔—奥托·珀尔（Karl-Otto Pöhl）参加了随后的讨论。科尔总理明确表示，尽管这是一个非常困难的政治决定，但必须从整体政治的角度来看待它，并将其理解为向德意志另一部分地区人民传递的信息。此外，这一决定是基于所有政党领导人的共同政治意愿。联邦财政部长施托尔滕贝格和联邦经济部长兰布斯多夫则强调，尽管存在一些保留意见（包括不与交货挂钩的金融贷款的先例效应），但他们认为，这一决定是正确的。珀尔行长特别指出，这笔贷款业务必须得到德意志联邦银行的正式批准。在明日的德意志联邦银行理事会会议上，他将主张批准这笔贷款，这与以往的做法不同。最后，联邦内阁同意并通过了一项声明："由巴伐利亚州州立银行牵头的德意志联邦银行同民主德国外贸银行之间即将达成一项关于提供金融贷款的协议。该笔贷款金额为十亿联邦德国马克，将在适当的间隔和正常市场条件下分两期结算，每期5亿联邦德国马克。联邦政府已批准该笔贷款协议并为其提供担保。这将不会给联邦财政预算带来任何负担。联邦政府将该决定视为对改善与民主德国关系的重要贡献。"①

1983年7月1日，施特劳斯和延宁格同昂纳克进行了第三次密谈，双方最终就贷款模式及具体细节达成共识。会谈结束后，联邦德国巴伐利亚州州立银行行长路德维希·胡贝尔（Ludwig Huber）与民主德国外贸银行行长维尔纳·波尔策（Werner Polze）共同签订了一笔十亿联邦德国马克的担保贷款协议。该笔贷款没有任何支付限定，并由联邦德国政府给予担保。民主德国方面确认了双方先前商定的信贷模式，即通过债权转让来获

---

① 1983年6月29日的联邦德国政府内阁会议纪要，参见 https://www.bundesarchiv.de/cocoon/barch/00/k/k1983k/kap1_1/kap2_17/para3_2.html，2022年6月26日。

得联邦德国方面提供的担保贷款。①如果民主德国无法按照合同要求及时偿还贷款，联邦德国则可以根据先前与民主德国签订的《过境协定》（Transitabkommen），从规定的支付款项中扣除相应的数额，然后划拨给借贷银行。

事实上，联邦德国国内对十亿联邦德国马克担保贷款业务是存在争议的。当贷款协议公布于众后，专家们对这笔贷款提出了如下批评：一是借贷银行不必像往常一样支付 0.5% 的费用；二是借贷银行不用承担通常 15% 的剩余风险，因为这笔贷款 100% 是由联邦德国政府担保的；三是显然民主德国没有任何可以被称为"抵押品"的转让，这简直是荒谬的。隐晦提及的民主德国对过境费的转让是不可靠的。联邦德国经济部长兰布斯多夫（自民党人）则批评了十亿联邦德国马克担保贷款业务的程序问题。他认为，由于这项业务是在没有（西柏林）工业与贸易信托局参与的情况下秘密进行的，这将危及西柏林在德国内部贸易中的地位，同时也创造了一个先例。②

就在十亿联邦德国马克担保贷款协议刚刚签订后不久，它还尚未得到表决的情况下，民主德国就立刻将此事通告给了苏联。③苏联方面对两德间达成的这笔信贷业务颇有顾虑——民主德国对联邦德国产生的经济依赖性，并对民主德国领导层提出批评和警告。7 月 27 日，苏联共产党中央委员会的机关报《真理报》（Prawda）刊登了题为《在美国导弹的阴影下》的文章，文中激烈遣责了联邦德国对民主德国的各项政策，称其为"复仇主义"和"军国主义"，企图利用经济手段和政治接触（暗指十亿联邦德国马克担保贷款业务）来颠覆民主德国的工农政权，同时间接批评了民主德国，不能无视苏联的态度而与联邦德国走的太近。④

---

①　„Die Vorgeschichte des Milliardenkredits: Erklärung von Franz Josef Strauß", *Deutschland-Archiv: Zeitschrift für Fragen der DDR und der Deutschlandpolitik*, Köln: Wissenschaft und Politik, 1983, S. 890.

②　Margarethe Müller-Marsall, Hrsg., *Archiv der Gegenwart: Deutschland 1949-1999*, Bd. 8, 1979-1985, Sankt Augustin: Siegler Verlag, 2000, S. 7819-7820.

③　Günter Mittag, *Um jeden Preis: im Spannungsfeld zweier Systeme*, Berlin: Aufbau-Verlag, 1991, S. 85.

④　Margarethe Müller-Marsall, Hrsg., *Archiv der Gegenwart: Deutschland 1949-1999*, Bd. 8, 1979-1985, Sankt Augustin: Siegler Verlag, 2000, S. 7978-7981.

8月2日，《真理报》又发表了一篇题为《在错误的道路上》的社论，该文称："这项（贷款）建议是建立在周密计算的基础上的，同民主德国的经济关系成为联邦德国干涉民主德国主权事务以及逐渐削弱其社会主义制度基础的手段。经济杠杆已经多次用于破坏战后欧洲和平秩序，特别是损害民主德国的稳定。目前的一个具体事例就是，联邦德国德意志联邦银行同民主德国外贸银行签订了关于向民主德国提供一笔担保贷款的协议。（联邦德国）德意志新闻社（Deutsche Presse Agentur）报道称，联邦德国政府内阁对这笔贷款的批准是同一系列政治要求捆绑在一起的，其中包括为进一步扩大联邦德国和西柏林赴民主德国访问的人数，联邦德国向民主德国自由输出印刷品等创造前提条件。这一切与其说是基于人道主义目标而扩大双边交往关系——联邦德国的一些人喜欢这么说，不如说是试图获得引入政治和意识形态影响的新渠道……"①

苏联最高领导人康斯坦丁·U.契尔年科（Konstantin U. Chernenko）对昂纳克接近科尔的举动疑窦重重，担心联邦德国想培养一种泛德意志的民族认同意识，以取代社会主义阵营内部的团结。1984年，民主德国和苏联的领导人在莫斯科举行高峰会晤时，契尔年科警告昂纳克，再这样下去，最后倒霉的是民主德国。他还补充道，不要忘了，民主德国在与联邦德国发展关系时必须把苏联的安全利益置于首位。此外，苏联领导人的施压还迫使昂纳克既定访问联邦德国的行程搁浅。②不过，苏联最终没有对这笔贷款业务横加阻拦。显然，在它看来，如果民主德国此时经济崩溃将会引发巨大风险。特别是鉴于苏东阵营普遍陷入经济困境，波兰危机余波犹存，维护民主德国的偿债能力和国家稳定，要比借机向两德关系施压以报复联邦德国部署美国导弹更为重要。

值得注意的是，这笔贷款显然不是一种纯粹意义上的商业贷款。它虽然没有附带书面的政治要求，但科尔政府对民主德国仍抱有一些政治上的

---

① „‚Prawda' Auf falschem Weg", in Deutschland（Bundesrepublik）Bundesministerium für innerdeutsche Beziehungen, Hrsg. , *Texte zur Deutschlandpolitik*, Reihe Ⅲ/Bd. 2, Bonn: Deutscher Bundes-Verlag, 1985, S. 297.

② ［德］马库斯·沃尔夫：《隐面人：前东德情报局局长回忆录》，胡利平译，国际文化出版公司1999年版，第373—374页。

期待。这些在双方进行的贷款谈判中早已言明。例如，尽可能地扩大民主德国公民出境旅行的机会，降低自 1980 年 10 月起最新执行的最低兑换额度，为民主德国公民赴联邦德国进行紧急家庭团聚提供便利，以及降低民主德国公民定期旅行许可的年龄限制等等。[①] 而民主德国在接受联邦德国提供的担保贷款之后，也的确在相应的领域做出了妥协。例如，免除了自 1980 年 10 月起首次采取的一项措施——联邦德国 14 周岁以下儿童的强制兑换义务（每天须兑换 7.5 民主德国马克)[②]；降低了来访的联邦德国退休人员、伤残人员、事故保障金领取者的最低兑换额度，由 1980 年 10 月提高后的 25 民主德国马克降为 15 民主德国马克；将联邦德国和西柏林访客的停留时限从原来的每年 30 天延长为每年 45 天；拆除了部分安装在两德边境附近的自动射击装置等。[③]

　　基于民主德国做出的上述让步，联邦德国政府随后接受了民主德国新的贷款申请。1984 年 7 月 25 日，联邦德国政府内阁召开会议就向民主德国提供新的贷款事宜进行了讨论。联邦总理府国务秘书延宁格向内阁成员通报了最近同民主德国就一项新的贷款业务和德意志内部旅行便利化的谈判结果。关于由德意志联邦银行牵头向民主德国提供一笔 9.5 亿联邦德国马克贷款的

---

　　① „Die Erklärung vom Staatsminister beim Bundeskanzler vor der Presse am 25. Juli", in Deutschland (Bundesrepublik) Bundesministerium für innerdeutsche Beziehungen, Hrsg., *Texte zur Deutschlandpolitik*, Reihe Ⅲ/Bd. 2, Bonn: Deutscher Bundes-Verlag, 1985, S. 292.

　　② 对联邦德国而言，这消除了由民主德国单方面为特定访问人群带来的出行负担。新规定首先有利于联邦德国的多子女家庭，因为对他们来说，前往民主德国进行较长时间的共同旅行是难以负担的。参见 Margarethe Müller-Marsall, Hrsg., *Archiv der Gegenwart: Deutschland 1949-1999*, Bd. 8, 1979-1985, Sankt Augustin: Siegler Verlag, 2000, S. 7838.

　　③ 其他相应的措施包括：1. 扩大民主德国退休人员和残障人员赴联邦德国以及西柏林访问的机会以及时限，由现行的每年 30 天提高到每年 60 天；2. 提高从民主德国到联邦德国以及西柏林货物运输的津贴，由现在的每个停留日 20 联邦德国马克提高到 100 联邦德国马克；3. 将进入民主德国边界附近区域的多重许可证的有效期翻倍，由 3 个月提升至 6 个月；4. 在民主德国边境地区扩建 3 个以上的入境旅游许可区域；5. 延长在民主德国边境地区的停留时限，由原来的入境后的 24 小时提高到 2 天；6. 对携带文学以及其他印刷品入境实行宽松政策；7. 对携带音像制品入境实行宽松政策；8. 批准携带超过 1 吨重的房车进入民主德国旅行。参见 „Staatsminister Dr. Jenninger: Erklärung zur Entwicklung der innerdeutschen Beziehungen", in Deutschland (Bundesrepublik) Bundesministerium für innerdeutsche Beziehungen, Hrsg., *Texte zur Deutschlandpolitik*, Reihe Ⅲ/Bd. 2, Bonn: Deutscher Bundes-Verlag, 1985, S. 294 -295.

事宜，他已经向民主德国明确表示，联邦德国政府希望其至少将部分贷款资金用于德国内部贸易的货物采购。民主德国对此作出了承诺。据此，本年度民主德国将向联邦德国提交更大的订单。他接着详细解释了民主德国所承诺的人道主义救济，它将于 1984 年 8 月 1 日开始实施。尽管一些重要的愿望仍然没有实现，如降低民主德国公民出境旅行的年龄限制，但也取得了相当大的进展，这将使全体德意志人民受益。延宁格还提到，民主德国已经承诺，其公民在今后两年可以继续申请家庭紧急团聚。

科尔总理对这些业已取得的成果表示赞赏，并指出联邦政府采取的任何行动都必须遵循不放弃基本立场①这一必不可少的前提条件，但同时必须竭尽所能地维护德意志民族的凝聚力。随后，联邦部长根舍、齐默尔曼（Zimmermann）、施托尔滕贝格和沃恩克（Warnke）、联邦总理府国务秘书延宁格和默特斯（Mertes）、联邦议会国务秘书格吕纳（Grüner）以及联邦议员德雷格（Dregger）和沃尔夫格拉姆（Wolfgramm）参与了相关讨论。其间，内阁成员特别讨论了旅行便利化对德意志两部分地区人民的重要性、民主德国领导层在贷款协议中的自身利益、在人员互访便利化方面可能取得的进展、信贷条件的设计以及扩大德国内部贸易的可能性。联邦外交部长根舍强调，他对此表示欢迎，因为它明显增加了德意志另一部分地区人民对联邦政府政策的接受度。这是非常重要的，因为宪法规定的义务②必须履行，这对整个德意志民族来说都是非常重要的。联邦经济合作部长沃恩克指出，边境交通的便利化对边界附近地区的联邦德国居民以及他们与民主德国亲友之间的联系特别重要，这是一个重大突破。最后，联邦内阁同意了这笔贷款业务。③

经联邦德国政府内阁批准，两德谈判代表同日签订了这笔 9.5 亿联邦德国马克的担保贷款协议。在该笔担保贷款协议的框架下，联邦德国的德意志联邦银行通过其在卢森堡的分公司，按国际金融市场利率向民主德国外贸银行提供一笔价值 9.5 亿联邦德国马克的贷款，期限为 5 年。德意志

① 即实现德国和平统一。
② 即《基本法》中关于实现德国统一的要求。
③ 1984 年 7 月 25 日的联邦德国政府内阁会议纪要。参见 https：//www.bundesarchiv.de/cocoon/barch/00/k/k1984k/kap1_1/kap2_24/para3_1.html，2022 年 6 月 26 日。

联邦银行将邀请其他德意志信贷机构，通过在欧洲市场运营的分公司参与到这笔贷款业务当中。[①]此外，这笔银行贷款是完全按照首笔十亿联邦德国马克担保贷款的模式进行担保的。

随后，民主德国又做出进一步的让步：完全拆除安装在两德边境附近的自动射击装置。[②]与此同时，民主德国对两德间旅行交通的限制也有所松动。根据联邦德国政府的相关统计数据显示，1983 年，来自民主德国紧急家庭团聚的人数为 64052 人，同比上一年增长了 40%。从联邦德国去往民主德国或过境民主德国去往第三国访问的人数大约为 302 万人次，同比上一年增长了 4.6%。只有民主德国退休人员赴联邦德国访问的人数同比上一年减少了 5.8%，1982 年为 155.4 万人次。[③]到了 1984 年，除了民主德国公民赴联邦德国进行紧急家庭团聚的人数外，两德间其他方面的访问人数都比上一年有所增加。[④] 1985 年，两德间旅行交通以及人员互访更是得到了全面的改善，民主德国公民赴联邦德国进行紧急家庭团聚的人数也有所增加。与此同时，进出西柏林的过境交通量也显著增加。[⑤]到了 1986 年，来自民主德国紧急家庭团聚的人数迅速增加到了 24.4 万人，而 1985 年只有 6.6 万人。从联邦德国去往民主德国或过境民主德国去往第三国访问的人数增至 379 万人次。此外，民主德国退休人员赴联邦德国访问的人数也上升到 176 万人次。[⑥]

---

① „Staatsminister Dr. Jenninger: Erklärung zur Entwicklung der innerdeutschen Beziehungen ", in Deutschland (Bundesrepublik) Bundesministerium für innerdeutsche Beziehungen, Hrsg. , *Texte zur Deutschlandpolitik*, Reihe III/Bd. 2, Bonn: Deutscher Bundes-Verlag, 1985, S. 293.

② Margarethe Müller-Marsall, Hrsg. , *Archiv der Gegenwart: Deutschland 1949–1999*, Bd. 8, 1979–1985, Sankt Augustin: Siegler Verlag, 2000, S. 8024.

③ „Reiseverkehr zwischen der Bundesrepublik Deutschland und der DDR im Jahre 1983 ", *Deutschland-Archiv: Zeitschrift für Fragen der DDR und der Deutschlandpolitik*, Köln: Wissenschaft und Politik, 1984, S. 557.

④ „Innerdeutscher Reiseverkehr 1984 gestiegen", *Deutschland-Archiv: Zeitschrift für Fragen der DDR und der Deutschlandpolitik*, Köln: Wissenschaft und Politik, 1985, S. 1019–1020.

⑤ „Innerdeutscher Reiseverkehr hat 1985 zugenommen", *Deutschland-Archiv: Zeitschrift für Fragen der DDR und der Deutschlandpolitik*, Köln: Wissenschaft und Politik, 1986, S. 331.

⑥ „Beachtliche Steigerung im innerdeutschen Reiseverkehr 1986 ", *Deutschland-Archiv: Zeitschrift für Fragen der DDR und der Deutschlandpolitik*, Köln: Wissenschaft und Politik, 1987, S. 119.

值得注意的是，自民主德国 1983 年颁布关于家庭紧急团聚的规定以来，民主德国的年轻人因紧急家庭事务被批准赴联邦德国访问的人数急剧增加。20 世纪 80 年代初以前，来自民主德国低于退休年龄的访问人数每年仅有几万人次。而到了 1987 年，民主德国赴联邦德国访问的人数达 500 万人次，其中年轻访客人数有 100 万人次。这意味着，数百万民主德国公民通过亲眼观察和亲身体验了联邦德国现状。这对全体德国人同属一个民族的意识而言具有重大意义，通过互访，两德人民相互间的联系得到加深和维护。当时约有 2/3 的民主德国公民和 1/3 的联邦德国公民保持着这样的联系。[①]

由上可见，十亿联邦德国马克担保贷款协议签订之后，两德人员交往随之得到很大改善。而这正是科尔政府德国统一政策所致力于实现的具体目标之一——扩大双边旅行的可能性，特别是增加民主德国公民赴联邦德国访问的机会，促使民主德国减少针对紧急家庭团聚的审批程序，逐步为所有德国人创造旅行自由，维系德意志民族的归属感。1984 年 3 月 1 日，联邦德国的德国内部关系部议会国务秘书亨尼希在接受电台采访时称：“民主德国目前的表现出人意料地好，不过仍存在许多问题有待解决。科尔总理和昂纳克总书记是一个德意志民族的代表。因此我们认为，最重要的是，尽一切可能确保德意志民族仍然是一个民族。这包括尽可能促进双方在人员、思想和信息方面的交流。两边的学生互访要尽可能多地进行面对面交流。另外，尽可能促成两边的婚姻，这样才能维持亲情关系。”[②]

三　十亿联邦德国马克担保贷款的意义和影响

（一）两德关系的“振奋剂”

1982 年 10 月，联盟党科尔政府上台执政后，出于联盟和国家安全利

---

①　Kai Diekmann und Ralf Georg Reuth und Helmut Kohl, Helmut Kohl: *Ich wollte Deutschlands Einheit*, 2. Aufl., Berlin: Ullstein, 1999, S. 30–31.

②　Margarethe Müller-Marsall, Hrsg., *Archiv der Gegenwart: Deutschland 1949–1999*, Bd. 8, 1979–1985, Sankt Augustin: Siegler Verlag, 2000, S. 7918.

益的考虑，积极支持在本国领土上部署美国新型中程导弹，致使两德关系一度降至 1972 年《基础条约》签订以来的最低水平。然而，新一届联邦德国政府并没有放弃缓和再次恶化的两德关系。1982 年 11 月 29 日，科尔总理在写给德国统一社会党总书记昂纳克的信中强调："《基础条约》及其他两德间的条约、协定以及议定书仍然是两德关系发展的基础和框架。联邦德国政府愿意同民主德国保持合作关系，这符合两德人民的共同利益，同时也有益于欧洲的和平与安全。……基于共同的历史，对于其他欧洲邻国，两德有责任消除相互间的敌对状态，共同维护欧洲的和平与稳定。"①

值得注意的是，科尔总理在信中所透露出的缓和与合作的意图并非仅限于纸面而已。1983 年和 1984 年，科尔政府连续两年向深陷外债危机的民主德国提供了近 20 亿联邦德国马克的担保贷款，充分表明了联邦德国的合作诚意。为此，联邦德国的一些重要的政治人物，如巴伐利亚州州长施特劳斯、联邦议院裁军与军控委员会主席巴尔、联邦财政部长施托尔滕贝格以及西柏林市长里夏德·冯·魏茨泽克（Richard von Weizsäcker）接连出访民主德国。西柏林当地颇具影响力的《每日镜报》对此发表评论称："科尔政府试图用大步子政策来超越以前社民党对民主德国的小步子政策。"②

1984 年 3 月 15 日，科尔总理在《分裂的德意志之民族状况报告》中，对两德间达成的十亿联邦德国马克担保贷款协议做了如下的评价："随着联邦德国信贷机构向民主德国提供的十亿联邦德国马克担保贷款获得批准，联邦德国政府在去年夏天向民主德国领导层传递了一个明确的信号。对民主德国公民而言，这一决定也是一个重要象征……我们准备为了全体德意志人民的利益，在两德关系的框架中展开理性的合作。"③

由此可见，科尔政府意图通过向民主德国提供金融援助，创造出两德

---

① Detlef Nakath, Hrsg., *Von Hubertusstock nach Bonn: Eine dokumentierte Geschichte der deutsch-deutschen Beziehungen auf höchster Ebene 1980-1987*, Berlin: Dietz, 1995, S. 110-111.

② *Der Tagesspiegel* vom 15. September 1983.

③ „Bundeskanzler Dr. Kohl: Bericht zur Lage der Nation", in Deutschland (Bundesrepublik) Bundesministerium für innerdeutsche Beziehungen, Hrsg., *Texte zur Deutschlandpolitik*, Reihe Ⅲ/Bd. 2, Bonn: Deutscher Bundes-Verlag, 1985, S. 80.

间缓和的政治氛围，以此为双方在其他领域的合作做好铺垫。作为该项政策的倡导者以及十亿联邦德国马克担保贷款谈判的主要代表，联邦总理府国务秘书延宁格在一次记者招待会上曾明确表示，这笔信贷业务并非通常意义上的金融"业务"，因为贷款的理念是不同的。这笔贷款将推动两德关系朝更广领域发展，并由此开启了一个缓和进程，即它被视为两德关系的"振奋剂"。从这个意义上讲，我们在贷款业务中释放出的信号已经得到了积极的回应。[①]

对民主德国来说，联邦德国提供的这笔贷款在经济方面具有十分重要的意义。在接受首笔十亿联邦德国马克担保贷款后不久，民主德国便表现出想进一步延续贷款业务的愿望。随着民主德国做出相应的妥协和让步，第二笔9.5亿联邦德国马克担保贷款业务也就应际而生了。这两笔贷款如同"及时雨"，不仅解了民主德国的燃眉之急——暂时保证了其偿债能力，而且还有助于恢复民主德国在国际上的信贷声誉。特别是，两德间的贷款业务起到了良好的示范效应，促使其他西方国家银行的信贷业务重新向民主德国敞开了大门。

尽管两个德意志国家进行信贷谈判的动机各不相同，但无可否认的是，十亿联邦德国马克担保贷款业务在缓和两德关系以及推动双方进一步合作方面，确实起到了重要的"催化剂"作用。民主德国也开始更多地表现出愿意继续保持缓和与合作的态度。例如，民主德国在接受贷款之后，逐步放松了对两德间旅行交通及人员互访的诸多限制，两德间各种交流得以再次出现高潮。另外，德国统一社会党中央政治局第六次代表大会上的报告也显示出，两德已从急剧恶化的双边关系中走了出来。该报告称："德国统一社会党中央政治局已广泛处理有关进一步发展两德关系的问题。毋庸置疑，解决当前主要问题的方式在于确保和平与人民间的友好合作，其必要性不言而喻。两德关系在新的局面下成为了国际社会讨论的焦点，

---

① „Staatsminister Dr. Jenninger: Erklärung zur Entwicklung der innerdeutschen Beziehungen", in Deutschland (Bundesrepublik) Bundesministerium für innerdeutsche Beziehungen, Hrsg., *Texte zur Deutschlandpolitik*, Reihe Ⅲ/Bd. 2, Bonn: Deutscher Bundes-Verlag, 1985, S. 293.

并逐步地恢复正常。"①

　　另外，1982—1983 年苏联最高领导人接连去世，民主德国也想借机扩大其对外政策的活动空间。正是在这笔贷款业务的直接推动下，两德随后在多个领域（环境保护②、科技交流③、邮电通讯④、交通运输⑤等）迅速开启了一系列的谈判与合作。这为随后民主德国最高领导人昂纳克出访联邦德国做了很好的铺垫。两德关系也由此逐步走出了欧洲中程导弹危机的阴影，并进入到新的合作发展时期。

---

① „Zur 6. Tagung des Zentralkomitees der SED", *Deutschland-Archiv*：*Zeitschrift für Fragen der DDR und der Deutschlandpolitik*，Köln：Wissenschaft und Politik，1983，S. 896.

② 1983 年 9 月 28 日，联邦德国同民主德国达成了共同治理位于巴伐利亚州——图林根州边界的罗登（Röden）地区环境污染问题的协定。该项目计划投资金额共计 5000 万至 7000 万联邦德国马克，其中固定资产投资为 1800 万联邦德国马克，由联邦德国政府和巴伐利亚州政府各承担 900 万联邦德国马克。企业运行成本则由民主德国方面独自承担。参见 „Mitteilung des Presse - und Informationsamtes der Bundesregierung：Vereinbarung mit der DDR zur Sanierung der Röden"，in Deutschland（Bundesrepublik）Bundesministerium für innerdeutsche Beziehungen，Hrsg.，*Texte zur Deutschlandpolitik*，Reihe Ⅲ/ Bd. 1，Bonn：Deutscher Bundes-Verlag，1985，S. 239 - 240；„Vereinbarung mit der DDR in der Grenzkommission über Maßnahmen zum Schutz der Röden im bayerisch-thüringischen Grenzgebiet"，in Deutschland（Bundesrepublik）Bundesministerium für innerdeutsche Beziehungen，Hrsg.，*Texte zur Deutschlandpolitik*，Reihe Ⅲ/ Bd. 1，Bonn：Deutscher Bundes-Verlag，1985，S. 245-251.

③ 1983 年 10 月 25 日，两德政府代表在波恩的联邦德国内务部进行了关于核设施安全以及防辐射问题的首次圆桌会议。会上，双方就核安全的一般性问题以及核电站和其他核设施的具体安全问题进行了交流与探讨。参见 „Mitteilung des Bundesministeriums des Innern：Gespräch mit der DDR über Fragen der Sicherheit kerntechnischer Anlagen"，in Deutschland（Bundesrepublik）Bundesministerium für innerdeutsche Beziehungen，Hrsg.，*Texte zur Deutschlandpolitik*，Reihe Ⅲ/Bd. 1，Bonn：Deutscher Bundes-Verlag，1985，S. 234.

④ 1983 年 11 月 15 日，联邦德国同民主德国达成了改善两德邮政通讯的协议。从 1983 年到 1990 年，联邦德国每年向民主德国支付的服务费从之前的 8500 万联邦德国马克大幅提升至 2 亿联邦德国马克。此外，双方还规定了寄送时限、新增电话和电报线路等细节内容。参见 „Vereinbarungen mit der DDR zur Verbesserung des Postverkehrs"，in Deutschland（Bundesrepublik）Bundesministerium für innerdeutsche Beziehungen，Hrsg.，*Texte zur Deutschlandpolitik*，Reihe Ⅲ/ Bd. 1，Bonn：Deutscher Bundes-Verlag，1985，S. 260-266.

⑤ 1983 年 12 月 30 日，西柏林参议院同（民主德国）德国国营铁路公司达成了有关建设柏林轻轨铁路交通系统的协定。参见 „Vereinbarung zwischen dem Senat von Berlin und der Deutschen Reichsbahn der DDR über die S-Bahn in Berlin"，in Deutschland（Bundesrepublik）Bundesministerium für innerdeutsche Beziehungen，Hrsg.，*Texte zur Deutschlandpolitik*，Reihe Ⅲ/ Bd. 1，Bonn：Deutscher Bundes-Verlag，1985，S. 288-294.

（二）"小气候"带动"大气候"

两德秘密协商十亿联邦德国马克担保贷款协议期间，正值欧洲中程导弹危机引发东西方关系再度恶化之时。贷款协议的达成在两德间创造了一个缓和的"政治小气候"，它在一定程度上带动了欧洲"政治大气候"的回暖。

1983—1984年，两德相继达成两笔大额担保贷款协议。它们对当时欧洲紧张局势的意义在于，缓和了欧洲中部的对峙形势，特别是苏联的报复行动对两德关系施加的负面影响。1984年8月6日，联邦德国外交部长汉斯—迪特里希·根舍（Hans-Dietrich Genscher）在谈到联邦德国政府参与这项贷款业务的动机时，虽然没有直接提及主要是针对苏联的大规模报复措施，但透过他的讲话稿，也可以从侧面窥探一二。根舍讲道："两个德国作为'责任共同体'有责任维护欧洲中部的稳定，这就要求它们自身首先是稳定的。健康的经济状况是稳定的重要基石，而贷款则可以促进经济的持续发展，由此产生的共同政治利益同样有利于欧洲局势的缓和。欧洲和平进程的进一步发展并不依赖于人的问题而得以实现。"[①]

1983年7月，就在两德十亿联邦德国马克担保贷款协议签订后不久，联邦德国总理科尔和外交部长根舍便一同出访了苏联。在同苏联最高领导人尤里·V. 安德罗波夫（Yuri V. Andropov）会谈期间，科尔总理以十亿联邦德国马克担保贷款作为例证，表示尽管联邦德国政府最终决定如期部署美国的新型中程导弹，但并没有因此展示出好战的意图。[②]之后，联邦德国的德国内部关系部长海因里希·温德伦（Heinrich Windelen）在华盛顿就德国问题发表的讲话中也谈到，特别是在反对军备竞赛的高潮期接受这笔担保贷款，民主德国也同样承认，在1983年11月份过后，世界并没有走向末日，从这也得到了证实。[③]他还认为，联邦德国和民主德国可以通过改善双边关

---

① Margarethe Müller-Marsall, Hrsg., *Archiv der Gegenwart: Deutschland 1949-1999*, Bd. 8, 1979-1985, Sankt Augustin: Siegler Verlag, 2000, S. 7986-7987.

② Timothy Garton Ash, *Im Namen Europas: Deutschland und der geteilte Kontinent*, München: Hanser, 1993, S. 154.

③ „Bundesminister Windelen: Die deutsche Frage", in Deutschland（Bundesrepublik）Bundesministerium für innerdeutsche Beziehungen, Hrsg., *Texte zur Deutschlandpolitik*, Reihe Ⅲ/Bd. 2, Bonn: Deutscher Bundes-Verlag, 1985, S. 39.

系来树立一个"好榜样"。在欧洲中程武器和核裁军谈判过程中，两个德国应发挥特殊作用。扩大两德人民见面的机会有助于缓和紧张关系和消除不信任。通过这种方式，两德可以参与创造一种政治氛围，使裁军谈判也能蓬勃发展……这就是德意志的两个国家都能以自己的责任对裁军政策做出贡献，而不是仅依靠战略决策中提供庇护的两个主要核大国。①

显然，科尔政府意图通过加强两德经济关系，以两德间的政治小气候来带动东西方的政治大气候②，从而尽可能地改善东西方关系，推动欧洲局势走向缓和。而在另一方，民主德国不仅仅出于经济利益，而且也出于国家安全利益考虑，同样旨在缓解地区紧张局势，并寻求联盟之间的对话途径。1984年和1985年，联邦德国总理科尔利用参加苏联领导人葬礼的机会，与民主德国最高领导人昂纳克进行了会晤，双方最终达成了"虽然我们的国家是分裂的，但是，德意志民族继续存在"，两德有责任"竭尽全力不再在德意志的土地上爆发战争"的共识。③双方也由此公开向其他欧洲国家传递出缓和信号。

于是，欧洲大陆出现了这样一幅有趣的图景：虽然美苏关于欧洲中程导弹的谈判破裂，双方再次掀起冷战小高潮，但两个德意志国家之间却营造出缓和的口号和氛围，例如，"永远不再在德意志的土地上爆发战争""责任共同体"（Verantwortungsgemeinschaft）"安全共同体"（Sicherheits-pannerschaft）④。在欧洲中程导弹危机的阴云笼罩下，双方强调不再互为敌

① Margarethe Müller-Marsall, Hrsg., *Archiv der Gegenwart: Deutschland 1949-1999*, Bd. 9, 1986-1994, Sankt Augustin: Siegler Verlag, 2000, S. 8215-8216.

② *Der Spiegel*, Nr. 28, 1984, S. 18.

③ „Gemeinsame Erklärung zum Gespräch zwischen Helmut Kohl und Erich Honecker in Moskau", *Deutschland-Archiv: Zeitschrift für Fragen der DDR und der Deutschlandpolitik*, Köln: Wissenschaft und Politik, 1985, S. 446.

④ 德国统一社会党总书记昂纳克在一次采访中谈及"责任共同体"和"安全共同体"时表示："首先从我们的角度来看，两个德国都在积极致力于改善由美国在西欧部署中程导弹所引发的紧张局势。对于我们而言，目前最重要的事情是实现欧洲的和平状态，而在这个过程中，两个德国也可以为了人民的利益加强相互间的合作。"参见„Generalsekretär des ZK der SED und DDR-Staatsratsvorsitzender Honecker: Zu einigen aktuellen Fragen der Innen- und Außenpolitik der DDR", in Deutschland (Bundesrepublik) Bundesministerium für innerdeutsche Beziehungen, Hrsg., *Texte zur Deutschlandpolitik*, Reihe III/Bd. 2, Bonn: Deutscher Bundes-Verlag, 1985, S. 311.

人，而是休戚相关的兄弟、命运与共的伙伴。由于德意志两个国家身处东西方冷战对抗的最前线，两德以实际行动走向缓和，不仅能够形成良好的示范带动效应，同时也能为东西方关系的再次缓和打上一剂"强心针"。

除此之外，这笔政府担保贷款协议的达成也反映出，两个德国在经济、政治以及安全领域存在着利益交集。还应看到，随着两德自身实力（尤其是经济方面）的不断增强，这一时期它们在各自阵营中的地位也日益提高。双方在双边关系问题上也逐步开始寻求摆脱盟国的束缚，表现出了一定的独立性。特别是，随着联邦德国经济实力的不断增强，以及它在盟国内部以及国际社会的地位不断上升，使它在积极协调盟友利益的同时，开始更为主动地追求德意志民族自身的利益。这与联盟党政府在战后五六十年代执政期间在德国问题上表现出完全依赖西方盟友的特征形成了鲜明的对照。因此，科尔政府经过不懈努力，开创了以两德政治"小气候"带动东西方政治"大气候"的范例。

由上可见，两德的信贷谈判过程反映出德国问题的复杂性，特别是容易受到外部因素（尤其是来自苏联）的影响，只有同时创造出内外部的有利条件才会有所作为。联邦德国的信贷政策不仅让民主德国提供了一定的政治回报——扩大了两德人员互访规模，而且还有利于缓和外部环境，防止了苏联的强力干涉。可谓是达到了一举两得的效果。而这也充分体现出了联盟党科尔政府对经济杠杆的巧妙使用。科尔政府深知，德国问题只有在东西方实现缓和、和解的情况下才有解决的可能。因此，尽可能的促进和改善东西方关系，为德国重新统一创造良好的外部环境，成为该届联邦德国政府的重要任务之一。而十亿联邦德国马克担保贷款业务恰恰就是部分出于缓和东西方关系的目的。

（三）联盟党对民主德国经济政策的转变与突破

20世纪50年代至60年代初联盟党阿登纳政府执政时期，由于深受美苏激烈对抗以及阿登纳总理强硬统一政策的影响，联邦德国对民主德国的经济政策长期呈现出"既合作又限制"的消极特征。自20世纪60年代中后期起，随着"柏林墙"的建立以及东西方关系的逐步缓和，联盟党领导的联邦政府被迫对该政策进行了一定的调整，使其开始逐步呈现出"以合作促缓和"的积极特征。不过，此时的联盟党仍未从具有浓厚对抗色彩的冷战思维中完全摆脱出来。因此，在20世纪70年代，作为反对党的联盟党经常在联邦议院与执政党社民党就对民主德国经济政策模式进行激烈争论，声称必要时应对民主德国采取经济制裁措施，迫使后者做出相应的妥协。

然而，当联盟党于20世纪80年代初再度上台执政后，采取了更为务实的德国统一政策。为了打破因欧洲中程导弹危机引发的两德关系冰冻期，科尔总理上任后不久便积极促成两德间的十亿联邦德国马克担保贷款协议。这是联邦德国政府首次向民主德国提供如此大规模的担保贷款，且没有附带任何书面上的政治要求。1988年10月，科尔总理在莫斯科访问期间对苏联最高领导人米哈伊尔·S.戈尔巴乔夫（Mikhail S. Gorbachev）讲道："几年前我不顾国内的严厉批评，对民主德国采取了一个重大步骤——向其提供了一大笔担保贷款，然后又对其进行了访问。我们同民主德国之间的关系并非完美无缺，但比以往要好得多。其中再也没有20世纪四五十年代刻板公式的意味了。昂纳克清楚地了解，我并不打算给他的日子添麻烦。"①

面对联盟党政府对民主德国态度及政策的重大转变，社民党议员在联邦议院发出了这样的诘问："先前作为反对党的时候，联盟党时常在联邦议院以'以金钱换取希望'②来形容社民党政府对民主德国的（经济）政策。如今，联盟党政府已经尝试通过向民主德国提供近20亿联邦德国马克担保贷款来使其德国统一政策进一步运转。"③

针对这笔担保贷款业务，基民盟内部没有公开的反对意见，只是在其姊妹党基社盟内部存在一些质疑之声。例如，1983年7月6日，基社盟议员弗

---

① ［俄］米·谢·戈尔巴乔夫：《我与东西德统一》，王尊贤译，中央编译出版社2006年版，第49页。

② 时任联邦议院议长的赖纳·巴泽尔（联盟党人）之前在作为反对党成员时期，曾在联邦议院有关联邦德国的德国统一政策的辩论中，指责社民党政府对民主德国的（经济）政策是"以金钱换取希望"，而不是"以投入换取回报"。参见 Deutschland（Bundesrepublik）Deutscher Bundestag, Hrsg., *Plenarprotokolle*, 9/118 vom 1. Oktober 1982, S. 7169.

③ „Hans Büchler: Rede vor dem Deutschen Bundestag", in Deutschland（Bundesrepublik）Bundesministerium für innerdeutsche Beziehungen, Hrsg., *Texte zur Deutschlandpolitik*, Reihe Ⅲ/Bd. 3, Bonn: Deutscher Bundes-Verlag, 1986, S. 118; „Dr. Hans Apel: Rede vor dem Deutschen Bundestag", in Deutschland（Bundesrepublik）Bundesministerium für innerdeutsche Beziehungen, Hrsg., *Texte zur Deutschlandpolitik*, Reihe Ⅲ/Bd. 3, Bonn: Deutscher Bundes-Verlag, 1986, S. 74.

朗茨·汉德洛斯（Franz Handlos）在《慕尼黑信使报》（*Münchner Merkur*）上发表了一封致施特劳斯的信。他在这封信中强烈抗议基社盟十多年来奉行的"以投入换取回报"原则被十亿联邦德国马克担保贷款的模式所抛弃，并称不准备支持这样的政策。社民党巴伐利亚州主席赫尔穆特·罗特蒙德（Helmut Rothemund）则称，在施特劳斯面前行屈膝礼，尴尬到无以复加的程度了。13年来，基社盟领导人（施特劳斯）经常谈论"以投入换取回报"原则，而现在，在无限的机会主义中，他却来了个一百八十度的大转弯。①

显然，此时的联盟党高层不再按照战后五六十年代的政治思维去思考和解决德国问题了。与此同时，科尔政府开始对经济杠杆的运用有了更为理性的认识，即通过经济（金融）手段来促使两德相互接近，共同合作。这种变化一方面折射出，联盟党已经对其早期教条式德国统一政策所产生的消极影响进行了深刻反思；另一方面则体现出，联盟党已经虚心学习借鉴了社民党务实德国统一政策所取得的积极成果。因而，在其重返执政之后，联盟党延续并发展了社民党执政时期对民主德国积极的经济政策。

就十亿联邦德国马克担保贷款而言，科尔政府对民主德国经济政策的突破主要体现在两个方面：

第一个方面是，联盟党开始使用金融信贷工具来对民主德国施加影响。而之前社民党则主要依靠德国内部贸易以及无息透支贷款这一经济杠杆。联邦德国向民主德国提供的十亿联邦德国马克担保贷款没有任何的支付绑定。它既不同于德国内部贸易框架中的无息透支贷款，即民主德国只能在购买联邦德国的货物时使用，也不是专项贷款，例如只用于公路改造。②因此，民主德国可以更加灵活地加以支配和使用。它既可以用于偿还西方债务，也可以用于促进德国内部贸易的发展。特别是，在20世纪80年代初，民主德国深陷债务危机，德国内部贸易的结构性缺陷已根深蒂固，无息透支贷款的杠杆作用也随之受到严重削弱。正是在这种情况下，

---

① Margarethe Müller-Marsall, Hrsg., *Archiv der Gegenwart*: *Deutschland 1949-1999*, Bd. 8, 1979-1985, Sankt Augustin: Siegler Verlag, 2000, S. 7813.

② Maria Haendcke-Hoppe-Arndt, „ Interzonenhandel/Innerdeutscher Handel ", in Deutschland (Bundesrepublik) Deutscher Bundestag, Hrsg., *Materialien der Enquete-Kommission*, V, 2, Baden-Baden: Nomos, 1995, S. 1557.

联盟党重新上台后能够积极适应形势的发展，并适时地将前社民党政府对民主德国的经济政策加以创新和发展。

第二个方面是，联盟党对民主德国经济政策的实践模式发生转变。从十亿联邦德国马克担保贷款的谈判模式可以看出，联盟党科尔政府在对民主德国经济政策上表现得更加理性和灵活，它已经彻底摒弃了之前所坚持的冷战对抗政策。联盟党在野党时期也曾主张用经济制裁的方式向民主德国施加压力，并抨击社民党政府对民主德国的施惠政策是一种软弱的表现。而当联盟党再次执掌大权后，却尝试通过共同的对话规则，避免触碰民主德国敏感的神经，尽量淡化贷款业务同政治回报之间的关系，最终以一种口头承诺的形式完成贷款谈判。由此可见，此时联盟党对民主德国的经济政策模式已不再拘泥于社民党的"以投入换取回报"模式，而是大胆采用"以信任换取信任"模式。而这笔贷款业务的达成也成为推动两德关系进一步发展的强劲动力。

1984 年 3 月 19 日，联邦总理府国务秘书延宁格在《明镜周刊》发表的一份采访稿中这样讲道："我们不会使用'以现金换取人道主义回报'这样的标题来搞政治，……我们已经用（十亿联邦德国马克）担保贷款发出了信号——'以信任换取信任'。但我们把它留给了另一方——他们知道我们的愿望——去做他们认为在其主权范围内可行的事情……。这个过程还没有完成。但当我们进行盘点时，我们已经可以看到，发生了很多甚至我们当初没有预料到的事情。"[①] 6 月 1 日，联邦德国的德国内部关系部长温德伦在一次关于"两德在欧洲的责任"的讲话中也谈道："去年夏天达成的十亿联邦德国马克担保贷款协议对于各方都是一个重大信号。显然，它被理解为一个'以信任换取信任'的政策信号，这无疑是正确的。"[②]

科尔政府以理性务实的态度给陷入寒冬的两德关系带来暖意，尽管东西方关系再度恶化，联邦德国还是在竭力为其德国统一政策创造各种条件。正

① Margarethe Müller-Marsall, Hrsg., *Archiv der Gegenwart*: *Deutschland 1949-1999*, Bd. 8, 1979-1985, Sankt Augustin: Siegler Verlag, 2000, S. 7923.

② „Bundesminister Windelen: Die europäische Verantwortung der beiden Staaten in Deutschland", in Deutschland（Bundesrepublik）Bundesministerium für innerdeutsche Beziehungen, Hrsg., *Texte zur Deutschlandpolitik*, Reihe Ⅲ/Bd. 2, Bonn: Deutscher Bundes-Verlag, 1985, S. 247.

如温德伦部长在关于两德关系现状及其前景的谈话中所言："对于我们来说，实现关系缓和以及进一步改善关系，往往只能通过很小的，甚至更小的步骤来进行。当前报纸上经常出现这样一些文章，它们将'日常关系中通过讨价还价所获得的可怜的细微改善'，作为我们德国统一政策的全部内容。对此，我完全不能苟同。首先，我们不能让民主德国同胞处于困境之中。即使是很小的进步也能促进关系缓和。我们决不能满足于抽象的理论概念，因为人们从中什么都得不到。"[①]透过温德伦部长的这段讲话，可以看出，联盟党科尔政府已经充分借鉴和吸收了前任社民党政府"以接近求转变"政策以及"小步子"政策之精髓，即通过相互接触和对话交流，增进两德间的相互了解，从容易的事情做起，从具体的事情做起，不断推动欧洲的缓和进程，由此逐步打破双方之间敌对僵持的状态，然后通过积无数个"小步子"为"大步子"，为两个德国在自由与和平中实现民族自决铺平道路。

由上可见，担保贷款模式并非由科尔政府首创，它只是从前任施密特政府那里继承并发展了这一模式。当时，十亿联邦德国马克担保贷款谈判只有在相互信任和相互妥协的氛围下才有可能获得成功，因此科尔政府在对民主德国经济政策的实践中，敢于采用"以信任换取信任"的模式，为两德关系进一步发展奠定了建设性基调。十亿联邦德国马克担保贷款协议的签订不仅使"苏黎世模式"得到了有效实践，同时也标志着联盟党对其之前具有"对抗"特征的德国统一政策做出了重大改变。

1983 年 8 月 8 日，施特劳斯在为《帕绍新报》（*Passauer Neuen Presse*）撰写的一篇文章中这样写到，当然，每次投入也应当得到回报。民主德国政府深知，如果不提供回报，它就不能指望联邦德国作出任何进一步的让步。关于他的德国统一政策行动，施特劳斯表示，在基民盟和基社盟内部，其成员必须要重新学习战略思维，即在历史进程中进行思考。[②] 前任联邦总理施密特则客观地指出："科尔政府确实在努力保持我国政策的连

---

① „Bundesminister Windelen: Stand der innerdeutschen Beziehungen und ihre Perspektiven", in Deutschland（Bundesrepublik）Bundesministerium für innerdeutsche Beziehungen, Hrsg., *Texte zur Deutschlandpolitik*, Reihe Ⅲ/Bd. 2, Bonn: Deutscher Bundes-Verlag, 1985, S. 390.

② Margarethe Müller-Marsall, Hrsg., *Archiv der Gegenwart: Deutschland 1949-1999*, Bd. 8, 1979-1985, Sankt Augustin: Siegler Verlag, 2000, S. 7820.

续性。他推行了一项对自己来说也是新的德国统一政策，这表明施特劳斯也顺从了这一连续性。"[1]

四 以经济杠杆密切两德关系

（一）在瓶颈中求发展：20世纪80年代的德国内部贸易

由于两德具有较为类似的经济和产业结构，因此两德本来有潜力建立良好的贸易体系，迅速发展大宗商品贸易。然而事实上，德国内部贸易长期受到双方面的一些限制，如民主德国僵化的集中型管理体制，民主德国某些产品较低的市场需求，民主德国长期缺少可兑换的货币，联邦德国在双方各类商品交易中占有优势等。

联盟党科尔政府上台后，曾多次在公开场合[2]表示，德国内部贸易是两德关系重要的组成部分，也是两德合作的一个重点领域，联邦德国准备进一步扩大同民主德国之间的经济关系。为此，科尔政府充分借鉴和吸取了前社民党政府对民主德国经济政策的宝贵经验，在推动德国内部贸易发展方面做出了积极的努力。

1984年3月13日，联邦德国经济部长兰布斯多夫在莱比锡春季博览会闭幕式上的讲话中称，可靠的贸易关系虽然不能替代政治关系，但对政治关系的稳定做出了重要贡献。两德（近年来）一直在商定经贸协议，而且我们打算在未来坚持这一惯例。我们认为这是进一步开展经济合作的坚实基础，希望将来也会取得政治成果。兰布斯多夫还宣布了双方近期达成的一项为期5年的经贸协议，根据该协议，联邦德国的派纳—萨尔兹吉特钢铁公司（Stahlwerke Peine-Salzgitter）和赫施钢铁公司（Stahlwerke Hoesch）将为民主德国供应轧制宽幅钢板，价值3亿联邦德国马克。[3]

20世纪80年代初，正值美苏关系再度恶化，两德关系也随之处于欧

---

① ［联邦德国］赫尔穆特·施密特：《伟人与大国：施密特回忆录》，梅兆荣等译，世界知识出版社1989年版，第116页。

② 具体参见本节第一部分（二）科尔政府的德国统一政策。

③ Margarethe Müller-Marsall, Hrsg., *Archiv der Gegenwart：Deutschland 1949-1999*, Bd. 8, 1979-1985, Sankt Augustin：Siegler Verlag, 2000, S. 7920.

洲中程导弹危机的漩涡之中。然而，德国内部贸易却没有因此受到影响，依然能够保持平稳发展。1983 年德国内部贸易额比上年增长了 8%，达到了 152 亿联邦德国马克。其中，货物的输入和输出都增长了 8%。[1] 1983 年上半年，民主德国还成功地减少了其在德国内部贸易中的逆差。1985 年，德国内部贸易额创下 20 世纪 80 年代的最高峰，达到了 167 亿联邦德国马克。[2]

1982—1989 年，德国内部贸易尽管在金额上由 140.68 亿联邦德国马克增长到了 153.09 亿联邦德国马克，增长率约为 8.8%。但值得注意的是，自 20 世纪 80 年代中期以来，民主德国在德国内部贸易中连续出现逆差，这阻碍了德国内部贸易的进一步发展。1985 年，民主德国在德国内部贸易中的逆差达到了 4.28 亿联邦德国马克，1986 年增至 4.93 亿联邦德国马克，1987 年降为 2.47 亿联邦德国马克，1989 年激增至 8.98 亿联邦德国马克。[3]尽管民主德国将其向西方国家的许多出口转移至德国内部贸易，但由于自身生产能力与生产技术的相对落后，使得民主德国无法在德国内部贸易中实现贸易平衡，最终导致德国内部贸易的发展受困于这种结构性瓶颈。正因为如此，1986—1988 年，德国内部贸易额出现明显回落。

与 20 世纪 70 年代相比，德国内部贸易在 20 世纪 80 年代的发展规模，特别是贸易结构没有发生质的改变，始终没有达到两个发达工业国家间贸易应有的高度。德国内部贸易中货物交换的重点依然是基础材料和生产品，而资本货物行业的产品所占比重仍旧较低。[4]与此同时，民主德国工业的国际竞争力问题变得更加尖锐了。特别是，民主德国想通过建立自己的微电子工业[5]，进而重新获得国际市场竞争力的尝试也以失败告终。其微

---

[1] „Innerdeutscher Handel 1982 ", *Deutschland-Archiv*: *Zeitschrift für Fragen der DDR und der Deutschlandpolitik*, Köln: Wissenschaft und Politik, 1983, S. 555.

[2] „Innerdeutscher Handel 1985 ", *Deutschland-Archiv*: *Zeitschrift für Fragen der DDR und der Deutschlandpolitik*, Köln: Wissenschaft und Politik, 1986, S. 554.

[3] 参见附录 1 和附录 2。

[4] 参见附录 12。

[5] 1976 年，德国统一社会党中央政治局委员、分管经济事务的米塔格最先提出了微电子计划。对于像民主德国这样资源有限的工业国家来说，在其"主要任务"之外，或多或少地独立开展这项工作，会带来相当大的经济风险。然而，米塔格却表态同意这样做。参见 Günter Mittag, *Um jeden Preis*: *im Spannungsfeld zweier Systeme*, Berlin: Aufbau-Verlag, 1991, S. 118.

电子工业最终生产出来的产品的性能和质量落后于国际先进水平，但产品价格却远高于世界市场价格。另外，其微电子工业消耗了相当一部分的投资资金，相关研发费用比国际标准高出好几倍，民主德国为此每年需要补贴 30 亿民主德国马克，由此引发了民主德国领导人的不安。[1]另外，20 世纪 80 年代中后期，民主德国在这一领域也存在决策失误。例如，在德累斯顿工业大学开发 16 位处理器的过程中，民主德国不得不开发部分操作系统软件，并为此花费了 100 亿民主德国马克，而在涉外商店只需花费 80 联邦德国马克便可以买到它。这样做仅仅是为了展示第二个德意志国家也能开发出这样的东西。[2]

　　然而，其他一些行业（尤其是非补贴行业）因没有足够的资金而无法保证及时更换折旧的设备，早已陈旧的基础设施受投资不足的影响尤甚。这些无疑会制约民主德国生产力的进一步发展。此外，消费品行业是民主德国经济中的薄弱环节和弱势行业之一，消费品的生产和供应常年无法完成国家计划。受限于对外债规模的严格控制以及德国内部贸易的结构性问题，民主德国也无法通过德国内部贸易来缓解和改善国内消费品供应短缺情况。

　　1988 年，德国内部贸易额为 141.71 亿联邦德国马克，与前一年相比下降了 2%。联邦德国对民主德国的输出额为 68.383 亿联邦德国马克，联邦德国从民主德国的购入额为 73.327 亿联邦德国马克。民主德国初步实现了其宣布的在较长期内重新平衡德国内部贸易的目标，以应对前几年联邦德国的贸易顺差。在民主德国向联邦德国输出的所有产品中，机械制造、电子产品以及科学精密仪器等技术密集型的产品所占份额只有 10.4%（7.647 亿联邦德国马克），与前一年相比下降了 4%，低于金属产品的输出份额，后者所占比重为 11.3%（8.26 亿联邦德国马克），其中包括轧钢产品以及铜制、铝制等半成品。纺织业和轻工业产品的输出份额排在所有产

---

　　① Olaf Klenke, *Ist die DDR an der Globalisierung gescheitert? Autarke Wirtschaftspolitik versus internationale Weltwirtschaft-Das Beispiel Mikroelektronik*, Frankfurt am Main：Lang, 2001, S. 85；[俄] 阿·加afraid金、[俄] 阿·切尔尼亚耶夫：《戈尔巴乔夫与德国问题》，周力、胡昊、董国平等译，当代世界出版社 2017 年版，第 196 页。

　　② [德] 约阿辛姆·阿尔格米森：《汉斯·蒂特迈尔：构建德国和欧洲经济秩序的一生》，胡琨、周旺旺、钟佳睿、李梦璐译，社会科学文献出版社 2021 年版，第 341 页。

品之首，达到了 12.6%（9.239 亿联邦德国马克），明显超过了技术密集型产品所占的份额。与之相对，联邦德国输出最多的产品是机械制造、电子产品以及科学精密仪器等技术密集型的产品，占其输出总额的比重为 25.4%（17.399 亿联邦德国马克），与前一年相比下降了 20%。而纺织品和轻工业产品所占比重只有 6.2%（4.21 亿联邦德国马克）。[①]从总体上看，尽管德国内部贸易的货物交换基本保持了一个相对平稳的态势，但自 1986 年起持续三年小幅下降凸显了其结构性问题。另外，民主德国鉴于其严重的外债压力，不断努力强制维持国际收支平衡。[②]

1982 年，科尔上台执政后，为了鼓励民主德国扩大对联邦德国的货物输出，克服德国内部贸易固有的发展瓶颈，联邦德国政府特意提高了每年向民主德国提供的无息透支贷款额度。1985 年 7 月 5 日，两德政府签订了新的无息透支贷款协议，该协议的有效期为 5 年，从 1986 年一直持续到 1990 年，贷款额度由之前的 6 亿联邦德国马克重新提高至 8.5 亿联邦德国马克。科尔政府试图以此为两德经济关系注入活力，并进一步改善双边贸易结构。在联邦德国方面，无息透支贷款额度的增加还被看作是一个政治信号。按照联邦德国政府发言人弗里德海姆·奥斯特（Friedhelm Ost）的话来讲，新无息透支贷款协议的签订代表了对话与合作政策的延续。[③]

即便如此，德国内部贸易的颓势仍没有得到有效扭转。部分原因是受到国际石油、原材料市场价格的影响，然而，更主要的原因是民主德国日益疲软的交付能力。由于质量和标准化问题，民主德国的产品在西方市场日渐失去竞争力。此外，民主德国也在努力减少外债数额，其中包括德国内部贸易中的赤字。因此，在 20 世纪 80 年代中后期，尽管无息透支贷款额度再次提升至 8.5 亿联邦德国马克，但无息透支贷款的使用率却很低，

---

① 　„Die Entwicklung des innerdeutschen Handels 1988 ", in Deutschland（Bundesrepublik）Bundesministerium für innerdeutsche Beziehungen, Hrsg., *Texte zur Deutschlandpolitik*, Reihe Ⅲ/Bd. 7, Bonn: Deutscher Bundes-Verlag, 1990, S. 56-59.

② 　Maria Haendcke-Hoppe-Arndt, „Die Außenwirtschaftsbeziehungen der DDR und der innerdeutsche Handel", in Werner Weidenfeld und Hartmut Zimmermann, Hrsg., *Deutschland-Handbuch: Eine doppelte Bilanz 1949-1989*, Bonn: Bundeszentrale für politische Bildung, 1989, S. 57.

③ 　Margarethe Müller-Marsall, Hrsg., *Archiv der Gegenwart: Deutschland 1949-1999*, Bd. 8, 1979-1985, Sankt Augustin: Siegler Verlag, 2000, S. 8120.

降至 30% 以下。与之相对，在 20 世纪 70 年代至 80 年代初，民主德国对无息透支贷款的使用率都在 70% 以上。①

　　尽管德国内部贸易的结构长期存在着比较严重的不平衡问题，但联邦德国仍表达出对德国内部贸易未来发展前景的美好期待，同时也向民主德国提出了相应的建议与要求。1989 年 10 月 8 日，联邦总理科尔在《分裂的德意志之民族状况报告》中讲道："1989 年，德国内部贸易额再次达到 150 亿联邦德国马克。不过，双方仍要共同努力，应当按照两个高度发达的工业化国家间的那种结构和方式来发展双边贸易。特别是在经济领域中，民主德国面临迫切的改革，我希望看到德国内部贸易有新的发展。更广泛的经济合作能够对两国关系的进一步发展起到相当大的推动作用。"②

　　显而易见，科尔政府之所以不断采取措施试图突破德国内部贸易的发展瓶颈，主要不是出于经济上的考虑。事实上，这一时期德国内部贸易只占联邦德国外贸总额的 1.7% 左右，民主德国在联邦德国贸易伙伴国家中只位列第 15 位。德国内部贸易的重要意义主要体现在政治层面上。它可以改善民主德国公民的生活状况。它同时也是联邦德国努力缓和民族分裂的重要措施。③西柏林的安全与稳定历来是联邦德国德国统一政策的核心内容之一，而德国内部贸易包含西柏林在内，从而形成了一个"德国经济统一体"。西柏林在德国内部贸易中所占比重一直较高，平均约为 25%。④此外，德国内部贸易还为这座"孤岛"城市提供了生活必需品物资保障，这直接关乎到西柏林居民的生存问题。

　　为了使西柏林保持经济活力和城市吸引力，科尔政府积极鼓励联邦德

---

① 参见附录 3。

② „Bundeskanzler Dr. Helmut Kohl: Bericht der Bundesregierung zur Lage der Nation im geteilten Deutschland ", in Deutschland (Bundesrepublik) Bundesministerium für innerdeutsche Beziehungen, Hrsg., *Texte zur Deutschlandpolitik*, Reihe Ⅲ/Bd. 7, Bonn: Deutscher Bundes-Verlag, 1990, S. 331.

③ „Bundesminister Heinrich Windelen: Rede auf dem Parteitag der Exil-CDU ", in Deutschland (Bundesrepublik) Bundesministerium für innerdeutsche Beziehungen, Hrsg., *Texte zur Deutschlandpolitik*, Reihe Ⅲ/Bd. 3, Bonn: Deutscher Bundes-Verlag, 1986, S. 155.

④ „Staatminister Vogel: Die deutsche Nation im Spannungsfeld von Geschichte und Politik", in Deutschland (Bundesrepublik) Bundesministerium für innerdeutsche Beziehungen, Hrsg., *Texte zur Deutschlandpolitik*, Reihe Ⅲ/Bd. 2, Bonn: Deutscher Bundes-Verlag, 1985, S. 239.

国企业到西柏林投资建厂。例如，1984 年，联邦德国著名的汽车制造企业——巴伐利亚发动机制造股份公司（Bayerische Motoren Werke AG）在西柏林的施潘道（Spandau）投资建造了一座新的摩托车工厂①。1984 年 3 月 1 日，联邦总理科尔亲自出席了巴伐利亚发动机制造股份公司（西）柏林新工厂的落成典礼。在落成典礼仪式上的讲话中，巴伐利亚发动机制造股份公司董事长埃伯哈德·冯·金海姆（Eberhard von Kuenheim）谈到了这次在（西）柏林投资建厂的动机，他称："我们决定在（西）柏林投资建厂有政治层面的考量，但在很大程度上也是出于经济上的考虑。这种投资信心来源于（西）柏林的经济实力和执行意愿。我们希望其他企业尤其是联邦德国企业能够效仿巴伐利亚发动机制造股份公司，我们希望它们能越来越多地认识到（西）柏林的区位优势。"②

20 世纪 80 年代，民主德国出于经济利益的考虑，对促进德国内部贸易进一步发展也同样抱有较高的热情。对于民主德国而言，联邦德国包括西柏林是一个成本低廉且运输便利的销售市场。与此同时，民主德国还可以有机会购买到技术含量较高的工业产品。③此外，德国内部贸易还对民主德国经济起到了填补计划缺口的作用。1986 年，昂纳克在接受联邦德国《时代周刊》（Die Zeit）采访时，着重谈及了两德经济关系的重要性。他称："据初步统计，德国内部贸易额甚至达到了 170 亿联邦德国马克，呈

---

① 早在 1967 年，巴伐利亚发动机制造股份公司就在西柏林的斯潘道建造了一座摩托车厂，并于 1969 年将旗下整个摩托车部门迁至西柏林。

② „Regierender Bürgermeister Diepgen: Rede vor dem Deutschen Bundestag", in Deutschland (Bundesrepublik) Bundesministerium für innerdeutsche Beziehungen, Hrsg., *Texte zur Deutschlandpolitik*, Reihe Ⅲ/Bd. 2, Bonn: Deutscher Bundes-Verlag, 1985, S. 143.

③ 不过，在这方面也有诸多限制。1984 年 10 月，德国内部关系部议会国务秘书亨尼希在德国驻纽约总领事馆的一次讲话中提到，经常有人会问这样一个问题，即通过德国内部贸易这种方式，是否会使联盟的防御能力减弱？这背后的恐惧在于，西方的先进技术可以通过德国内部贸易的走廊转移到民主德国，并从那里传入苏联。他指出，这种担忧是毫无根据的。德国内部贸易包含防止这种技术转移的规定。由"巴黎统筹委员会"制定的出口限制清单，在德国内部贸易中也有类似的应用。"巴黎统筹委员会"的出口货物清单以及与战略相关的商品制造信息和技术知识共享需要专门审批。由此可以排除向民主德国出售禁运物品以及核心技术。发放出口许可证前必须先征得"巴黎统筹委员会"的同意。参见 „Parlamentarischer Staatssekretär Dr. Hennig: Politische und rechtliche Aspekte der Deutschlandpolitik", in Deutschland (Bundesrepublik) Bundesministerium für innerdeutsche Beziehungen, Hrsg., *Texte zur Deutschlandpolitik*, Reihe Ⅲ/Bd. 2, Bonn: Deutscher Bundes-Verlag, 1985, S. 423.

现出良好的发展势头。我们赞成为了互惠互利而将它进一步扩大。民主德国视其为两德整体关系的一个重要稳定因素。稳固的经贸关系符合双方的利益，因此双方应尽一切必要的努力，为扩大经贸关系创造条件。我们已经为此做好了准备。"①这一时期，德国内部贸易在民主德国的西方贸易中占据首位。据德意志联邦银行统计资料显示，1980 年，德国内部贸易占民主德国西方外贸总额的 41%，到了 1985 年下降至 33%，1989 年又重新升至 41%。②在贸易额方面，联邦德国是民主德国第二大贸易伙伴，其地位仅次于苏联。

1987 年 9 月 7—11 日，民主德国德国统一社会党总书记昂纳克应邀出访联邦德国。这次访问被联邦德国视为务实的合作政策。③访问期间，尽管双方在德国问题上的根本性分歧没有改变④，但在当前重大的国际政治问题和双边关系问题上达成了广泛的一致，并取得了积极的成果。就两德经济关系方面，在 9 月 8 日双方发表的《联合公报》中指出，德国内部贸易被视为两德关系中的重要稳定因素，双方愿意在平等和互利的基础上不断扩大包括中小企业在内的经贸合作。此外，双方还重申打算进一步改善贸易结构，加强资本货物特别是机械制造、电气工程以及能源和环保技术领

---

① „Interview des SED-Generalsekretaers Erich Honecker über die Beziehungen zwischen der beiden deutschen Staaten", in Deutschland（Bundesrepublik）Bundesministerium für innerdeutsche Beziehungen, Hrsg., *Innerdeutsche Beziehungen. Die Entwicklung der Beziehungen zwischen der Bundesrepublik und der Deutschen Demokratischen Republik 1980－1986*: *Eine Dokumentation*, Bonn: Bundesministerium für innerdeutsche Beziehungen, 1986, S. 231.

② Deutschland（Bundesrepublik）Deutsche Bundesbank, Hrsg., *Die Zahlungsbilanz der ehemaligen DDR 1975 bis 1989*, Frankfurt am Main: Dt. Bundesbank, 1999, S. 50.

③ Peter Kielmansegg, *Nach der Katastrophe*: *eine Geschichte des geteilten Deutschland*, Berlin: Siedler, 2000, S. 542.

④ 科尔总理在 9 月 7 日的招待晚宴上明确表达了他对德国问题的看法。他提及"民族统一意识"的觉醒，并强调了"两德在包括民族问题在内的一些基本问题上仍存在分歧"。不过，科尔总理同时表示："德国问题仍然悬而未决，但其解决方案目前并不在世界政治议程上，我们还需要得到邻国的同意。"参见 Deutschland（Bundesrepublik）Bundesministerium für innerdeutsche Beziehungen, Hrsg., *Der Besuch von Generalsekretär Honecker in der Bundesrepublik Deutschland*: *Dokumentation zum Arbeitsbesuch des Generalsekretärs der SED und Staatsratsvorsitzenden der DDR, Erich Honecker, in der Bundesrepublik Deutschland im September 1987*, Bonn: Bundesministerium für innerdeutsche Beziehungen, 1988, S. 26.

域的产品交流，同时强调了在第三方市场合作的重要性。①为了在现行协议和规定的基础上进一步发展两德经济关系，双方还同意就筹建一个联合委员会进行会谈。尽管昂纳克的访问进一步推动了两德经济关系的发展，但德国内部贸易结构中固有的顽疾仍无法得到根除，并且这种状况一直延续到了德国统一前夕。德国内部贸易以及无息透支贷款的杠杆作用也因此受到一定程度的制约。

综上所述，在科尔执政时期，德国内部贸易由于日益受限于自身结构性问题，没有像 20 世纪 70 年代那样实现迅速发展，而是逐步进入了发展瓶颈期。尽管如此，联邦德国政府为了进一步密切两德关系，推动欧洲局势的进一步缓和，努力采取各种积极措施，试图改善德国内部贸易相对停滞（甚至倒退）的态势。而在这一时期，民主德国出于自身外债压力，也积极寻求加强和扩大德国内部贸易。当然，民主德国从这种贸易活动中也受益匪浅，特别是在 20 世纪 80 年代中期以前，它对于缓解外债压力方面所起的作用十分明显。但由于自身工业水平同其他西方国家间的差距不断拉大，到 20 世纪 80 年代中期，民主德国连年的贸易逆差导致德国内部贸易陷入低谷期。从另一个侧面来讲，民主德国在德国内部贸易中日益增长的进口需求，也在一定程度上增加了对联邦德国经济的依赖性。这些不仅再次暴露出民主德国在德国内部贸易中所处的弱势地位，同时也变相反映出其自身经济体制和结构存在诸多问题。正是民主德国经济的固有顽疾最终在 20 世纪 80 年代末引发了社会总危机。

（二）大力发展两德企业间的合作

在努力克服德国内部贸易结构性缺陷，促进其进一步发展的同时，联盟党科尔政府也十分重视加强两德企业间的合作，尤其注重鼓励和引导联邦德国企业到民主德国投资办厂。联邦德国政府为此实施的一系列积极举措不仅迎合了本国企业扩大生产以及对外投资的需求，同时也受到民主德

---

① „Offizieller Besuch des Generalsekretärs des ZK der SED und DDR-Staatsratsvorsitzenden Erich Honecker in der Bundesrepublik Deutschland-Gemeinsames Kommuniqué", in Deutschland (Bundesrepublik) Bundesministerium für innerdeutsche Beziehungen, Hrsg. , *Texte zur Deutschlandpolitik*, Reihe Ⅲ/Bd. 5, Bonn: Deutscher Bundes-Verlag, 1988, S. 207.

国方面的肯定和欢迎。

1983 年 5 月 3 日，民主德国《新德意志报》发表评论文章称："联邦德国已经意识到了德国内部贸易发展现状不错。联邦德国方面废除了一些限制性措施，德国内部贸易呈现出更加全面的发展态势。除了两国大型企业之间开展的直接合作之外，它们同时还在第三方市场开展经济合作。此外，联邦德国大约还有 6000 家中小企业参与其中，它们也总是不断地向民主德国表达合作意愿，尽管联邦德国深陷欧洲导弹危机之中，但仍有很多联邦德国企业积极参与双边经济合作。而这些都是按照'以投入换取回报'的原则进行的，所有的参与方都明白，这对双方都有好处。"①

诚然，自 20 世纪 60 年代以来，随着联邦德国经济的快速发展，越来越多的联邦德国企业从自身利益出发，希望联邦德国政府加强与苏东国家的经济合作，以此扩大对外投资渠道。出于共同的语言和文化习俗、地理位置和交通运输的优势以及互补性的贸易结构等因素的考虑，民主德国不失为一个理想的投资场所。这为两德企业间加强交流、拓展合作提供了良好契机。联邦德国同民主德国分别出于政治利益和经济利益的考量，也十分鼓励两德企业间的经贸合作。正是在双方政府共同的支持和推动下，两德企业签订了许多重要的贸易协议。在科尔执政时期，两德企业间合作的深度和广度得到了进一步的拓展。

1984 年 2 月，联邦德国大众汽车股份公司（Volkswagen AG）与民主德国签订了一份合作协议。根据该协议，大众汽车股份公司把之前安装在汉诺威大众汽车股份工厂的发动机生产线出售给民主德国，用于制造波罗（Polo）和高尔夫（Golf）车型的发动机。反过来，大众汽车股份公司从 1988 年起每年从民主德国购买 10 万台汽车发动机。协议的有效期至 1993 年；民主德国将为此支付 6 亿联邦德国马克。其中，2.8 亿联邦德国马克用于购买发动机生产线和许可证，3.2 亿联邦德国马克用于从大众汽车股份公司购买约 2000 辆面包车和其他车辆。汉诺威大众汽车工厂先前每年

---

① „"Neues Deutschland"：Zu den Beziehungen zwischen der DDR und der BRD"，in Deutschland（Bundesrepublik）Bundesministerium für innerdeutsche Beziehungen，Hrsg.，*Texte zur Deutschlandpolitik*，Reihe Ⅲ/Bd. 1，Bonn：Deutscher Bundes-Verlag，1985，S. 86.

为大众汽车股份公司生产 28.6 万台汽车发动机。因此，民主德国的发动机供应仅能满足约 1/3 的需求。此外，在新引进的大众发动机生产线的帮助下，民主德国还希望满足自己的瓦特堡（Wartburg）和特拉班特（Trabant）车型发动机的生产需求。实验表明，更换之前安装在这两款车型上的两冲程发动机（皆为 20 世纪 30 年代开发的产品）将节省 40% 的燃油。①该合作协议对于民主德国的汽车产业现代化而言，有着非常重要的意义。而大众汽车股份公司在为民主德国的汽车发动机生产提供现代化技术的同时，也希望获得进一步合作的机会。正如大众汽车股份公司董事长卡尔·哈恩（Carl Hahn）所言："这不是一种短期行为，而是一种长远的合作。"②

不可否认的是，大众汽车股份公司作为联邦德国最著名的大型企业之一，有着很强的影响效力和示范效力。该合作项目的成功落地无疑会促进联邦德国其他企业同民主德国的经贸合作。1984 年 3 月 3 日，联邦德国的德国内部关系部议会国务秘书亨尼希在萨尔州广播电台进行了一次有关两德关系的访谈。访谈期间，亨尼希被问道："大众汽车股份公司与民主德国达成的这份合作协议能否成为两德未来经济合作的一个范例？"对此，他回答道："我认为这是一个非常好的建议。……当然，大众汽车股份公司不是一家普通的公司，它是一家具有特别象征意义的公司，以至于这笔业务在两德经贸关系中显得格外突出。这正好与德国内部贸易的良性发展保持一致，我们现在期待莱比锡博览会朝着这个方向深入推进。我希望，这项业务能引来更多的后继者，从而构建起一个更加紧密的经济关系网。"③

显然，联邦德国政府希望通过扩大两德企业间的合作，使两德经济关系得到进一步巩固和发展。联邦总理府国务部长弗里德里希·福格尔

---

① Margarethe Müller-Marsall, Hrsg., *Archiv der Gegenwart*: *Deutschland 1949-1999*, Bd. 8, 1979-1985, Sankt Augustin: Siegler Verlag, 2000, S. 7917.

② *Der Spiegel*, Nr. 7, 1984, S. 24.

③ „Parlamentarischer Staatssekretär Dr. Hennig: Zu innerdeutschen Problemen", in Deutschland (Bundesrepublik) Bundesministerium für innerdeutsche Beziehungen, Hrsg., *Texte zur Deutschlandpolitik*, Reihe Ⅲ/Bd. 2, Bonn: Deutscher Bundes-Verlag, 1985, S. 69.

（Friedrich Vogel）在一次公开讲话中讲道："我们欢迎大众汽车股份公司与民主德国相关部门在汽车发动机制造领域进行合作。这是两德在经济合作领域迈出的重要一步，完全符合联邦德国政府的政治理念，并成为深化两德经济合作的典范。"①

1984年12月13日，联邦德国和民主德国就黑森州和图林根州边境地区的钾盐开采达成了一项协议。该协议将地下采矿权授予了联邦德国卡塞尔（Kassel）的一家钾肥公司和民主德国国营钾肥联合企业，允许其按照本国法律进行开采。因此，在巴德黑尔斯费尔德（Bad Hersfeld）和巴德萨尔聪根（Bad Salzungen）之间30公里范围内进行跨境钾肥开采成为可能。联邦德国政府对该协议的签订表示欢迎，认为这将给双方的经济都带来好处；此外，该协议明确指出，尽管在一些基本问题上存有分歧，但为了双方的共同利益，德意志两个国家间的合作仍有可能取得进展。②

1987年9月，昂纳克对联邦德国的访问更是将两德企业间的合作推向了高潮。在其访问期间，两德企业达成了一系列重要的合作协议。例如，1988年3月7日，汉诺威的普鲁士电力股份公司（Preußen Elektra AG）和西柏林的柏林电力电灯股份公司（Kraft - und Licht（Bewag）AG）与民主德国的外贸公司就柏林电网相互兼容事宜签署了合作协议。双方同意修建一条从联邦德国到民主德国和西柏林的电力线路，以便从1992年初开始使西柏林摆脱在电力供应方面的孤立状态，并与西欧电网相连。从1989年秋季开始，普鲁士电力公司还将每年向民主德国提供约10亿千瓦时的供电量，价值约1亿联邦德国马克。③这不仅关乎西柏林居民的切身利益，同时也成为德意志内部电力联盟的开端。此外，柏林和汉诺威之间的铁路运输全面现代化项目也有利于改善两德间的交通运输状况，为双方人员间的往来提供更为便利的出行条件。与此同时，它也为两德合作开辟了一条新的途

---

① „Staatsminister Vogel: Die deutsche Nation im Spannungsfeld von Geschichte und Politik", in Deutschland（Bundesrepublik）Bundesministerium für innerdeutsche Beziehungen, Hrsg. , *Texte zur Deutschlandpolitik*, Reihe Ⅲ/Bd. 2, Bonn: Deutscher Bundes-Verlag, 1985, S. 239.

② Margarethe Müller-Marsall, Hrsg. , *Archiv der Gegenwart: Deutschland 1949-1999*, Bd. 8, 1979-1985, Sankt Augustin: Siegler Verlag, 2000, S. 8115.

③ Margarethe Müller-Marsall, Hrsg. , *Archiv der Gegenwart: Deutschland 1949-1999*, Bd. 9, 1986-1994, Sankt Augustin: Siegler Verlag, 2000, S. 8552.

径，对于柏林未来吸引投资有着不可低估的意义。

显然，昂纳克对联邦德国的访问拓展了两德各领域交流合作。这尤其体现在经济领域，两德经贸合作规模不断扩大。为此，联邦德国的德国内部关系部长多萝特·维尔姆斯（Dorothee Wilms）就昂纳克访问后一年来的两德关系状况发表讲话时称："令人遗憾的是，德国内部贸易近年来处于低潮期。……但令人高兴的是，自昂纳克总书记访问联邦德国以来，两德企业间的合作得到了增强，并且还可以得到进一步拓展，尤其是在能源、环境和旅游等新领域。"[1]

综上所述，联邦德国通过鼓励和引导两德企业进行产业合作，一方面可以满足本国企业追求经济利益的需求；另一方面，则借此来实现其德国统一政策中的政治目标。不言而喻，两德企业间通过签订合作协议，进而形成的一种紧密的经济关系网。这在无形当中增强和改善了两德关系，拉近了相互间的距离，同时也加大了两德在其他领域合作的可能性。事实上，经贸往来历来是一条无形的纽带，它所带来的不仅是各类商品货物的流通，更有人员间往来和思想观念相互交融。显然，两德经贸合作也为两德人员交流扩宽了渠道，而这恰恰是联邦德国政府在两德经贸关系中的一大政治诉求。

（三）加大对民主德国非商业性的经济援助和财政支付

科尔政府上台后，为了改善和发展同民主德国的关系，除了注重促进德国内部贸易发展，扩大两德企业间合作交流之外，还加大了对民主德国非商业性的经济援助和财政支付，以此进一步推动两德人员间的接触和往来。这其中包括为两德青少年旅游交流提供财政资助、向来访的民主德国公民发放"欢迎金"（Begrüßungsgeld），以及继续向民主德国支付交通、邮政、通讯等服务费。

长期以来，联邦德国政府对民主德国经济政策的重要政治目标是增强

---

① „Bundesminister Dr. Dorothee Wilms: Die innerdeutschen Beziehungen ein Jahr nach dem Honecker-Besuch", in Deutschland（Bundesrepublik）Bundesministerium für innerdeutsche Beziehungen, Hrsg. , *Texte zur Deutschlandpolitik*, Reihe Ⅲ／Bd. 6, Bonn: Deutscher Bundes-Verlag, 1989, S. 316.

德意志民族凝聚力，维护两德人民共同的民族和文化认同与统一意愿。然而，由于民主德国在本国公民出境旅行方面（尤其是在旅行者年龄方面）施加了诸多限制，因此前往联邦德国旅行访问的民主德国公民绝大部分为退休人员。为此，联邦德国政府十分重视促进两德青少年之间的交流。

　　在联盟党重新执政初期，两德青少年交流互访规模还十分有限，但在随后的几年中，其规模得到不断扩大。1982 年 9 月 20 日，联邦德国最大的青年组织德国联邦青年社团联合会（Deutscher Bundesjugendring）与民主德国共青团组织自由德国青年联盟（Freie Deutsche Jugend）就两德青年旅游交流达成一份协议。1983 年，民主德国青年访问联邦德国的人数为 1250 人，联邦德国赴民主德国交流的青年①人数大约为 6000 人。在两德青年旅游交流协议之外，还有 1.6 万名中小学生也参与了旅游交流活动。到了 1984 年，在两德青年旅游交流协议的框架下，联邦德国赴民主德国交流的青年人数上升至 8000 人，参与其中的青少年人数总计为 4.2 万人。1985 年，联邦德国青少年参与旅游交流活动的人数上升至 6.8 万人，其中大部分是参加学校班级旅行的中小学生（80%）。到了 1986 年，联邦德国约有 6.4 万名青少年通过青年旅游交流以及学校班级旅行的形式对民主德国进行了访问，与上一年相比略有下降。与此同时，在两德青年旅游交流协议框架内，民主德国约有 3800 名青少年访问了联邦德国。1987 年，联邦德国青少年访问民主德国的人数则超过了 7.7 万人，而访问联邦德国的民主德国青少年人数同上一年保持不变。此外，1987 年底，（西）柏林也被纳入两德青年旅游交流协议之中。两德青少年旅游交流项目从一开始就受到联邦德国政府的财政资助。1988 年以前，来访的民主德国青少年每人每天能获得 15 联邦德国马克的补助。联邦德国青少年赴民主德国旅游交流由各个联邦州管理审核，同样能够得到联邦基金的资助。②到了 1988 年，针对

---

①　包括大学生、培训生等。

②　„Die innerdeutschen Beziehungen 1987 - Zahlen, Daten, Fakten-", in Deutschland（Bundesrepublik）Bundesministerium für innerdeutsche Beziehungen, Hrsg., *Texte zur Deutschlandpolitik*, Reihe Ⅲ/Bd. 5, Bonn: Deutscher Bundes-Verlag, 1988, S. 383; „Die innerdeutschen Beziehungen 1988 - Zahlen, Daten, Fakten", in Deutschland（Bundesrepublik）Bundesministerium für innerdeutsche Beziehungen, Hrsg., *Texte zur Deutschlandpolitik*, Reihe Ⅲ/Bd. 6, Bonn: Deutscher Bundes-Verlag, 1989, S. 532−533.

来访的民主德国青少年的补助被提高至每人每天 20 联邦德国马克。①

除了为两德青少年旅游交流提供财政资助外，科尔政府还增加了向民主德国访客发放的"欢迎金"。从 1987 年 9 月 1 日起，每位来访的民主德国公民获得的"欢迎金"由 30 联邦德国马克提高至 100 联邦德国马克。此外，他们每年还可以直接用 15 民主德国马克兑换 15 联邦德国马克，60 周岁以上的访客每年最高的兑换额度为 70 联邦德国马克。随着民主德国访客数量的大幅增长以及"欢迎金"的大幅上调，联邦德国政府用于"欢迎金"的财政支出也呈快速上升态势。1986 年为 6000 万联邦德国马克，1987 年上升到 9650 万联邦德国马克。到了 1988 年，这一数字达到了 2.9 亿联邦德国马克。②此外，来访的民主德国公民还可以享受免费的医疗救助。1988 年，联邦德国政府为此支付的费用由 1987 年的 4.38 亿联邦德国马克提高至 5.2 亿联邦德国马克。③

与民主德国不同，联邦德国政府从未向民主德国访客收取过任何费用，如护照签发费、入境许可证费和签证费，也没有强制性的兑换要求④。与此同时，为了改善两德间人员交流的途径与方式，联邦德国政府每年还向民主德国支付许多项服务费用。以 1984 年为例，这些费用包括：5.25 亿联邦德国马克的过境费、2 亿联邦德国马克的邮政服务费、5000 万联邦德国马克的道路使用费、6030 万联邦德国马克的瓦尔塔—黑勒斯豪森

---

① „Die innerdeutschen Beziehungen 1988 - Zahlen, Daten, Fakten", in Deutschland (Bundesrepublik) Bundesministerium für innerdeutsche Beziehungen, Hrsg., *Texte zur Deutschland-politik*, Reihe Ⅲ/Bd. 6, Bonn: Deutscher Bundes-Verlag, 1989, S. 532.

② „Die innerdeutschen Beziehungen 1987 - Zahlen, Daten, Fakten ", in Deutschland (Bundesrepublik) Bundesministerium für innerdeutsche Beziehungen, Hrsg., *Texte zur Deutschland-politik*, Reihe Ⅲ/Bd. 5, Bonn: Deutscher Bundes-Verlag, 1988, S. 381.

③ „Die innerdeutschen Beziehungen 1988 - Zahlen, Daten, Fakten", in Deutschland (Bundesrepublik) Bundesministerium für innerdeutsche Beziehungen, Hrsg., *Texte zur Deutschland-politik*, Reihe Ⅲ/Bd. 6, Bonn: Deutscher Bundes-Verlag, 1989, S. 530.

④ 1987 年 7 月 6 日，联邦德国的德国内部关系部长维尔姆斯在接受《吕贝克日报》(*Lübecker Nachrichten*) 采访时称，近年来，民主德国从德意志内部旅行中获得了数十亿联邦德国马克的盈余。参见„Bundesminister Dr. Dorothee Wilms: Zur Beschränkung der Umtauschmöglichkeiten für Reisende aus der DDR in dringenden Familienangelegenheiten", in Deutschland (Bundesrepublik) Bundesministerium für innerdeutsche Beziehungen, Hrsg., *Texte zur Deutschlandpolitik*, Reihe Ⅲ/Bd. 5, Bonn: Deutscher Bundes-Verlag, 1988, S. 133.

（Wartha-Herleshausen）过境公路扩建费、3750万联邦德国马克的通往柏林过境水道扩建费、……总计约10亿联邦德国马克。此外，强制货币兑换、国际商店（Intershop）以及联邦德国民间的礼物赠品也是民主德国重要的外汇来源，截至20世纪80年代末，民主德国每年从中至少能够增加约34亿联邦德国马克的收入。[①]

1988年9月14日，联邦德国和民主德国宣布达成一系列协议，目的是在未来几年内使德意志内部的旅行交通更加便利。这些协议涉及过境问题、新过境通道的修建、高速公路的延伸、公路收费以及铁路交通。联邦总理府办公厅主任沃尔夫冈·朔伊布勒（Wolfgang Schäuble）在接受媒体采访时表示，谈判结果总体上可以接受，但它将给联邦德国财政带来相当大的负担，联邦德国未来十年内须向民主德国支付大约100亿联邦德国马克。联邦德国之所以准备付出这样高的代价，是因为联邦德国政府希望在"分裂的祖国"实现更多的旅行交通。然而，考虑到所要支付的巨额费用，联邦德国政府做这样的决定并不容易。详细来讲，双方达成了以下共识：1990—1999年，联邦德国政府每年为过境交通支付的一次性总金额将从目前的5.25亿联邦德国马克增加到8.6亿联邦德国马克。他认为，由于两德间的道路交通量不断增加，将过境费提高3.35亿联邦德国马克是合理的。该协议保证了民主德国在未来十年内能够获得这笔固定的收入。这一时期，柏林东南部的利希滕拉德（Lichtenrade）正在修建一条新的过境通道，该通道将于1994年1月1日开放。民主德国还将修建一条通往柏林环形公路的高速公路支线，并对该环形公路的一个路段进行地基更新。此外，柏林—霍夫（Berlin-Hof）和柏林—赫勒斯豪森（Berlin-Herleshausen）过境高速公路的路段也将被翻新。1990—1999年期间，联邦德国将每年向民主德国一次性支付的道路使用费增加500万联邦德国马克，达到5500万联邦德国马克。在德意志两部分地区之间相互提供的铁路客运服务的结算中规定——不包括联邦德国和西柏林之间的过境运输——（民主德国）德国国

---

① Deutschland（Bundesrepublik）Bundesministerium für Wirtschaft und Technologie, Hrsg., *Wirtschaft in Zahlen*：*Daten, Fakten, Entwicklungen*；*mit Erläuterungen und Kommentaren*, Bonn：Bundesministerium für Wirtschaft und Technologie, 1992, S. 79.

营铁路的赤字余额由双方各承担一半。这一安排从 1988 年开始，到 1992 年结束。相关赤字超过 3500 万联邦德国马克。联邦德国的德国内部关系委员会主席汉斯·布赫勒（Hans Buchler）（社民党人）对这些协议的签订表示欢迎，但他也指出，联邦德国政府为此给予了数额巨大的额外财政支付。民主德国将比以往每年增收 3.5 亿联邦德国马克。[1]

面对科尔政府给予的种种经济上的"好处"，民主德国政府领导人表现出矛盾的心态，一方面，害怕由此可能会带来政治上以及安全上的负面影响；另一方面，同时又对联邦德国带来的经济利益难以割舍。就在犹犹豫豫之中，民主德国放松了对本国公民出境旅行探亲的限制。由于两德关系开始逐渐好转，双方人员来往也日益频繁。据统计，1984 年民主德国公民对联邦德国的访问量为 160 万人次，1986 年为 200 万人次，到 1988 年激增至 674.7 万人次。[2]此外，自 1984 年民主德国批准本国公民移居联邦德国之后，1987 年移居联邦德国的人数为 11459 人，而 1988 年前 11 个月就达到了 25135 人。[3]

除了人员互访外，科尔政府还努力为两德人民扩大其他的沟通渠道。特别是电话、邮件等沟通工具为两德人民互通信息，沟通联系提供了更多便利和选择。1980 年，两德间（含西柏林）的电话线路为 1181 条，联邦德国公民和西柏林市民向民主德国拨打的电话次数总计超过了 2300 万次。到了 1988 年，两德间（含西柏林）的电话线路增至 1529 条，联邦德国公民和西柏林市民向民主德国拨打的电话次数上升到 4000 万次。此外，1988 年，从联邦德国寄往民主德国的信件数约 8000 万封，包裹数为 2400 万件。来自民主德国的信件数为 9500 万封，包裹数为 900 万件。[4]这些在增强两

① Margarethe Müller-Marsall, Hrsg., *Archiv der Gegenwart：Deutschland 1949-1999*, Bd. 9, 1986-1994, Sankt Augustin：Siegler Verlag, 2000, S. 8552.

② 参见附录 8。

③ „Die innerdeutschen Beziehungen 1988 - Zahlen, Daten, Fakten-", in Deutschland（Bundesrepublik）Bundesministerium für innerdeutsche Beziehungen, Hrsg., *Texte zur Deutschlandpolitik*, Reihe Ⅲ/Bd. 6, Bonn：Deutscher Bundes-Verlag, 1989, S. 545.

④ „Die innerdeutschen Beziehungen 1988 - Zahlen, Daten, Fakten-", in Deutschland（Bundesrepublik）Bundesministerium für innerdeutsche Beziehungen, Hrsg., *Texte zur Deutschlandpolitik*, Reihe Ⅲ/Bd. 6, Bonn：Deutscher Bundes-Verlag, 1989, S. 542-543. 参见附录 9 和附录 10。

德人民的民族归属感方面起到了难以估量的积极作用。

由上可见，为了能够改善两德关系以及加强双边人员交往，联邦德国科尔政府愿意付出一些经济代价。联邦德国的德国内部关系部长温德伦将两德关于德国内部贸易和非商业财政支付达成的协议形容为合理的利益妥协。他称，这些协议符合目前德意志内部关系的整体情况。它们支持并扩大了两德之间的利益关系，并确认继续在国际形势总体比较困难的情况下，为德意志人民的利益一步步地稳步推进合作。联邦德国政府认为，这些协议的签订为未来几年德意志内部关系的进一步发展明确了方向。它赞同民主德国政府的看法，即两德经济关系是双方整体关系中一个重要的稳定因素。[①]

在科尔政府对民主德国积极经济政策的影响下，两德间的经济合作变得越来越密切，双方领导人的接触、对话也得到了加强。特别是两德人民通过探亲、旅行、商务、文化等各个领域的交流，相互间的了解和亲近程度不断加深。这在一定程度上，维护了两德人民的共同民族感情和实现统一的愿望，大大减轻了由于德国长期分裂所导致的相互间的陌生感与敌对感。从而在客观上为日后两德最终摒弃社会制度、意识形态等方面的一切分歧进而实现统一，提供了重要的现实基础。

小　结

20 世纪 60 年代末 70 年代初，美苏关系出现缓和局面，社民党勃兰特政府借势对民主德国采取了更为理性、温和、积极的政策。在与苏东国家达成一系列和解协议后，两德于 1972 年签订了《基础条约》。该条约虽使民主德国的国家地位得到承认，但并没有触动联邦德国"一个德国"原则，德国内部贸易的相关机制以及与之相连的一系列法规、协定、议定书等仍然有效，其特殊性也因此得到保留。

---

① Margarethe Müller-Marsall, Hrsg., *Archiv der Gegenwart: Deutschland 1949-1999*, Bd. 8, 1979-1985, Sankt Augustin: Siegler Verlag, 2000, S. 8120.

　　两德关系正常化后，社民党政府对民主德国的经济政策成为其德国统一政策的核心组成部分。社民党政府通过扩大德国内部贸易、增强两德经济合作、提高非商业性财政支付等多种方式，进一步密切两德关系，加大两德间旅行交通以及人员往来，维系两德人民共同的民族认同，抑制民主德国民族分离主义政策产生的消极影响。特别是，无息透支贷款在促进德国内部贸易发展的同时，还在两德间交流互访便利化方面发挥了杠杆作用。1974年底，社民党施密特政府通过新的无息透支贷款协议，促使民主德国免除了联邦德国退休人员访问期间的强制兑换义务。

　　由于社民党政府在推行对民主德国积极的经济政策时，不惜牺牲一些经济利益，因而引来反对党联盟党的强烈批评。为此，在20世纪70年代中期，两党在联邦议院中就对民主德国经济政策理念及其模式问题展开激烈辩论。论战中，联盟党主张在必要时应以经济制裁来迫使民主德国妥协。这一不合时宜且缺乏理性依据的主张遭到了社民党的强力反驳。这场论战强力冲击了联盟党传统的冷战对抗思维以及对民主德国经济政策中的一些消极理念。到20世纪70年代末，来自联盟党的批评和抨击之声逐渐消失。

　　20世纪80年代初，联盟党重新领导政府后，以务实的态度对待两德关系，在对民主德国积极的经济政策上既有延续性又有创新性。例如，欧洲中程导弹危机高潮期间，科尔政府应民主德国的借贷请求，先后提供了近20亿联邦德国马克的担保贷款，去除了两德关系一些干扰因素，同时维持了两德合作的运转。这两笔担保贷款全面参与了由"新东方政策"启动的德意志内部缓和机制。此时，在对民主德国经济政策的具体实践模式方面，联盟党实现了对社民党时期"以投入换取回报"模式的突破，开始创造性地采用"以信任换取信任"模式，并成功地令民主德国放宽了两德公民互访的条件。此外，在德国内部贸易发展遇到严重瓶颈时，科尔政府也能够积极采取应对措施加以缓解，并在经济和人道主义领域采取缓和与合作政策。与此同时，联邦德国通过向民主德国提供大量的非商业财政支付，力图在分裂的德国尽一切可能地让德意志人民走到一起，同时使德国问题保持开放性，为日后通过民族自决实现德国统一积聚条件。

第四章　联邦德国对民主德国具有"攻势"的经济政策（1989—1990）

20世纪80年代末至90年代初是德国统一进程加速时期。在此期间，国际格局发生骤变，尤其是东欧社会主义国家的局势急剧恶化。危机四伏的民主德国政府被迫开放"柏林墙"后，已日益无法驾驭局势。联邦总理科尔察觉到并抓住了历史机遇，凭借手中掌握的大量硬通货，开始积极介入和干预民主德国的内部事务。科尔总理《十点纲领》的出台标志着联邦德国启动了德国统一的进程。随后，科尔政府公开发出承诺，统一后的德国将尽快引入联邦德国马克，从根本上改变了民主德国的公众舆论，也深刻影响了民主德国大选的走势。随着两德在东、西马克兑换率上达成妥协，两德经济、货币和社会联盟得以建立，为两德经济统一的迅速完成彻底铺平了道路。

第一节　东欧剧变与联邦德国对民主德国经济政策的再调整

一　戈尔巴乔夫改革与东欧剧变

自1949年德国正式被分裂为东西两部分后，虽然历届联邦德国政府都把实现德国统一作为一项基本国策，但德国统一的历史契机却姗姗来迟，直到40年后的1989年才出现。由于两德身处美苏冷战的中心，在美苏"冷战"和东西方对抗的格局下，德国问题是无法得到解决的。联邦德国总统魏茨泽克曾打比喻说："德国问题就像关闭着的勃兰登堡门一样，长期悬而未决。"①不过，当德国统一的列车启动②后，两个德国在不到一年的时间内便以和平的方式迅速实现了统一。而这与整个世界格局的重大变化息息相关。

20世纪80年代以来，第三世界国家力量不断发展壮大，西欧国家和日本迅速崛起，再加上美苏两个超级大国实力的相对衰落③，共同推动了世界向多极化发展，两极格局因此受到了有力挑战和震撼。特别是，1985年3月，戈尔巴乔夫当选为苏联共产党中央委员会总书记后，对内致力于政治、经济改革，对外则积极推行以"新思维"（New Thinking）为纲领的外交政策。苏联的对外政策因此发生了一系列重大变化。戈尔巴乔夫的"新思维"对外主张缓和东西方关系，提出建立"全欧大厦"（Common European Home）的新构想，并倡议超越意识形态和社会制度的对立进行合作。苏联由此彻底改变了对西方国家的关系，放弃了同美国对抗的政策。与其同时，苏联放松了对东欧社会主义国家的控制，并对东欧盟国采取支持"改革"的态度，特别是为后者营造出一种较为宽松的改革氛围。戈尔巴乔夫的改革措施对东欧其他社会主义国家随后的发展方向产生了深刻影响。

苏联对东欧盟国这种态度上的变化标志着苏联对其奉行已久的"勃列日涅夫主义"做出了重大修正，即苏联不再强调有合法的权利干涉其他社会主义国家的内政。这为两德统一问题的重新提出和解决，创造了极为有利的背景和条件。1989年秋，苏联政府发言人根纳季·格拉西莫夫（Gennadi Gerasimov）在一次记者招待会上更是以一种如释重负、毫无敌意的口气表示，苏联允许东欧社会主义盟国走自己的路，"让它们做自己想做的

---

① ［德］沃尔夫冈·维德迈尔：《德国总统魏茨泽克传》，孙秀民译，中国大百科全书出版社上海分社1991年版，第21页。

② 1989年11月9日，"柏林墙"的倒塌标志着东西德统一进程的开始。

③ 主要受到长期的军备竞赛和对外扩张的拖累。

事情"。① 1989 年 10 月 6 日，戈尔巴乔夫在民主德国建国 40 周年庆典大会上的贺词中公开声明："苏联真诚地希望民主德国继续成长壮大、继续发展……但问题是，与民主德国有关的决策，并非是在莫斯科做出的，而是在柏林做出的。"②

　　受戈尔巴乔夫"新思维"的影响，1989 年初，波兰和匈牙利的政局率先发生剧变。随后，民主德国和其他东欧国家的形势也急转直下。民主德国国内局势骤变与匈牙利开放匈奥边界有着直接联系。1989 年 5 月 2 日，匈牙利违反华约组织成员国边界保护协议，开始拆除其与奥地利边界线上长达 240 公里的防御工事，这意味着横亘东西欧的冷战"铁幕"被掀起了一角。此后，奥匈边境便成为从东欧进入西欧日益顺畅的一条便捷通道。8 月 19 日下午 3—6 时，匈牙利与奥地利的边境小镇肖普朗（Sopron）举行了一场让两地民众交流的野餐会③，为此在各地发放了大量的宣传单，并开放边境站 3 个小时。然而，利用边界短暂开放之机，600 多名前来度假的民主德国公民出走西方。这一事件标志着欧洲"铁幕"上出现了第一个明显的窟窿。它也是匈牙利敲掉"柏林墙"的第一块砖，成为两德统一的先兆。

　　9 月 10 日，匈牙利外交部长居拉·霍恩（Gyula Horn）正式对外宣布，匈牙利将立刻开放其西部边界。同时，匈牙利也不再继续维持其盟友民主德国对在匈牙利的本国公民出境旅行的限制。④因而，民主德国公民可以自由地跨越奥匈边界，借道奥地利进入联邦德国。除了借道奥匈边界进入联邦德国之外，民主德国公民还尝试其他的出走途径。许多人涌入联邦德国

---

　　① Mary Fulbrook, *A History of Germany 1918 - 2008: The Divided Nation*, 3rd ed., New York: John Wiley and Sons, 2009, p. 271.

　　② *Neues Deutschland* vom 9. Oktober 1989.

　　③ 史称"泛欧野餐"（Pan-European Picnic）。

　　④ 1989 年 10 月 7 日，昂纳克在与戈尔巴乔夫的一次会谈中提到，联邦德国曾与匈牙利就开放匈奥边界问题进行过谈判。如果匈牙利开放边境，联邦德国就向匈牙利提供 5.5 亿联邦德国马克的贷款。匈牙利最终同意了联邦德国的提议。民主德国每年都有 300 万人去匈牙利旅游。由于这些事，民主德国不得不取消同匈牙利的免签制度。参见［俄］阿·加尔金、［俄］阿·切尔尼亚耶夫《戈尔巴乔夫与德国问题》，周力、胡昊、董国平等译，当代世界出版社 2017 年版，第 169 页。

驻布拉格和华沙的大使馆，随后在联邦德国大使馆外交官的护送下进入联邦德国。

就这样，在短短的几个月中，民主德国便出现了大规模的出走潮。例如，在匈奥边界开放后的一周里，有超过 15500 名民主德国公民借道奥地利前往联邦德国。这一数字在 1989 年 11 月 9 日"柏林墙"倒塌之日激增至 13 万人。[1]随着出走人数的激增，又有 9 万名民主德国公民被允许离开民主德国。[2]受其影响，民主德国国内政局发生激烈动荡，许多城市相继爆发了大规模的示威游行，要求"开放边界"，实行"民主改革"。这种示威活动随后在民主德国全境蔓延开来。

面对民主德国内部愈演愈烈的示威潮，联邦总理科尔在联邦议院第 173 次会议上作了重要报告——《分裂的德意志之民族状况报告》，他怀着兴奋的心情讲道："让所有的德国人都拥有自决权，这在过去、现在和将来都是我们民主德国同胞的期望。当我们见到柏林（Berlin）、莱比锡（Leipzig）、德累斯顿（Dresden）、什未林（Schwerin）、普劳恩（Plauen）以及民主德国其他城市的几十万人举行和平集会时的壮观场面，我们有谁不为之感动，有谁能无动于衷呢？他们高喊：'我们是人民！'我相信，他们的呼唤不会再毫无反响了。我们的同胞在全世界面前书写了德国历史的新篇章。"[3]

民主德国内部的动荡也进一步加剧了领导层的分歧与矛盾。1989 年 10 月 18 日，执政 18 年之久的昂纳克被迫宣布辞职。此后，民主德国领导层接连发生变动。11 月 9 日，民主德国突然宣布开放"柏林墙"。此令一出，如同大闸拉起，数万名东柏林居民如潮水般涌上街头，并且爬上了"柏林墙"，同宗同源的两德人民几十年来被压抑的民族感情顿时迸发了出来。

---

① Cornelia Heins, *The Wall Falls: An Oral History of the Reunification of the Two Germanies*, London: Grey Seal, 1994, p. 198.

② Michael, J. Sodaro, *Moscow, Germany, and the West from Khrushchev to Gorbachev*, Ithaca: Cornell University Press, 1990, p. 377.

③ „Bundeskanzler Dr. Helmut Kohl: Bericht der Bundesregierung zur Lage der Nation im geteilten Deutschland", in Deutschland (Bundesrepublik) Bundesministerium für innerdeutsche Beziehungen, Hrsg., *Texte zur Deutschlandpolitik*, Reihe Ⅲ/Bd. 7, Bonn: Deutscher Bundes-Verlag, 1990, S. 319.

　　矗立 28 年之久的"柏林墙"轰然倒塌把冷战的"铁幕"撕开了一条大大的口子，也使联邦德国的一些政治家们意识到，推动德国重新统一的真正机会来临了。①联邦总理科尔便是其中一位。科尔的传记作者维尔纳·马泽尔（Werner Maser）曾这样写道："科尔相信，历史向德国人提供了一个幸运的转机，他也相信，历史的这一恩赐甚少在可预见的将来是不可能重演的。他想利用这一机会，利用他本人作为联邦德国政府首脑能够采取的一切手段，实现德国重新统一的梦想。"②

二　《十点纲领》：实现德国统一的初步设想

　　"柏林墙"的开放使得早已被束之高阁的德国问题重新提上议事日程。联邦德国总理科尔得知这一消息后，随即做出表态，要让所有德国人"自由地自决"德国的前途。与此同时，德国的统一要在"渐进变化的道路上"，我们在怀着激动心情的同时还要保持头脑冷静。③ 11 月 10 日，科尔紧急召集联邦总理府高级官员商讨局势。他们认为，当前其所面临的局势相当棘手，联邦德国需要提供紧急援助来稳定民主德国的内部局势。然而，所有援助首先都必须有利于民主德国民众，因此，经济领域内任何有意义的合作都要以民主德国的改革为前提条件，眼下很可能只能帮助克服供应瓶颈并确保提供医疗关怀。④

　　"柏林墙"的倒塌激发了德国人压抑已久的民族认同意识，使得边界两边的德国人再次融合在一起。然而，这也为两德政府带来亟需解决的政

---

　　①　苏联驻联邦德国大使、苏共中央书记处书记、中央国际部部长瓦连京·法林（Valentin Falin）在其回忆录中称，1989 年 11 月 9 日，由于民主德国边境无条件开放，民主德国这个国家自行解体。从那一刻起，联邦德国像是被免除了对民主德国的所有义务，以响亮的声音强迫对方接受它的条件。参见［俄］瓦连京·法林《密室隐情：前苏驻德大使法林回忆录》，余燕学译，军事谊文出版社 2001 年版，第 428 页。

　　②　［德］维尔纳·马泽尔：《统一总理：科尔传》，马福云译，时代文艺出版社 2002 年版，第 347 页。

　　③　Henrik Bering, *Helmut Kohl: the Man Who Reunited Germany, Rebuilt Europe, and Thwarted the Soviet Empire*, Washington, D. C.: Regnery Publishing, 1999, p. 104.

　　④　［德］霍斯特·特尔切克：《329 天：德国统一的内部视角》，欧阳甦译，社会科学文献出版社 2016 年版，第 12 页。

治难题。对于民主德国而言，大规模的出走潮和移居潮使得本已十分脆弱的国民经济濒临崩溃。反过来，民主德国公民的大规模涌入也给联邦德国的住房、社会福利体系以及就业带来了无法承受的压力。从某种程度上讲，这也是迫使科尔政府决定加快统一步伐的一个客观因素。而民主德国莫德罗政府则希望通过加强两德合作——尤其是经济领域，来改善民主德国的经济窘境，稳定当前的混乱局势。

1989 年 11 月 17 日，民主德国新任总理汉斯·莫德罗（Hans Modrow）在其政府声明中讲道："民主德国政府愿意加强同联邦德国的全面合作，并将其提高到一个新的水平之上。……我们赞成，两个德意志国家通过达成'条约共同体'（Vertragsgemeinschaft）来取代'责任共同体'。其远远超出了《基础条约》以及两德间迄今所签订的所有条约。对此，本届政府已经做好了对话的准备。"[1]显然，莫德罗政府想将两德关系推向更高的水平，同时以条约共同体的形式将两德的合作固定下来。不过，民主德国并没有打算以此作为两德统一的基础。莫德罗在该声明中仍然强调了"民主德国作为社会主义国家以及独立的德意志国家的合法性。"[2]

莫德罗政府关于条约共同体的建议并没有在联邦德国引起共鸣。因为在科尔总理看来，莫德罗政府的建议只不过是一个转移人们注意力的计策，旨在缓解民族统一诉求对德国统一社会党造成的巨大压力，联邦德国不能将德国统一的主动权拱手让出。另外，科尔总理还反对民主德国的"邦联"主张，因为邦联是各自独立，各自拥有主权的国家联合，而他倾向于"联邦"，即联邦德国领导下的统一。[3]为了夺取统一的主动权和主导权，科尔总理迅速决定对民主德国展开统一攻势。

11 月 28 日，在没有与西方盟国驻德代表和本国同僚事先沟通的情况

① „DDR-Ministerpräsident Hans Modrow: Vertragsgemeinschaft statt Wiedervereinigung", in Deutschland (Bundesrepublik) Bundesministerium für innerdeutsche Beziehungen, Hrsg., *Texte zur Deutschlandpolitik*, Reihe Ⅲ/Bd. 7, Bonn: Deutscher Bundes-Verlag, 1990, S. 422–423.

② „DDR-Ministerpräsident Hans Modrow: Vertragsgemeinschaft statt Wiedervereinigung", in Deutschland (Bundesrepublik) Bundesministerium für innerdeutsche Beziehungen, Hrsg., *Texte zur Deutschlandpolitik*, Reihe Ⅲ/Bd. 7, Bonn: Deutscher Bundes-Verlag, 1990, S. 422.

③ Kai Diekmann und Ralf Georg Reuth und Helmut Kohl, *Helmut Kohl: Ich wollte Deutschlands Einheit*, 2. Aufl., Berlin: Ullstein, 1999, S. 159.

下，科尔总理在联邦议院发表了题为《从邦联结构到联邦》的演讲。他在演讲中称："从德国内部边界和 11 月 9 日'柏林墙'开放的那一刻起，（联邦德国的）德国统一政策就进入了一个新的阶段，即新机遇和新挑战并存的阶段。…… 我们都知道，坐在'铺着绿色呢子'的桌子后面，或者手里拿着工作日历，是规划不出通往德国统一的道路的。抽象模型也许可以用于争论，但它们无济于事。然而，如果我们愿意，我们已经可以为这个阶段做好准备了。经历了这个阶段，奔向统一目标的道路就通了。"[1]随后，他宣读了一份《消除德国和欧洲分裂的十点纲领》（Zehn-Punkte-Programm zur Überwindung der Teilung Deutschlands und Europas）[2]。

《十点纲领》主要针对民主德国移民潮引发的一些现实问题，提出联邦德国准备向民主德国提供人道主义援助和紧急医疗救援；建议同民主德国共同设立一笔外汇基金，以满足民主德国公民赴联邦德国访问的外汇需求，但前提是民主德国须从签证、交通和货币兑换等方面为联邦德国公民进入民主德国提供更多便利，以尽可能地实现双向往来畅行无阻；提议同民主德国全面展开经济、科技和文化合作，条件是民主德国须进行彻底的政治和经济改革，并举行自由选举。

显然，《十点纲领》的核心思想是以各种手段（尤其是经济手段）来促进民主德国进一步发生演变，从而达到"以西统东"，即以联邦德国统一民主德国的目的。科尔总理在《十点纲领》中还提出了实现德国统一的三阶段构想：第一阶段，联邦德国接受民主德国总理莫德罗关于建立"条约共同体"的构想，主张在经济、交通、环保、科技、卫生、文化等领域建立两德联合委员会；第二阶段，也被认为是决定性的一个阶段，在继续拥有一定主权的两个德意志国家之间建立"邦联结构"，即建立一个经常协商和协调政策的政府联合委员会、一些联合专门委员会以及一个共同的

---

① *Frankfurter Allgemeine Zeitung* vom 29. November 1989.

② 简称《十点纲领》。该纲领的具体内容参见„Bundeskanzler Dr. Helmut Kohl: Zehn-Punkte-Programm zur Überwindung der Teilung Deutschlands und Europas ", in Deutschland（Bundesrepublik）Bundesministerium für innerdeutsche Beziehungen, Hrsg. , *Texte zur Deutschlandpolitik*, Reihe Ⅲ/Bd. 7, Bonn: Deutscher Bundes-Verlag, 1990, S. 426 – 433; *Frankfurter Allgemeine Zeitung* vom 29. November 1989.

议会机构，以便最终建立一个"邦联"；第三阶段，逐步向建立一个统一的中央政府过渡，最终实现国家统一。

此外，《十点纲领》还主张联邦德国将无条件地尊重每个欧洲国家的领土完整和安全；德国统一进程与欧洲一体化进程、东西方缓和进程相适应；继续推动欧安会进程；主张在欧洲加速裁军；谋求建立全欧安全体系等。其目的在于改善德国统一的外部条件，消除或减少各国，特别是苏联和法国的疑虑和阻难。《十点纲领》的提出是联邦德国政府在民主德国政局动荡以来，首次明确表达了实现德国统一的要求。因此，它可以被看作是联邦德国政府推进德国统一的纲领性文件，也是全面变革民主德国的宣言。联邦德国总统魏茨泽克称："这是科尔在通往'德国统一总理'的清晰道路上发表的一个具有决定性意义的讲话。"①

然而，科尔总理的《十点纲领》一经提出，便立刻引来苏联和民主德国的强烈反应。戈尔巴乔夫认为，在未与其盟国进行事先磋商的情况下，科尔总理贸然发表《十点纲领》的做法非常不妥，该纲领明显违背两德《基础条约》和《柏林四方协定》的主旨，与欧洲当前的态势并不相称，也与全欧进程的发展相抵触。此外，戈尔巴乔夫还直言不讳地称，他不明白联邦德国总理科尔发表《十点纲领》用意何在。它应该涉及联邦德国对民主德国的战略意图。他认为，这是联邦德国对一个主权独立的国家提出的一些最后通牒式的要求，对民主德国应该走什么路，建立什么样的架构发出了指示。②民主德国政府更是明确拒绝了联邦德国政府附加给谈判的前提条件，以及科尔总理关于德国统一的要求。

尽管如此，民主德国仍然积极寻求同联邦德国建立紧密的合作关系。1989年12月19日，联邦德国总理科尔赴德累斯顿同民主德国总理莫德罗进行会晤，期间他同意向民主德国提供经济援助。此外，还鼓励联邦各

---

① ［德］里夏德·冯·魏茨泽克：《通向统一之路》，孟虹译，东方出版社2014年版，第83页。
② ［俄］阿·加尔金、［俄］阿·切尔尼亚耶夫：《戈尔巴乔夫与德国问题》，周力、胡昊、董国平等译，当代世界出版社2017年版，第229—230页。

州、市和经济界向民主德国提供援助，并与其开展合作。①联邦德国已经向民主德国承诺，将"欧洲复兴计划"的联邦资金增加 20 亿联邦德国马克。这将为民主德国企业提供总额为 60 亿联邦德国马克的低息贷款。此外，联邦德国还将为联邦德国企业提供的交付担保从 45 亿联邦德国马克增加到 60 亿联邦德国马克。在会谈期间，联邦德国经济部长赫尔穆特·豪斯曼（Helmut Haussmann）和民主德国对外贸易部长格哈德·拜尔（Gerhard Beil）试图将双边经济关系的进一步发展具体化。会谈决定成立一个联合经济委员会，目的是进一步发展双边经济关系，开辟新的合作领域。到 1990 年 4 月，双方将制定一个经济合作框架。②会谈结束后，双方一致达成共识，即刻着手起草《睦邻友好合作条约》（Vertrag über Zusammenarbeit und gute Nachbarschaft），并于 1990 年春生效。该条约致力于通过深化合作，建立联合机构来发展条约共同体，进一步推动两德特殊关系的发展，从而有助于克服德国和欧洲的分裂状态。

临行前，科尔总理还在德累斯顿圣母教堂前面对数万名民主德国公民发表了简短讲话，其中在谈及实现德国统一的目标时称："我知道，我们可以实现这一目标，当我们为之共同努力时，时机就会到来。这不可能在一夜之间完成。必须认识到在我们（实现国家统一）的道路上，许多人关切地注视着我们，有些人还带着恐惧。必须给予包括德国在内的所有民族自决权，但它们在实现这一权利时必须考虑到其他国家的安全利益。必须有一种分寸感，并考虑到邻国的利益和恐惧，因为这些邻国根据历史经验害怕德国统一。德国大厦需要一个欧洲屋顶。这就是我们的目标。所有国家都必须清楚，在德意志的土地上永远不会再有战争，而是永远保持和平。这就是德德共同体的目标。"③

与此同时，鉴于民主德国国内形势急剧恶化，苏联逐渐改变了反对德

---

① ［德］汉斯·莫德罗：《起点与终点：前东德总理莫德罗回忆录》，王建政译，军事科学出版社 2002 年版，第 70—71、73—75 页。

② Margarethe Müller-Marsall, Hrsg., *Archiv der Gegenwart：Deutschland 1949-1999*, Bd. 9, 1986-1994, Sankt Augustin：Siegler Verlag, 2000, S. 8719-8720.

③ Margarethe Müller-Marsall, Hrsg., *Archiv der Gegenwart：Deutschland 1949-1999*, Bd. 9, 1986-1994, Sankt Augustin：Siegler Verlag, 2000, S. 8721.

国统一的立场。之前坚决反对统一的民主德国总理莫德罗也在访苏回国后改变了态度。1990 年 2 月 1 日，他提出了一个分阶段实现统一的方案——《为了德国，统一的祖国》（Für Deutschland, einig Vaterland）。这项为"迈向德国统一之路"的方案分成如下四个阶段：第一阶段，两国缔结一项作为条约共同体的《睦邻友好合作条约》，条约中应包括以邦联为基础的经济、货币、交通和法律的统一。第二阶段，组建以邦联为基础的联合机构，如议会委员会、州议会和一些共同行政机构。第三阶段，将两国的主权转让给邦联的权力机构。第四阶段，经由邦联的两部分选举产生统一的议会，建立邦联或联盟式统一的德国，并由该议会决定统一的宪法，成立统一的政府，首都设在柏林。[①]

　　莫德罗总理的统一方案与科尔总理的《十点纲领》在德国统一的步骤上并无重大差别，不同之处在于前者主张统一后的德国实行军事中立。科尔总理虽对莫德罗总理的统一方案表示欢迎，但明确反对军事中立的主张，认为这与全欧联合进程相悖，处在欧洲中心地带的一个统一的德国绝不能被孤立。随后，科尔总理还迅速提出了两德统一的方式，主张以联邦德国《基本法》第 23 条规定为法律依据，要求民主德国先恢复原 5 个州的建制[②]，然后由各州宣布加入联邦德国，以此实现德国统一。他的这一主张虽然得到其盟友——民主德国保守派的赞同，但遭到民主德国领导人的坚决反对。民主德国领导人认为，按《基本法》第 23 条来实现两个德意志国家的统一不是一条正确的道路；两德统一不是联邦德国的延伸，而是为了创建一个崭新的德国，应该进行全民公决，由人民来决定德国的新体制。因此，他们坚决反对根据联邦德国《基本法》第 23 条吞并德意志

---

① „DDR-Ministerpräsident Hans Modrow: Konzept ‚Für Deutschland, einig Vaterland‘ ", in Deutschland（Bundesrepublik）Bundesministerium für innerdeutsche Beziehungen, Hrsg. , *Texte zur Deutschlandpolitik*, Reihe Ⅲ／Bd. 8a, Bonn: Deutscher Bundes-Verlag, 1991, S. 49-51.

② 1952 年 7 月，民主德国进行了行政区划改革，撤销原有的梅克伦堡—前波莫瑞州（Mecklenburg-Vorpommern）、勃兰登堡州（Brandenburg）、萨克森—安哈特州（Sachsen-Anhalt）、萨克森州（Sachsen）和图林根州（Thüringen）5 个州的行政建制，成立 14 个行政专区（Regierungsbezirk），首都为（东）柏林（Ost-Berlin）。

民主共和国。[①]

　　由于莫德罗总理的统一方案与科尔总理的《十点纲领》存在明显分歧，再加上民主德国国内局势进一步动荡，当莫德罗总理 1990 年 2 月 13 日回访联邦德国时，科尔总理拒绝向民主德国提供 100 亿—150 亿联邦德国马克的紧急援助[②]，并提出尽快成立两德货币、经济联盟的要求，以此进一步加强对民主德国政局的影响。会谈期间，科尔对莫德罗说，他不相信民主德国的现行体制在目前的局面下，凭借来自联邦德国的几十亿马克的强心剂能够继续维持下去。[③]后来，科尔总理在同《世界报》记者的一次谈话中公开表示："莫德罗总理本想在波恩之行期间得到 150 亿马克带回去。就我而言，早在他到达之前就已经拿定主意了：他一分钱也别想得到。给钱，就犹如把钱倒进无底洞里。"[④]

　　访问结束时，民主德国代表团对这次访问的结果很不满意。莫德罗总理强调，鉴于民主德国已经开展了一系列的筹备工作，本可以在波恩就更具体的结果达成一致，而不仅仅是成立货币政策专家委员会。他批评说，科尔政府拒绝了民主德国的"圆桌会议"提出的经济援助要求。民主德国经济部长克里斯塔·卢夫特（Christa Luft）则指责科尔政府在与民主德国代表团谈判时完全没有计划纲领，而民主德国却提出了一个包含经济数据和经济发展建议的全面方案。[⑤]

　　显然，莫德罗政府已经不是科尔政府理想中的谈判伙伴了。作为缺乏

　　①　［德］克里斯塔·卢夫特：《最后的华尔兹：德国统一与回顾》，朱章才译，中央编译出版社 1995 年版，第 135—136 页。

　　②　联邦德国此时已经将经济援助作为影响民主德国政局和舆情的杠杆，而不是帮助民主德国莫德罗政府稳定局势。科尔总理 1990 年 2 月 3 日还在达沃斯世界经济论坛的报告（题为《欧洲——所有德意志人的未来》）中声明，民主德国人民在经济和社会方面需要得到大大的改善，联邦德国政府准备提供新的大量援助。参见 ［德］埃贡·克伦茨编《柏林墙倒塌 30 年记：原民主德国方面的回顾与反思》，王建政译，社会科学文献出版社 2021 年版，第 375 页。

　　③　Kai Diekmann und Ralf Georg Reuth und Helmut Kohl, *Helmut Kohl: Ich wollte Deutschlands Einheit*, 2. Aufl. , Berlin: Ullstein, 1999, S. 258.

　　④　［德］克里斯塔·卢夫特：《最后的华尔兹：德国统一与回顾》，朱章才译，中央编译出版社 1995 年版，第 132—133 页。

　　⑤　Margarethe Müller-Marsall, Hrsg. , *Archiv der Gegenwart: Deutschland 1949-1999*, Bd. 9, 1986-1994, Sankt Augustin: Siegler Verlag, 2000, S. 8760.

回旋余地的过渡政府，它已经失去与科尔政府讨价还价的资本。与此同时，科尔政府已然决心以经济援助为杠杆，推动民主德国政治体制的全面变革，其目光已投向了即将到来的民主德国大选。莫德罗总理对此心知肚明。他在回忆录中写道："科尔现在已经不再去想他在德累斯顿许诺的那句话，'莫德罗先生，您是我的对话伙伴。'科尔总理用一句话概况了联邦德国政府的立场，'马克是联邦德国政府所拥有的最好的东西，民主德国公民很快也将拥有它。'……科尔的战略是向世人表明，他不再想同莫德罗政府达成任何协议，而是把在野派力量视为未来的联盟伙伴——如果这些力量及时与我划清界限。"[1]

可见，科尔政府已经开始坐视民主德国经济崩溃，拒绝向民主德国现任临时政府提供任何实质性援助，并极力在民主德国内部培植政治代理人。联邦德国在野党社民党主席汉斯-约亨·福格尔（Hans-Jochen Vogel）称，科尔政府利用金钱和其他一切机会支持民主德国的基民盟，而该党40年来一直站在德国统一社会党一边。福格尔认为，科尔政府对民主德国的援助过于犹豫。到目前为止，几乎没有给民主德国人民提供任何具体的、切实的帮助。科尔政府只是唤醒希望……设定条件，建立政党，组织政党联盟，受到联邦德国政府"傲慢"对待的民主德国代表团也空手而归。福格尔还认为，联邦政府补充预算中提供的资金完全不足[2]。他指出，德意志两个国家的统一不是联邦德国吞并一个无主领土，而是与那些为自己争取自由，拥有领先我们经验的人们实现统一。[3]

---

① ［德］汉斯·莫德罗：《起点与终点：前东德总理莫德罗回忆录》，王建政译，军事科学出版社2002年版，第96页。

② 1990年2月14日，科尔政府内阁批准了联邦财政部长魏格尔提出的1990年度69亿联邦德国马克的补充预算。除20亿联邦德国马克的全球预防预算外，该年度财政预算还规定了对民主德国的紧急援助、对其他东欧国家的援助以及与民主德国重新定居者住房相关的额外支出。大约66亿联邦德国马克财政资金将不得不通过联邦政府的额外净借款来筹措。参见 Margarethe Müller-Marsall, Hrsg. , *Archiv der Gegenwart：Deutschland 1949-1999*, Bd. 9, 1986-1994, Sankt Augustin：Siegler Verlag, 2000, S. 8762.

③ Margarethe Müller-Marsall, Hrsg. , *Archiv der Gegenwart：Deutschland 1949-1999*, Bd. 9, 1986-1994, Sankt Augustin：Siegler Verlag, 2000, S. 8761.

三 以"经济援助"影响民主德国的选举进程

1990 年 1 月 28 日，民主德国政府和各党派在"圆桌会议"达成协议，将原定于 5 月 6 日的人民议院选举提前至 3 月 18 日进行。参加这次全国大选的政党和组织共计 24 个，其中具有较大影响力的政党有 3 个。它们分别是德国联盟（Allianz für Deutschland）[①]、德国社会民主党（Sozialdemokratische Partei Deutschalnds）、民主社会主义党（Partei des Demokratischen Sozialismus）[②]。在竞选主张及实现德国统一的方式上，三大政党存在明显的差异。

受到科尔政府支持的德国联盟主张，进行经济改革，实行社会市场经济，同联邦德国建立货币联盟，使用联邦德国马克，与联邦德国的联盟党和科尔总理本人紧密合作，按照联邦德国《基本法》第 23 条[③]加入联邦德国，迅速实现统一。德国社会民主党主张，维护民主德国的地位及其公民权益，实行多种形式所有制的社会市场经济，要求两德建立经济和货币联盟，并按照联邦德国《基本法》第 146 条[④]来实现两德统一。该党体现了联邦德国社会民主党的主张。民主社会主义党则主张，实行民主社会主义，反对联邦德国以任何形式吞并民主德国，两德公民各自维护其原有的价值观念，在欧洲联合的框架内逐步过渡到一个德意志国家联邦，并保持军事中立。

---

① 1990 年 2 月 5 日，在联邦德国总理科尔的鼓动下，民主德国基民盟（Christlich-Demokratische Union）、德意志社会联盟（Deutschen Sozialen Union）以及民主觉醒（Demokratischer Aufbruch）三个党派联合组成德国联盟。联邦德国基民盟不仅在组织和财政上帮助德国联盟，还提供了约 50 名竞选演说人，其中包括联邦总理本人。参见 Margarethe Müller-Marsall, Hrsg., *Archiv der Gegenwart*：*Deutschland 1949 - 1999*, Bd. 9, 1986 - 1994, Sankt Augustin：Siegler Verlag, 2000, S. 8754.

② 1989 年 12 月 16 日，德国统一社会党特别代表大会决定将该党的名称改为德国统一社会党—民主社会主义党（Sozialistsche Einheitspartei Deutschlands - Partei des Demokratischen Sozialismus）。1990 年 2 月 4 日，该党再次改名为德国民主社会主义党。

③ 即民主德国必须首先恢复原来的 5 个州的行政建制，然后由各州申请"加入"联邦德国。

④ 即通过成立两德制宪委员会，制定共同的宪法，通过公民投票来实现德国统一。

尽管这些政党关于德国统一的方式和进程各持己见，但它们与普通民众此时已经形成一个共识，即两德最终会实现统一。据一份民意调查显示，普通民众中 79% 的人希望两德统一，统一后的德国奉行中立政策。[①] 特别是，那些生活在民主德国经济落后地区的民众，尤其期待通过两德迅速统一来提高自身的生活水平。

3 月 18 日，民主德国人民议院选举正式拉开帷幕。在参加选举的 93.39%[②] 的选民中，德国联盟的得票率为 48.15%，获得 192 个席位；德国社会民主党的得票率为 21.76%，获得 88 个席位；民主社会主义党的得票率为 16.32%，居第三位，获得 66 个席位。最终，德国联盟在不被看好的情况下，赢得了这次选举的胜利。

德国联盟之所以能在大选中获胜与联邦德国联盟党的支持有着密切的联系。为了能够使这个民主德国的姊妹党赢得大选，联邦总理科尔为其提供了大量的人力、物力和财力上的支援。据联邦德国的德国内部关系部透露，科尔政府共拿出 750 万联邦德国马克资助民主德国的一些党派。联邦德国的联盟党还先后动员了 160 万民主德国公民参加选举大会，同时派出 2000 多名宣讲者赴民主德国做竞选宣传，共张贴 50 多万份竞选宣传单。[③]

在竞选初期，德国社会民主党的主张受到大多数民主德国选民的欢迎。1990 年 2 月中旬，汉堡《明星周刊》（Der Stern）针对下月举行的选举进行了一次民意测验。随后公布的民意测验结果显示，民主德国选民中有 53% 支持德国社会民主党，24% 支持德国联盟。[④]为此，舆论界还一致认为，德国社会民主党将最终获得选举胜利。为了扭转德国联盟在竞选中的被动局面，联邦总理科尔开始通过参与助选来对选举进程施加其强大的个

---

① *Süddeutsche Zeitung* vom 12. März 1990.

② 民主德国享有选举权的人数为 1242 万 6443 人，实际参加投票的选民人数为 1160 万 4418 人，有效投票数为 1154 万 1155 票。具体参见 „Ergebnis der ersten freien Wahl zur Volkskammer der DDR", in Deutschland（Bundesrepublik）Bundesministerium für innerdeutsche Beziehungen, Hrsg., *Texte zur Deutschlandpolitik*, Reihe Ⅲ/Bd. 8a, Bonn: Deutscher Bundes-Verlag, 1991, S. 142.

③ Zeno Zimmerling und Sabine Zimmerling, *Neue Chronik der DDR. Berichte*, *Fotos*, *Dokumente*, Bd. 4/5, Berlin: Verlag Tribüne, 1990, S. 241.

④ ［德］特奥多尔·霍夫曼：《最后一道命令：民主德国末任军职国防部长的回忆》，王建政等译，海南出版社 2001 年版，第 230 页。

人影响力。从 2 月初至 3 月中旬，科尔总理 6 次亲赴民主德国的德累斯顿、罗斯托克（Rostock）、马格德堡（Magdeburg）、埃尔富特（Erfurt）、莱比锡和科特布斯（Cottbus），向数以千计的民主德国公民发表演说，帮助德国联盟拉选票，扩大其政治影响力。

在选举关键期，科尔总理还以经济援助为诱饵，争取民主德国选民的支持。3 月 1 日，他在卡尔·马克思城（Karl Marx Stadt）① 举行的竞选集会上表示，如果 3 月 18 日德国联盟胜选，那么联邦德国将向民主德国提供数十亿联邦德国马克的援助。另外，在科特布斯的竞选集会上，他还充分利用联邦德国总理的身份公开向民主德国选民许诺：如果德国联盟能够上台执政，那么在两德实现货币统一时，民主德国公民的工资将采用 1 民主德国马克兑换 1 联邦德国马克的兑换率；退休人员养老金甚至会增值；仅存款兑换暂时受限。但是如果德国联盟不能掌权，那么联邦德国将不会向民主德国提供任何援助。②

科尔总理颇具吸引力的许诺深深地打动了民主德国选民们的心。面对联邦德国经济援助这一巨大现实利益的诱惑，民主德国选民的倾向由此发生了明显的变化。③这使得德国联盟的影响力在竞选后期迅速超越了德国社会民主党。对于大选前夕出现的这一戏剧性的变化，民主德国国防部长特奥多尔·霍夫曼（Theodor Hoffmann）在其回忆录中写道："很明显，受到西德联盟党和科尔本人全力支持的竞选联盟，尤其是当地最大的政党——东德的基民盟，选票支持率直线上升。而德国社会民主党的支持率仍持续下滑。该趋势在这些天是每个人都能感觉到的，尽管几乎没有人能想到已稳操胜券的德国社会民主党会获得如此灾难性的结果。"④

---

① 开姆尼茨市（Chemnitz）1953 年改称"卡尔·马克思城"，1990 年两德统一后恢复旧称。

② *Der Spiel*, Nr. 8, 1990, S. 24.

③ 奥地利的《萨尔茨堡新闻报》（*Salzburger Nachrichten*）对此曾这样评价："在当时的形势下，民主德国选民不得不以生计取代头脑来参与选择。"参见 Hedda Angermann, *Aufbrüche: Dokumentation zur Wende in der DDR, Oktober 1989 bis März 1990*, München: Goethe-Institut, 1991, S. 149.

④ ［德］特奥多尔·霍夫曼：《最后一道命令：民主德国末任军职国防部长的回忆》，王建政等译，海南出版社 2001 年版，第 247 页。

3月18日，在得知德国联盟选举获胜后，科尔总理兴奋地表示："在经历了德国历史上黑暗的40年后，民主德国人民没有放弃民族认同性，愿同联邦德国携手奋斗，共同迎接阳光灿烂的历史新篇章。"①从某种程度上说，德国联盟的获胜也是联邦总理科尔的胜利。他在联邦德国的新闻媒体界也赢得了高度的赞誉。例如，3月19日《明镜周刊》的封面标题便是"科尔的凯旋"。②这次选举又被很多人称为"科尔选举"。③

对于联邦德国联盟党领导人而言，一切都在按计划进行。联邦总理科尔和联邦总理府办公厅主任朔伊布勒在3月初就已经预料到，在民主德国的这次选举中，联邦德国的政党将发挥重要作用，没有它们的支持，在民主德国进行选举的机会也会很渺茫。④4月12日，民主德国基民盟主席洛塔尔·德梅齐埃（Lothar de Maizière）当选为民主德国总理，德国联盟同社民党和自民党组成联合政府。就这样，随着这位亲科尔政府、主张尽快实现德国统一的新总理上台执政，德国内部的统一进程已经不存在任何阻力和障碍了。

四 联邦德国对民主德国经济政策再调整的原因

自"二战"后德国分裂以来，德国的重新统一始终面临着内外部两大障碍：一是雅尔塔体系造就两大阵营（包含两个德国在内）的对峙格局。二是两德经济、政治和社会制度的严重差异。鉴于战后德国问题的特殊复杂性，联邦德国历届领导人都把克服欧洲和德国的分裂联系起来，并将实现德国统一设为一项长远目标。1982年10月，由科尔领导的联盟党重新上台执政后，继承了前任社民党政府对民主德国的经济政策，积极利用德

---

① Kai Diekmann und Ralf Georg Reuth und Helmut Kohl, *Helmut Kohl：Ich wollte Deutschlands Einheit*, 2. Aufl. , Berlin：Ullstein, 1999, S. 335.

② ［德］霍斯特·特尔切克：《329天：德国统一的内部视角》，欧阳甦译，社会科学文献出版社2016年版，第120页。

③ ［德］维尔纳·马泽尔：《统一总理：科尔传》，马福云译，时代文艺出版社2002年版，第350页。

④ Wolfgang Schäuble und Dirk Koch, *Der Vertrag：Wie ich die deutsche Einheit verhandelte*, Stuttgart：Deutsche Verlags-Anstalt, 1991, S. 44.

国内部贸易、无息透支贷款、政府担保贷款、非商业性财政支付等经济手段来进一步改善两德关系，推动东西方关系的缓和，为日后实现两德统一构筑坚实的基础。然而，到了1989年末，德国统一进程进入加速期后，科尔政府及时调整了对民主德国的经济政策，其模式由"以合作促缓和"转变为"以经援促统一"。这与东欧剧变、民主德国严重的政治经济困境以及科尔总理在关键时期果敢的决策密切相关。

（一）东欧剧变：千载难逢的历史机遇

自"二战"后德国分裂伊始，外部环境便成为制约德国实现统一的一个重要因素，即两个德国依附于两大政治军事集团的残酷事实。尤其是，美苏"冷战"使两个德国走上了完全不同的发展道路，彼此越来越疏远。只要美苏"冷战"持续进行，德国统一就会变得遥遥无期。联邦德国历届政府对此一清二楚。所以，德国统一只有通过国际政治大气候和欧洲大国关系的改变逐步加以实现。

然而，到了20世纪80年代后期，国际形势与国际格局发生了巨大变化。西欧各国在超国家组织——欧洲共同体的框架下不断深化经济、政治一体化。与之相对，曾为超级大国的苏联则陷入严重的、全方位的危机：不仅国内各种问题缠身，对外控制能力也逐渐衰弱。1985年，戈尔巴乔夫领导的苏联主动扩大国内政治公开性，并对经济进行结构性调整，同时鼓励和支持东欧其他社会主义盟国进行类似的改革。

在此期间，民主德国在改革问题上和苏联渐渐产生嫌隙。民主德国一方面担心戈尔巴乔夫的改革和公开性政策会在国家内部造成严重的混乱，最终引发苏东国家体制的变革。另一方面民主德国又表现出自以为是，傲慢的态度。因为民主德国的经济发展水平和居民生活水平高于苏联。这种所谓的优越感使昂纳克政府陶醉于业已取得的经济成就。即使国民经济出现了日益明显的困难，民主德国也没有考虑实行全面的经济改革。面对苏联激进式改革，民主德国刻意与其保持距离。与此同时，民主德国开始对苏联改革的相关信息加以屏蔽，并且有意忽视苏联要求改革的声音。1987年4月，民主德国主管意识形态工作的中央政治局委员库尔特·哈格尔在一次接受联邦德国媒体的采访时轻蔑地表示："邻居家换墙纸，何必跟着学样子。"①民主德国领导层的观点是，民主德国与苏联的国情不同，早已开始实施必要的改革。在 1988 年 3 月的一份党内通报中，他们把批评者称为"爱发牢骚的人和喜欢挑剔的人"。②这种公开的分歧给民主德国和苏联原本无条件强调的相互尊重与友好关系投下了浓浓的阴影。

后来的事实证明，民主德国的担心并非没有道理，苏联急剧的政策调整不仅使自己走向了崩溃的方向，而且对其东欧盟国的发展进程产生了重大影响，并直接导致了 20 世纪 80 年代末东欧社会主义国家先后发生巨大变革。特别是，1989 年 11 月，民主德国被迫开放"柏林墙"，致使横贯欧洲大陆 40 多年的"铁幕"瓦解了。此时，美苏"冷战"的坚冰开始快速消融，阻碍德国统一的外部障碍也随之逐步消除。

与此同时，苏联对德国统一的态度也慢慢地发生了变化。1987 年，民主德国驻苏大使格尔德·柯尼希（Gerd König）发现，许多苏联作家在各种新闻媒介上撰写文章，称"消除德国的分裂"成了当今迫切的政治任务，"消除德国的分裂"被视为对建立"全欧大厦"的贡献。③尽管苏联领导人戈尔巴乔夫 1989 年 11 月 24 日曾亲笔致信德国统一社会党总书记克伦茨称："目前有许多关于德国问题、德国统一前景的讨论，但是我们坚定的认为，这么多年来，民主德国的存在和发展一直都是维护欧洲均势、和平与国际稳定极为重要的保障。作为一个主权国家，作为华沙条约组织的一个成员国，民主德国过去和将来都是我们的战略盟友。据我们所知，负责任的西方政治家很清楚这一现实。"④然而，仅仅过了一周之后，戈尔巴乔夫便在美苏元首马耳他会晤期间为美国总统开放了德国统一的道路。而

---

① Hans Otto Bräutigam, *Ständige Vertretung：meine Jahre in Ost-Berlin*, Hamburg：Hoffmann und Campe, 2009, S. 432-433.

② ［德］埃贡·克伦茨编：《柏林墙倒塌 30 年记：原民主德国方面的回顾与反思》，王建政译，社会科学文献出版社 2021 年版，第 244 页。

③ ［德］赖因霍尔德·安德特、［德］沃尔夫冈·赫兹贝格：《倒台：昂纳克答问录》，顾增文等译，世界知识出版社 1992 年版，第 2 页。

④ Detlef Nakath und Gero Neugebauer und Gerd-Rüdiger Stephan, Hrsg. , „*Im Kreml brennt noch Licht* "：*Die Spitzenkontakte zwischen SED/PDS und KPdSU 1989-1991*, Berlin：Dietz Verlag, 1998, S. 70.

民主德国领导人对此却一无所知。[1]

到了 1990 年 1 月，苏联共产党中央委员尼古拉·波图加洛夫（Nikolaj Portugalow）在接受《图片报》的访谈时公开表示："如果民主德国人民要重新统一，那它就将到来。我们绝不会反对这一决定，我们不会干涉。"[2] 2 月 11 日至 12 日，在科尔总理访问莫斯科期间，苏联最高领导人为德国的统一扫清了道路。戈尔巴乔夫在谈到德国问题时指出，德国问题只有在泛欧发展的背景下才能得到解决，必须考虑到欧洲和世界其他国家的安全和利益。戈尔巴乔夫和科尔一致表示，目前苏联、联邦德国和民主德国之间对于德国人必须亲自解决德意志民族的统一问题，并对国家的形式、时间、速度和实现这种统一的条件做出自己的选择，没有任何意见分歧。[3]

国际格局的深刻变化使联邦德国政府在推动两德统一进程时，具有了更高的自主性和能动性。这也为联邦德国政府大幅调整对民主德国的经济政策提供了难得的历史机遇。正是在这样的历史背景下，科尔政府一改以往对民主德国经济政策那种"温和"的风格，果断地采取具有"攻势"的经济政策。

（二）内外交困：民主德国的真实写照

20 世纪 80 年代末，民主德国内部出现严重的政治危机，其直接根源除了匈牙利开放西部边境引发民主德国的移民潮和示威潮外，还与自身严重的经济问题和债务危机密切相关。由于原本应当投入到生产性积累和发展再生产的资金更多用于个人和社会消费品生产，民主德国企业的设施和技术长期得不到有效改善和实现现代化发展。1970—1988 年间，民主德国制造业部门的投资增加到了 122%，而包括住房在内的非生产部门的投资增加到了 200%。尽管民主德国在微电子、机床和加工机械以及轻工业零

---

① ［德］埃贡·克伦茨编：《柏林墙倒塌 30 年记：原民主德国方面的回顾与反思》，王建政译，社会科学文献出版社 2021 年版，第 27 页。

② ［德］霍斯特·特尔切克：《329 天：德国统一的内部视角》，欧阳甦译，社会科学文献出版社 2016 年版，第 76 页。

③ Margarethe Müller-Marsall, Hrsg. , *Archiv der Gegenwart：Deutschland 1949-1999*, Bd. 9, 1986-1994, Sankt Augustin：Siegler Verlag, 2000, S. 8756-8757.

件、家具、玻璃和陶瓷等多个生产领域配备了最先进和最高效的设备，但总体而言，工业部门设备的磨损程度从 1975 年的 47.1% 上升到 1988 年的 53.8%，建筑企业设备的磨损程度从 49% 上升到 67%，运输设备的磨损程度从 48.4% 上升到 52.1%，农业、林业和食品加工设备的磨损程度从 50.2% 上升到 61.3%。一些经济部门的设备磨损严重导致对维护和修理的需求增多，经济效率低下。①

20 世纪 80 年代前半期，为了遏制西方外债的不断攀升，民主德国曾将大量内部市场的商品出口至西方国家以换取更多外汇。其导致的一个后果是国内物资供应渠道出现瓶颈，本国民众新的和不断增长的需求（紧俏商品、耐用消费品等）得不到满足，抱怨和不满情绪与日俱增，政治信任危机逐渐尖锐化。20 世纪 80 年代中期以来，民主德国的西方债务再次上升。在 1989 年 11 月"柏林墙"倒塌时，民主德国对西方国家的国际收支赤字接近 200 亿外汇马克（约合 108 亿美元）。涉及政治的可兑换货币债务达到 152 亿外汇马克（约合 82 亿美元）。这相当于 1989 年民主德国对西方国家（不含联邦德国）出口总额的 175%，以及当年国内生产总值的 20% 左右。②据一份关于民主德国经济形势的分析报告③称，为了防止外债规模继续攀升，1990 年民主德国必须将生活水平下降 25%—30%，但即便

---

① Gerhard Schürer u. a. , „Vorlage für das Politbüro des Zentralkomitees der SED: Analyse der ökonomischen Lage der DDR mit Schlussfolgerungen vom 30. 10. 1989 ", *Deutschland-Archiv: Zeitschrift für Fragen der DDR und der Deutschlandpolitik*, Köln: Wissenschaft und Politik, 1992, S. 1112–1113.

② Deutschland (Bundesrepublik) Deutsche Bundesbank, Hrsg. , *Die Zahlungsbilanz der ehemaligen DDR 1975 bis 1989*, Frankfurt am Main: Dt. Bundesbank, 1999, S. 60; Deutschland (Bundesrepublik) Statistisches Bundesamt, Hrsg. , *Sonderreihe mit Beiträgen für das Gebiet der ehemaligen DDR*, Heft 33, *Entstehung und Verwendung des Bruttoinlandsprodukts 1970 bis 1989*, Wiesbaden: Statistisches Bundesamt, 2000, S. 89.

③ 报告正式名称为《提交给德国统一社会党中央政治局的报告：关于民主德国经济状况的分析及结论》（Vorlage für das Politbüro des Zentralkomitees der SED: Analyse der ökonomischen Lage der DDR mit Schlussfolgerungen vom 30. 10. 1989）。

如此，民主德国内部的局势也有可能会"失控"。①此外，民主德国政府还面临着巨大的财政赤字。1988 年，民主德国政府对银行的欠款达到了 1230 亿民主德国马克，占同年国家财政支出的一半以上。②

　　由于民主德国的经济形势持续恶化，两德经济水平和生活水平的差距更为凸显。1989 年，民主德国的劳动生产率只有联邦德国的 1/3 左右。③民主德国的人均国民生产总值是 11829 联邦德国马克，联邦德国则是 35856 联邦德国马克，民主德国人均国民生产总值为联邦德国的 33%。④1988 年，民主德国的平均月工资收入为 1270 民主德国马克，联邦德国为 3850 联邦德国马克，按照 1∶1 的兑换比例计算，民主德国的平均月工资也只有联邦德国的 1/3。⑤两德在经济表现和生活水平方面的明显差异削弱了民主德国的内部稳定性，最终为其社会经济总危机的爆发埋下了伏笔。

　　1971 年 5 月，民主德国昂纳克政府一上台便开始大力推行"经济政策和社会政策相统一"的新方针，在提高劳动生产率的同时不断增进民生福

　　① 该报告是在民主德国领导人克伦茨的授权下，由国家计划委员会主席格哈德·许雷尔（Gerhard Schürer）主持完成，并于 1989 年 10 月 30 日提交德国统一社会党中央政治局。克伦茨认为，当时对民主德国可能"丧失执政能力"的担忧也与国际货币基金组织和世界银行的角色有关。报告的呈递者担心这些机构可能会对民主德国下黑手，就像它们此前对付波兰和匈牙利那样。它们所谓的"改革指导"，实际上将意味着民主德国生活中的一次异常转折。该报告提出了解决问题的方案，其目的在于阻止它们的干预。该报告不是投降书，而是指路航标，意在引导主权独立的民主德国自力更生，走出困境。参见［德］埃贡·克伦茨编《柏林墙倒塌 30 年记：原民主德国方面的回顾与反思》，王建政译，社会科学文献出版社 2021 年版，第 19 页。

　　② Gerhard Schürer u. a. , „Vorlage für das Politbüro des Zentralkomitees der SED：Analyse der ökonomischen Lage der DDR mit Schlussfolgerungen vom 30. 10. 1989 "，*Deutschland-Archiv：Zeitschrift für Fragen der DDR und der Deutschlandpolitik*，Köln：Wissenschaft und Politik，1992，S. 1115；André Steiner und Matthias Judt und Thomas Reichel，*Statistische Übersichten zur Sozialpolitik in Deutschland seit 1945*，Bd. SBZ/DDR，Bonn：Bundesministerium für Arbeit und Soziales，2006，S. 20.

　　③ Udo Ludwig und Reiner Stäglin und Carsten Stahmer，*Verflechtungsanalysen für die Volkswirtschaft der DDR am Vorabend der deutschen Vereinigung*，Berlin：Duncker und Humblot，1996，S. 44.

　　④ 姚先国、［德］海因茨·缪尔德斯：《两德统一中的经济问题》，科学技术文献出版社 1992 年版，第 45 页。

　　⑤ 姚先国、［德］海因茨·缪尔德斯：《两德统一中的经济问题》，科学技术文献出版社 1992 年版，第 48 页。

祉。然而，这一政策的结果在 20 世纪 80 年代末越来越清晰地显示为，劳动生产率和生活水平都处于停滞状态。尽管如此，民主德国政府仍没有实行有效的改革。民主德国人民对国内状况日益感到失望，更加向往联邦德国高水平的物质生活。与此同时，他们对本国货币的价值渐渐失去了信心。联邦德国马克作为一种替代性货币变得越来越重要。据估计，在民主德国境内流通的联邦德国马克（按黑市汇率折算）占货币总量的比例从 1974 年的 1.4%增加到 1988 年的 13.3%。1988 年，在民主德国境内持有的联邦德国马克现金（经常作为价值保存方式，因此没有完全流通）占流通现金总量的比例达到了 62%。[①]

自 1989 年 5 月起，大批民主德国公民通过各种途径辗转移居联邦德国。为此，民主德国领导人克伦茨在其回忆录中无奈承认，"他们离开我们，是因为他们不再相信有可能改变民主德国的社会状况，是因为他们看不到未来的前景。他们留下了家庭、社会和国民经济中令人痛苦的裂痕"。[②]持续不断的移民潮使民主德国经济恢复的机会丧失，也令民主德国本就动荡的局势雪上加霜。1990 年初，民主德国经济建设领域大约缺乏 25 万劳动力，数以千计的民主德国公民已经在西德和西柏林找到工作。[③]

正当民主德国爆发大规模的移民潮之际，国内又出现此起彼伏、连绵不绝的游行示威活动，使得民主德国国内危机进一步加剧。此外，民主德国内部的反对派组织如雨后春笋版冒出，如"新论坛"（Neues Forum）"民主觉醒""即刻民主"（Demokratie Jetzt）等，它们纷纷对德国统一社会党的领导发出质疑。1989 年 10 月 7 日，即民主德国国庆 40 周年当日，在柏林、莱比锡、德累斯顿、波茨坦（Potsdam）以及民主德国其他城市都爆发了大规模的示威游行。示威民众要求"开放边界"，实行"民主改革"。这使得民主德国领导层内部分歧激化。10 月 18 日，执政 18 年之久

---

① Bodo von Rüden, *Die Rolle der D-Mark in der DDR: von der Nebenwährung zur Währungsunion*, Baden-Baden: Nomos-Verl. -Ges., 1991, S. 98-101.

② ［德］埃贡·克伦茨：《大墙倾倒之际：克伦茨回忆录》，沈隆光等译，世界知识出版社 1991 年版，第 22 页。

③ ［德］汉斯·莫德罗：《起点与终点：前东德总理莫德罗回忆录》，王建政译，军事科学出版社 2002 年版，第 44 页。

的昂纳克被迫辞职。新任德国统一社会党总书记克伦茨在就职演说中谨慎地表示，民主德国准备扩大与联邦德国的合作。[①]

11月9日晚，德国统一社会党中央政治局委员、负责与新闻媒体联络的柏林专区第一书记京特·沙博夫斯基（Günter Schabowski）在记者招待会尾声宣布，民主德国即刻实施新的《旅行条例》（Reiseregelungen），从根本上放宽本国公民的出境限制，简化旅行和出境手续，不必特别申报。[②]当从晚间新闻获得这个消息后，大批东柏林人随即涌向边境检查站，并尝试直接过境。随后，民主德国领导人经商讨后决定当即开放边境。克伦茨在其回忆录中指出："开放边界给民主德国带来的损失达1000亿至1300亿马克，约相当于第一次世界大战后德国向战胜国支付的赔偿。"[③]

大规模的移民潮和示威潮使得民主德国的经济状况越来越糟糕。许多地方已经停止了工作，抑或是减慢了工作。消费品供应方面也出现了困难。1989年11月9日两德边界开放也带来了负效应：民主德国马克变得更加不稳定。[④]尽管克伦茨上任后在经济和社会政策领域启动了一系列改革，但仍未能阻止民主德国局势的进一步恶化。在经济领域，国民经济比例严重失调，生产性积累率下降，基础设施和生产设施损耗严重，不能完成预定计划目标。此外，民主德国工业和农业领域中的较大部分行业缺乏国际竞争力，还不能与国际市场直接接轨。[⑤]在生活领域，存在着隐性的物价上涨，价格低廉的商品越来越经常地从货架上消失，订购小汽车至少必须提前10年，对新的消费品质量低劣的意见越来越多，修理业、服务业的生产能力

---

① Egon Krenz, „ Rede auf der 9. Tagung des ZK der SED 18. Oktober 1989 ", in Sozialistische Einheitspartei Deutschlands, Hrsg. , *Beginn der Wende und Erneuerung. Erklärung des Politbüros des ZK der SED 11. Oktober 1989*, Berlin：Dietz, 1989, S. 22.

② 这其实是沙博夫斯基的一个口误，新《旅行条例》的大部分条款是从11月10日起才开始生效。参见［德］埃贡·克伦茨编《柏林墙倒塌30年记：原民主德国方面的回顾与反思》，王建政译，社会科学文献出版社2021年版，第318—319页。

③ ［德］埃贡·克伦茨：《大墙倾倒之际：克伦茨回忆录》，沈隆光等译，世界知识出版社1991年版，第151页。

④ Helmut Kohl, *Erinnerungen 1982-1990*, München：Droemer, 2005, S. 1051-1052.

⑤ ［德］克里斯塔·卢夫特：《最后的华尔兹：德国统一与回顾》，朱章才译，中央编译出版社1995年版，第151页。

过小，想要安装一部电话可能成为一辈子的事情。①生产和生活领域日益严重的紧缺现象导致民主德国民众的生活条件不断恶化，民众的不满情绪由此不断增强。游行队伍的口号渐渐从"要求改革"转变为"要求统一"。

1989年12月，民主德国国际政治与经济研究所所长马克思·施密特（Max Schmidt）在给德国统一社会党总书记克伦茨的一封信中指出，近几周内要求"重新统一"的呼声增高了，其相关原因是，许多人急于见到民主德国局势改善，不愿意再等待数年之久。他认为，不宜冒险再搞新的试验，而是立刻追求"重新统一"；如果再不直面这个问题，"重新统一"就可能成为即将进行的人民议院选举中的主要议题；然而，此类事关民主德国命运的问题并不适合于竞选斗争。②

民主德国经济停滞不前濒临崩溃，德国统一社会党领导层又缺乏有效的改革措施，国内民众因此对政府慢慢失去了信心和信任。特别是在南部的一些地区，由于经济和城市建设相对较差，当地民众对国内经济状况的悲观失望情绪体现得尤为明显。他们对联邦德国的富裕生活表现出强烈的向往之情。因此，1990年初，民主德国南部地区民众游行示威时常常打出这样的标语："联邦德国马克过来，我们就留下来；联邦德国马克不过来，我们就到那边去！"③

由于国内改革成效甚微，民众的不满情绪日益高涨，民主德国政府被迫试图从外部特别是苏联方面获取援助。然而，此时苏联面临的局势比民主德国还要严峻得多。自顾不暇的苏联已无力向其社会主义盟友提供任何形式的援助。早在波兰和匈牙利爆发危机后，戈尔巴乔夫就曾告诫其领导人，让他们不要指望能够得到苏联的经济援助，应该学会自救。④1989年10月31日，戈尔巴乔夫向新任民主德国领导人克伦茨明确表示，在苏联

① ［德］埃贡·克伦茨：《大墙倾倒之际：克伦茨回忆录》，沈隆光等译，世界知识出版社1991年版，第154—155页。

② ［德］埃贡·克伦茨编：《柏林墙倒塌30年记：原民主德国方面的回顾与反思》，王建政译，社会科学文献出版社2021年版，第11页。

③ ［德］克里斯塔·卢夫特：《最后的华尔兹：德国统一与回顾》，朱章才译，中央编译出版社1995年版，第152页。

④ ［德］埃贡·克伦茨：《89年的秋天》，孙劲松译，中共中央党校出版社2005年版，第178页。

不断被削弱的情况下，它已无力向东欧盟友提供任何援助。[①]

　　与此同时，由于民主德国的政治和社会危机愈演愈烈，苏联对民主德国的生存问题渐渐失去了信心。1990年1月26日，苏联领导层在小范围会议上讨论了德国问题，与会者一致认为两德统一将会成为现实。苏联部长会议主席尼古拉·I. 雷日科夫（Nikolai I. Rizhkov）在会上更是直白地讲道："形势的发展是不可抗拒的，应当客观看待。现在只能在战术上采取措施，因为民主德国我们已经保不住了。两德之间所有屏障都被解除，民主德国经济正被击垮，所有国家制度都已经解体。想保住民主德国是不现实的。"[②]

　　建国以来，民主德国一直处于苏联的庇护之下，其生存条件与苏联提供的保障有着密切的关联。当苏联出现崩溃危机时，意味着关乎民主德国生死存亡的一个重要支柱倒塌了。随着东欧各国相继发生剧变，此时的经互会业已呈现分崩瓦解之趋。在民主德国总理莫德罗看来，"迄今为止被我们视为联盟的经互会，已无法维持。我的结论是只有向西德看齐才是一个现实的选择。"[③]

　　因此，在无法得到盟友有效援助的情况下，民主德国只能将求助的目光由苏联转向联邦德国。对于当时两德在经济状况上的鲜明对比，民主德国政府也有着清晰的认识：波恩当局经济实力强大、有输出资本、财政状况稳定。另外，波恩方面还有对民主德国公民有很大魅力的"硬通货"——联邦德国马克，这在某种程度上是王牌！相反，民主德国的经济要得到恢复就亟需实行现代化，并因此亟需引进资本。[④]正因为如此，为了避免国家的全面崩溃，莫德罗政府将希望寄托在联邦德国的支持上，条约共同体的提议就是为了换取科尔政府的经济援助。

　　由此可见，民主德国内忧外困的现实窘境以及对经济援助的迫切需求，

　　①　Hans-Hermann Hertle, *Der Fall der Mauer: Die unbeabsichtigte Selbstauflösung des SED-Staates*, Opladen/Wiesbaden: Westdeutscher Verlag, 1996, S. 149-153.

　　②　[俄] 阿·加尔金、[俄] 阿·切尔尼亚耶夫：《戈尔巴乔夫与德国问题》，周力、胡昊、董国平等译，当代世界出版社2017年版，第257页。

　　③　[德] 汉斯·莫德罗：《起点与终点：前东德总理莫德罗回忆录》，王建政译，军事科学出版社2002年版，第86页。

　　④　[德] 克里斯塔·卢夫特：《最后的华尔兹：德国统一与回顾》，朱章才译，中央编译出版社1995年版，第151页。

是影响科尔政府对民主德国经济政策进行调整的另一大因素。随着民主德国国内危机的不断加剧，在求助盟国无果的情况下，民主德国政府便将联邦德国的经济援助视为最后一根救命稻草。因此，带有附加政治条件的经济援助便成为科尔政府全面变革民主德国经济、政治和社会体制的有力杠杆。此时，联邦德国已经不满足于以经济手段换取民主德国些许的政治让步了，其目标直指德国统一。对此，曾对两德统一持反对态度的民主德国总理莫德罗无奈地表示："联邦德国孤注一掷打出联邦德国马克牌——如果民主德国公民不必去投向联邦德国马克，而是联邦德国马克投向民主德国公民，那么一切矛盾就会迎刃而解。然而事态的发展恰恰相反。"①

（三）随机应变：一次果敢的政治冒险

在 1989 年 11 月 9 日"柏林墙"开放后不久，科尔总理接受了有关"柏林墙"倒塌事件的采访。他做出了这样的回答："这几个小时正在谱写世界历史。德国的统一终究有一天会变成事实，对此我从来没有怀疑过。很长一段时间内，人们都觉得，这个目标要等到下一代才能实现。而现在我们已经跨入了一个新的时代，许多不可能的事情都发生了戏剧性的变化：'历史的车轮前进得比我们想象的要快'。"②显然，科尔总理已经意识到了千载难逢的统一时机已经到来。于是，他冒着外交失礼的风险，提前结束波兰访问行程，返回波恩谋划统一大计。

由于担心在东欧局势发生激烈动荡之时，强力推动德国统一会给联邦德国带来巨大的政治风险，一些联邦德国政府要员因此谨慎地建议延缓统一进程。例如，联邦总统魏茨泽克就号召人们保持忍耐："尽管德国人民如此强烈地渴望相互接触，但是不能让欧洲的活力落在德国的活力后面，甚至也不能忽视所有参与者的安全利益。这也应是我们的任务。"③不过，

① ［德］汉斯·莫德罗：《起点与终点：前东德总理莫德罗回忆录》，王建政译，军事科学出版社 2002 年版，第 95 页。

② Kai Diekmann und Ralf Georg Reuth und Helmut Kohl, *Helmut Kohl: Ich wollte Deutschlands Einheit*, 2. Aufl., Berlin: Ullstein, 1999, S. 128.

③ ［德］沃尔夫冈·维德迈尔：《德国总统魏茨泽克传》，孙秀民译，中国大百科全书出版社上海分社 1991 年版，第 22 页。

这些言论并没有动摇科尔总理迅速推进德国统一进程的决心。

1989 年 11 月 23 日，科尔总理召集几个最亲密的顾问——联邦总理府特别事务部主任鲁道夫·赛特斯（Rudolf Seiters）、联邦总理府办公厅主任朔伊布勒以及联邦总理府办公厅副主任霍斯特·特尔奇克（Horst Teltschik）一同商讨对策。科尔对他们讲到，（我们）必须立即采取重要行动。稍后，他又和德意志联邦银行行长珀尔进行了单独谈话，让后者考虑到目前联邦政府正在筹备货币、经济和社会联盟的这一情况，抽调德意志联邦银行董事会成员汉斯·蒂特迈尔（Hans Tietmeyer）几个月时间去和民主德国的金融专家进行磋商。在得知联邦、各州以及地方的税收、中期预算都有显著增长，社会生产总值从没有像这时那样有利，不增加税收便可实现统一之后，科尔总理便开始实施他的计划。他解释说："我们有必要投入我们最强有力的资产"，即（联邦）德国马克。[1]于是，针对民主德国内外交困、孤立无援的情况，科尔总理及其同僚商议决定以提供大规模经济援助的允诺作为催化剂，加快德国统一进程。

11 月 28 日，即"柏林墙"开放仅仅只有 19 天之后，科尔总理一反常态，在没有向西方盟国驻德代表和本国同僚征求意见的情况下，迫不及待地公开发表了一份关于统一德国的《十点纲领》，把德国统一的要求明确地摆到民主德国和全世界人民的面前。他认为，现在不是犹豫不决的时候了，而是采取（统一）攻势的关键时刻，必须牢牢地抓住统一的主动权。[2]显然，科尔总理试图利用民主德国当前的动荡局势，扮演德国统一进程发起人的角色。根据《十点纲领》，民主德国受到经济援助的前提条件是其必须进行彻底的改革。对于这一战略，科尔总理做了如下解释："在我看来，没有理由让它存在下去，使它得到稳定。经济援助的前提首先是要继续改革。"[3]

由于两德政府在统一方案上存在着本质上的分歧，科尔总理借助民主

---

① ［德］维尔纳·马泽尔：《统一总理：科尔传》，马福云译，时代文艺出版社 2002 年版，第 361 页。

② Helmut Kohl, *Erinnerungen 1982-1990*, München: Droemer, 2005, S. 996.

③ Kai Diekmann und Ralf Georg Reuth und Helmut Kohl, *Helmut Kohl: Ich wollte Deutschlands Einheit*, 2. Aufl., Berlin: Ullstein, 1999, S. 109.

德国日益动荡的政局，旋即转而支持民主德国内部赞成其统一方案的政治力量。为了助德国联盟上台，科尔总理不仅为其提供大量的支援，还亲自参与助选。其间，他还许诺将提供经济援助，俘获了民主德国选民的心。科尔总理在民主德国民众面前极力塑造联邦德国政府的德意志保护人的角色，获得了良好的效果。受其支持的德国联盟最终如愿获选，德国统一的内部障碍也基本被清除完毕。

由此可见，在德国统一加速时期，联邦总理科尔敏锐的洞察力、果敢的决策力和强大的执行力也是促使联邦德国政府对民主德国经济政策发生转变的一大因素。20世纪80年代末90年代初，在德国统一的形势趋于成熟之时，善于审时度势的科尔总理紧紧地抓住东欧剧变以及民主德国打开"柏林墙"这一"历史契机"，适时主动地调整了对民主德国的经济政策，使其从缓和两德政治对立的工具转变为推动两德实现统一的杠杆。他作为联邦德国政府最高决策者和执行者，表现出了果敢、沉着，同时又不失思虑缜密的作风。传记作家马泽尔给予这位"统一总理"这样的评价："在恰当的时机他抓住了历史大衣的一角，他充满了责任感又承担着风险，大无畏地行动着。虽然他不能行使什么主权，但他还是制定了自己所能推行的措施。国际政坛将他视为一股难以遏制的力量。他靠自己独自做出了决策，无人可以替代他，最终也证实他是个伟大的政治家。"[1]

第二节　"经济并入"：迈向德国统一的关键性一步

一　两德《经济统一条约》的签订及影响

1990年3月18日，民主德国人民议会举行的自由选举结束后，尽快实现德国统一成为两德政府面临的首要任务。这也是一项十分艰巨的任

---

① ［德］维尔纳·马泽尔：《统一总理：科尔传》，马福云译，时代文艺出版社2002年版，第360页。

务。联邦德国总统魏茨泽克在民主德国的电视台讲道："我们是一个民族，归属于一体，也必然会逐渐愈合为一体。但我们必须一起成长，而不是在一起芜杂丛生。我们需要时间。"[1]

为此，两德政府就统一的具体措施展开多轮协商。其中，当务之急便是建立两德经济、货币和社会联盟。事实上，联邦德国政府就建立两德经济、货币联盟的工作早已准备就绪。1989 年 12 月 19 日，联邦德国经济部的科学咨询委员会第一次提出关于建立两德货币联盟的建议。他们认为，目前最好的解决办法就是过渡到一致的社会市场经济，整个德国把联邦德国马克当作法定货币。随后，联邦德国财政部高级别官员蒂罗·萨拉辛（Thilo Sarazin）在其起草的一份文件中，论述了民主德国计划经济向社会市场经济的转变，以及实施货币政策的核心步骤和必要的组织性措施。该文件于 1990 年 1 月 29 日提交，并成为后来两德谈判的基础。[2]

1990 年 2 月 6 日，科尔总理在联盟党议会党团宣布："我认为，我们必须现再和民主德国政府进行接触，并直截了当地表明我们已经做好准备，就建立货币和经济联盟事宜即可进行谈判。"[3]2 月 7 日，联邦德国政府决定，在联邦内阁下设一个"德国统一委员会"，由联邦总理直接领导。在其框架内，构建货币联盟、经济改革、劳动及社会政策联盟、法律联盟、公共机构和社会治安、外交和安全政策等工作小组。各事务部门的领导皆由相应的联邦部长出任。时任联邦内政部长的朔伊布勒后来评论道："德国统一的进程在政府层面上如同国家内政一般获得了动力。"[4]2 月 13 日，科尔总理正式向来访的民主德国领导人莫德罗摊牌，建议将联邦德国马克推广到民主德国全境以取代民主德国马克，并在民主德国引入社会市场经济。此后，成立经济和货币联盟被认为是一个更为迫切的任务。联邦

---

① ［德］里夏德·冯·魏茨泽克：《通向统一之路》，孟虹译，东方出版社 2014 年版，第 86 页。

② ［德］约阿辛姆·阿尔格米森：《汉斯·蒂特迈尔：构建德国和欧洲经济秩序的一生》，胡琨、周旺旺、钟佳睿、李梦璐译，社会科学文献出版社 2021 年版，第 344—345 页。

③ Kai Diekmann und Ralf Georg Reuth und Helmut Kohl, *Helmut Kohl: Ich wollte Deutschlands Einheit*, 2. Aufl. , Berlin: Ullstein, 1999, S. 259-260.

④ Wolfgang Schäuble und Dirk Koch, *Der Vertrag: Wie ich die deutsche Einheit verhandelte*, Stuttgart: Deutsche Verlags-Anstalt, 1991, S. 53.

财政部长特奥·魏格尔（Theo Waigel）特意在"德国统一委员会"的框架中设立了一个货币联盟和金融问题工作小组。①3 月 5 日，该部门提交了条约草案的第一个模板。3 月 20 日，科尔政府通过了"德国统一时刻表"，将于 1990 年 7 月 1 日建立经济、货币和社会联盟。②

然而，联邦总理科尔迅速引入货币联盟的想法受到了国内一些在野党、经济界和金融界人士的广泛质疑。例如，绿党议员威利·霍斯（Willy Hoss）明确表示不赞成迅速建立两德货币联盟，理由是这样做会增加通货膨胀和社会不公的风险。他呼吁在 1990 年 3 月 18 日民主德国大选前实施紧急援助计划。③德国工商业联合会（Deutscher Industrie- und Handelstag）、经济学家和银行家则主张德国统一进程中需要经历一个过渡时期，其出发点是减少联邦德国政府的财政开支，防止可能出现的通货膨胀，同时也顾及民主德国的经济发展问题。

德国工商业联合会的一位发言人称，科尔政府的这一决定是勇敢但有风险的一步。最重要的是，联邦德国马克的稳定将受到威胁。德国工商业联合会认为，一个循序渐进的计划更为明智：第一步，应使民主德国马克以灵活的汇率进行兑换。这个阶段可以很快开始，只需要持续几个星期。在这一阶段，德意志联邦银行不应进行干预，这样就可以为民主德国马克建立一个现实的汇率。第二步，通过在很大程度上共同应用社会市场经济、社会和金融法律和法规，来逐步建立一个统一的经济区。第三步，可以在建立欧洲货币联盟的同时，与民主德国建立货币联盟。德国工业联合会（Bundesverband der Deutschen Industrie e. V.）主席泰尔·内克尔（Tyll Necker）则强调，经济和货币联盟是民主德国迅速改革的决定性经济杠杆。联邦德国在这里有一个政治谈判筹码，如果不能就民主德国不可逆转的市场化改革达成条约协议，就绝不能放弃这一筹码。德意志联邦银行的自主

① Zeno Zimmerling und Sabine Zimmerling, *Neue Chronik der DDR. Berichte, Fotos, Dokumente*, Bd. 4/5, Berlin: Verlag Tribüne, 1990, S. 182.

② Wolfgang Schäuble und Dirk Koch, *Der Vertrag: Wie ich die deutsche Einheit verhandelte*, Stuttgart: Deutsche Verlags-Anstalt, 1991, S. 295ff.

③ Margarethe Müller-Marsall, Hrsg., *Archiv der Gegenwart: Deutschland 1949-1999*, Bd. 9, 1986-1994, Sankt Augustin: Siegler Verlag, 2000, S. 8761.

权在任何情况下都不能受到损害。经济专家委员会在 2 月 14 日呈交科尔总理的信中警告称，不要过早地启动货币联盟进程。这样一个步骤将会是抑制民主德国移民潮的错误手段，因为废除民主德国马克只会突然凸显德意志两部分之间明显的收入差距。①

德意志联邦银行行长珀尔也表示建立货币联盟为时尚早。他称，这本身是一个由联邦政府负责，并由联邦政府做出的政治决定。他已经通过德意志联邦银行向联邦政府提出意见，这当然是为了尽量减少风险。此外，他重点强调了以下几点：货币联盟和德国统一之间须存有必然联系，否则，德意志联邦银行不可能负责引入联邦德国马克；尽可能地减少货币转换带来的通货膨胀风险；尽可能避免降低民主德国企业的竞争力；对财政预算支出加以限定；确保两德公民的接受度。②

与此同时，联邦经济部长豪斯曼也提出一份三个阶段的发展计划：首先，引入根本性的改革。例如，自由贸易、谨慎地放开物价和工资额，减少多余的购买力，向现实的汇率兑换过渡。其次，保持稳定的预算。使民主德国马克向联邦德国马克转换，然后实现完全兑换和资本流动自由化。最后，经济政策趋同化，引入共同的经济和货币政策机构。联邦德国马克取代民主德国马克成为统一的货币单位。③

对于科尔总理而言，两德统一的进程不能停留在谈判和设想方案上，必须搭建一座能使两德在关键领域统一起来的桥梁。民主德国新政府成立后，科尔总理立即致力于解决两德统一最重要的环节——建立两德经济、货币和社会联盟，并以此作为实现德国统一的核心步骤，即先实现两德经济统一，在此基础上再完成政治上的统一。另外，为了抑制民主德国移民潮对两德经济、社会结构的进一步冲击，唯一的办法就是尽可能地拉平两德经济发展水平的巨大差距，使两德经济、社会制度保持一致。因此，尽

① Margarethe Müller-Marsall, Hrsg., *Archiv der Gegenwart: Deutschland 1949-1999*, Bd. 9, 1986-1994, Sankt Augustin: Siegler Verlag, 2000, S. 8758-8759.

② Wilhelm Nölling, Hrsg., *Wiedervereinigung: Chancen ohne Ende? Dokumentation von Antworten auf eine einmalige Herausforderung*, Hamburg: W. Nölling, 1990, S. 54.

③ Deutschland (Bundesrepublik) Bundesministeriums für Wirtschaft, Hrsg., *Tagsnachrichten*, Nr. 9507 vom 8. Februar 1990, Bonn: Bundesministeriums für Wirtschaft, S. 3.

快实现两德经济、货币和社会联盟迫在眉睫。科尔总理认为，这事关德国的政治命运，尽管可能会出现通货膨胀风险，但除了迅速实施之外，已别无其他选择。不过，他赞同与德意志联邦银行保持紧密联系，相互协调，一同走好每一步棋。①联邦德国负责两德货币联盟谈判事务的负责人蒂特迈尔认为，两德货币联盟在经济上来说是一种冒险，是一头扎进冷水里，而在政治上别无选择。②显然，科尔政府为了尽快促成两德经济统一，已然决心为之付出巨大的经济代价。

尽管民主德国新政府在实现德国统一的问题上与科尔政府保持一致，但双方在尽快实现经济、货币和社会联盟的一些技术性环节上却存在分歧。具体表现为，双方就如何规定联邦德国马克与民主德国马克的合理比价展开了激烈的争论。另外，民主德国公民对两德马克兑换比例较高的期望值也增加了谈判的难度。在这一问题上，联邦德国主要考虑的是，如何既满足和照顾民主德国公民的经济利益，又不增加联邦德国的财政负担。联邦总理科尔一开始设想，在有限范围内按 1∶1 的比例进行兑换。1∶1 的比例在政治心理上具有极大的意义。它向民主德国公民表明，团结是建立在平等的基础上的，并非是有钱的本家兄弟在穷亲戚面前拉长了脸。不过，科尔心里也明白，这是一笔极非寻常的庞大支出，在任何一本教科书上也找不到先例。作为世界上最稳定的货币之一，联邦德国马克是联邦德国富裕生活的基石，因而必须谨慎行事。③

1990 年 3 月 29 日，德意志联邦银行提出了一个两德马克兑换方案。该方案主张每位民主德国公民可以按 1∶1 的比例兑换 2000 联邦德国马克的存款，但工资、养老金、债权等只能按 2∶1 来兑换。这一消息被披露后，立刻引起民主德国政府及民众的强烈反应。4 月 5 日，很多民主德国公民走上街头进行示威游行，仅在东柏林示威者人数就约有 10 万人，德累

---

① Kai Diekmann und Ralf Georg Reuth und Helmut Kohl, *Helmut Kohl: Ich wollte Deutschlands Einheit*, 2. Aufl., Berlin: Ullstein, 1999, S. 263.

② [德]约阿辛姆·阿尔格米森:《汉斯·蒂特迈尔:构建德国和欧洲经济秩序的一生》, 胡琨、周旺旺、钟佳睿、李梦璐译, 社会科学文献出版社 2021 年版, 第 374 页。

③ Kai Diekmann und Ralf Georg Reuth und Helmut Kohl, *Helmut Kohl: Ich wollte Deutschlands Einheit*, 2. Aufl., Berlin: Ullstein, 1999, S. 261-262.

斯顿为 7 万人，莱比锡为 5 万人。示威活动的组织者是德国自由工会联合会（Freier Deutscher Gewerkschaftsbund）及其个别工会。许多公民倡议组织和政党也加入其中，如绿党（Grüne Partei）、德国社会民主党、民主社会主义党和新论坛。示威者的横幅上写着"2∶1 骗局汇率""选举舞弊的新开始——不是我们""工资按 2∶1 兑换是一种嘲弄"。在各种集会上的演讲者宣称，联邦德国希望使民主德国成为一个低工资国家。①他们强烈指责科尔政府出尔反尔，违背了其在民主德国参与助选活动时做出的承诺。为了表示出对联邦德国政府的马克兑换方案强烈不满，这时民主德国公民的游行口号已由"我们是一个民族"变成了"没有 1∶1 就没有统一"②以及"统一和我的马克"③。

　　4 月 19 日，民主德国新任总理德梅齐埃在人民议院发表声明称："关于按照 1∶1 或 1∶2 进行货币兑换的讨论，使我们清楚意识到，这里存在着一种内在关系，以及我们必须坚持的条件，那就是确保民主德国公民不会感到自己是二等德国人。④民主德国公民的工资目前只有联邦德国公民工资的 1/3，如果再按 2∶1 折算，那么民主德国公民的工资实际只有联邦德国公民工资的 1/6 了。一旦两德宣布统一，那么物价势必会暴涨，再加上少得可怜的工资，这种现实是任何一位民主德国公民都无法接受的。为此，德梅齐埃主张工资和津贴应该按照 1∶1 兑换；养老金也同样按照 1∶1 兑换，投保 45 年后，将其逐步提高至净养老金值的 70%；带有储蓄性质的存款和保险也应该按 1∶1 兑换；国营企业的国内债务重估至少按照 2∶1 兑换，并对

---

① Margarethe Müller-Marsall, Hrsg., *Archiv der Gegenwart：Deutschland 1949-1999*, Bd. 9, 1986-1994, Sankt Augustin：Siegler Verlag, 2000, S. 8788.

② *Der Spiegel*, Nr. 15, 1990, S. 14.

③ *Der Spiegel*, Nr. 8, 1990, S. 59.

④ „DDR-Ministerpräsident Lothar de Maiziere：Regierungserklärung zum demokratischen Neuanfang in der DDR-Gesellschaft und zur deutschen Einheit", in Deutschland（Bundesrepublik）Bundesministerium für innerdeutsche Beziehungen, Hrsg., *Texte zur Deutschlandpolitik*, Reihe Ⅲ/ Bd. 8a, Bonn：Deutscher Bundes-Verlag, 1991, S. 174.

有一定竞争力的公司在欧共体框架内给予债务减免的援助措施。"①

4月24日，民主德国总理德梅齐埃与联邦总理科尔在波恩再次就马克比价问题进行会晤。经过双方反复磋商，科尔政府做出了一定的让步，双方达成了以下原则共识：从7月1日起，民主德国公民的工资和养老金按1∶1兑换，存款和现金按1∶1兑换4000马克，超出部分的存款、贷款以及企业债务按2∶1兑换。会晤中，德梅齐埃要求免除国内私人企业和合作社企业的全部债务。另外，他还希望所有存款和其他款项无限额地按1∶1兑换。不过，这样的要求被科尔拒绝了。因为在他看来，这已经远远超出了联邦德国的经济能力。②

随后，双方又进行了几个回合的艰苦谈判。为了尽快将德国统一从纸上的方案变为现实，科尔政府不惜付出巨大的经济代价，再次对民主德国做出让步。双方最终决定按照年龄实行分档兑换。例如：民主德国公民的工资、养老金、各种租金全部按1∶1兑换，个人存款和现金则14周岁以下的民主德国公民每人可以按1∶1兑换2000联邦德国马克，15—59周岁的民主德国公民每人的兑换限额为4000联邦德国马克，60周岁以上的民主德国公民每人的兑换限额为6000联邦德国马克，超过限额的部分可按2∶1兑换；其他债务或清偿金额一律按2∶1兑换。超过基本数额的储蓄按2∶1兑换，作为相应补偿，民主德国希望在清点国家自有资产以及结构调整和国家预算重组之后可以授予国家财富证券化的股份权。在民主德国没有永久居留权的公司和个人的资产按3∶1兑换，因为这些资产是在1989年底之后产生的。总体来讲，1.83∶1的平均兑换率有效地避免了通货膨胀风险，也最大限度地保证了联邦德国马克的稳定。

两德在经济需求和政治需求之间达成妥协后，民主德国代表团团长京特·克劳泽（Günter Krause）对双方商定的兑换规定表示满意，这远远超

---

① „ DDR-Ministerpräsident Lothar de Maiziere: Regierungserklärung zum demokratischen Neuanfang in der DDR-Gesellschaft und zur deutschen Einheit", in Deutschland (Bundesrepublik) Bundesministerium für innerdeutsche Beziehungen, Hrsg., *Texte zur Deutschlandpolitik*, Reihe Ⅲ/Bd. 8a, Bonn: Deutscher Bundes-Verlag, 1991, S. 176-177.

② Kai Diekmann und Ralf Georg Reuth und Helmut Kohl, *Helmut Kohl: Ich wollte Deutschlands Einheit*, 2. Aufl., Berlin: Ullstein, 1999, S. 354.

出了科尔政府在民主德国竞选期间所承诺的内容。在谈判过程中，联邦德国代表团不仅考虑到民主德国公民的期望，也考虑到联邦德国公民的期望以及联邦德国马克的稳定性。商定好的兑换规定特别考虑到民主德国的人口状况，不会导致联邦德国马克的不稳定。①可以说，这个兑换规定基本满足了民主德国人民的要求，为两德经济统一的迅速完成铺平了道路。

5月12日，两德就建立经济、货币和社会联盟的一揽子条款达成协议。5月18日，联邦德国财政部长特奥·魏格尔与民主德国财政部长瓦尔特·龙贝格（Walter Romberg）在波恩共同签署了《德意志联邦共和国和德意志民主共和国关于建立货币、经济和社会联盟的条约》（Vertrag über die Schaffung einer Währungs-, Wirtschafts- und Sozialunion zwischen der Bundesrepublik Deutschland und der Deutschen Demokratischen Republik）②。《经济统一条约》规定：联邦德国马克作为唯一的法定流通货币，德意志联邦银行作为货币发行银行，联邦德国在金融、货币、财政和信贷等方面的法律规定适用于民主德国；经济统一的基础是社会市场经济，自由定价，所有权私有，劳工、资金、货物、劳务自由流通；社会统一则是引进联邦德国的劳动法制度和社会保障法制度，实行联邦德国的社会保险制度，如失业保障和劳动就业制度、养老金制度、疾病事故保险、社会救济等制度。

《经济统一条约》的签署也宣告长达40多年的德国内部贸易正式退出历史舞台。该条约第三章《关于经济联盟的规定》中第12条"德国内部贸易"做出如下规定，根据货币和经济联盟的相关规定，缔约双方于1951年9月20日签订的《柏林协定》将做出调整。该协定中规定的结算往来将中止，无息透支贷款的结算差额将予以平衡，现有债务将以联邦德国马克清偿。③6月21日，两德议会分别批准通过了《经济统一条约》。该条约

---

① Margarethe Müller-Marsall, Hrsg., *Archiv der Gegenwart*: *Deutschland 1949-1999*, Bd. 9, 1986-1994, Sankt Augustin: Siegler Verlag, 2000, S. 8793.

② 又称为《经济统一条约》。

③ „Vertrag über die Schaffung einer Währungs-, Wirtschafts- und Sozialunion zwischen der Bundesrepublik Deutschland und der Deutschen Demokratischen Republik ", in Deutschland（Bundesrepublik）Bundesministerium für innerdeutsche Beziehungen, Hrsg., *Texte zur Deutschlandpolitik*, Reihe Ⅲ/Bd. 8a, Bonn: Deutscher Bundes-Verlag, 1991, S. 222.

于 1990 年 7 月 1 日起正式生效。

此外，为了帮助民主德国平衡财政预算，联邦德国政府及各联邦州政府同意设立"德国统一基金"。在其框架下，截至 1994 年，用于统一进程的融资将达到 1150 亿联邦德国马克。除 200 亿联邦德国马克由联邦政府的财政支付外，其余 950 亿联邦德国马克则通过借贷来筹措，1991 年的借贷额度须达到 310 亿联邦德国马克，到 1994 年，"德国统一基金"的信贷支持将降为 50 亿联邦德国马克。每年贷款额的 10% 将被用于偿还贷款本息，信贷费用则由联邦政府和联邦州政府各承担一半。1991 年，它们分别承担 10 亿联邦德国马克，到 1994 年提高至 45 亿联邦德国马克。[1]

《经济统一条约》的签署是通往德国统一的关键性一步。随着该条约的顺利实施，两德在经济和社会制度方面实现了同质化，这为两德实现政治统一奠定了坚实基础。为此，联邦总理科尔在 5 月 18 日的签约仪式上讲到，该条约的签字之日也就是一个自由、统一的德国诞生之时。民主德国总理德梅齐埃也指出，条约的签署将使两德统一的进程不可逆转。[2]此外，科尔总理在其回忆录中还宣称，对他而言，《经济统一条约》是德国现代经济史上最伟大的成就之一。[3]

正是在经济统一的基础上，两德很快于 8 月 31 日签订了《德意志联邦德国和德意志民主德国关于实现德国统一的条约》（Vertrag zwischen der Bundesrepublik Deutschland und der Deutschen Demokratischen Republik über die Herstellung der Einheit Deutschlands）[4]。《政治统一条约》规定：民主德国在行政区划上恢复原 5 个州的建制，这 5 个州以《基本法》第 23 条规定在 1990 年 10 月 3 日加入联邦德国；统一后的德国首都设在柏林；联邦

---

① „Aussprache im Deutschen Bundestag zum Vertrag über die Schaffung der Währungs-, Wirtschafts- und Sozialunion der beiden deutschen Staaten", in Deutschland（Bundesrepublik）Bundesministerium für innerdeutsche Beziehungen，Hrsg.，*Texte zur Deutschlandpolitik*，Reihe III/Bd. 8a，Bonn：Deutscher Bundes-Verlag，1991，S. 305.

② 世界知识出版社编：《德国统一纵横》，世界知识出版社 1992 年版，第 41 页。

③ Helmut Kohl，*Erinnerungen 1990-1994*，München：Droemer，2007，S. 117.

④ 又称为《政治统一条约》。

德国《基本法》将于 10 月 3 日起在目前的民主德国地区生效。①该条约致使民主德国全面接受了联邦德国的政治和法律体系，从而为最终实现德国统一扫清了内部障碍。对于两德为何能够迅速完成经济和政治上的统一，科尔总理解释道："在一个正常的经济和政治状况下，这应是一条通过一步步改革和调整来实现统一的道路。但是，政治和社会的动荡将会缩短这一政治时间。"②

由上可见，为推动两德迅速实现统一，科尔政府甘愿在货币兑换以及平衡民主德国财政赤字方面做出经济牺牲。值得注意的是，德国统一的成功实现与联邦德国雄厚的经济实力密不可分。例如，1986 年，联邦德国的出口总额达到了 2433 亿美元，超越美国成为世界第一大出口国。与此同时，联邦德国的外贸顺差达到了 520 亿美元，仅次于日本，位居世界第二位。此外，联邦德国的外汇储备于 1988 年达到了 808 亿美元，在全球位居第一。③正是凭借如此强大的经济实力，科尔政府具有"攻势"的统一政策才能够得以顺利实施。虽然两德统一为联邦德国带来沉重的经济负担④，但对于志在实现德国统一的科尔政府来说，"即使德国统一要比目前多付出三倍的代价，他们也不愿意放弃统一"。⑤这一点在联邦德国通过经济援助来换取苏联对德国统一的支持时，也得到了充分的体现。

不过，值得注意的是，科尔政府利用经济杠杆推动两德快速走向统一的政策在国内知识界（特别是左翼知识分子）引来不少质疑和批评之声。

---

① 该条约的具体内容参见 „Vertrag zwischen der Bundesrepublik Deutschland und der Deutschen Demokratischen Republik über die Herstellung der Einheit Deutschlands. - Einigungsvertrag", in Deutschland（Bundesrepublik）Bundesministerium für innerdeutsche Beziehungen, Hrsg., *Texte zur Deutschlandpolitik*, Reihe III/Bd. 8b, Bonn: Deutscher Bundes-Verlag, 1991, S. 7-38.

② Doris G. Wolfgramm, *The Kohl Government and Germany reunification: Crisis and Foreign Policies*, Lewiston: Edwin Mellen Press, 1997, p. 166.

③ *Frankfurter Rundschau* vom 12. September 1988.

④ 科尔总理在其回忆录中称，从 1990 年到 1996 年底为止，仅仅从联邦财政预算中就已经有 7200 亿联邦德国马克被投入到新的联邦州。他认为，如果当时放慢德国统一进程的步伐，那么日后联邦德国政府就必须承担由此而造成的比财政负担沉重几倍的政治以及经济代价。参见 Kai Diekmann und Ralf Georg Reuth und Helmut Kohl, *Helmut Kohl: Ich wollte Deutschlands Einheit*, 2. Aufl., Berlin: Ullstein, 1999, S. 384-385.

⑤ 科尔总理借用了前任总理施密特说过的一句话。参见 *Die Zeit* vom 17. Mai 1991, S. 3.

例如，著名哲学家于尔根·哈贝马斯（Jürgen Habermas）就曾在《时代周刊》发表文章批评称，支撑两德统一进程的是"肥头大耳"的经济民族主义，而不是一种植根于共和价值的意识。1990 年 5 月建立的两德货币联盟相当于一种新型经济帝国主义。最具破坏力的行动是，科尔政府努力设法挡开公共领域，不给德国统一进程任何机会去发展其自身的民主动力。此外，他还指责科尔政府以 19 世纪强权政治的思维方式，故意让民主德国内部局势失控。①同哈贝马斯一样，著名作家京特·W. 格拉斯（Günter W. Grass）也把两德统一形容为一种"合并"（Anschluss），甚至称其为联邦德国的一种殖民行为。格拉斯认为，科尔政府采取了类似"用金钱买下民主德国"的政策，因此，他对两德统一进程与模式始终持有异议。为此，格拉斯主张两德渐进式统一，先建立一个德国文化民族的邦联，使德国内部有充足的时间完成一体化，然后过渡到一个德意志国家联邦。②

二 以经济代价换取德国统一的外部许可

战后德国问题从来都不只是德意志两个国家之间的内部关系问题，也是两个德国与英、美、苏、法等国之间的外部关系问题。因此，科尔政府在积极推进德意志内部和解的同时，又积极审慎地与四大国及东方邻国协调解决德国统一的外部问题，以同时创造实现德国统一的内外部条件。根据战时和战后四大国为解决德国问题达成的一系列协定③，苏、美、英、法作为战胜国获得了对柏林和整个德国的权利和责任。由于战后美苏爆发"冷战"，德国问题长期被束之高阁，对德和约也迟迟没有签订，四大国在德国问题上的权利和责任依然得到保留。1989 年秋以来，特别是"柏林

---

① Jürgen Habermas, *The Past as Future*, Lincoln/London: University of Nebraska Press, 1994, pp. 41-43.

② ［德］扬—维尔纳·米勒：《另一个国度：德国知识分子、两德统一及民族认同》，马俊、谢青译，新星出版社 2008 年版，第 86 页。

③ 如 1944 年 9 月的《伦敦议定书》（London Protocol）、1945 年 2 月的《雅尔塔协定》（Yalta Agreement）以及 1945 年 8 月的《波茨坦协定》等。

墙"开放后，德国统一的进程呈现明显加速的态势，这一突如其来的变化引起了四大国及两德邻国的担忧和不安。

当尘封已久的德国问题重上国际日程时，美国政府一开始也是持有疑虑的，认为"现在还不是提出重新统一问题的时候"。[①]不过，当科尔总理突然单方面宣布关于建立德国邦联结构的《十点纲领》后，美国不仅对此给予了容忍，还明确表态支持。此时，美国已经考虑好要将德国的统一进程纳入其战略轨道。[②] 1989 年 11 月 29 日，美国国务卿詹姆斯·贝克（James Baker）公开提出美国就德国统一设定的四个前提条件，其中包括：必须在继续同北约和欧共体保持联合的情况下实现德国统一，不应以中立换取统一；也不应削弱联邦德国的自由民主传统；德国统一进程应循序渐进；应保障欧洲的全面稳定。[③]

尽管德国统一进程开始加快，美国政府高层仍担心戈尔巴乔夫会阻挠德国统一。美国总统乔治·H.W. 布什（George H. W. Bush）在其回忆录中这样写道："我们意识到合并民主德国会加剧苏联的政治问题，并诱发保守主义的反攻和危及戈尔巴乔夫的改革，甚至波及他所掌握的权力。到目前为止，戈尔巴乔夫已经认可了东欧的变革，并压制了党内和军队中对东欧变革的抵触情绪。我们关心的是，他是否愿意或者能否忍受失去他们最为重要的盟友——民主德国。我们估计，他直接的对立反应会是竭尽全力地反对德国重新统一，以此来保卫苏联在东欧所剩无几的安全堡垒。"[④]为此，1989 年 12 月初美苏首脑马耳他会晤之后，布什总统在向科尔总理明确表示支持德国统一的同时，要求他设计出一种既能推进德国统一，又能不彻底惹怒苏联的安排。[⑤]美国的大力支持令科尔总理非常感激，他称：

---

①　陈乐民：《东欧剧变与欧洲重建》，世界知识出版社 1991 年版，第 125 页。

②　Philip Zelikow and Condoleezza Rice, *Germany Unified and Europe Transformed*: *A Study in Statecraft*, Cambridge, Massachusetts: Harvard University Press, 1995, pp. 113-124.

③　David Childs, *The Fall of the GDR*: *Germany's Road to Unity*, Harlow/Esses/New York: Longman, 2000, p. 97.

④　［美］乔治·布什、［美］布伦特·斯考克罗夫特：《重组的世界：1989—1991 年世界重大事件的回忆》，胡发贵等译，江苏人民出版社 2000 年版，第 177 页。

⑤　［美］乔治·布什、［美］布伦特·斯考克罗夫特：《重组的世界：1989—1991 年世界重大事件的回忆》，胡发贵等译，江苏人民出版社 2000 年版，第 187 页。

"我无法想象出还会有比美国更支持德国统一的伙伴了，它不仅倡导民族自决，而且还以行动来证实。"①

英国一向奉行欧陆均势政策，首相玛格丽特·H. 撒切尔（Margaret H. Thatcher）不愿看到两德合并，害怕统一后的德国凭借强大的经济力量支配欧洲，因此，努力寻找阻止德国统一的路径。1989 年 9 月，她在出访东京的归途上曾对科尔总理说："虽然北约已经宣称支持德国人民对国家统一的热情，但她对此感到十分焦虑。"②一直到 1990 年初，英国仍公开反对两德统一。1990 年 3 月 24 日，撒切尔夫人又在契克斯庄园（Chequers Court）召开了一次德国问题讨论会，她在会上表达了对德意志民族性的诸多负面看法与疑虑。不过，当她意识到两德统一已无法阻挡，且美苏两个超级大国也表示支持时，为了避免英国陷入孤立的境地，于是改变了原先反对德国统一的态度，表示愿意参与讨论德国问题。与此同时，英国极力主张未来统一的德国留在北约，并希望美国继续驻军德国，试图通过北约尤其是美国来对统一后的德国加以制约。

法国在两德统一问题上的态度十分微妙和复杂，它虽然没有公开反对德国统一，但又担心统一后的德国过分强大，而影响到法国在欧洲的地位和作用。这种复杂微妙的态度也体现在法国的一些外交行动上。1989 年 12 月 20 日，在"柏林墙"开放后不久——德国统一前夕极为敏感的时刻，法国总统弗朗索瓦·密特朗（François Mitterrand）却成为西方三大战胜国中首位正式出访民主德国的元首，便是一个明显的例证。③后来，密特朗看到，德国统一乃大势所趋，于是采取了顺水推舟之策。尽管如此，法国仍为两德统一设定了一些先决条件。例如，德国必须承认战后欧洲现有边界，特别是波兰的西部边界。科尔总理为此十分气恼。他称："现在，不仅波兰催促我们在两德统一前承认奥得河—尼斯河线作为德波最终边界……如今，波兰

① David Childs, *The Fall of the GDR: Germany's Road to Unity*, Harlow/Esses/New York: Longman, 2000, p. 95.

② Doris G. Wolfgramm, *The Kohl Government and Germany Reunification: Crisis and Foreign Policies*, Lewiston: Edwin Mellen Press, 1997, pp. 172-173.

③ Doris G. Wolfgramm, *The Kohl Government and Germany reunification: Crisis and Foreign Policies*, Lewiston: Edwin Mellen Press, 1997, p. 171.

的老盟友法国又充当起第一律师的角色来了"，"那一刻我真的以为小协约国①又出现了"。②此外，法国还要求德国承担起加速欧洲一体化的义务，由此将德国统一与欧洲一体化建设捆绑起来。

戈尔巴乔夫执政初期完全继承了战后苏联传统的安全观和德国政策，即为了苏联的安全利益必须使德国的分裂永久化。戈尔巴乔夫在回忆录中这样写道："我承认，我也接受过这种武断的结论，虽然我曾怀疑过是否可能把某种东西永久封存起来。世界处于永恒的运动中，无视这一客观规律只能导致失败、失利。在我从政之后，两个德意志国家的存在已经是现实，根本就没有产生过重新统一的问题。"③1987 年 6 月，戈尔巴乔夫在会见来访的联邦德国总统魏茨泽克时明确指出："任何企图破坏战后条约的行为，都应当受到严厉的谴责。苏联尊重战后的现实，尊重联邦德国的人民和民主德国的人民。我们打算在这些现实情况的基础上，构建我们未来的关系。到时候历史会评判我们谁是谁非的。"④

1989 年，东欧局势出现动荡，戈尔巴乔夫对德国问题的态度开始发生微妙变化。1989 年 6 月，戈尔巴乔夫出访联邦德国期间称，"柏林墙"和德国的分裂并非是永恒的。他在联合宣言中不仅提到，所有国家和人民都有权决定自己的命运，而且还隐晦认可了每个国家的领土完整和国家安全，以及他们都有权自由选择其政治和社会体制，同时也变相承认了国际法准则，特别是尊重人民自决权。⑤

1989 年 11 月，美国率先提议召开所谓的"4+2"会议，即由美、苏、英、法四大战胜国和两个德国共同商讨处理和解决德国问题。1990 年 1

---

① 第一次世界大战后初期，捷克斯洛伐克、罗马尼亚、南斯拉夫三国在法国支持下建立的军事政治联盟。法国为了维护凡尔赛体系，试图利用其在中欧制约德国。

② Kai Diekmann und Ralf Georg Reuth und Helmut Kohl, *Helmut Kohl: Ich wollte Deutschlands Einheit*, 2. Aufl., Berlin: Ullstein, 1999, S. 324.

③ ［俄］米·谢·戈尔巴乔夫：《真相与自白：戈尔巴乔夫回忆录》，述弢等译，社会科学文献出版社 2002 年版，第 284 页。

④ ［俄］米·谢·戈尔巴乔夫：《真相与自白：戈尔巴乔夫回忆录》，述弢等译，社会科学文献出版社 2002 年版，第 284 页。

⑤ Rajendra Kumar Jain, *Germany, the Soviet Union, and Eastern Europe, 1949-1991*, New Delhi: Radiant Publishers, 1993, p. 203.

月，英国则提议召开"4+0"会议，它将两个德意志国家排除在外。为了能够将解决德国问题的主动权掌握在自己手中，凸显联邦德国的作用，科尔总理随后委派联邦外交部长根舍访美就德国统一事宜进行沟通。根舍在访问期间向美国国务卿贝克表明了联邦德国的想法，即联邦德国政府建议采用"2+4"的谈判框架，先由两个德国讨论解决统一的"内部问题"，然后再加上四大国共同商讨解决统一的"外部问题"。联邦德国的建议得到了美国的支持，随后英法也先后接受了"2+4"谈判方案。

为了尽快打消其他国家对德国统一的顾虑和疑惧，迅速排除德国统一的外部障碍，科尔在外交上采取了"低姿态"策略，在尽量避免刺激他国的同时，积极开展统一外交，努力寻求获得掌握着德国统一钥匙的四大国的支持和认可。为此，科尔政府利用各种机会场合公开做出一系列的保证。面对美国，联邦德国明确表示，统一后的德国会忠于北约和欧共体，不搞中立化，不走"特殊道路"。针对英法的疑虑，科尔政府则多次承诺，会继续同法国紧密合作，进一步推动欧共体的政治经济一体化，同时明确承认波兰西部边界。1989—1990 年，德国统一进程和欧洲统一进程是紧密相连的。科尔经常称它们为"同一硬币的两面"。[①]科尔政府采取的这些外交努力，成功打消了西方盟友对德国统一的疑虑，同时赢得了它们对两德统一的支持，从而加强了联邦德国与苏联讨价还价的筹码。

科尔政府深知，除了获取盟友的支持外，苏联的态度关乎德国统一成败。1990 年 2 月 3 日，科尔总理在瑞士达沃斯世界经济论坛年会上发表演讲时指出，德国的统一必须获得西方盟友的谅解，尤其是也要考虑到苏联的安全利益。[②]7 月 14—16 日，科尔总理率团出访苏联。会谈期间，他与戈尔巴乔夫达成了《八点协议》（Acht-Punkte-Programm）。在这其中，联邦德国政府对苏联安全作出了保证。例如，德国统一后，其武装力量将裁减到 37 万人，并将放弃生产、拥有和使用核武器及生化武器；苏联可在

---

① Patrick McCarthy, *France-Germany 1983-1993: The Struggle to Cooperate*, London: the Macmillan press Ltd, 1993, p. 102.

② 陈乐民：《东欧剧变与欧洲重建》，世界知识出版社 1991 年版，第 140 页。

3—4 年内撤出驻军，在此期间，北约军队不进驻原民主德国地区。[①]

　　与此同时，针对苏联经济困难、社会动荡、政局不稳、急需西方经济援助的状况，科尔政府决定向苏联提供了巨额的经济援助，以此试图换取苏联在德国问题上的让步。1990 年 6 月，联邦德国议院预算委员会一致通过了科尔政府的建议，即以国际金融市场利率——比当前 8.5% 的 6 个月期伦敦银行同业拆借利率高出 0.5%——向苏联提供无条件的金融贷款担保。这笔价值 50 亿联邦德国马克的贷款将由德意志联邦银行和德累斯顿银行共同领导的德国信贷机构提供给苏联外贸银行，并在 78 个免费月后分 12 个半年等额偿还。而苏联原来希望的期限是 15 年。同年 7 月，科尔总理访问苏联时，同意为驻德苏军集群的驻扎、撤离和回国安置提供 120 亿联邦德国马克的费用，外加 30 亿联邦德国马克的无息贷款。[②]这笔资金的大部分（78 亿联邦德国马克）预定用于为从德国撤出的苏联军人及其家属建造住房的专项计划（预计 1991—1994 年建造 400 万平方米居住面积），同时组建 4 个年造房能力为 10 万平方米的房屋建筑公司。2 亿联邦德国马克用于转入预备役的苏联军人的培训和进修，10 亿联邦德国马克用于苏联驻德集群（苏军西部集群）所需的运输费用。此外，科尔总理还呼吁欧共体 12 国向苏联提供 150 亿美元的经济援助。

　　在得到联邦德国安全上的承诺以及巨额的经济援助之后，苏联最终给德国统一开了"绿灯"。1990 年 7 月 15—16 日，在与科尔总理的会谈中，戈尔巴乔夫同意了统一后拥有主权的德国可以自由和自行决定隶属于哪个联盟和集团，实际上是默认了统一后的德国将加入北约的现实。戈尔巴乔夫虽然认可了德国统一这一发展趋势，但是他认为德国统一应该是和平的、渐进的演变过程，是建立新的欧洲安全体系进程的一部分。[③]

---

　　①　Richard T. Gray and Sabine Wilke, *German Unification and its Discontents*: *Documents from the Peaceful Revolution*, Seattle: University of Washington Press, 1996, p. 247.

　　②　"Abkommen zwischen der Regierung der Bundesrepublik Deutschland und der Regierung der Union der Sozialistischen Sowjetrepubliken über einige überleitende Maßnahmen", in Deutschland (Bundesrepublik) Bundesministerium für innerdeutsche Beziehungen, Hrsg., *Texte zur Deutschland-politik*, Reihe Ⅲ/Bd. 8b, Bonn: Deutscher Bundes-Verlag, 1991, S. 796.

　　③　［俄］阿纳托利·多勃雷宁：《信赖：多勃雷宁回忆录》，肖敏等译，世界知识出版社 1997 年版，第 713 页。

毫无疑问，苏联的首肯是两德实现统一至关重要的因素。如果没有苏联的许可，德国统一之路将会是非常艰难的，统一后的德国也无法顺利成为北约的成员国。事实上，当时苏联在德国统一这一问题上并非无力反对，正如美国驻苏大使小杰克·F. 马特洛克（Jack F. Matlock, Jr.）在回忆录中所言："虽然冷战结束后苏联不再能够在国外运用武力或以武力相威胁，但戈尔巴乔夫在德国统一的谈判中仍可扮演捣乱者的角色，从而提高他在国内的政治地位。虽然他不能但他也无需为统一唱赞歌。他在民主德国有 37 万军队，联邦德国和北约其他国家都不能使用武力驱逐他们。统一后的德国要想保持稳定，至关重要的是苏联同意这种统一的安排，同意从民主德国撤出苏联军队。在德国和北约盟国看来，至关重要的是苏联取消其对德国领土的所有特权要求，并承认德国有权自由选择其盟友。戈尔巴乔夫本来完全可以拒绝参与这种统一的安排。如果是这样的话，德国人会面临这样一种困境：他们或是成为北约成员国，或是统一，但不会同时得到二者——至少当时不会。总有一天，要求接受中立的舆论压力将会增长。"①不过幸运的是，苏联并没有这么做。

1989 年 11 月 19 日，民主德国宣布开放"柏林墙"后的第 10 天，美国前国务卿亨利·A. 基辛格（Henry A. Kissinger）曾大胆地预言，两德统一将在 10 年内——很可能在 5 年内——实现。然而，从"柏林墙"的开放以及科尔总理统一方案——《十点纲领》的提出到两德正式宣告统一，德国统一的进程仅用了 329 天的时间。这大大出乎了基辛格以及整个国际社会的预料，因此被称为"历史的奇迹"。

1990 年 9 月 12 日，两德和美、苏、英、法四国的外长在莫斯科举行的第四次"2+4"会议上，共同签署了《关于最终解决德国问题的条约》②（Vertrag über die abschließende Regelung in Bezug auf Deutschland）。该条约规定，统一后的德国将拥有其在内外事务中的完全主权。次日，联邦德国

---

① ［美］小杰克·F. 马特洛克：《苏联解体亲历记》（上册），吴乃华等译，世界知识出版社 1996 年版，第 451 页。

② 又称为《2+4 条约》（Zwei-Plus-Vier-Vertrag）。

和苏联两国外长草签了《德苏睦邻、伙伴和合作条约》①。该条约将于德国统一之后正式签署。10 月 1 日，四大国和两德外长在纽约曼哈顿的贾维茨会议中心签署了一项宣言，宣布四大国停止在德国和柏林的权利和责任。10 月 3 日，《两德统一条约》正式实施，这使得战后分裂了长达 41 年的德国在经历了重重的历史考验之后再次实现了统一。

小　　结

20 世纪 80 年代末至 90 年代初，德国统一进程进入加速期。受苏联领导人戈尔巴乔夫"新思维"改革之风以及西方"和平演变"政策的影响，东欧社会主义国家的形势相继发生了剧变。特别是 1989 年 11 月 9 日，内外交困的民主德国政府为减轻国内压力，被迫开放了"柏林墙"，致使横亘欧洲 40 余年的"铁幕"瓦解了。此时，两极格局开始真正出现消融，阻碍德国统一的内外部障碍也随之慢慢消除。

这种国际局势的深刻变化，使联邦德国政府在加快推动德国重新统一的进程中，能够具有更高的自主性和能动性。此时，"富有历史眼光"的联邦总理科尔紧紧抓住了东欧剧变以及"柏林墙"倒塌的历史机遇期，果断调整了对民主德国的政策，开始表现出强烈的统一愿望和决心。1989 年 11 月 28 日，就在"柏林墙"开放后不久，联邦总理科尔出人意料地提出《消除德国和欧洲分裂的十点纲领》，把德国统一的题目毫不含糊地摆到全世界的面前。之后，科尔政府针对民主德国外债危机缠身，经济濒临崩溃，社会出现动荡的窘况，开始将提供援助附加政治经济条件，迫使民主德国按照其提出的要求进行根本性改革。显然，此时的科尔政府已经开始着力推动统一的浪潮，力图尽快实现德国的重新统一。

1990 年 3 月，民主德国人民议院实行自由选举期间，科尔总理为了帮

———————

①　全称为《德意志联邦共和国和苏维埃社会主义共和国联盟之间建立睦邻、伙伴和合作关系的条约》（Vertrag über gute Nachbarschaft, Partnerschaft und Zusammenarbeit zwischen der Union der Sozialistischen Sowjetrepubliken und der Bundesrepublik Deutschland）。

助以民主德国基民盟（其姊妹党）为主体的德国联盟获选，不仅为其提供大量的人力、物力和财力支援，而且6次亲赴民主德国参与助选。在此期间，他利用大规模援助和"东部繁荣"的许诺，以旅行自由和硬通货联邦德国马克为诱饵，成功地赢得了大多数民主德国民众的选票。随着德国联盟在大选中获胜，科尔总理最终如愿以偿，基本扫清了德国统一的内部障碍。民主德国大选过后，科尔政府为尽快实现两德经济统一，甚至不惜付出高昂的经济代价，在关键的两德马克比价问题上对民主德国公民做出巨大让步。两德也由此迅速达成《关于建立货币、经济和社会联盟的条约》，迈出了通向德国统一道路的关键一步。在此过程中，科尔政府对民主德国的经济政策发挥了统一杠杆的作用。随后，联邦德国又通过外交斡旋以及向苏联提供经济援助的方式，获得了美、英、苏、法四大国对德国统一的首肯。德国统一最终水到渠成。

结　论

　　1990 年 10 月 3 日，分裂近半个世纪的德意志民族在未动一枪一弹的情况下实现了国家统一，这一"历史奇迹"为世人所瞩目。战后德国之所以能够克服重重困难，再次完成统一壮举，除了归因于 20 世纪 80 年代末 90 年代初苏东局势骤然变化所创造的有利条件之外，它还与联邦德国自建国后的 41 年里，始终将实现德国和平统一视为自身追求的最高目标，并为此推行一系列维护和促进国家统一的政策措施密切相关，这其中就包括联邦德国对民主德国的经济政策。

　　纵观战后德国分裂时期，联邦德国对民主德国的经济政策模式经历了从"既合作又限制"到"以合作促缓和"再到"以经援促统一"的转变。

　　20 世纪 50 年代至 60 年代初，受东西方两大阵营激烈对抗以及联盟党阿登纳政府强权政治的影响，联邦德国对民主德国的经济政策表现出自相矛盾的特征：一方面，联邦德国通过 1951 年《柏林协定》，同民主德国继承和发展了德国内部贸易①。这一无关税的独特贸易以"整个德国"之核心概念来展现德国"经济统一体"的存在，同时作为联结德意志两部分的重要载体和桥梁纽带。此外，它还被用于保障西柏林的经济、政治和通道安全与特殊地位，以及对民主德国及其民众施加政治影响。1953 年 6 月，民主德国爆发骚乱危机期间，阿登纳政府通过德国内部贸易以及食品援助行动，主动向民主德国及其民众提供了大量的生活急需品。这一举措不仅有利于确保西柏林的经济和政治安全，同时也在一定程度上缓和了两德间

---

　　①　两德（含西柏林）之间的贸易。

的紧张对立形势，增加了联邦德国对民主德国民众的政治影响力及吸引力。另一方面，阿登纳政府又对德国内部贸易采取了限制性措施。当苏联和民主德国对西柏林施加压力的时候，德国内部贸易还被用来当作"防御型"的反制武器。在 1960 年的柏林危机中，联邦德国甚至暂时中止了《柏林协定》，以此对抗苏联和民主德国针对西柏林通道采取的封锁行动。然而，"柏林墙"建立后，东西方关系开始从全面对抗转为竞合共存。阿登纳政府"以对抗求统一"的政策理念日益失去了现实支撑，通过经济制裁反制民主德国也告失败。自 20 世纪 60 年代中后期起，联邦德国的德国统一政策出现明显调整，开始注重通过加强两德经贸交流合作来缓和两德间的政治对峙僵局。联邦德国对民主德国的经济政策也因此由"既合作又限制"的消极模式向"以合作促缓和"的积极模式发生转变，逐步成为联邦德国德国统一政策的关键一环。

20 世纪 70 年代初，东西方关系进一步趋于缓和，社民党勃兰特政府开始大力推动两德关系全面解冻。1972 年底，两德《基础条约》的签订虽使民主德国的国家地位得到联邦德国的有限承认，但联邦德国奉行的"一个德国"原则并没有因此而受到触动。在联邦德国的坚决要求下，德国内部贸易的特殊性在《基础条约》中得以保留。两德关系实现正常化后，社民党政府对民主德国的经济政策不仅呈现出更加积极主动的特征，而且还成为"以接近求转变"政策的核心组成部分。在 20 世纪 70 年代，社民党政府积极同民主德国进行接触和沟通，通过扩大德国内部贸易，调高无息透支贷款额度，增加非商业性财政支付等措施，多次换取民主德国放松对两德人员、交通、文化等领域往来的控制，以此来保持和加强德意志民族的团结意识，深化德意志人民的统一感情，抑制民主德国的民族分离主义政策。特别是，社民党执政时期，无息透支贷款在缓解德国内部贸易不平衡，促进德国内部贸易快速发展的同时，还在改善和扩大两德人员、交通往来方面发挥着重要的杠杆作用。1974 年 12 月，联邦德国政府通过批准新的无息透支贷款协议，提升无息透支贷款额度，促使民主德国免除了联邦德国退休人员访问期间的强制兑换义务。

即便是在 20 世纪 80 年代初，东西方关系又呈恶化之势，右翼联盟党重新掌权，联邦德国对民主德国经济政策所呈现的积极特征也没有发生任何改变，甚至还得到进一步增强。为了尽快消除美苏欧洲中程导弹危机对两德关系带来的消极影响，联盟党科尔政府先后于 1983 年和 1984 年通过对深陷借贷危机的民主德国提供近 20 亿联邦德国马克的担保贷款，向民主德国发出愿意进行对话和合作的信号。它不仅缓和了陷入冰冻状态的两德关系，进一步扩大了两德旅行交通、人员往来的规模，同时在一定程度上也缓解了当时欧洲大陆紧张的局势，为日后在全欧和解的框架内解决德国问题创造了良好条件。

　　1989 年秋，在苏联领导人戈尔巴乔夫外交"新思维"的影响下，东欧社会主义国家的政治经济相继发生了巨大的变革。此时，行事果敢的科尔总理充分利用东欧剧变为德国统一创造的有利环境，及时把握住两德边境开放的历史契机，倚仗联邦德国强大的经济实力，果断对民主德国采取具有"攻势"的经济政策。就在"柏林墙"开放后不久，科尔总理便迅速抛出了一份关于如何实现德国统一的《十点纲领》，并由此开始积极营造有利于德国统一的舆论氛围。针对民主德国内外交困、孤立无助的现实窘境以及对经济援助的急迫需求，科尔政府随即决定以经济援助为筹码，迫使民主德国进行经济自由化、政治民主化改革。显然，此时的科尔政府并没打算帮助民主德国维持稳定，而是借机大力推动民主德国经济和政治的转轨进程。1990 年 3 月，在民主德国即将举行全国大选之际，科尔总理亲自赶赴民主德国主要城市参加竞选活动，帮助亲联邦德国政府及其统一政策的德国联盟①拉选票。助选期间，科尔总理又以提供经济援助的承诺影响民主德国大选走向，最终帮助德国联盟如愿上台执政。民主德国大选结束后，科尔政府便开始加快从经济领域着手推进德国统一，并通过落实两德经济统一来推动两德政治统一。为此，科尔总理力排众议，不顾两德统一所需要付出的成本和代价，通过在两德马克兑换方案上向民主德国公民做出巨大让步，换取两德《关于建立货币、经济和社会联盟的条约》的迅速达成。该条约使民主德国彻底融入联邦德国的社会市场经济体制，从而实现了两德经济上的统一，为随后顺利完成两德政治上的统一奠定了坚实基础。在此过程中，作为民主德国民众所向往的"硬通货"——联邦德国马

---

　　①　由基督教民主联盟、民主觉醒以及德国社会联盟组成的竞选联盟。

克发挥了极为重要的作用。

透视战后联邦德国对民主德国经济政策的发展演变，可以清晰地发现，联邦德国对民主德国经济政策的本质特征以及制约和影响联邦德国对民主德国经济政策的各种因素：

一　联邦德国对民主德国的经济政策是其德国统一政策的重要组成部分

首先，联邦德国对民主德国的经济政策始终秉持"一个德国"原则。

自战后德国正式分裂为两个国家以来，德国内部贸易始终是联邦德国对民主德国经济政策的重要实践平台①。此外，德国内部贸易还具有显著的特殊性——非对外贸易，这是因为它与德国问题相互关联。作为分裂了的德意志两部分之间最强有力的纽带，它兼具象征意义和实际作用。而这一特殊贸易的前身是基于《波茨坦协定》中"维持德国经济统一"原则的德国内部区域贸易（占领区之间的贸易）。②虽然《波茨坦协定》中维持德国统一的相关规定以及德国内部区域贸易的建立和发展没能克服德国的分裂，但它们为联邦德国对民主德国经济政策的制定与实施提供了相应的法理依据和实践模式。

1951年9月，两德贸易代表共同签署了《柏林协定》③。该协定作为德国内部贸易的法规基础和权限框架，充分体现了联邦德国政府所坚持的"一个德国"原则，并一直延续到了德国的重新统一。第一，《柏林协定》是以（东、西）"马克货币区"替代两德国名写入协定标题，从而避免了对民主德国的承认。第二，联邦德国主管和参与德国内部贸易的机构——德国内部区域贸易信托局设立在西柏林，从而突出了西柏林的重要地位。第三，柏林地区（东、西柏林）也被纳入德国内部贸易的范围之内，从而

---

①　尽管两个德国的利益诉求有所不同，但是它们对维持并扩大双边经贸关系的兴趣都很大。

②　德国内部区域贸易的基本理念是由英、美、苏、法四大战胜国提供的，即战败德国应被视为一个完整的经济统一体。因此，德国内部区域贸易不被视为对外贸易，它也不适用于任何外贸限制，诸如关税或农产品附加税。该贸易的特殊性也为随后的德国内部贸易所继承和坚持。

③　全称为《关于西马克货币区与东马克货币区之间的贸易协定》。

在形式上凸显了全德经济的统一性。因此，联邦德国政府始终将德国内部贸易视为一种"内部贸易"，即德意志领土内部之间的贸易，对原产于民主德国的货物不征收关税和农产品附加税，对输往民主德国的货物免征出口税。与此同时，联邦德国政府还促成国际社会以政治和法律的形式，承认德国内部贸易的特殊性。1951年《关税及贸易总协定》《欧洲煤钢共同体条约》以及1957年《建立欧洲经济共同体条约》先后承认了两德贸易的"特殊状态"。民主德国也由此同欧洲共同体建立了一种"特殊关系"，即原产于民主德国的货物直接进入欧洲共同体市场，可以享受免农产品附加税以及免关税的优待。

1972年，两德《基础条约》签订后，联邦德国虽然有限承认了民主德国事实上的存在①，但德国内部贸易的相关特殊规定依然得到保留。这意味着，1951年《柏林协定》及其关于德国经济统一的基本理念被纳入了《基础条约》。随后，1973年联邦宪法法院的判决②再次确认两德关系不属于一般国际法上的"外国关系"，德国内部贸易也不是对外贸易。就这样，德国内部贸易得以继续体现联邦德国政府的"一个德国"原则，维护"整个德国"的经济统一性，也使德国问题保持着公开性。

其次，联邦德国对民主德国的经济政策始终着眼于德国的和平统一。

从总体上看，在战后两德并立时期，联邦德国对民主德国的经济政策主要致力于克服德意志民族的分裂状态，维护两德民众的民族认同意识，促进和推动德国重新统一的进程。追求经济利益并不是该政策的核心目标。这一点可以从德国内部贸易占两个德国外贸总额的比重中反映出来。德国内部贸易在其存在的40多年中，占联邦德国外贸总额的平均

---

①　传统国际法将承认分为"法律上的承认（完全、永久的正式承认）"和"事实上的承认"（不完全的、临时的有限承认）。联邦德国始终坚持两德关系是特殊的关系，彼此不是互为外国。

②　科尔认为，联邦宪法法院判决中所强调的合法性问题是德国统一道路上的决定性因素。《基础条约》只是对民主德国存在的事实上的承认，并非是对其存在合法性的承认。参见［德］卡尔-鲁道夫·科尔特《德国统一史（第一卷）—科尔总理时期的德国政策：执政风格与决策（1982—1989）》，周弘主编、刘宏宇译，社会科学文献出版社2016年版，第98页。

比重不足 2%，与之相对，占民主德国外贸总额的平均比重约为 10%。[①]
相比联邦德国，德国内部贸易对于民主德国的国民经济具有较高的不可替
代性。

尽管战后 40 多年国际政治局势不断变化，德国内部贸易在缓和与拉
近两德关系方面始终发挥着重要作用。因为德国内部贸易不仅是跨地区
的商品交换，而且还为双方人员的交流提供了机会。通过不断达成的贸
易协定以及由此在双方贸易伙伴之间建立的私人联系，有助于保持分裂
的德意志两部分之间原有的联系，并不断创建新的联系。此外，德国内
部贸易的连续性也使其成为两德关系以及联邦德国德国统一政策的稳定
因素。因此，历届联邦德国政府都十分重视德国内部贸易所具有的重要
意义和独特作用，并且愿意为之创造更积极有利的条件，促其持续平稳
发展。在他们看来，德国内部贸易的不断扩大意味着两德依存关系的不
断提升。

在战后德国统一进程的不同阶段，为了缓解两德间敌对竞争的态势，
创造两德间和平合作的局面，扩大双边旅行交通和人员交往的规模，加速
推进德国和平统一的进程，联邦德国政府甘愿付出巨大的经济代价。具体
表现为，1953 年夏秋，联邦德国政府向身处动荡中的民主德国及其民众提
供了大量的经济援助，并临时提高了无息透支贷款额度，供民主德国追加
采购生活急需品。20 世纪 70 年代以来，无息透支贷款不再仅是德国内部
贸易中的一种技术工具，还被联邦德国当作一种政治工具[②]来改善两德人
员往来，联邦德国向民主德国提供的大量非商业性财政支付[③]在这方面也
发挥了日益重要的作用。此外，联邦德国政府还在没有索取书面保证的情

---

① 参见附录 1。

② 无息透支贷款协议从本质上讲是一个单方面有利于民主德国的协议，因为该贷款只
供经常处于贸易逆差一方的民主德国使用，且大部分无息透支贷款的使用并不是刻意用于克
服双方短期贸易的不平衡，而是被民主德国当作一个长期贷款来利用。这样可以为民主德国
省去大笔贷款利息，变相节省了大量的外汇支出。

③ 联邦德国向民主德国提供的各种服务费用。例如，过境费、道路建设费、道路使用
费、道路维护费、邮政管理费、邮件派送费、通信费等。民主德国因此每年可以获得数亿联
邦德国马克的收入，而且数额也在逐年提高。这也是民主德国重要的外汇来源之一，因此对
民主德国具有重要意义。

况下，先后向民主德国提供了两笔大额政府担保贷款，帮助民主德国及时缓解了短期大额还贷的压力。在联邦德国上述积极措施的带动下，两德长期彼此敌对和相互隔绝的状态被逐步打破，交流合作日益广泛，相互往来日益密切。在德国统一进程加速时期，联邦德国政府更是积极调动国家的经济和财政力量，努力排除德国统一道路上的内外部障碍①，最终促成了德国的重新统一。

由此可见，联邦德国对民主德国经济政策的实质就是，联邦德国通过各种经济手段②来谋求实现其在德国统一政策上的终极目标——德国的和平统一。此外，作为一种"缓和"政策和"磁力"政策，该政策在解决德国问题上长期发挥着积极作用③。因而，联邦德国对民主德国的经济政策是其德国统一政策的重要组成部分。

二　制约和影响联邦德国对民主德国经济政策制定与实践的内外部因素

（一）东西方关系是制约联邦德国对民主德国经济政策实践的外部大环境。

"二战"结束后，欧洲大陆成为美苏对峙争霸的重点地区。受其影响，战败德国最终分裂成为两个国家——联邦德国和民主德国，它们随后分别加入以美苏为首的两大阵营而相互对立。两个德国身处美苏"冷战"对抗的最前沿，境内都部署了大量的盟国驻军和先进武器（包括核武器），这一特殊的地缘政治位置使其对东西方关系的变化极为敏感。特别是在冷战初期，有"美苏一咳嗽，两德就感冒"的形象说法。即便是到了20世纪80年代下半期，联邦德国总理科尔也曾深有感触地说："我们能否与民主德国建立起理

---

① 尤其是换取民主德国和苏联在德国的统一问题上的让步。

② 主要包括德国内部贸易、无息透支贷款、金融信贷、非商业性经济援助与财政支付等。

③ 20世纪50年代至60年代初，由于东西方阵营激烈对抗，该政策被打上了冷战的烙印，其"缓和"功能和"磁吸"功能受到了一定的削弱。即便如此，它在冷战高潮时期也能保证两德间最起码的接触和联系。

智的关系，要取决于东西方关系总的发展情况。"①因此，联邦德国对民主德国经济政策的发展演变势必会受到东西方关系变化的直接影响②。

1949—1963 年阿登纳总理执政期间，正值东西方两大阵营尖锐对立时期。在美国对苏联实施"遏制政策"的影响下，尽管联邦德国参与和发展德国内部贸易是为了减轻德国分裂的后果以及两德间的政治对立，但阿登纳政府还是在德国内部贸易协定中设置了诸多限制性条款，以此来对民主德国进行政治施压。此外，联邦德国还试图对民主德国的一些政治行为进行经济惩罚，以期迫使后者就范。1960 年，为了排除苏联和民主德国对西柏林通道的"干扰"，联邦德国甚至防御性中止了《柏林协定》。这一时期，联邦德国政府实施的经济制裁措施在一定程度上也充当了西方盟国对抗苏联的工具。20 世纪 60 年代中后期，长期处于严重对峙状态的东西方关系逐步进入一个缓和的新时期。此时，经济制裁和施压政策不仅与"缓和"时期的潮流相悖，也与克服德国分裂的目标不符。于是，联邦德国政府改弦易辙，开始减少德国内部贸易中的一些限制性措施，并有意强化德国内部贸易的桥梁纽带作用。

20 世纪 70 年代，联邦德国政府主动顺应相对缓和的国际形势，利用各种经济施惠措施来拉近两德关系，增加双方各领域的合作交流，培植和维护双方的共同利益，让两德间的良性互动在改善东西方关系上发挥建设性作用，为日后在欧洲和解进程中实现德国统一创造内外部条件③。20 世纪 80 年代初，东西方关系再次紧张，两德关系也因欧洲"中导危机"滑入低谷。不过，东西方之间的紧张情势并没有影响德国内部贸易的发展。④特别是，科尔政府上台后不久便积极利用金融信贷来改善降至"冰点"的两德关系，同时不断扩大和深化两德交流合作，为东西方关系创造出缓和的政治氛围，从而进一步促进欧洲的和解进程。

---

① *Süddeutsche Zeitung* vom 4. Januar 1987.

② 20 世纪五六十年代，德国内部贸易受国际政治大气候的影响而出现明显的波动。

③ 曾任联邦德国总理的维利·勃兰特（社民党人）认为，"东西方关系的缓和以及通过合作而改变欧洲面貌，也许会给'德国问题'的解决创造新的环境。"参见 Willy Brandt, *People and Politics：The Years 1960-1975*, Boston：Little, Brown and Company, 1978, pp. 209-210.

④ 20 世纪 80 年代前半期，德国内部贸易仍保持稳步增长。参见附录 1。

20 世纪 80 年代末 90 年代初，随着苏东阵营局势的急剧变化，东西方对峙状态逐步消失，欧洲"铁幕"也即将消弭，德国人民数十年来追求国家统一的梦想迎来曙光。联邦德国科尔政府充分利用这一有利的国际形势以及民主德国面临的内外困境，迅速制定出两德统一解决方案，启动、推进和引导德国统一的内外部进程，并积极争取战略主动权。长期尘封的德国问题被重新提上议事日程。相对宽松的国际环境为联邦德国对民主德国经济政策的再次调整提供了更大的自由度。科尔政府得以通过经济和财政手段对民主德国的局势施加影响，并迅速完成了两德经济统一，同时纵横捭阖，巧妙周旋，力排外部障碍（尤其是苏联），最终实现了两德政治统一。

（二）联邦德国主要执政党的德国统一政策理念对联邦德国对民主德国经济政策起着指导作用。

作为联邦德国德国统一政策的一个有机组成部分，联邦德国对民主德国的经济政策不可避免地会被打上执政党德国统一政策理念①的烙印。20 世纪五六十年代，联盟党②领导的联邦德国政府坚持"单独代表权"，积极与西方结盟来增强自身实力，并试图借助盟国之力迫使苏联放弃"德国东部地区"来实现德国统一。在联盟党上述德国统一政策理念③的影响下，联邦德国一开始就将德国内部贸易定位于一种特殊形态的"内部贸易"。此外，在冷战高潮时期，联邦德国对民主德国的经济政策呈现出在合作与限制的两极间摇摆。一方面，联邦德国想通过发展德国内部贸易来消弭因国家分裂而造成的隔阂；另一方面，它又想通过经济限运、经济禁运等方式来迫使民主德国做出一些政治上的让步。然而，1961 年"柏林墙"的建立致使德国分裂更加固化，民主德国日益得到国际社会的承认，德国的统一问题彻底陷入僵局。联盟党政府被迫对先前强硬的德国统一政策做出一些调整，开始尝试通过加强两德经济联系来缓和双方紧张的对立关系。然

---

①　尽管联邦德国主要政党的德国统一政策理念有所不同，但它们都将德国和平统一视为最重要的政治使命。

②　由德国基督教民主联盟（基民盟）和德国基督教社会联盟（基社盟）组成的政党。

③　"单独代表整个德国""以对抗求统一"。

而，由于联盟党领导的联邦德国政府仍未彻底摒弃长期以来秉持的遏制和对抗思维，德国内部贸易虽然得到一定程度的松绑，但其在克服德国分裂状况方面所发挥的作用还较为有限。

20世纪70年代初，随着东西方关系出现实质性改善①，社民党领导的联邦德国政府在"以接近求转变"理念的指导下，大力推行"小步子"政策②徐图统一。两德关系实现正常化后，社民党政府通过扩大两德在经济贸易、人员往来、文化交流等领域的合作，促进两德间的交往融合，增加双方的相互依赖度，以期达到"以接近求转变"的目标。20世纪70年代中期，社民党还与最大反对党联盟党就联邦德国对民主德国经济政策的模式展开激烈的议会辩论，并使联盟党对抗性思维主导下的德国统一政策理念再次受到冲击，开始向社民党趋同。20世纪80年代初，联盟党重新执政后，以务实的态度继承和发展了前社民党政府的德国统一政策理念，并对民主德国采取了更为积极的经济政策。这一时期，科尔政府开始扩大和深化两德全方位交流，除与民主德国在经济、贸易、交通等领域达成一系列协定外，还利用金融信贷来改善双边关系，扩大双方各层级人员互访，为推进德国和平统一提前铺路。

20世纪80年代末90年代初，东欧剧变以及"柏林墙"倒塌为德国的重新统一打开了"机遇之门"。睿智果敢的联邦德国总理科尔凭其高度灵敏的政治嗅觉，果断调整了联邦德国政府的德国统一政策，即放弃之前的"小步子"渐进式统一策略，开始实施"大步子"急进式统一策略③。为

---

① 联邦德国为改善同东欧社会主义国家的关系，先后签署了《莫斯科条约》（1970年）、《华沙条约》（1970年）、《基础条约》（1972年）、《布拉格条约》（1973年）；四大国就西柏林问题签署了《柏林四方协定》（1971年）。

② 即通过接触、交流、对话与协商等方式来推动两德和欧洲的缓和与和解，从而最终实现德国统一。

③ 即通过全力推动民主德国发生变革，来加速实现两德经济统一，进而迅速实现两德政治统一。民主德国最后一任国防部长特奥多尔·霍夫曼回忆称，当1989年末民主德国的边境哨卡在混乱情况下突然打开后，联邦德国的政治家和政党纷纷干预民主德国的内政。联邦德国"以接近求转变"的战略被公然干预所取代。民主德国最后一任德国统一社会党总理汉斯·莫德罗认为，科尔在1989年12月的德累斯顿会晤之后就放弃了他自己提出的"稳步前进、讲求实际"的政策，决定快步实现统一。参见［德］埃贡·克伦茨编《柏林墙倒塌30年记：原民主德国方面的回顾与反思》，王建政译，社会科学文献出版社2021年版，第43、362页。

抓住稍纵即逝的统一契机，科尔政府决心将两德统一迅速变为现实，并为此不惜付出巨大代价。这一时期，联邦德国更多通过经济手段来瓦解德国统一社会党政权，督促民主德国按其要求进行彻底改革，在竭力培植亲联邦德国势力并助其上台的同时，推动双方在各领域更紧密的合作。随着两德经济、货币和社会联盟的建立，德国统一进程更加成为一种现实，联邦德国对民主德国经济政策也彻底完成统一杠杆的作用。

（三）联邦德国强大的经济实力为联邦德国对民主德国经济政策的实施提供了物质保障。

作为"二战"战败国德国的一部分，联邦德国在政治军事领域受到战胜国很大的制约和限制，因此，自建国以来，联邦德国政府便将工作重心放在了发展经济和改善民生上。自 1950 年起，联邦德国经济开始进入高速发展时期。到了 20 世纪 60 年代末，联邦德国已然从一个战争废墟上的新生国家一跃成为世界前三的经济超级大国。这主要得益于"欧洲复兴计划"（"马歇尔计划"）的援助资金、朝鲜战争的大量军事订单以及社会市场经济体制的成功实践。这一时期，联邦德国的工业产值、黄金储备、外贸出口、生活水平都已位居世界前列，联邦德国马克①成为世界上最坚挺的货币之一，也成为联邦德国经济繁荣、强势崛起的一个重要象征。与此同时，联邦德国在西方联盟和国际体系中的地位和影响力也随之提升。

进入 20 世纪 70 年代后，伴随着东西方关系的进一步缓和，联邦德国以其强大的经济及工业实力为后盾，开始对民主德国推行更为积极和灵活的经济政策，持续释放"磁吸效应"，以此来贯彻"以接近求转变"政策。联邦德国强大的经济力量由此成为突破两德长期隔绝与敌对态势，改善双边政治关系最有力的资本。为了加强和密切两德关系，特别是扩大两德经贸合作和改善双边旅行交通，联邦德国对民主德国采取了单方面经济施惠与让利措施，如主动提高无息透支贷款额度，并向民主德国提供大量非商

---

① 它诞生于 1948 年 6 月德国西占区实施的币制改革。这次币制改革成功开启了通向战后联邦德国"经济奇迹"的大门。

业性经济援助以及财政支付①。为鼓励民主德国民众赴联邦德国探亲旅行，除了景区门票和乘坐交通工具实行免费或优惠政策之外，联邦德国政府甚至慷慨解囊，向来访的民主德国民众发放一定数额的"欢迎金"②。在联邦德国政府的上述努力下，两德民众往来交流日益频繁，在很大程度上增进了两德民众的文化认同和民族认同，同时也增加了民主德国民众对两德经济差距的直观感受以及对美好物质生活的向往和期待，这种潜移默化的影响为日后的两德统一打下了坚实基础。

在德国统一进程加速时期，针对民主德国日益加剧的内部危机以及孤立无助的困境，财大气粗的科尔政府开始全面发力，以经济援助为手段迫使民主德国接受其提出的苛刻要求，进行彻底的政治经济体制改革。在民主德国德梅齐埃政府成立之后，科尔政府为了加快两德统一进程，不惜在两德货币转换中人为高估民主德国马克币值，并为实现德国统一承受巨大的财政负担③。尽管这些举措因高昂成本而备受争议，但却迅速促成两德的经济统一。德国的重新统一最终以"以西统东"的形式实现。为此，曾有西方人士这样评论道："科尔与俾斯麦……都拥有统一德国的有效打击力量，俾斯麦靠普鲁士军队，科尔则靠马克这一武器。"④可见，在数十年积累的强大经济实力的支撑下，联邦德国对民主德国经济政策在相当程度上弥补了通过政治和军事手段解决德国问题所受到的限制，该政策同时也适应了战后和平与发展的时代精神，最终通过和平的方式完成了德意志民族国家的再次统一。

---

① 联邦德国平均每年以不同形式和名义向民主德国支付数亿联邦德国马克。

② 自1970年起，"欢迎金"的数额为每人30联邦德国马克（一年最多申请两次）。到了1987年，"欢迎金"的数额被提升至每人100联邦德国马克（一年只能申请一次），并一直持续到了1989年底。

③ 1990年两德统一后，为了实现德国东西两部分的一体化以及共同发展目标，联邦德国执行了向东部地区的"输血"计划，并已经为此付出了高达1.6万亿欧元的经济代价，而且该经济援助计划仍未结束。参见 *Der Tagesspiegel* vom 3. Oktober 2019.

④ 杜攻、倪立羽编：《转换中的世界格局》，世界知识出版社1992年版，第68页。

（四）联邦德国对民主德国经济政策深受西柏林的经济、政治和通道安全问题的制约。

西柏林（柏林市西部地区）① 地处民主德国腹地，四周皆被后者领土包围，是一座只有经过特别许可才能跨越地区边界的特殊城市，因此特别容易受到外部压力的影响。在战后东西方两大阵营严重对峙的格局下，它成为西方盟国和联邦德国切入苏东阵营内部的"前哨城市"。联邦德国认为，一个繁荣的西柏林是"自由制度"优越性的展示窗口，会对生活在"专制"下的民主德国民众产生强大的吸引力，从而产生促进德国重新统一的作用，因此，在极力确保西柏林生存能力的同时，应尽可能地加强其与联邦德国其他地区广泛和紧密的联系。这也是联邦德国对民主德国经济政策的一个现实目标。

然而，西柏林所处相对隔绝的地缘位置（一座"孤岛"）也充分暴露了它在经济、政治和通道②安全方面的脆弱性。由于人口众多③且地处飞地，西柏林在经济上无法实现自给自足，因而对民主德国的供应具有高度依赖性，这尤其体现在食品（蔬菜、肉类以及粮食等）和能源燃料（电力、褐煤砖和天然气）方面。事实上，西柏林在德国内部贸易中所占的份额一直很高，占比近 1/4。此外，苏联和民主德国一直视西柏林为眼中钉肉中刺④，柏林地区由此成为冷战双方斗争的焦点，为此先后发生过三次重大危机，通往西柏林的交通路线也极易受到苏联和民主德国的限制，乃至封锁。⑤

---

① 1945—1990 年，其由英、美、法三国军事占领。1949 年，西方三国组建了西柏林市政府。尽管西柏林在法律上并非属于联邦德国的一部分，但在行政上很大程度是联邦德国的一个州，而且其大多数居民都是联邦德国公民。

② 连接西柏林和联邦德国狭窄的铁路、公路和水路走廊。

③ 西柏林大约有 200 万居民，约占整个柏林人口的 60%，是冷战时期两德人口最多的城市。

④ 苏联和民主德国认为，西方利用西柏林作为骚乱的温床，以及对苏东社会主义国家进行破坏活动的策源地。参见［民主德国］德意志民主共和国外交部、［苏］苏维埃社会主义共和国联盟外交部编《西方国家对德国问题政策真相（历史概要）》，世界知识出版社1959 年版，第 40 页。

⑤ 美苏冷战高潮时期，苏联和民主德国曾试图通过封锁西柏林与联邦德国的陆路和水路，停止向西柏林供应能源和物资的方式，迫使西方盟国和联邦德国放弃西柏林，从而清除这个"自由世界的橱窗"以及西方渗透的大本营。

因此，保障西柏林的经济、政治和通道安全成为历届联邦德国政府的一项重要职责和任务，同时也成为影响联邦德国对民主德国经济政策的一个重要因素。1951 年《柏林协定》签订之时，阿登纳政府就曾明确表示，继承和发展德国内部贸易的目的之一就在于巩固（西）柏林的地位，及其对外通道的通畅。为此，《柏林协定》明确将柏林地区纳入到德国内部贸易的范围当中。此外，联邦德国还将其负责协调德国内部贸易事务的主管机构设在西柏林。在冷战尖锐对峙时期，联邦德国一方面通过德国内部贸易为西柏林供应各种生产生活所需物资，以保障它的经济和政治安全；另一方面，鉴于民主德国对德国内部贸易存在一定程度的依赖性，联邦德国又以经济制裁的方式来应对苏联和民主德国针对西柏林通道的一些"干扰"行为。1960 年柏林危机期间，联邦德国曾防御性中止《柏林协定》便是一个例证。

然而，联邦德国的经济制裁措施是一把双刃剑：在给民主德国经济造成一定创伤的同时，也给西柏林的经济、政治安全带来严重威胁。这也是联邦德国政府最终同意恢复《柏林协定》的一个重要原因。此后，西柏林的经济、政治安全问题成为联邦德国政府放弃对民主德国使用经济制裁措施的一个重要因素。随着 1971 年《柏林四方协定》和《交通运输协议》的签订，西柏林的法律地位和通行权再次得到各方确认。西柏林的政治和通道安全问题由此得到基本解决，它也不再成为影响联邦德国对民主德国经济政策实践的一个重要因素。

（五）民主德国对联邦德国经济的依赖性是影响联邦德国对民主德国经济政策实践的一个重要因素。

长久以来，德意志民族国家内部早已形成经济网络和天然分工，然而，战后德国的分裂导致德国内部的经济联系遭到严重破坏，原有的经济统一体破裂了。相比联邦德国，民主德国的先天条件（工业原料资源、重工业基础）处于明显劣势，因此受到的冲击和影响尤甚。自 1951 年与联邦德国签订《柏林协定》以来，民主德国就一直主张扩大德国内部贸易，并不断斥责联邦德国采取的一些限制性措施，在 20 世纪五六十年代美苏冷战对峙时期尤为如此。其主要原因在于，德国内部贸易对于民主德国的经济发展具有重要意义。民主德国一方面可以以优惠条件购入瓶颈产品和高质量的商品，而且无需为此支付外汇，另一方面又能将难以在世界市场上出售的产品销往联邦德国并获得利润。此外，德国内部贸易也是民主德国产品进入西方市场（特别是欧共体市场）的一个重要渠道。在德国内部贸易存在的40多年里，它对民主德国的经济价值显然要远高于联邦德国。因此，德国内部贸易始终是民主德国对外经济关系的一个重要组成部分。

除了在20世纪50年代初、60年代初、80年代中后期经历短暂倒退[①]之外，德国内部贸易在较长时期内一直保持平稳增长。德国内部贸易额占民主德国外贸总额的比例常年维持在10%左右，联邦德国长期作为民主德国除苏联外的第二大贸易伙伴以及西方的最大贸易伙伴，这在某种程度上与历史的延续性有关。与此同时，民主德国对德国内部贸易始终保持着一定的依赖性。这主要体现在工业原料和精密材料（硬煤、钢铁、特殊板材等）、先进的生产工艺和工业设施、高端的工业制成品（机械及运输设备、化工产品）等方面。这些有助于民主德国提高劳动生产率，使它能够更好地履行对经互会国家的出口计划。对于民主德国而言，联邦德国一些高技术含量的产品很难找到能够替代的进口源[②]。另外，德国内部贸易提供的各种税费优惠、无息透支贷款等可以帮助民主德国节省大量的外汇支出，这对民主德国产生了很大的吸引力。此外，民主德国急需获得硬通货——联邦德国马克。尽管相比经互会其他国家（包括苏联），民主德国的经济运转得更好一些，但是，由于需要从西方国家大量购买经互会国家无法生产的商品，所以，民主德国经常面临外汇紧缺难题。

正是由于这种经济依赖性，即使是在冷战对峙的高潮时期，民主德国也不愿放弃德国内部贸易。1960年秋冬，民主德国一再呼吁联邦德国恢复《柏林协定》证明了这一点。柏林危机过后，民主德国也曾试图彻底摆脱对联邦德国经济的依赖，以增强国家经济独立性。然而，由于付出的代价过于高昂，它所实施的"清除干扰"行动最终不了了之。与此同时，民主

---

① 参见附录2。
② 虽然民主德国可以从其他经互会国家进口一些所需的货物，但也无法替代联邦德国的部分高端商品。

德国还尝试通过增加同其他西方国家的贸易以部分替代德国内部贸易，但这些措施最终被证明是不切实际的，同时还累积了大量的西方外债①。

进入 20 世纪 70 年代，特别是《基础条约》签订后，进一步扩大德国内部贸易成为两德共识②。然而，由于自身的经济结构问题③，民主德国在德国内部贸易中连年出现逆差。这为联邦德国以提高无息透支贷款额度的方式换取两德人员交往便利化提供了可能性。到了 20 世纪 80 年代初，民主德国的经济结构弊端更加凸显，其中包括对微电子工业的过多投入，同时它还陷入严重的外债危机之中④。此时，四处借贷碰壁的民主德国主动向联邦德国政府表达了借贷愿望。在获得近 20 亿联邦德国马克担保贷款后，作为回报，民主德国进一步放松了对两德旅行交通和人员交往的管制。之后，民主德国虽一度通过增加出口来摆脱债务，并减少国内消费，但仍依赖西方进口商品，特别是联邦德国的供货。在这一时期，民主德国对联邦德国经济的依赖度已经变得很深⑤，以至于到了 20 世纪 80 年代末，民主德国政府的一些重要决策不仅受制于苏联，还受制于联邦德国。德国统一社会党的政权因此受到严重削弱。民主德国内部日益严峻的经济状况不仅直接影响了其对外经济政策——被迫更加向联邦德国倾斜，而且最终影响了它在德国问题上的政策。

---

① 1987 年 1 月 21 日，戈尔巴乔夫在苏共中央委员会政治局会议上则将这种现象归结为苏联经济不成功的结果。苏联没能向东欧盟友提供现代化的技术和工艺，所以后者都跑去向西方借债了。参见［俄］阿·加尔金、［俄］阿·切尔尼亚耶夫《戈尔巴乔夫与德国问题》，周力、胡昊、董国平等译，当代世界出版社 2017 年版，第 22 页。

② 《基础条约》及其附件再次确认了德国内部贸易的特殊性。民主德国出于经济利益的考虑，尽管极不情愿，但最终还是接受了相关规定，承认了两德特殊的经济关系。这在一定程度上违背了它自 20 世纪 60 年代中期以来坚决奉行的分离政策——与联邦德国划分界限的政策。

③ 这主要归因于民主德国缺乏高质量的出口产品。它在德国内部贸易中输出的产品主要集中于农产品、纺织品、褐煤砖、工程产品、木材和化工产品。参见附录 12。

④ 这部分归因于民主德国昂纳克政府的"经济政策和社会政策相统一"方针的失误。为提升居民生活水平，民主德国在从西方国家进口了大量的消费品，但出口产品因缺乏竞争力而在贸易额上无法与之相匹配。因此，它不得不在国际金融市场上借入外汇贷款以维持其庞大且昂贵的社会政策。

⑤ 1986 年 3 月 7 日，戈尔巴乔夫在苏共中央政治局会议上讲道："经济方面的压力，可能使民主德国投向联邦德国的怀抱。"参见［俄］阿·加尔金、［俄］阿·切尔尼亚耶夫《戈尔巴乔夫与德国问题》，周力、胡昊、董国平等译，当代世界出版社 2017 年版，第 1 页。

　　20世纪80年代末90年代初，民主德国深受东欧剧变的冲击，逐渐陷入经济、政治、社会危机的泥沼难以自拔。由于苏联当时正遭受着巨大的经济和财政困难，联邦德国的经济援助日益成为民主德国最后的救命稻草。与此同时，越来越多的民主德国民众希望尽快摆脱经济困境，迅速实现联邦德国居民的生活水平，对引入联邦德国马克的呼声日益高涨。这一时期，联邦德国科尔政府则因势利导，步步为营，以附带政治条件的经济援助为杠杆，促使民主德国从保留两个独立的德意志国家的邦联设想转为对迅速实现两德统一持积极态度。特别是两德货币联盟建立后，民主德国从此再也无法摆脱对联邦德国的依赖，两德经济已变得不可分割，科尔政府也由此将两德统一进程的主动权和主导权牢牢掌握在自己手中。

　　可见，民主德国对联邦德国经济的依赖性使后者在两德（经济）关系中占据一定的主动地位。长期以来，高度集中统一的、僵化的计划经济体制[1]和劳动力的高度短缺[2]严重制约了民主德国经济社会的发展，迫使民主德国一直同联邦德国保持着特殊的（经济）关系。因而，联邦德国在实施和调整对民主德国的经济政策时，具有较强的自主性和灵活性。随着两德经济差距逐渐拉大，联邦德国对民主德国经济政策的影响力也与日俱增，逐步演化成为推动两德统一的有力杠杆。

　　综上所述，联邦德国对民主德国的经济政策作为一项务实的德国统一政策，始终以"一个德国"的原则和立场作为指导，同时在实践过程中能够与时俱进，具有高度的灵活性与策略性。在两德并立时期，联邦德国凭借自身日益雄厚的经济实力，运用各种经济手段对民主德国施加影响，以期实现其在政治和战略上的现实目标与终极目标（实现德国统一）。从客观上讲，联邦德国对民主德国的经济政策在德国统一进程中发挥了独特而

---

　　① 经济结构不合理、重工业比例过高、消费品奇缺。
　　② 特别是高质量劳动力的大量出走严重制约了劳动生产效率的提高。据统计，从1949年10月7日民主德国成立至1990年6月，约有超过380万人离开民主德国，其中许多人是非法离开的，而且面临很大的危险。参见 Bettina Effner und Helge Heidemeyer, Hrsg. , *Flucht im geteilten Deutschland: Erinnerungsstätte Notaufnahmelager Marienfelde*, Berlin: be. bra Verlag, 2005, S. 27-28；另有统计数据，从民主德国1949年建国到1990年国家解体，约有460万民主德国公民出走联邦德国。参见 Hans-Ulrich Wehler, *Deutsche Gesellschaftsgeschichte 1949-1990*, München: C. H. Beck Verlag, 2008, S. 45.

重要的作用。这主要体现在保障西柏林的特殊地位与经济、政治和通道安全，维护全德经济的统一性，保持德国问题的公开性，凸显两德关系的特殊性，构建两德间长期稳定的沟通渠道，弥合两德间的对立和隔阂，拓展两德交流与合作的领域，改善两德邮电通讯和交通运输的状况，扩大两德探亲访友和旅游观光的规模，增进两德民众的情感交融，维系德意志民族共同的身份认同，抵消因意识形态而形成的差异，推动民主德国的经济、政治和社会结构发生改变，影响民主德国的选举进程等方面。尤其值得注意的是，长期以来，联邦德国政府一直非常重视通过物质利益吸引民主德国政府及其民众，增加民主德国对联邦德国经济的依赖性，提升民主德国民众对联邦德国的认同度和向往度，促使其接受联邦德国的政策主张，为由联邦德国主导的德国统一奠定了基础。随着东西方关系从紧张对立到缓和共处，联邦德国政府适时并顺势调整了其德国统一政策理念，联邦德国对民主德国的经济政策由此经历了两次重大调整，其特征也由消极转变为积极，进而转化为统一攻势，最终促成了德国的和平统一。

　　不过，还需注意的是，联邦德国对民主德国的经济政策也存在着明显的历史局限性。尽管该政策推动实现了两德在政治上的统一，但它并不是一把"万能钥匙"。这点从两德统一后的内部融合状况便可窥知一二。在两德统一前夕，联邦德国总理科尔曾乐观地表示，在大笔联邦财政资金的支持下，通过不断向德国东部地区进行"经济输血"，能够在统一后的较短时间内让民主德国地区人民的生活水平和联邦德国一样，德国东部地区也将成为一片"繁荣之地"。然而，德国统一至今已逾30年，德国东西两部分之间的裂痕依然存在，两地民众的心理隔阂仍未消除，经济和心理层面的融合过程迄今也没有完成。尽管德国东西部之间的鸿沟在不断缩小，但在一些领域仍然差异巨大。由于德国东部地区经济转轨步履蹒跚，造成双方在经济发展水平上还存在明显差距，社会保障水平也没有被拉齐，导致德国东部民众心理落差很大。因此，德国距离实现"真正的统一"还有很长的一段路要走。

附　　录

（单位：百万结算单位/联邦德国马克）①

年份	输出额②	购进额③	贸易额	贸易差额④	占联邦德国外贸总额比重（%）	占民主德国外贸总额比重（%）
1952	153.5	119.0	272.5	+34.5	1.2	5.2
1953	261.4	294.7	556.1	-33.3	1.6	6.8
1954	450.4	434.4	884.8	+16.0	2.1	8.8
1955	576.4	583.5	1159.9	−7.1	2.3	10.9
1956	671.4	656.7	1328.2	+14.7	2.3	11.0
1957	838.3	844.7	1683.0	−6.4	2.4	11.4
1958	872.8	879.8	1752.6	−7.0	2.4	11.3
1959	1062.6	935.4	1998.0	+127.2	2.5	11.1
1960	1030.3	1007.3	2037.6	+23.0	2.2	10.3
1961	911.0	917.3	1828.3	−6.3	1.9	9.3
1962	901.5	898.9	1800.4	+2.6	1.7	8.5
1963	907.2	1028.7	1935.9	−121.5	1.7	8.7

---

①　笔者在查阅两德贸易统计数据时发现，联邦德国经济部与联邦德国统计局公布的相关数据存在一定差异。这种偏差部分是由于不同的统计调查方法所造成的。具体请对比附录1和附录2。经笔者查证，联邦德国政府在其政府声明等官方文稿中引用的是联邦德国经济部公布的统计数据。本文也以前者公布的统计数据为主要参考依据。

②　联邦德国向民主德国输出货物的金额。

③　联邦德国从民主德国购进货物的金额。

④　货物输出额和货物购进额之间的差额。

续表

年份	输出额②	购进额③	贸易额	贸易差额④	占联邦德国外贸总额比重（%）	占民主德国外贸总额比重（%）
1964	1192.8	1111.9	2304.7	+80.9	1.7	9.4
1965	1224.9	1249.0	2473.9	−24.1	1.7	9.5
1966	1680.8	1323.7	3004.5	+357.1	1.9	10.2
1967	1490.6	1254.8	2745.4	+235.8	1.7	9.0
1968	1458.5	1450.5	2909.0	+8.0	1.6	8.7
1969	2077.8	1656.1	3734.0	+421.7	1.8	10.0
1970	2483.9	2064.2	4548.1	+419.7	1.8	10.2
1971	2652.3	2583.5	5235.8	+68.8	1.8	10.2
1972	2959.8	2394.8	5354.6	+565.0	1.9	10.3
1973	2938.2	2688.1	5626.3	+250.1	1.7	9.2
1974	3662.0	3256.2	6918.2	+450.8	1.8	9.3
1975	4028.2	3390.9	7419.1	+637.3	1.8	8.7
1976	4469.9	3938.4	8408.3	+531.5	1.7	8.6
1977	4663.0	4071.0	8733.0	+592.0	1.7	8.5
1978	4755.0	4066.0	8821.0	+689.0	1.8	8.6
1979	5093.0	4792.0	9885.0	+301.0	1.6	8.5
1980	5875.0	5885.0	11730.0	−10.0	1.6	8.2
1981	6129.0	6350.0	12478.0	−221.0	1.7	7.9
1982	7080.0	6988.0	14068.0	+92.0	1.7	7.2
1983	7681.0	7562.0	15243.0	+119.0	1.8	8.5
1984	7251.0	8241.0	15492.0	−990.0	1.7	8.4
1985	8586.0	8158.0	16743.0	+428.0	1.6	8.3
1986	7837.0	7344.0	15180.0	+493.0	1.5	8.1
1987	7366.0	7119.0	14485.0	+247.0	1.5	8.0
1988	6838.0	7333.0	14171.0	−495.0	1.5	7.9
1989	7700.0	7800.0	15500.0	−100.0	1.7	8.2

参考文献：1. Deutschland（Bundesrepublik）Bundesministerium für innerdeutsche Beziehungen, Hrsg. , *Zehn Jahre Deutschlandpolitik：die Entwicklung der Beziehungen zwischen der Bundesrepublik Deutschland und der Deutschen Demokratischen Republik 1969-1979：Bericht und Dokumentation*, Bonn：Bundesministerium für innerdeutsche Beziehungen, 1980, S. 29.

2. „Die innerdeutschen Beziehungen 1988 - Zahlen, Daten, Fakten-", in Deutschland

（Bundesrepublik）Bundesministerium für innerdeutsche Beziehungen, Hrsg. , *Texte zur Deutschland-politik*, *Reihe* Ⅲ/Bd. 6, Bonn：Deutscher Bundes-Verlag, 1989, S. 544−545.

3. „Die Entwicklung des innerdeutschen Handels 1988 ", in Deutschland（Bundesrepublik）Bundesministerium für innerdeutsche Beziehungen, Hrsg. , *Texte zur Deutschlandpolitik*, Reihe Ⅲ/Bd. 7, Bonn：Deutscher Bundes-Verlag, 1990, S. 56.

4. „Die Entwicklung des innerdeutschen Handels 1989 ", in Deutschland（Bundesrepublik）Bundesministerium für innerdeutsche Beziehungen, Hrsg. , *Texte zur Deutschlandpolitik*, Reihe Ⅲ/Bd. 8a, Bonn：Deutscher Bundes-Verlag, 1991, S. 139.

附录2　　1950—1989 年联邦德国同民主德国的贸易发展状况统计表
（单位：百万结算单位/联邦德国马克）

年份	联邦德国的购进额			联邦德国的输出额			德国内部贸易额		
	总计	同比差额①	差额比（%）	总计	同比差额	差额比（%）	总计	同比差额	差额比（%）
1950	342. 1			328. 5			670. 6		
1951	122. 6	−219. 5	−64. 2	148. 2	−180. 3	−54. 9	270. 8	−399. 8	−59. 6
1952	220. 3	+97. 7	+79. 7	178. 5	+30. 2	+20. 4	398. 8	+128. 0	+47. 3
1953	306. 9	+86. 6	+39. 3	271. 3	+92. 8	+52. 0	578. 2	+179. 4	+45. 0
1954	449. 7	+142. 8	+46. 5	454. 5	+183. 2	+67. 5	904. 2	+326. 0	+56. 4
1955	587. 9	+138. 2	+30. 7	562. 6	+108. 1	+23. 8	1150. 5	+246. 3	+27. 2
1956	653. 5	+65. 6	+11. 2	699. 2	+136. 6	+24. 3	1352. 7	+202. 2	+17. 6
1957	817. 3	+163. 8	+25. 1	845. 9	+146. 7	+21. 0	1663. 2	+310. 5	+23. 0
1958	858. 2	+40. 9	+5. 0	800. 4	−45. 5	−5. 4	1658. 6	−4. 6	−0. 3
1959	891. 7	+33. 5	+3. 9	1078. 6	+278. 2	−34. 8	1970. 3	+311. 7	+18. 8
1960	1122. 5	+230. 8	+25. 9	959. 5	−119. 1	−11. 0	2082. 0	+111. 7	+5. 7
1961	940. 9	−181. 6	−16. 2	872. 9	−86. 6	−9. 0	1813. 8	−268. 2	−12. 9
1962	914. 4	−26. 5	−2. 8	852. 7	−20. 2	−2. 3	1767. 1	−46. 7	−2. 6
1963	1022. 3	+107. 9	+11. 8	859. 6	+6. 9	+0. 8	1881. 9	+114. 8	+6. 5
1964	1027. 4	+5. 1	+0. 5	1151. 0	+291. 4	+33. 9	2178. 4	+296. 5	+15. 7
1965	1260. 4	+233. 0	+22. 7	1206. 1	+55. 1	+4. 8	2466. 5	+288. 1	+13. 2
1966	1345. 4	+85. 0	+6. 7	1625. 3	+419. 2	+34. 8	2970. 7	+504. 2	+20. 4
1967	1263. 9	−81. 5	−6. 1	1483. 0	−142. 3	−8. 8	2746. 9	−223. 8	−7. 5
1968	1439. 5	+175. 6	+13. 9	1422. 2	−60. 8	−4. 1	2861. 7	+114. 8	+4. 2

①　同前一年数额的差额。

续表

年份	联邦德国的购进额			联邦德国的输出额			德国内部贸易额		
	总计	同比差额①	差额比（%）	总计	同比差额	差额比（%）	总计	同比差额	差额比（%）
1969	1656.3	+216.8	+15.1	2271.8	+839.6	+59.7	3928.1	+1066.4	+37.3
1970	1996.0	+339.7	+20.5	2415.5	+143.7	+6.3	4411.5	+483.4	+12.3
1971	2318.7	+322.7	+16.2	2498.6	+83.1	+3.4	4817.3	+405.8	+9.2
1972	2380.9	+62.2	+2.7	2927.4	+428.8	+17.2	5308.3	+491.0	+10.2
1973	2659.6	+278.7	+11.7	2998.5	+71.1	+2.4	5658.1	+349.8	+6.6
1974	3252.5	+592.9	+22.3	3670.8	+672.3	+22.4	6923.3	+1265.2	+22.4
1975	3342.3	+89.8	+2.8	3921.6	+250.8	+6.8	7263.9	+340.6	+4.9
1976	3876.7	+534.3	+16.0	4268.7	+347.1	+8.9	8145.4	+890.5	+12.3
1977	3961.0	+84.3	+2.2	4409.4	+140.7	+3.3	8370.4	+225.0	+2.8
1978	3899.9	−61.1	−1.5	4574.9	+165.5	+3.8	8474.8	+104.4	+1.2
1979	4588.9	+689.0	+17.7	4719.6	+144.7	+3.2	9308.5	+833.7	+9.8
1980	5579.6	+990.7	+21.6	5293.2	+573.6	+12.2	10872.8	+1564.3	+16.8
1981	6050.6	+471.0	+8.4	5575.1	+281.9	+5.3	11625.7	+752.9	+6.9
1982	6639.3	+588.7	+9.7	6382.3	+807.2	+14.5	13021.6	+1395.9	+12.0
1983	6878.2	+238.9	+3.6	6947.1	+564.8	+8.8	13825.3	+803.7	+6.2
1984	7744.2	+866.0	+12.6	6408.1	−539.0	−7.8	14152.3	+327.0	+2.4
1985	7635.8	−108.4	−1.4	7901.0	+1492.9	+23.3	15536.8	+1384.5	+9.8
1986	6843.6	−792.2	−10.4	7454.2	−446.8	−5.7	14297.8	−1239.0	−8.0
1987	6646.9	−196.7	−2.9	7367.4	−86.8	−1.2	14014.3	−283.5	−2.0
1988	6788.7	+141.8	+2.1	7234.2	−133.2	−1.8	14022.9	+8.6	+0.06
1989	7205.4	+416.7	+6.1	8103.5	+869.3	+12.0	15308.9	+1286.0	+9.2

资料来源：1. Deutschland（Bundesrepublik）Statistisches Bundesamt, Hrsg., *Statistisches Jahrbuch für die Bundesrepublik Deutschland*, Stuttgart：Metzler-Poeschel, 1952, S. 233.

2. Deutschland（Bundesrepublik）Statistisches Bundesamt, Hrsg., *Statistisches Jahrbuch für die Bundesrepublik Deutschland*, Stuttgart：Metzler-Poeschel, 1990, S. 251.

---

① 同前一年数额的差额。

附录 3　1949—1987 年无息透支贷款额度及民主德国使用情况统计表①

（单位：百万结算单位/联邦德国马克）

协议执行期	额度	年份	额度	使用额	使用率（%）	年份	额度	使用额	使用率（%）
1949	16	1960	200	104	52	1978	850	677	79.6
03.07.1951—— 31.12.1952	30	1961	200	77	38.5	1979	850	748	88
01.01.1953—— 31.12.1954	50	1962	200	22	11	1980	850	745	87.6
01.01.1955—— 31.12.1957	100	1963	200	75	37.5	1981	850	676	79.5
01.01.1958—— 31.12.1958	150	1964	200	42	21	1982	850	582	68.5
01.01.1959—— 31.12.1968	200	1965	200	55	27.5	1983	770	543	70.5
01.01.1969—— 31.12.1969	360	1966	200	112	56	1984	690	211	30.6
01.01.1970—— 09.05.1970	380	1967	200	173	86.5	1985	600	172	28.7
10.05.1970—— 31.12.1971	440	1968	200	135	67.5	1986	850	185	21.8
01.01.1972—— 31.12.1972	585	1969	360	270	75	1987	850	—	

---

①　由于民主德国在德国内部贸易中始终处于贸易逆差的一方，因此无息透支贷款一直由民主德国独享。

续表

协议执行期	额度	年份	额度	使用额	使用率 (%)	年份	额度	使用额	使用率 (%)
01.01.1973 —— 31.12.1973	620	1970	380/440	387	88	1988			
01.01.1974 —— 31.12.1974	660	1971	440	413	93.9	1989			
01.01.1975 —— 31.12.1975	790	1972	585	539	92.1				
01.01.1976 —— 31.12.1982	850	1973	620	592	95.5				
01.01.1983 —— 31.12.1983	770	1974	660	559	84.7				
01.01.1984 —— 31.12.1984	690	1975	790	711	90				
01.01.1985 —— 31.12.1985	600	1976	850	786	92.5				
01.01.1985 —— 01.01.1990	850	1977	850	748	88				

资料来源：1. „1975: Der Swing im innerdeutschen Handel（Anlage 1），Bonn，14. Februar 1975 "，*BArch* B 288/426，Bl. 2.

2. Deutschland（Bundesrepublik）Bundesministerium für innerdeutsche Beziehungen，Hrsg.，*Zehn Jahre Deutschlandpolitik: die Entwicklung der Beziehungen zwischen der Bundesrepublik Deutschland und der Deutschen Demokratischen Republik 1969–1979: Bericht und Dokumentation*，Bonn: Bundesministerium für innerdeutsche Beziehungen，1980，S. 29.

3. „Die innerdeutschen Beziehungen 1987 -Zahlen，Daten，Fakten- "，in Deutschland（Bundesrepublik）Bundesministerium für innerdeutsche Beziehungen，Hrsg.，*Texte zur Deutschlandpolitik*，Reihe III/Bd. 5，Bonn: Deutscher Bundes-Verlag，1988，S. 394.

附录 4　　　1972—1989 年西柏林市民赴民主德国访问旅行情况统计

（单位：百万人次）

时期	访客数量
1972 年复活节和圣灵降临节	1.24
1972 年 6 月 4 日到 1973 年 5 月 31 日	3.72
1973 年 6 月 1 日到 1974 年 5 月 31 日	3.23
1974 年 6 月 1 日到 1975 年 5 月 31 日	2.71
1975 年 6 月 1 日到 1976 年 5 月 31 日	3.36
1976 年 6 月 1 日到 1977 年 5 月 31 日	3.32
1977 年 6 月 1 日到 1978 年 5 月 31 日	3.27
1978 年 6 月 1 日到 1979 年 5 月 31 日	3.10
1979 年 6 月 1 日到 1980 年 5 月 31 日	3.04
1980 年 6 月 1 日到 1981 年 5 月 31 日	2.15
1981 年 6 月 1 日到 1982 年 5 月 31 日	1.67
1982 年 6 月 1 日到 1983 年 5 月 31 日	1.66
1983 年 6 月 1 日到 1984 年 5 月 31 日	1.60
1984 年 6 月 1 日到 1985 年 5 月 31 日	1.77
1985 年 6 月 1 日到 1986 年 5 月 31 日	1.83
1986 年 6 月 1 日到 1987 年 5 月 31 日	1.90
1987 年 6 月 1 日到 1988 年 5 月 31 日	1.99
1988 年 6 月 1 日到 1989 年 5 月 31 日	2.11（估计）
总计	42.44

资料来源：„Mitteilung des Senats von Berlin：17. Bericht über die Durchführung des Vier-Mächte-Abkommens und der ergänzenden Vereinbarungen zwischen dem 1. Juni 1988 und dem 31. Mai 1989 ", in Deutschland（Bundesrepublik）Bundesministerium für innerdeutsche Beziehungen, Hrsg., *Texte zur Deutschlandpolitik*, Reihe Ⅲ/Bd.7, Bonn：Deutscher Bundes-Verlag, 1990, S.211.

附录 5　　　1970—1979 年联邦德国向民主德国支付的款项统计

（单位：百万结算单位/联邦德国马克）

1 联邦财政支付的款项	
直接支付（过境费占 70.9%，西柏林通道的改善费占 22.1%）	3581.3
间接支付	441.7

续表

2 柏林州（西柏林）财政支付的款项	526.9
3 德意志联邦邮政财政支付的款项	575.6
德意志联邦铁路财政支付的款项	无
（德意志联邦铁路账户的余额）	+445.3
4 不予退还的签证费和道路使用费	520.0

资料来源：„ Antwort der Bundesregierung auf die Kleine Anfrage der Fraktion der CDU/CSU ‚Zahlungenan die DDR‘ ", in Deutschland（Bundesrepublik）Bundesministerium für innerdeutsche Beziehungen, Hrsg. , *Texte zur Deutschlandpolitik*, Reihe II/Bd. 8, Bonn：Deutscher Bundes-Verlag, 1983, S. 296.

附录6　　　　　　**1984 年联邦德国向民主德国支付的款项统计**

（单位：百万结算单位/联邦德国马克）

款项名称	款项金额	支付期
过境费总额	525	每年直到 1989 年
道路使用费总额	50	每年直到 1989 年
邮政服务费总额	200	每年直到 1990 年
邮政服务费总额（寄往西柏林）	11.2	每年
通讯费总额（西柏林）	3.3	每年
瓦尔塔-黑勒斯豪森过境公路扩建费	60.3	1984 年的份额
通往柏林过境水道扩建费	37.5	1984 年的份额
罗德河水体质量改善费	4.5	每年（1984 年到 1987 年）
柏林水域质量改善费	16	1984 年
柏林州（西柏林）财政向民主德国支付的款项		
建筑废料清理费	30	1983 年
垃圾清理费	40.9	1983 年
废水处理费	24.6	1983 年
地铁线路建设费	5.3	1983 年
总计	1008.6	

资料来源：„ Bundestagspräsident Dr. Barzel：Ursachen und Stand der Deutschen Frag", in Deutschland（Bundesrepublik）Bundesministerium für innerdeutsche Beziehungen, Hrsg. , *Texte zur Deutschlandpolitik*, Reihe III/ Bd. 2, Bonn：Deutscher Bundes-Verlag, 1985, S. 387.

附录 7　　　　　　**1957—1987 年进出西柏林的访问情况统计**

（单位：千人次）

年份	访客数量	年份	访客数量	年份	访客数量
1957	4884	1967	11114	1977	22125
1958	6584	1968	11616	1978	22555
1959	7994	1969	10173	1979	23098
1960	8050	1970	12505	1980	23869
1961	5740	1971	13440	1981	23951
1962	7889	1972	15975	1982	23927
1963	9666	1973	17566	1983	24690
1964	9833	1974	17554	1984	26434
1965	6911	1975	18247	1985	28699
1966	9584	1976	18836	1986	28914
		1987	31741		

资料来源：„Mitteilung des Senats von Berlin：17. Bericht über die Durchführung des Vier-Mächte-Abkommens und der ergänzenden Vereinbarungen zwischen dem 1. Juni 1988 und dem 31. Mai 1989 "，in Deutschland （Bundesrepublik） Bundesministerium für innerdeutsche Beziehungen，Hrsg.，*Texte zur Deutschlandpolitik*，Reihe Ⅲ/Bd. 7，Bonn：Deutscher Bundes-Verlag，1990，S. 212.

附录 8　　　　　　**1970—1988 年两德双向访问旅行情况统计**

（单位：人次）

年份	联邦德国①赴民主德国访客数量	来自民主德国退休人员的访客数量	来自民主德国紧急家庭团聚②的访客数量
1970	1254000	1048000	
1971	1267000	1045000	
1972	1540000	1068000	11421③
1973	2279000	1257000	41498
1974	1919000	1316000	38298

①　包括西柏林在内。

②　民主德国公民以"紧急家庭团聚"为由访问联邦德国，例如在（联邦德国的亲属）分娩、结婚、结婚纪念日、身患危及生命的疾病以及死亡等情况下。

③　11 月份与 12 月份的访问人数之和。

续表

年份	联邦德国赴民主德国访客数量	来自民主德国退休人员的访客数量	来自民主德国紧急家庭团聚的访客数量
1975	3124000	1330000	40442
1976	3121000	1328000	42751
1977	2988000	1323000	41462
1978	3177000	1384000	48659
1979	3617000	1369000	41474
1980	3500000	1555000	40450
1981	2100000	1564000	37000
1982	2890000	1554000	45709
1983	3020000	1463000	64025
1984	3560000	1540000	61000
1985	3680000	1600000	66000
1986	3790000	1760000	244000
1987	5500000	3800000	1200000
1988	5551709	6746843①	

资料来源：1. Deutschland （Bundesrepublik） Bundesministerium für innerdeutsche Beziehungen, Hrsg. , *Zehn Jahre Deutschlandpolitik：die Entwicklung der Beziehungen zwischen der Bundesrepublik Deutschland und der Deutschen Demokratischen Republik 1969-1979：Bericht und Dokumentation*, Bonn：Bundesministerium für innerdeutsche Beziehungen, 1980, S. 44.

2. „Reiseverkehr mit der DDR 1979 ", *Deutschland-Archiv：Zeitschrift für Fragen der DDR und der Deutschlandpolitik*, Köln：Wissenschaft und Politik, 1980, S. 332.

3. „Deutsch-deutscher Reiseverkehr 1980 ", *Deutschland-Archiv：Zeitschrift für Fragen der DDR und der Deutschlandpolitik*, Köln：Wissenschaft und Politik, 1981, S. 352.

4. „Deutsch-deutscher Reiseverkehr 1981 ", *Deutschland-Archiv：Zeitschrift für Fragen der DDR und der Deutschlandpolitik*, Köln：Wissenschaft und Politik, 1982, S. 237.

5. „Reiseverkehr zwischen der Bundesrepublik Deutschland und der DDR", *Deutschland-Archiv：Zeitschrift für Fragen der DDR und der Deutschlandpolitik*, Köln：Wissenschaft und Politik, 1983, S. 331-332.

6. „Reiseverkehr zwischen der Bundesrepublik Deutschland und der DDR im Jahre 1983 ", *Deutschland-Archiv：Zeitschrift für Fragen der DDR und der Deutschlandpolitik*, Köln：Wissenschaft und Politik, 1984, S. 557.

7. „Innerdeutscher Reiseverkehr 1984 gestiegen", *Deutschland-Archiv：Zeitschrift für Fragen der*

---

① 所有符合民主德国《旅行条例》规定的民主德国公民（包括退休人员）访问联邦德国的人数。

DDR und der Deutschlandpolitik, Köln: Wissenschaft und Politik, 1985, S. 1019-1020.

8. „Innerdeutscher Reiseverkehr hat 1985 zugenommen", *Deutschland-Archiv: Zeitschrift für Fragen der DDR und der Deutschlandpolitik*, Köln: Wissenschaft und Politik, 1986, S. 331.

9. „Beachtliche Steigerung im innerdeutschen Reiseverkehr 1986", *Deutschland-Archiv: Zeitschrift für Fragen der DDR und der Deutschlandpolitik*, Köln: Wissenschaft und Politik, 1987, S. 119.

10. „Zahlen zum DDR - Reiseverkehr 1988", in Deutschland (Bundesrepublik) Bundesministerium für innerdeutsche Beziehungen, Hrsg. , *Texte zur Deutschlandpolitik*, Reihe Ⅲ/Bd. 7, Bonn: Deutscher Bundes-Verlag, 1990, S. 15.

附录 9　　　　1975—1988 年两德邮政业务发展情况统计

（单位：百万件）

年份	信件数量		包裹数量	
	联邦德国寄往 民主德国	民主德国寄往 联邦德国	联邦德国寄往 民主德国	民主德国寄往 联邦德国
1975	80	140	28	10
1976	75	100	26	10
1977	60	100	28	10
1978	90	100	27	9
1979	90	100	30	10
1980	75	70	27	9
1981	85	90	26	9
1982	75	100	25	9
1983	60	90	25	9
1984	62	85	25	9
1985	61	108	24	9
1986	63	105	24	9
1987	75	90	24	9
1988	80	95	24	9

资料来源：„Die innerdeutschen Beziehungen 1988 -Zahlen, Daten, Fakten-", in Deutschland (Bundesrepublik) Bundesministerium für innerdeutsche Beziehungen, Hrsg. , *Texte zur Deutschlandpolitik*, Reihe Ⅲ/Bd. 6, Bonn: Deutscher Bundes-Verlag, 1989, S. 542.

附录10　　　　1969—1988年两德电话通信发展情况统计

年份	电话线路数量（条）	由西德（含西柏林）拨往东德（含东柏林）的电话次数①（百万次）	年份	电话线路数量（条）	由西德（含西柏林）拨往东德（含东柏林）的电话次数（百万次）
1969	34	0.5	1979	1061	20.6
1970	74	0.7	1980	1181	23.0
1971	284	1.8	1981	1301	23.4
1972	383	5.1	1982	1421	23.1
1973	383	5.8	1983	1421	23.2
1974	479	6.1	1984	1517	25.6
1975	719	9.7	1985	1517	26.4
1976	719	11.3	1986	1517	30.3
1977	821	12.8	1987	1529	35.5
1978	941	16.7	1988	1529	40.0

资料来源：1. Deutschland（Bundesrepublik）Bundesministerium für innerdeutsche Beziehungen, Hrsg., *Zehn Jahre Deutschlandpolitik：die Entwicklung der Beziehungen zwischen der Bundesrepublik Deutschland und der Deutschen Demokratischen Republik 1969-1979：Bericht und Dokumentation*, Bonn：Bundesministerium für innerdeutsche Beziehungen, 1980, S. 36.

2. „Die innerdeutschen Beziehungen 1988 -Zahlen, Daten, Fakten-", in Deutschland（Bundesrepublik）Bundesministerium für innerdeutsche Beziehungen, Hrsg., *Texte zur Deutschlandpolitik*, Reihe Ⅲ/Bd. 6, Bonn：Deutscher Bundes-Verlag, 1989, S. 543.

附录11　　1967—1976年联邦德国政府为本国企业提供的担保金额②统计表

年份	经批准的担保申请（项）	担保金额（百万联邦德国马克）	年份	经批准的担保申请（项）	担保金额（百万联邦德国马克）
1967	116	150（-）	1972	88（4）	129（0.2）
1968	84（-）	90（-）	1973	130（5）	173（1.5）
1969	127（6）	380（2.8）	1974	71（5）	136（5.3）

---

①　只包括去电通话数量，因为通过半自动型或全自动型电话交换机的来电通话数量无法被记录。

②　图表中括号内的数字为联邦德国政府根据贸易双方履约情况额外批准的担保申请以及给予的担保金额。

续表

年份	经批准的担保申请（项）	担保金额（百万联邦德国马克）	年份	经批准的担保申请（项）	担保金额（百万联邦德国马克）
1970	79 (9)	203 (6.0)	1975	100 (8)	469 (3.0)
1971	43 (2)	71 (0.2)	1976	93 (14)	1393 (10.3)

资料来源：„Große Anfrage der Fraktion der CDU/CSU zur Deutschlandpolitik und Antwort der Bundesregierung", in Deutschland (Bundesrepublik) Bundesministerium für innerdeutsche Beziehungen, Hrsg., *Texte zur Deutschlandpolitik*, Reihe Ⅱ/Bd. 5, Bonn：Deutscher Bundes-Verlag, 1979, S. 138.

附录 12　　1951—1989 年德国内部贸易商品结构统计

[各类货物所占百分比（%）]

联邦德国向民主德国输出的商品	1951—1956	1956—1960	1961—1965	1966—1970	1971—1975	1976—1980	1981—1985	1986—1988	1989
原料和生产性商品（包括矿产品）	44	53	57	52	54	52	58	47	45
（原料和生产性商品中的）钢铁产品	12	28	30	16	13	10	12	12	12
（原料和生产性商品中的）化工产品	16	13	17	21	23	20	21	18	17
投资性工业产品	22	22	17	23	24	28	19	34	38
（投资性工业产品中的）机械产品	7	12	11	16	17	20	12	21	24
消费品	8	8	7	8	10	8	9	10	9
农产品和食品	26	17	19	17	12	12	14	9	8
联邦德国从民主德国购进的商品	1951—1956	1956—1960	1961—1965	1966—1970	1971—1975	1976—1980	1981—1985	1986—1988	1989
原料和生产性商品（包括矿产品）	50	58	51	31	38	47	56	50	52
（原料和生产性商品中的）石油产品	11	18	14	3	10	20	24	13	11
（原料和生产性商品中的）化工产品	10	9	8	8	10	11	13	13	14
投资性工业产品	12	10	11	14	11	11	11	14	15
（投资性工业产品中的）机械产品	10	8	6	5	4	3	3	4	4
消费品	24	19	22	29	31	27	23	26	23
（消费品中的）纺织品	21	11	10	10	11	9	7	8	6
农产品和食品	14	13	16	26	20	14	10	10	10

资料来源：1. Deutschland（Bundesrepublik）Statistisches Bundesamt, Hrsg., *Fachserie F, Gross - und Einzelhandel, Gastgewerbe, Reiseverkehr Reihe 6 -m, Warenverkehr mit der Deutschen Demokratischen Republik und Berlin（Ost）*, Stuttgart/Mainz: Kohlhammer, 1962–1977.

2. Deutschland（Bundesrepublik）Statistisches Bundesamt, Hrsg., *Fachserie 6, Handel, Gastgewerbe, Reiseverkehr, Reihe 6 -m, Warenverkehr mit der Deutschen Demokratischen Republik und Berlin（Ost）*, Stuttgart/Mainz: Kohlhammer, 1977–1990.

附录 13　1950 年和 1959 年联邦德国从东方社会主义国家进口金额统计

（单位：1000 联邦德国马克；%）

国家	1950 年	占联邦德国进口总额的比重	1959 年	占联邦德国进口总额的比重
苏联	16635	0.1	442634	1.2
波兰	67860	0.6	340520	1.0
捷克斯洛伐克	105344	0.9	236121	0.7
匈牙利	101551	0.9	177968	0.5
罗马尼亚	12777	0.1	104713	0.3
保加利亚	5562	0.05	64509	0.2
阿尔巴尼亚	23	——	507	——
中国	73902	0.7	728072	0.8
总计	383654	3.4	1645044	4.6

资料来源：Margarethe Müller-Marsall, Hrsg., *Archiv der Gegenwart: Deutschland 1949–1999*, Bd. 3, 1957–1962, Sankt Augustin: Siegler Verlag, 2000, S. 2768.

附录 14　1950 年和 1959 年联邦德国向东方社会主义国家出口金额统计

（单位：1000 联邦德国马克；%）

国家	1950 年	占联邦德国出口总额比重	1959 年	占联邦德国出口总额比重
苏联	632	——	382506	0.9
波兰	66369	0.8	294279	0.7
捷克斯洛伐克	75931	0.9	251621	0.6
匈牙利	132022	1.6	151050	0.4
罗马尼亚	40862	0.5	69043	0.2
保加利亚	16535	0.2	171012	0.4
阿尔巴尼亚	5	——	589	——
中国	11711	0.1	540746	1.3

国家	1950 年	占联邦德国出口总额比重	1959 年	占联邦德国出口总额比重
总计	344067	4.1	1860846	4.5

资料来源：Margarethe Müller-Marsall, Hrsg., *Archiv der Gegenwart*：*Deutschland 1949-1999*, Bd. 3, 1957-1962, Sankt Augustin：Siegler Verlag, 2000, S. 2768.

附录 15　　1946—1990 年德国内部区域贸易/德国内部贸易重要协定

协定名称	有效期限	签署方
《戴森贸易协定》	1946 年 1 月 1 日至 1946 年 8 月 31 日	英国占领区—苏联占领区
《不列颠贸易协定》	1946 年 9 月 1 日至 1947 年 3 月 31 日	英国占领区—苏联占领区
《州议会贸易协定》	1946 年 10 月 1 日至 1947 年 3 月 31 日	美国占领区—苏联占领区
《苏占区—法占区贸易协定》	1946 年 9 月 20 日至 1947 年 12 月 31 日	法国占领区—苏联占领区
《明登协定》	1947 年 1 月 1 日至 1948 年 3 月 31 日	英美双占区—苏联占领区
《易货协定》	1947 年 11 月 27 日至 1948 年 9 月 30 日	英美双占区—苏联占领区
《法兰克福协定》	1949 年 10 月 8 日至 1950 年 6 月 30 日	西马克货币区（联邦德国）— 东马克货币区（民主德国）
《柏林协定》	1951 年 9 月 20 日至 1990 年 7 月 1 日 （1960 年 8 月 16 日修订）	西马克货币区（联邦德国）— 东马克货币区（民主德国）

资料来源：1. Deutschland（Bundesrepublik）Bundesministerium für gesamtdeutsche Fragen, Hrsg., *SBZ von 1945 bis 1954*：*Die Sowjetische Besatzungszone Deutschlands in den Jahren 1945- 1954 - Eine chronologische Übersicht*, 3. Aufl., Bonn und Berlin：Bundesministerium für gesamtdeutsche Fragen, 1961, S. 82-83, S. 151；

2. Deutschland（Bundesrepublik）Bundesministerium für innerdeutsche Beziehungen, Hrsg., *DDR-Handbuch*, Bd. 1, 3. Aufl., Köln：Verlag Wissenschaft und Politik, 1985, S. 644.

参考文献

一 文献类

Angermann, Hedda, *Aufbrüche: Dokumentation zur Wende in der DDR, Oktober 1989 bis März 1990*, München: Goethe-Institut, 1991.

Bettzuege, Reinhard, Hrsg. , *Außenpolitik der Bundesrepublik Deutschland: Dokumente von 1949 bis 1994*, Köln: Verlag Wissenschaft und Politik, 1995.

Beyme, Klaus von, Hrsg. , *Die großen Regierungserklärungen der deutschen Bundeskanzler von Adenauer bis Schmidt*, München, Wien: Carl-Hanser, 1979.

Braun, Sabineund und Bernhard, Michalowski, *3. Oktober 1990: Der Weg zur Einheit; Eine Dokumentation 1949–1990*, München: Heyne, 1990.

Bundesarchiv Koblenz, Hrsg. , *Dokumente zur Deutschlandpolitik*, Reihe II - Reihe V, München: R. Oldenbourg, 1996–2002.

Bundesarchiv und Institut für Zeitgeschichte, Hrsg. , *Akten zur Vorgeschichte der Bundesrepublik Deutschland 1945 – 1949*, Bd. 1 - Bd. 5, München: Oldenbourg, 1989.

(DDR) Staatliche Zentralverwaltung für Statistik, Hrsg. , *Statistisches Jahrbuch der Deutschen Demokratischen Republik*, Berlin (Ost): Staatsverlag der Deutschen Demokratischen Republik, 1955–1990.

Deutsche Gesellschaft für Auswärtige Politik, Hrsg. , *Dokumente zur Berlin-Frage 1944–1966*, 4. Aufl. , München: De Gruyter Oldenbourg, 1987.

Deutsches Institut für Zeitgeschichte, Hrsg., *Dokumente zur Außenpolitik der Deutschen Demokratischen Republik*, Berlin: Staatsverlag, 1964.

Deutschland (Bundesrepublik) Auswärtiges Amt, Hrsg., *Die Auswärtige Politik der Bundesrepublik Deutschland*, Köln: Verlag Wissenschaft und Politik, 1972.

Deutschland (Bundesrepublik) Bundesministerium der Justiz, Hrsg., *Bundesanzeiger*, Köln: Bundesanzeiger Verlagsgesellschaft, 1958–1961.

Deutschland (Bundesrepublik) Bundesministerium für gesamtdeutsche Fragen, Hrsg., *Der Volksaufstand vom 17. Juni 1953: Denkschrift über der Juni-Aufstand in der sowjetischen Besatzungszone und in Ostberlin*, Bonn: Bundesministerium für gesamtdeutsche Fragen, 1953.

Deutschland (Bundesrepublik) Bundesministerium für gesamtdeutsche Fragen, Hrsg., *Die Bemühungen der Bundesrepublik um Wiederherstellung der Einheit Deutschlands durch gesamtdeutsche Wahlen. Dokumente und Akten*, Bd. 1 - Bd. 3, Bonn: Deutscher Bundes-Verlag, 1958.

Deutschland (Bundesrepublik) Bundesministerium für gesamtdeutsche Fragen, Hrsg., *SBZ von 1945 bis 1954: Die Sowjetische Besatzungszone Deutschlands in den Jahren 1945–1954 - Eine chronologische Übersicht*, 3. Aufl., Bonn und Berlin: Bundesministerium für gesamtdeutsche Fragen, 1961.

Deutschland (Bundesrepublik) Bundesministerium für innerdeutsche Beziehungen, Hrsg., *Zahlenspiegel: Bundesrepublik Deutschland / Deutsche Demokratische Republik - ein Vergleich*, Bonn: Bundesministerium für innerdeutsche Beziehungen, 1976.

Deutschland (Bundesrepublik) Bundesministerium fürinnerdeutsche Beziehungen, Hrsg., *Zehn Jahre Deutschlandpolitik: die Entwicklung der Beziehungen zwischen der Bundesrepublik Deutschland und der Deutschen Demokratischen Republik 1969–1979: Bericht und Dokumentation*, Bonn: Bundesministerium für innerdeutsche Beziehungen, 1980.

Deutschland (Bundesrepublik) Bundesministerium fürinnerdeutsche Beziehungen, Hrsg., *DDR-Handbuch*, Bd. 1 - Bd. 2, 3. Aufl., Köln: Wissenschaft und Politik Verlag, 1985.

Deutschland（Bundesrepublik）Bundesministerium fürinnerdeutsche Beziehungen, Hrsg. , *Innerdeutsche Beziehungen. Die Entwicklung der Beziehungen zwischen der Bundesrepublik Deutschland und der Deutschen Demokratische Republik 1980-1986: Eine Dokumentation*, Bonn: Bundesministerium für innerdeutsche Beziehungen, 1986.

Deutschland（Bundesrepublik）Bundesministerium fürinnerdeutsche Beziehungen, Hrsg. , *Der Besuch von Generalsekretär Honecker in der Bundesrepublik Deutschland: Dokumentation zum Arbeitsbesuch des Generalsekretärs der SED und Staatsratsvorsitzenden der DDR, Erich Honecker, in der Bundesrepublik Deutschland im September 1987*, Bonn: Bundesministerium für innerdeutsche Beziehungen, 1988.

Deutschland（Bundesrepublik）Bundesministerium fürinnerdeutsche Beziehungen, Hrsg. , *Deutschlandpolitische Bilanz 1988: Erklärung von Dorothee Wilms, Bundesminister für innerdeutsche Beziehungen: Zahlen, Daten, Fakten*, Bonn: Bundesministerium für innerdeutsche Beziehungen, 1989.

Deutschland（Bundesrepublik）Bundesministerium für innerdeutsche Beziehungen, Hrsg. , *Texte zur Deutschlandpolitik*,

Reihe I, Bd. 1（13. 12. 1966 - 05. 10. 1967）- Bd. 12（18. 01. 1973 - 20. 06. 1973）, Bonn: Deutscher Bundes-Verlag, 1968-1973.

Reihe II, Bd. 1（22. 06. 1973 - 18. 02. 1974）- Bd. 8（20. 03. 1980 - 01. 10. 1982）, Bonn: Deutscher Bundes-Verlag, 1975-1983.

Reihe III, Bd. 1（13. 10. 1983 - 30. 12. 1983）- Bd. 8b（1990）, Bonn: Deutscher Bundes-Verlag, 1985-1991.

Deutschland（Bundesrepublik）Bundesministerium für Wirtschaft und Technologie, Hrsg. , *Wirtschaft in Zahlen: Daten, Fakten, Entwicklungen; mit Erläuterungen und Kommentaren*, Bonn: Bundesministerium für Wirtschaft und Technologie, 1992.

Deutschland（Bundesrepublik）Deutsche Bundesbank, Hrsg. , *Die Zahlungsbilanz der ehemaligen DDR 1975 bis 1989*, Frankfurt am Main:

Dt. Bundesbank, 1999.

Deutschland (Bundesrepublik) Deutscher Bundestag, Hrsg. , *Deutscher Bundestag: Chronik*, I - XII, Bonn: Presse und Informationsamt, 1973–1994.

Deutschland (Bundesrepublik) Deutscher Bundestag, Hrsg. , *Materialien der Enquete-Kommission*, II, 1, Baden-Baden: Nomos, 1995.

Deutschland (Bundesrepublik) Presse- und Informationsamt, Hrsg. , *Bulletin des Presse - und Informationsamtes der Bundesregierung*, Bonn: Deutscher Bundes-Verlag, 1951–1990.

Deutschland (Bundesrepublik) Presse- und Informationsamt, Hrsg. , *Dokumentation zu den innerdeutschen Beziehungen: Abmachungen u. Erklärungen*, Bonn: Presse- u. Informationsamt d. Bundesregierung, 1990.

Deutschland (Bundesrepublik) Statistisches Bundesamt, Hrsg. , *Statistisches Jahrbuch für die Bundesrepublik Deutschland 1952–1990*, Stuttgart: Metzler-Poeschel, 1952–1990.

Deutschland (Bundesrepublik) Statistisches Bundesamt, Hrsg. , *Sonderreihe mit Beiträgen für das Gebiet der ehemaligen DDR*, *Heft 33*, *Entstehung und Verwendung des Bruttoinlandsprodukts 1970 bis 1989*, Wiesbaden: Statistisches Bundesamt, 2000.

Die Dokumentation, *Deutschland-Archiv: Zeitschrift für Fragen der DDR und der Deutschlandpolitik*, Köln: Wissenschaft und Politik, 1968–1990.

Enders, Ulrich und Reiser, Konrad, Bearb. , *Kabinettsprotokolle der Bundesregierung 1949*, Bd. 1, Boppard am Rhein: Harald Boldt, 1982.

Enders, Ulrich und Reiser, Konrad, Bearb. , *Kabinettsprotokolle der Bundesregierung 1953*, Bd. 6, Boppard am Rhein: Harald Boldt, 1989.

Enders, Ulrich und Booms, Hans und Hullbusch, Ursula, Bearb. , *Die Kabinettsprotokolle der Bundesregierung 1960*, Bd. 13, München: Oldenbourg, 2003.

Enders, Ulrich und Filthaut, Jörg und Behrendt, Ralf, Bearb. , *Die Kabinettsprotokolle der Bundesregierung 1961*, Bd. 14, München: Oldenbourg, 2004.

Gotto, Klaus und Kleinmann, Hans-Otto und Schreiner, Reinhard, Bearb, *Im Zentrum der Macht: das Tagebuch von Staatssekretär Lenz, 1951 - 1953*,

Düsseldorf：Droste，1988.

Hollmann，Michael und Fabian，Christine und Rössel，Uta，Bearb.，*Kabinettsprotokolle der Bundesregierung 1968*，Bd. 21，München：De Gruyter Oldenbourg，2011.

Hollmann，Michael und Naasner，Walter und Seemann，Christoph，Bearb.，*Kabinettsprotokolle der Bundesregierung 1969*，Bd. 22，München：De Gruyter Oldenbourg，2012.

Judt，Matthias，Hrsg.，*DDR-Geschichte in Dokumenten：Beschlüsse，Berichte，interne Materialien und Alltagszeugnisse*，Berlin：Christoph Links Verlag，1998.

Kohl，Helmut，*Reden und Erklärungen zur Deutschlandpolitik：Reihe Berichte und Dokumentationen*，Bonn：Deutschland（Bundesrepublik）Presse - und Informationsamt，1990.

Küsters，Hanns Jürgen，Bearb.，*Deutsche Einheit：Sonderedition aus den Akten des Bundeskanzleramtes*，München：Oldenbourg，1998.

Legal Division，Office of Military Government for Germany，*Gesetzliche Vorschriften der amerikanischen Militärregierung in Deutschland*，München：Off.，1946.

Mahnke，Hans Heinrich，Hrsg.，*Dokumente zur Berlin-Frage 1967−1986*，München：De Gruyter Oldenbourg，1987.

Meissner，Boris，*Die Deutsche Ostpolitik 1961 − 1970：Kontinuität und Wandel Dokumentation*，Köln：Verlag Wissenschaft und Politik，1970.

Müller-Marsall，Margarethe，Hrsg.，*Archiv der Gegenwart：Deutschland 1949 bis 1999*，Bd. 1 - Bd. 9，Sankt Augustin：Siegler Verlag，2000.

Münch，Ingo von，Hrsg.，*Verträge Bundesrepublik Deutschland - DDR（Aktuelle Dokumente）*，Berlin：De Gruyter，1973.

Münch，Ingo von，Hrsg.，*Dokumente des geteilten Deutschland*，Bd. 1，Stuttgart：Alfred Kröner，1976.

Münch，Ingo von，Hrsg.，*Dokumente der Wiedervereinigung Deutschlands：Quellentexte zum Prozeß der Wiedervereinigung von der Ausreisewelle aus der DDR über Ungarn, die CSSR und Polen im Spätsommer 1989 bis zum Beitritt der DDR zum Geltungsbereich des Grundgesetzes der Bundesrepublik Deutschland im Oktober 1990*, Stuttgart: Kröner, 1991.

Naasner, Walter und Seemann, Christoph und Fabian, Christine, Bearb., *Kabinettsprotokolle der Bundesregierung 1967*, Bd. 20, München: De Gruyter Oldenbourg, 2010.

Nakath, Detlef, Hrsg., *Von Hubertusstock nach Bonn: eine dokumentierte Geschichte der deutsch-deutschen Beziehungen auf höchster Ebene 1980 – 1987*, Berlin: Dietz, 1995.

Nakath, Detlef und Stephan, Gerd-Rüdiger, Hrsg., *Countdown zur deutschen Einheit: eine dokumentierte Geschichte der deutsch-deutschen Beziehungen 1987–1990*, Berlin: Dietz, 1996.

Nakath, Detlef und Neugebauer, Gero und Stephan, Gerd-Rüdiger, Hrsg., *„Im Kreml brennt noch Licht": Die Spitzenkontakte zwischen SED/PDS und KPdSU 1989–1991*, Berlin: Dietz Verlag, 1998.

Oberndörfer, Dieter, Hrsg., *Die Große Koalition 1966 – 1969. Reden und Erklärungen des Bundeskanzlers*, Stuttgart: Deutsche Verlags-Anstalt, 1979.

Potthoff, Heinrich, Hrsg., *Die „Koalition der Vernunft": Deutschlandpolitik in den 80er Jahren*, München: Deutscher Taschenbuch Verlag, 1995.

Potthoff, Heinrich, Hrsg., *Bonn und Ost-Berlin 1969 – 1982: Dialog auf höchster Ebene und vertrauliche Kanäle. Darstellung und Dokumente*, Bonn: Dietz, 1997.

Przybylski, Peter, *Tatort Politbüro. Die Akte Honecker*, Berlin: Rowohlt, 1991.

Ruhm von Oppen, Beate, *Documents on Germany under Occupation 1945 – 1954*, London: Oxford University Press, 1955.

Schuster, Rudolfund und Liebing, Werner, Hrsg., *Deutsche Verfassungen*, 13. Aufl., München: W. Goldmann, 1981.

Siegler, Heinrich von, Bearb., *Dokumentation zur Deutschlandfrage: von der Atlantik-Charta 1941 bis zur Genfer Außenministerkonferenz 1959. Hauptband:*

Chronik der Ereignisse, Bd. 1, Bonn: Siegler Verlag, 1959.

Siegler, Heinrich von, Hrsg. , *Archiv der Gegenwart: Dokumentation der Zeitgeschichte*, Sankt Augustin: Siegler, Verlag für Zeitarchive, 1993-2004.

Sozialistische Einheitspartei Deutschlands, Hrsg. , *Beginn der Wende und Erneuerung. Erklärung des Politbüros des ZK der SED 11. Oktober 1989*, Berlin: Dietz, 1989.

Special Consultative Group (SCG), *Progress Report on Intermediate-Range Nuclear Forces (INF)*, Brussels: NATO Information Service, 1983.

Stiftung Archiv der Parteien und Massenorganisationen der DDR im Bundesarchiv, München: Saur, 2006.

Stüwe, Klaus, Hrsg. , *Die großen Regierungserklärungen: Der deutschen Bundeskanzler von Adenauer bis Schröder*, Opladen: Leske und Budrich, 2002.

The Language Services Division of the Foreign Office of the Federal Republic of Germany, *German Institutions: Designations, Abbreviations, Acronyms*, Berlin/New York: Walter De Gruyter, 2013.

Thies, Jochen und Wagner, Wolfgang, Hrsg. , *Das Ende der Teilung. Der Wandel in Deutschland und Osteuropa. Beiträge und Dokumente aus dem Europa-Archiv*, Bonn: Verlag für Internationale Politik, 1990.

United States. Department of State, *U. S. Department of State Publication 2630 European Series 15: United States Economic Policy toward Germany*, Washington D. C. : U. S. Government Printing Office, 1946.

United States, Department of State, *Documents on Germany, 1944-1985*, Washington D. C. : U. S. Dept. of State, Office of the Historian, Bureau of Public Affairs, 1985.

Weber, Wernerund und Jahn, Werner, Bearb. , *Synopse zur Deutschland-politik 1941 bis 1973*, Göttingen: Schwartz, 1973.

Zimmerling, Zenound und Zimmerling, Sabine, *Neue Chronik der DDR: Berichte, Fotos, Dokumente*, Berlin: Verlag Tribüne, 1990.

［德］艾哈德·克罗默编：《德国统一的左翼观点：文献与研究（第一卷）外交与安全政策》，王超、岳伟、王莹译，社会科学文献出版社 2023

年版。

［俄］阿·加尔金、［俄］阿·切尔尼亚耶夫：《戈尔巴乔夫与德国问题》，周力、胡昊、董国平等译，当代世界出版社 2017 年版。

［民主德国］德意志民主共和国外交部编：《关于德意志联邦共和国政府侵略政策的白皮书》，世界知识出版社 1959 年版。

［民主德国］德意志民主共和国外交部、［苏］苏维埃社会主义共和国联盟外交部编：《西方国家对德国问题政策真相（历史概要）》，世界知识出版社 1959 年版。

［民主德国］德意志民主共和国中央国家统计局编：《德意志民主共和国十年来的建设成就》，世界知识出版社 1959 年版。

《联邦德国东方政策文件集》，龚荷花等译，中国对外翻译出版公司1987 年版。

人民出版社编：《德国问题文件汇编》，人民出版社 1953 年版。

世界知识社编：《德国统一社会党第四次代表大会文件选辑》，纪年译，世界知识出版社 1956 年版。

世界知识社辑：《欧洲安全和德国问题文件汇编》（第一集 1945—1953），世界知识社 1956 年版。

中国社会科学院苏联东欧研究所编：《民主德国政治经济体制改革文献选编》，中国社会科学院苏联东欧研究所 1986 年版。

二 回忆录、采访录类

［德］埃贡·克伦茨：《大墙倾倒之际：克伦茨回忆录》，沈隆光等译，世界知识出版社 1991 年版。

［德］埃贡·克伦茨：《89 年的秋天》，孙劲松译，中共中央党校出版社 2005 年版。

［德］埃贡·克伦茨编：《柏林墙倒塌 30 年记：原民主德国方面的回顾与反思》，王建政译，社会科学文献出版社 2021 年版。

［德］汉斯·莫德罗：《起点与终点：前东德总理莫德罗回忆录》，王建政译，军事科学出版社 2002 年版。

［德］汉斯·莫德罗：《我眼中的改革》，马细谱等译，中央编译出版社 2012 年版。

［德］赫尔穆特·施密特：《同路人：施密特回忆录》，潘海峰译，世界知识出版社 2002 年版。

［德］霍斯特·特尔切克：《329 天：德国统一的内部视角》，欧阳甦译，社会科学文献出版社 2016 年版。

［德］克里斯塔·卢夫特：《最后的华尔兹：德国统一与回顾》，朱章才译，中央编译出版社 1995 年版。

［德］赖因霍尔德·安德特、［德］沃尔夫冈·赫兹贝格：《倒台：昂纳克答问录》，顾增文等译，世界知识出版社 1992 年版。

［德］里夏德·冯·魏茨泽克：《通向统一之路》，孟虹译，东方出版社 2014 年版。

［德］马库斯·沃尔夫：《隐面人：前东德情报局局长回忆录》，胡利平译，国际文化出版公司 1999 年版。

［德］施特劳斯：《施特劳斯回忆录》，苏惠民等译，中国对外翻译出版公司 1993 年版。

［德］特奥多尔·霍夫曼：《最后一道命令：民主德国末任军职国防部长的回忆》，王建政等译，海南出版社 2001 年版。

［俄］阿纳托利·多勃雷宁：《信赖：多勃雷宁回忆录》，肖敏、王为等译，世界知识出版社 1997 年版。

［俄］米·谢·戈尔巴乔夫：《对过去和未来的思考》，徐葵等译，新华出版社 2002 年版。

［俄］米·谢·戈尔巴乔夫：《我与东西德统一》，王尊贤译，中央编译出版社 2006 年版。

［俄］米·谢·戈尔巴乔夫：《真想与自白：戈尔巴乔夫回忆录》，述弢等译，社会科学文献出版社 2002 年版。

［俄］瓦连京·法林：《密室隐情：前苏驻德大使法林回忆录》，余燕学译，军事谊文出版社 2001 年版。

［联邦德国］安纳丽丝·波萍迦：《回忆阿登纳》，上海外国语学院德法语系德语组译，上海人民出版社 1976 年版。

［联邦德国］赫尔穆特·施密特：《均势战略：德国的和平战略和超级大国》，上海外国语学院英语系，复旦大学资本主义经济研究所译，上海人民出版社 1975 年版。

［联邦德国］赫尔穆特·施密特：《伟人与大国：施密特回忆录》，梅兆荣等译，世界知识出版社 1989 年版。

［联邦德国］康拉德·阿登纳：《阿登纳回忆录 1945—1963》（一）—（四），上海外国语学院德法语系德语组部分同志译，上海人民出版社 1976 年版。

［联邦德国］库特·比伦巴赫：《我的特殊使命》，潘琪昌、马灿荣译，上海译文出版社 1988 年版。

［联邦德国］路德维希·艾哈德：《来自竞争的繁荣》，祝世康、穆家骥译，商务印书馆 1983 年版。

［联邦德国］维利·勃兰特：《会见与思考》，张连根等译，商务印书馆 1979 年版。

［联邦德国］威廉·格雷韦：《联邦德国外交风云纪实》，梅兆荣等译，世界知识出版社 1984 年版。

［美］乔治·布什、［美］布伦特·斯考克罗夫特：《重组的世界：1989—1991 年世界重大事件的回忆》，胡发贵等译，江苏人民出版社 2000 年版。

［美］小杰克·F·马特洛克：《苏联解体亲历记》，吴乃华等译，世界知识出版社 1996 年版。

［民主德国］埃里希·昂纳克：《我的经历》，龚荷花等译，世界知识出版社 1987 年版。

［民主德国］瓦尔特·乌布利希：《目前形势和德国统一社会党的新任务》，纪年译，世界知识出版社 1954 年版。

［苏］米·谢·戈尔巴乔夫：《改革与新思维》，苏群译，新华出版社 1987 年版。

徐鹏堂编：《嬗变：访谈中国前东欧八国大使》，中共党史出版社 2010 年版。

Brandt, Willy, *People and Politics*：*The Years 1960-1975*, Boston：Little,

Brown and Company, 1978.

Bräutigam, Hans Otto, *Ständige Vertretung：meine Jahre in Ost-Berlin*, Hamburg：Hoffmann und Campe, 2009.

Bölling, Klaus, *Die fernen Nachbarn：Erfahrungen in der DDR*, Hamburg：Gruner und Jahr, 1983.

Clay, Lucius D. , *Decision in Germany*, Garden City：Doubleday, 1950.

Diekmann, Kaiund und Reuth, Ralf Georg und Kohl, Helmut, *Helmut Kohl：Ich wollte Deutschlands Einheit*, 2. Aufl. , Berlin：Ullstein, 1999.

Gaus, Günter, *Wo Deutschland liegt：eine Ortsbestimmung*, Hamburg：Hoffmann und Campe, 1983.

Genscher, Hans Dietrich, *Erinnerung*, Berlin：Siedler, 1995.

Kohl, Helmut, *Erinnerungen 1982-1990*, München：Droemer, 2005.

Kohl, Helmut, *Erinnerungen 1990-1994*, München：Droemer, 2007.

Kwizinskij, Julij A. , *Vor dem Sturm：Erinnerungen eines Diplomaten*, Berlin：Siedler, 1993.

Mittag, Günter, *Um jeden Preis*, Berlin：Aufbau-Verlag, 1991.

Schalck-Golodkowski, Alexander, *Deutsch-deutsche Erinnerungen*, Hamburg：Rowohlt, 2000.

Schäuble, Wolfgang, *Der Vertrag：Wie ich die deutsche Einheit verhandelte*, Stuttgart：Deutsche Verlags-Anstalt, 1991.

Schmidt, Helmut, *Die Deutschen und ihre Nachbarn*, Berlin：Siedler, 1990.

三 著作类

（一）德文部分

Abelshauser, Werner, *Deutsche Wirtschaftsgeschichte seit 1945*, München：C. H. Beck, 2004.

Balfour, Michael, *Viermächtekontrolle in Deutschland 1945-1946*, Düsseldorf：Droste, 1959.

Bickerich, Wolfram, *Der Enkel: Analyse der Ära Kohl*, Düsseldorf: ECON, 1995.

Boyer, Christoph und Henke, Klaus-Dietmar und Skyba, Peter, Hrsg. , *Geschichte der Sozialpolitik in Deutschland seit 1945*, Bd. 10: Deutsche Demokratische Republik 1971–1989: Bewegung in der Sozialpolitik, Erstarrung und Niedergang, Baden-Baden: Nomos-Verl. , 2008.

Bruns, Wilhelm, *Deutsch-deutsche Beziehungen: Prämissen, Probleme, Perspektiven*, Opladen: Leske und Budrich, 1984.

Bruns, Wilhelm, *Von der Deutschlandpolitik zur DDR-Politik: Prämissen - Probleme - Perspektiven*, Opladen: Leske und Budrich, 1989.

Christiane, Fritsche, *Schaufenster des „Wirtschaftswunders " und Brückenschlag nach Osten: Westdeutsche Industriemessen und Messebeteiligungen im Kalten Krieg (1946–1973)*, München: Internationaler Verlag der Wissenschaften, 2008.

Cornelsen, Doris und Lambrecht, Horst und Melzer, Manfred und Schwartau, Cord, *Die Bedeutung innerdeutschen Handels für die Wirtschaft der DDR, Deutsches Institut für Wirtschaftsforschung: Sonderheft 138*, Berlin: Duncker und Humblot, 1983.

Dahlmann, Heinz, *Die Entwicklung des deutschen Interzonenhandels nach dem zweiten Weltkrieg*, Köln: Universität Köln, Dissertation, 1954.

Deutsches Institut für Wirtschaftsforschung, Hrsg. , *Wirtschaftsprobleme der Besatzungszonen*, Berlin: Duncker und Humblot, 1948.

Diehl, Ernst, *Geschichte der Sozialistischen Einheitspartei Deutschlands: Abriss*, Berlin: Dietz, 1978.

Effner, Bettina und Heidemeyer, Helge, Hrsg. , *Flucht im geteilten Deutschland: Erinnerungsstätte Notaufnahmelager Marienfelde*, Berlin: be. bra Verlag, 2005.

Ehlermann, Claus-Dieter und Kupper, Siegfried und Lambrecht, Horst und Ollig, Gerhard, *Handelspartner DDR - innerdeutsche Wirtschaftsbeziehungen*, Baden-Baden: Nomos Verlagsgesellschaft, 1975.

Elvert, Friederike, *Deutschland 1949–1989: Von der Zweistaatlichkeit zur*

Einheit, Stuttgart: F. Steiner, 2003.

Filmer, Werner und Schwan, Heribert, *Wolfgang Schäuble: Politik als Lebensaufgabe*, München: Bertelsmann, 1992.

Finger, Stefan, *Franz Josef Strauß: Ein politisches Leben*, München: Olzog, 2005.

Gutmann, Gernot, Hrsg., *Außenwirtschaft der DDR und innerdeutsche Wirtschaftsbeziehungen: rechtliche und ökonomische Problem*, Berlin: Duncker und Humblot, 1986.

Haendcke-Hoppe-Arndt, Maria und Lieser-Triebnigg, Erika, Hrsg., *40 Jahre innerdeutsche Beziehungen*, Berlin: Duncker und Humblot, 1990.

Hamel, Hannelore, Hrsg., *Soziale Marktwirtschaft - Sozialistische Planwirtschaft: ein Vergleich Bundesrepublik Deutschland - DDR*, München: Verlag Franz Vahlen GmbH, 1989.

Hasse, Rolf, *Theorie und Politik des Embargos*, Köln: Institute für Wirtschaftspolitik an der Uni zu Köln, 1973.

Heidemeyer, Helge, *Flucht und Zuwanderung aus der SBZ/DDR 1945/1949-1961: die Flüchtlingspolitik der Bundesrepublik Deutschland bis zum Bau der Berliner Mauer*, Düsseldorf: Droste, 1994.

Hertle, Hans-Hermann, *Der Fall der Mauer: Die unbeabsichtigte Selbstauflösung des SED-Staates*, Opladen/Wiesbaden: Westdeutscher Verlag, 1996.

Hertle, Hans-Hermann und Jarausch, Konrad H., Hrsg., *Risse im Bruderbund - Die Gespräche Honecker-Breschnew 1974 bis 1982*, Berlin: Christoph Links Verlag, 2006.

Heyl, Friedrich von, *Der innerdeutsche Handel mit Eisen und Stahl 1945-1972: deutsch-deutsche Beziehungen im Kalten Krieg*, Köln: Böhlau, 1997.

Jäger, Wolfgang und Link, Werner, *Republik im Wandel 1974-1982: Die Ära Schmidt*, Stuttgart: DVA, 1987.

Karlsch, Reiner und Wagner, Paul Werner, *Die AGFA-ORWO-Story: Geschichte der Filmfabrik Wolfen und ihrer Nachfolger*, Berlin: Verlag für Berlin-Brandenburg, 2010.

Kielmansegg, Peter, *Nach der Katastrophe: eine Geschichte des geteilten Deutschland*, Berlin: Siedler, 2000.

Kiesewetter, Bruno, *Der Ostblock. Außenhandel des östlichen Wirtschaftsblockes einschließlich China*, Berlin: Safari Verlag, 1960.

Kleßmann, Christoph, *Die doppelte Staatsgründung: deutsche Geschichte 1945–1955*, Göttingen: Vandenhoeck und Ruprecht, 1982.

Kleßmann, Christoph und Stöver, Bernd, Hrsg., *1953 – Krisenjahr des Kalten Krieges in Europa*, Köln: Böhlau, 1999.

Kornai, János, *Das sozialistische System: die politische Ökonomie des Kommunismus*, Baden-Baden: Nomos-Verl. -Ges., 1995.

Kuhrt, Eberhard, Hrsg., *Die Endzeit der DDR-Wirtschaft-Analysen zur Wirtschafts-, Sozial- und Umweltpolitik*, Opladen: Leske und Budrich, 1999.

Kupper, Siegfried, *Der innerdeutsche Handel: rechtliche Grundlagen, politische und wirtschaftliche Bedeutung*, Köln: Markus-Verlag, 1972.

Lambrecht, Horst, *Die Entwicklung des Interzonenhandels von seinen Anfängen bis zur Gegenwart*, Berlin: Duncker und Humblot, 1965.

Ludwig, Udo und Stäglin, Reiner und Stahmer, Carsten, *Verflechtungsanalysen für die Volkswirtschaft der DDR am Vorabend der deutschen Vereinigung*, Berlin: Duncker und Humblot, 1996.

Maier, Harry, *Vom innerdeutschen Handel zur deutsch-deutschen Wirtschafts - und Währungsgemeinschaft*, Köln: Wissenschaft und Politik, 1990.

Marin, Ernst, *Zwischenbilanz: Deutschlandpolitik der 80er Jahre*, Stuttgart: Bonn Aktuell, 1986.

Nakath, Detlef, *Zur Geschichte der deutsche-deutschen Handelsbeziehungen: Die besondere Bedeutung der Krisenjahre 1960/61 für die Entwicklung des innerdeutschen Handels*, Berlin: Gesellschaftswissenschaften Forum, 1993.

Nakath, Detlef, *Deutsch-deutsche Grundlagen: Zur Geschichte der politischen und wirtschaftlichen Beziehungen zwischen der DDR und der Bundesrepublik in den Jahren von 1969 bis 1982*, Schkeuditz: SBV, Schkeuditzer Buchverlag, 2002.

Nawrocki, Joachim, *Die Beziehungen zwischen den beiden Staaten in*

Deutschland：Entwicklungen，Möglichkeiten und Grenzen，Berlin：Holzapfel，1986.

Nehring，Sighart，*Die Wirkungen von Handelspräferenzen im Warenaustausch zwischen der Bundesrepublik und der DDR：Ein empirische Beitrag zur Theorie der impliziten Transfers*，Tübingen：Mohr，1978.

Niclauß，Karlheinz，*Kanzlerdemokratie：Bonner Regierungspraxis von Konrad Adenauer bis Helmut Kohl*，Stuttgart：Kohlhammer，1988.

Orlopp，Josef，*Eine Nation handelt über Zonengrenzen：Streifzug durch die Geschichte des innerdeutschen Handels*，Berlin：Verlag Die Wirtschaft，1957.

Pirker，Theo，Hrsg.，*Der Plan als Befehl und Fiktion：Wirtschaftsführung in der DDR：Gespräche und Analysen*，Opladen：Westdeutscher Verlag，1995.

Priese，Johannes und Rebentrost，Fritz，*Kommentar zu den Gesetzen zur Neuordnung des Geldwesens unter Berücksichtigung der Durchführungsverordnungen*，Iserlohn：Silva-Verlag，1948.

Prollius，Michael von，*Deutsche Wirtschaftsgeschichte nach 1945*，Göttingen：Vandenhoeck und Ruprecht，2006.

Rüden，Bodo von，*Die Rolle der D-Mark in der DDR：von der Nebenwährung zur Währungsunion*，Baden-Baden：Nomos-Verl.-Ges.，1991.

Siebe，Richard，*Interzonenhandel*，2. Aufl.，Frankfurt am Main：Verlag für Wirtschaft und Verwaltung，1965.

Steiner，André und Judt，Matthias und Reichel，Thomas，*Statistische Übersichten zur Sozialpolitik in Deutschland seit 1945*，Bd. SBZ/DDR，Bonn：Bundesministerium für Arbeit und Soziales，2006.

Steiner，André，*Von Plan zu Plan：Eine Wirtschaftsgeschichte der DDR*，Berlin：Aufbau-Taschenbuch，2007.

Thalheim，Karl Christian，*Die Wirtschaftliche Entwicklung der beiden Staaten in Deutschland*，Berlin：Landeszentrale für politische Bildungsarbeit，1978.

Wehler，Hans-Ulrich，*Deutsche Gesellschaftsgeschichte 1949–1990*，München：C. H. Beck Verlag，2008.

Weidenfeld，Werner und Zimmermann，Hartmut，Hrsg.，*Deutschland-Handbuch：Eine doppelte Bilanz 1949–1989*，Bonn：Bundeszentrale für politische

Bildung, 1989.

Weinert, Rainer, Hrsg. , „*Preise sind gefährlicher als Ideen*": *das Scheitern der Preisreform* 1979 *in der DDR*, Berlin: Forschungsstelle Diktatur und Demokratie, 1999.

Wengst, Udo und Wentker, Hermann, Hrsg. , *Das doppelte Deutschland*: *40 Jahre Systemkonkurrenz*, Bonn: Bundeszentrale für politische Bildung, 2008.

Winkel, Harald, *Die Wirtschaft im geteilten Deutschland 1945 – 1970*, Wiesbaden: Franz Steiner Verlag, 1974.

Winkler, Heinrich August, *Der lange Weg nach Westen: Deutsche Geschichte II, vom ' Dritten Reich ' bis zur Wiedervereinigung*, München: C. H. Beck, 2000.

Zentner, Kurt, *Aufstieg aus dem Nichts. Deutschland von 1945 bis 1953*, Bd. 2, Köln/Berlin: Kiepenheuer und Witsch, 1954.

Zierer, Otto, *Franz Josef Strauß. Lebensbild*, München: Herbig, 1979.

Zimmer, Matthias, *Nationales Interesse und Staatsräson: Zur Deutschland Politik der Regierung Kohl, 1982–1989*, Paderborn: Schöningh, 1992.

(二) 英文部分

Asopa, Dev, *Peace and Detente: Foreign Policy of the Social Democratic Party of Germany*, New Delhi: Sopan Publishing House, 1980.

Baring, Arnulf, *Uprising in East Germany: June 17, 1953*, London: Cornell University Press, 1972.

Bark, Dennis L. and Gress, David, *A History of West Germany: Democracy and its Discontents 1963 – 1991*, Oxford, U. K. /Cambridge, Mass. : Blackwell, 1993.

Bering, Henrik, *Helmut Kohl: The Man Who Reunited Germany, Rebuilt Europe, and Thwarted the Soviet Empire*, Washington, D. C. : Regnery Publishing, 1999.

Binder, David, *The other German: Willy Brandt's Life and Times*, Washington: New Republic Book Co, 1975.

Calleo, David P. , *The German Problem Reconsidered: Germany and the*

World Order, *1871 to the Present*, Cambridge; New York: Cambridge University Press, 1978.

Charles, Burdick, *Contemporary German*: *Politics and Culture*, London: Westview Press, 1984.

Childs, David, *The Fall of the GDR*: *Germany's Road to Unity*, Harlow/Esses/New York: Longman, 2000.

Davison, W. Phillips, *The Berlin Blockade*: *A Study in Cold War Politics*, Princeton: Princeton University Press, 1958.

Dean, Robert W., *West German Trade with the East*: *The Political Dimension*, New York: Praeger Publishers, 1974.

Frey, Eric G., *Division and Détente*: *The Germanies and their Alliances*, New York: Praeger, 1987.

Fulbrook, Mary, *Interpretations of the two Germanies*, Basingstoke, Hampshire: Macmillan Press Ltd.; New York: St. Martin's Press, 2000.

Fulbrook, Mary, *A History of Germany 1918-2008*: *The Divided Nation*, 3rd ed., New York: John Wiley and Sons, 2009.

Garnham, David, *The Politics of European Defense Cooperation*: *Germany*, *France*, *Britain*, *and America*, Cambridge, Massachusetts.: Ballinger, 1988.

Glitman, Maynard W., *The Last Battle of the Cold War*: *An Inside Account of Negotiating the Intermediate Range Nuclear Forces Treaty*, New York: Palgrave Macmillan, 2006.

Gray, Richard T. and Wilke, Sabine, *German Unification and its Discontents*: *Documents from the Peaceful Revolution*, Seattle: University of Washington Press, 1996.

Habermas, Jürgen, *The Past as Future*, Lincoln/London: University of Nebraska Press, 1994.

Hanrieder, Wolf. F., *Germany*, *America*, *Europe*: *Forty Years of German Foreign Policies*, New Haven: Yale University Press, 1989.

Heins, Cornelia, *The Wall Falls*: *An Oral History of the Reunification of the two Germanies*, London: Grey Seal, 1994.

Henry, Ashby Turner, *The Two Germanies since 1945*, New Haven: Yale University Press, 1987.

Henry, Ashby Turner, *Germany from Partition to Reunification*, New Haven: Yale University Press, 1992.

Jain, Rajendra Kumar, *Germany, the Soviet Union, and Eastern Europe, 1949-1991*, New Delhi: Radiant Publishers, 1993.

Lankowski, Carl F. , *Germany and the European Community: beyond Hegemony and Containment?*, Basingstoke, Hampshire: Macmillan Pr. Ltd. , 1993.

Lochner, Louis P. , *Tycoons and Tyrants: German Industry from Hitler to Adenauer*, Chicago: Henry Regnery, 1954.

McAdams, Arthur J. , *East Germany and Detente: Building Authority After the Wall*, Cambridge: Cambridge University Press, 1985.

Mendershausen, Horst, *"Interzonal Trade" in Germany. Part I: The Trade and The Contractual Relations*, Santa Monica, Calif: Rand Corp, 1963.

Mendershausen, Horst, *"Interzonal Trade" in Germany. Part II: Interaction with Early Berlin Conflicts*, Santa Monica, Calif: Rand Corp, 1963.

Rotfeld, Adam Daniel and Stützle, Walther, *Germany and Europe in Transition*, New York: Oxford University Press, 1991.

Pruys, Karl Hugo, *Kohl, Genius of The Present: A Biography of Helmut Kohl*, Chicago: Edition Q, 1996.

Pfetsch, Frank R. , *West Germany, Internal Structures and External Relations: Foreign Policy of the Federal Republic of Germany*, New York: Praeger, 1988.

Plock, Ernest D. , *East German-West German Relations and the Fall of the GDR*, Boulder: Westview Press, 1993.

Plock, Ernest D. , *The Basic Treaty and the Evolution of East-West German Relations*, Boulder: Westview Press, 1986.

Sarotte, M. E. , *Dealing with the Devil: East Germany, Détente, and Ostpolitik, 1969-1973*, Chapel Hill: University of North Carolina Press, 2001.

Schweigler, Gebhard, *National Consciousness in Divided Germany*, London:

Beverly Hills, Calif. : Sage Publications, 1975.

Sodaro, Michael, J. , *Moscow, Germany, and the West from Khrushchev to Gorbachev*, Ithaca: Cornell University Press, 1990.

Stolper, Wolfgang F. , *The Structure of the East German Economy*, Cambridge: Harvard University Press, 1960.

Thomaneck, Jürgen K. A. and Niven, William John, *Dividing and Uniting Germany*, London: Routledge, 2001.

Tusa, Ann and Tusa, John, *The Berlin Blockade*, London: Hodder and Stoughton, 1988.

Watson, Alan, *The Germans: who are they now?*, London: Mandarin, 1995.

Whetten, Lawrence L. , *Germany East and West: Conflicts, Collaboration, and Confrontation*, New York: New York University Press, 1980.

Wolfgramm, Doris G. , *The Kohl Government and Germany Reunification: Crisis and Foreign Policies*, Lewiston: Edwin Mellen Press, 1997.

Zelikow, Philip and Rice, Condoleezza, *Germany Unified and Europe Transformed: A Study in Statecraft*, Cambridge, Massachusetts: Harvard University Press, 1995.

（三）中文部分（含译著）

陈乐民：《战后西欧国际关系：1945—1984》，中国社会科学出版社 1987 年版。

陈乐民：《东欧剧变与欧洲重建》，世界知识出版社 1991 年版。

陈延辉：《德国的分合》，台北：开拓出版有限公司 2005 年版。

［德］迪特尔·格鲁瑟尔：《德国统一史（第二卷）——货币、经济和社会联盟的冒险之举：与经济学原理相冲突却迫于形势的政治举措》，周弘主编、邓文子译，社会科学文献出版社 2016 年版。

［德］弗里茨·斯特恩：《我的五个德国：历史与回忆》，季大方译，社会科学文献出版社 2020 年版。

［德］格琳德·辛恩、［德］汉斯—维尔纳·辛恩：《冰冷的启动：从国民经济视角看德国统一》，晏杨译，上海三联书店 2012 年版。

［德］赫尔曼·格拉瑟：《德意志文化（1945—2000年）》（上、下），周睿睿译，社会科学文献出版社2016年版。

［德］卡尔—鲁道夫·科尔特：《德国统一史（第一卷）——科尔总理时期的德国政策：执政风格与决策（1982—1989）》，周弘主编、刘宏宇译，社会科学文献出版社2016年版。

［德］米夏埃尔·于尔格斯：《德国统一现状》，徐静华译，人民出版社2012年版。

［德］维尔纳·马泽尔：《统一总理：科尔传》，马福云译，时代文艺出版社2002年版。

［德］维尔讷·魏登菲尔德等：《德国统一史（第四卷）——争取德国统一的外交政策：决定性的年代（1989—1990）》，周弘主编、欧阳甦译，社会科学文献出版社2016年版。

［德］沃尔夫冈·鲁茨欧：《德国政府与政治》，熊炜、王健译，北京大学出版社2010年版。

［德］沃尔夫冈·维德迈尔：《德国总统魏茨泽克传》，孙秀民译，中国大百科全书出版社上海分社1991年版。

［德］沃尔夫冈·耶格尔等：《德国统一史（第三卷）——克服分裂：1989—1990年德国内部的统一进程》，周弘主编、杨橙译，社会科学文献出版社2016年版。

［德］扬—维尔纳·米勒：《另一个国度：德国知识分子、两德统一及民族认同》，马俊、谢青译，新星出版社2008年版。

［德］约阿辛姆·阿尔格米森：《汉斯·蒂特迈尔：构建德国和欧洲经济秩序的一生》，胡琨、周旺旺、钟佳睿、李梦璐译，社会科学文献出版社2021年版。

邓红英：《民主德国德国政策的演变（1949—1990）》，湖北人民出版社2009年版。

丁建弘：《德国通史》，上海社会科学院出版社2019年版。

丁建弘、陆世澄、刘淇宝编：《战后德国的分裂与统一：1945—1990》，人民出版社1996年版。

杜攻、倪立羽编：《转换中的世界格局》，世界知识出版社1992年版。

范军：《德国：久分重合的欧洲大国》，台北：五南图书出版公司 1993 年版。

方连庆、刘金质、王炳元：《战后国际关系史》，北京大学出版社 1999 年版。

复旦大学资本主义国家经济研究所《战后西德经济》编写组：《战后西德经济》，上海人民出版社 1975 年版。

复旦大学资本主义国家经济研究所编：《德意志联邦共和国政府机构》，上海人民出版社 1975 年版。

高德平：《柏林墙与民主德国》，世界知识出版社 1992 年版。

洪丁福：《德国的分裂与统一：外交与国际面》，台北：商务印书馆 1994 年版。

姜德昌、吴疆：《马克骑士：再度崛起的德意志》，吉林人民出版社 1998 年版。

李工真：《德意志道路：现代化进程研究》，武汉大学出版社 2005 年版。

李骏阳：《德国的统一：1989—1990》，上海大学出版社 2013 年版。

李毅臻：《统一之路与分裂之痛——"二战"后分裂国家统一的启示与统一国家分裂的教训》，中国广播电视出版社 2007 年版。

［联邦德国］彼得·本德尔：《盘根错节的欧洲》，马灿草等译，世界知识出版社 1984 年版。

［联邦德国］卡尔·迪特利希·埃尔德曼：《德意志史》（第四卷），华明等译，商务印书馆 1986 年版。

［联邦德国］卡尔·哈达赫：《二十世纪德国经济史》，扬绪译，商务印书馆 1984 年版。

［联邦德国］克·哈普雷希特：《维利·勃兰特：画像与自画像》，复旦大学资本主义国家经济研究所译，上海人民出版社 1976 年版。

连玉如：《新世界政治与德国外交政策：新德国问题的探索》，北京大学出版社 2003 年版。

刘金质：《冷战史》，世界知识出版社 2003 年版。

刘芝平：《联邦德国与北约发展》，江西人民出版社 2011 年版。

［美］科佩尔·S. 平森：《德国近现代史：它的历史和文化》（下），范德一译，商务印书馆 1987 年版。

［美］埃德温·哈特里奇：《第四帝国的崛起》，范益世译，世界知识出版社 1982 年版。

［美］C. 布雷德利·沙尔夫：《民主德国的政治与变革》，秦刚等译，春秋出版社 1988 年版。

［美］W. F. 汉里德、［美］G. P. 奥顿：《西德、法国和英国的外交政策》，徐宗士等译，商务印书馆 1989 年版。

［美］伊丽莎白·庞德：《冲破柏林墙：德国统一之路》，二十世纪基金会公司 1993 年版。

［美］赵全胜、［美］罗伯特·萨特：《分裂与统一：中国、韩国、德国、越南经验之比较研究》，台北：桂冠图书公司 1994 年版。

［民主德国］德国统一社会党中央马列主义研究所编写组编：《德国统一社会党简史》，陆仁译，人民出版社 1990 年版。

［民主德国］京特·米塔格编：《社会主义政治经济学及其在德意志民主共和国的应用》（上、下册），沙吉才译，中国社会科学出版社 1982 年版。

［民主德国］莱比锡大学地理研究组编：《德意志民主共和国在重建中》，朱立人译，人民出版社 1953 年版。

［民主德国］争取德国统一委员会编：《西德准备复仇战争——关于德国军国主义在西德复活的事实》，奚瑞森等译，世界知识出版社 1955 年版。

潘其昌：《走出夹缝：联邦德国外交风云》，中国社会科学出版社 1990 年版。

彭滂沱：《德国问题与欧洲秩序》，台北：三民书局 1992 年版。

世界知识出版社编：《德国统一纵横》，世界知识出版社 1992 年版。

［苏］梅尔尼珂夫：《为统一独立爱好和平的德国而斗争》，陈用仪译，人民出版社 1953 年版。

［苏］维·德·库里巴金：《第二次世界大战期间和战后的德国及德意志民主共和国的成立和发展》，全地译，高等教育出版社 1957 年版。

［苏］维什涅夫：《德国问题与两个阵营的斗争》，李鸿礼译，中华书局 1952 年版。

孙炳辉、邓寅达：《德国史纲》，华东师范大学出版社 1995 年版。

孙劲松：《柏林墙倒塌后》，中共中央党校出版社 2005 年版。

台湾行政院研究发展考核委员会编：《统一前东、西德交流之研究》，台北：行政院研究发展考核委员会 1991 年版。

王涌：《战后德国经济与社会结构变化研究》，世界图书出版公司 2016 年版。

吴友法：《德国现当代史》，武汉大学出版社 2007 年版。

吴友法、黄正柏、邓红英、岳伟、孙文沛：《德国通史（第六卷）——重新崛起时代（1945—2010）》，江苏人民出版社 2019 年版。

吴友法、邢来顺：《德国：从统一到分裂再到统一》，三秦出版社 2005 年版。

夏路：《复合权力结构与国家统一模式》，中国社会科学出版社 2011 年版。

萧汉森、黄正柏编：《德国的分裂、统一与国际关系》，华中师范大学出版社 1998 年版。

肖辉英，陈德兴：《德国：世纪末的抉择》，当代世界出版社 2000 年版。

许琳菲等：《德国在哪里？文化统一篇》，台北：三民书局 1991 年版。

许仟：《德国政府与政治》，台北：汉威出版社 1997 年版。

晏小宝：《德国的统一》，上海远东出版社 1992 年版。

晏小宝：《社会市场经济与德国统一》，上海三联书店 1993 年版。

杨荫恩编：《战后德国简史》，外语教学与研究出版社 1995 年版。

姚先国、［德］海因茨·缪尔德斯：《两德统一中的经济问题》，科学技术文献出版社 1992 年版。

叶晓东：《第二次柏林危机期间美国与联邦德国关系研究（1958—1963）》，武汉大学出版社 2013 年版。

［英］本·福凯斯：《东欧共产主义的兴衰》，张金鉴译，中央编译出版社 1998 年版。

［英］德里克·W. 厄尔温：《第二次世界大战后的西欧政治》，章定昭译，中国对外翻译出版公司 1985 年版。

［英］弗雷德里克·泰勒：《柏林墙：分裂的世界（1961—1989）》，刘强译，重庆出版社 2009 年版。

［英］罗伯特·瑟维斯：《冷战的终结：1985—1991》，周方茹译，社会科学文献出版社 2021 年版。

［英］迈克尔·鲍尔弗、［英］约翰·梅尔：《四国对德国和奥地利的管制 1945—1946 年》，安徽大学外语系译，上海译文出版社 1995 年版。

于振起：《冷战缩影：战后德国问题》，世界知识出版社 2010 年版。

张炳杰：《德国的历史与两个德国的现状》，旅游教育出版社 1988 年版。

张亚中：《德国问题：国际法与宪法的争议》，台北：扬智文化事业公司 1999 年版。

张五岳：《分裂国家互动模式与统一政策之比较研究》，台北：业强出版社 1992 年版。

周弘编：《德国统一的外交》，社会科学文献出版社 2021 年版。

周永生：《经济外交》，中国青年出版社 2004 年版。

四　德文报刊

Bild（《图片报》）

Der Spiegel（《明镜周刊》）

Der Stern（《明星周刊》）

Der Tagesspiegel（《每日镜报》）

Die Wirtschaft（《经济报》）

Die Welt（《世界报》）

Die Zeit（《时代周刊》）

Essener Allgemeine Zeitung（《埃森汇报》）

Frankfurter Allgemeine Zeitung（《法兰克福汇报》）

Frankfurter Rundschau（《法兰克福评论报》）

Handelsblatt（《商报》）

Neues Deutschland（《新德意志报》）

Süddeutsche Zeitung（《南德意志报》）

Die Wirtschaft（《经济报》）

五　中文论文

程卫东：《分裂现实的确认、解构与两德统一——从〈基础条约〉到〈统一条约〉的渐变与突变》，《欧洲研究》2019 年第 3 期。

邓红英：《论"二战"后阿登纳的德国统一政策》，《武汉大学学报》（人文科学版）2004 年第 3 期。

邓红英：《略论 1972—1989 年的两德合作关系》，《武汉大学学报》（人文科学版）2009 第 4 期。

段钰：《试论联邦德国对外政策在德国统一中的作用》，《西欧研究》1991 年第 3 期。

桂莉：《联邦德国的新东方政策》，《国际研究参考》2018 年第 2 期。

郭梅花：《基础条约前后的两德交流与德国统一》，《青海师范大学学报》（哲学社会科学版）2006 年第 4 期。

胡琨：《德国统一进程中两德经济统一模式研究》，《欧洲研究》2019 年第 3 期。

黄正柏：《略谈联邦德国争取统一的努力》，《华中师范大学学报》（人文社会科学版）1998 年第 5 期。

姜安：《两德统一原因探析》，《外国问题研究》1991 年第 1 期。

牛长振、李芳芳：《德国统一对两岸关系和平发展的启示》，《国际展望》2011 年第 3 期。

潘琪昌：《论德国统一问题》，《西欧研究》1990 年第 4 期。

王帅：《两德统一的外交史：史料、论争与前景》，《世界历史》2016 年第 4 期。

王帅：《两德统一进程中的"十点纲领"：源起、内涵及其意义》，《中南大学学报》（社会科学版）2018 年第 3 期。

王英津：《两德复归统一模式之述评》，《山东社会科学》2004 年第 5 期。

王涌：《民主德国经济失败原因探析》，《学术界》2017 年第 8 期。

王哲：《勃兰特"新东方政策"与德国的统一》，《河南师范大学学报》（哲学社会科学版）2002 年第 3 期。

吴友法：《〈基础条约〉与两德统一》，《武汉大学学报》（哲学社会科学版）1995 年第 6 期。

肖辉英：《两德统一的关键一步》，《世界历史》1995 年第 5 期。

严益州：《"促统"还是"纵独"：〈两德基础条约〉的缔结及其影响》，《德国研究》2016 年第 1 期。

姚华：《两德统一的原因》，《安徽师大学报（哲学社会科学版）》1996 年第 4 期。

俞新天：《营造国家统一的国际环境——联邦德国推动统一的政策探索》，《台海研究》2018 年第 4 期。

张才圣：《从民族主义看"二战"后德国统一》，《长春工程学院学报》（社会科学版）2006 年第 2 期。

张亚东：《联邦德国的新东方政策与德国的统一》，《湘潭师范学院学报》（社会科学版）1992 年第 2 期。

周琪：《联邦德国的重新统一政策》，《西欧研究》1990 年第 4 期。

朱明权：《联邦德国早期的"一个德国"政策》，《德国研究》2001 年第 1 期。

邹耀勇：《第二次柏林危机与联邦德国统一政策的转变》，《历史教学问题》2007 年第 2 期。

人名和名词术语译名对照表

专业术语

（联邦德国）德国联邦铁路（Deutsche Bundesbahn）

（联邦德国）德意志新闻社（Deutsche Presse Agentur）

（民主德国）德国国营铁路（Deutsche Reichsbahn）

"安全共同体"（Sicherheitspannerschaft）

"柏林封锁"（Berlin-Blockade）

"柏林墙"（Berliner Mauer）

"勃列日涅夫主义"（Breschnew-Doktrin）

"布拉格之春"（The Prague Spring）

"单独代表权"（Alleinvertretungsrecht）

"东马克货币区"（Währungsgebieten der DM-Ost）

"杜鲁门主义"（Truman-Doktrin）

"遏制政策"（Policy of Containment）

"反法西斯防卫墙"（Antifaschistischer Schutzwall）

"泛欧野餐"（Pan-European Picnic）

"哈尔斯坦主义"（Hallstein-Doktrin）

"合并"（Anschluss）

"欢迎金"（Begrüßungsgeld）

"即刻民主"（Demokratie Jetzt）

"空中走廊"（Luftbrücken）

"恐怖平衡"（Balance of Terror）

"冷战"（Cold War）

"马歇尔计划"（The Marshall Plan）

"民主觉醒"（Demokratischer Aufbruch）

"摩根索计划"（Morgenthau—Plan）

"欧洲复兴计划"（European Recovery Program）

"强化边境"（Befestigte Staatsgrenze）

"清除干扰"（Störfreimachung）

"全欧大厦"（Common European Home）

"软性货物"（weichen Waren）

"实力政策"（Politik der Stärke）

"双重决议"（Double-Track Decision）

"条约共同体"（Vertragsgemeinschaft）

"铁幕演说"（Iron Curtain Speech）

"为了德国，统一的祖国"（Für Deutschland, einig Vaterland）

"西马克货币区"（Währungsgebieten der DM-West）

"香烟货币"（Zigarettenwährung）

"新东方政策"（Neue Ostpolitik）

"新论坛"（Neues Forum）

"新思维"（New Thinking）

"以接近求转变"（Wandel durch Annäherung）

"引诱专业人员行动"（Fachleute-Kaperaktion）

"硬性货物"（harten Waren）

"运动政策"（Politik der Bewegung）

"责任共同体"（Verantwortungsgemeinschaft）

阿克发胶片股份公司（Filmfabrik Agfa AG）

奥得—尼斯河线（Oder-Neisse line）

巴伐利亚发动机制造股份公司（Bayerische Motoren Werke AG）

柏林的四国共管地位（Viermächtestatut von Berlin）

柏林电力电灯股份公司（Kraft - und Licht（Bewag）AG）

被驱逐者联盟（Bund der Vertriebenen）

波罗车型（Polo）

不可分割的德国委员会（Kuratorium Unteilbares Deutschland）

不伦瑞克煤矿公司（Braunschweigische Kohlen-Bergwerken）

常驻代表办事处（Ständige Vertretung）

出境和重新入境签证（Aus - und Wiedereinreisevisum）

出境签证（Ausreisevisum）

大众汽车股份公司（Volkswagen AG）

戴维营（Camp David）

德国工商业联合会（Deutscher Industrie - und Handelstag）

德国工业联合会（Bundesverband der Deutschen Industrie e. V.）

德国汉莎航空（Deutsche Lufthansa）

德国经济东方委员会（Ost-Ausschuss der Deutschen Wirtschaft）

德国经济委员会（Deutsche Wirtschaftskommission）

德国联邦青年社团联合会（Deutscher Bundesjugendring）

德国联盟（Allianz für Deutschland）

德国内部边界（Zonengrenzen）

德国内部贸易（Der Innerdeutsche Handel）

德国内部区域贸易信托局（Treuhandstelle für den Interzonenhandel）

德国社会民主党（Sozialdemokratische Partei Deutschalnds）

德国统一社会党（Sozialistische Einheitspartei Deutschlands）

德国统一社会党—民主社会主义党（Sozialistsche Einheitspartei Deutschlands-Partei des Demokratischen Sozialismus）

德国外贸协会（Bundesverband des Deutschen Groß - und Außenhandels）

德国自由工会联合会（Freier Deutscher Gewerkschaftsbund）

德意志联邦银行（Deutschen Bundesbank）

德意志社会联盟（Deutschen Sozialen Union）

德意志通讯社（Allgemeiner Deutscher Nachrichtendienst）

德意志诸州银行（Bank deutscher Länder）

地租马克（Rentenmark）

帝国马克（Reichsmark）

东柏林一日居留许可证（Tagesaufenthaltsgenehmigung für die Hauptstadt der DDR）

对外经济部（Ministerium für Außenwirtschaft）

对外贸易及德国内部贸易部（Ministerium für Außenhandel und Innerdeutschen Handel）

法新社（Agence France-Presse）

非工业化（Deindustrilization）

非军事化（Demilitarisation）

非纳粹化（Denazification）

高尔夫车型（Golf）

哥伦比亚广播公司（Columbia Broadcasting System）

国际商店（Intershop）

过境签证（Transitvisum）

海关边境管辖区（Zollgrenzbezirk）

行政专区（Regierungsbezirk）

合众国际社（United Press）

和平照会（Friedensnote）

赫尔墨斯保险（Hermes-Garantien）

赫施钢铁公司（Stahlwerke Hoesch）

赫斯特公司（Hoechst AG）

护照签证（Sichtvermerk）

货物发货单（Warenbegleitscheine）

基督教民主联盟（Christlich-Demokratische Union）

基督教社会联盟（Christlich-Soziale Union）

结算单位（Verrechnungseinheiten）

经济合作与发展组织（Organization for Economic Co-operation and Development）

克虏伯公司（Friedrich Krupp AG）

矿业外贸公司（Außenhandelsbetrieb Bergbau-Handel）

联邦担保（Bundesgarantien）

联邦德国标准（DIN）

联盟党（Unionparteien）

联系国（assoziierte Land）

绿党（Grüne Partei）

民主德国标准（TGL）

民主化（Democration）

民主社会主义党（Partei des Demokratischen Sozialismus）

派纳—萨尔兹吉特钢铁公司（Stahlwerke Peine-Salzgitter）

潘兴Ⅱ导弹（Pershing Ⅱ Missile）

普鲁士电力股份公司（Preußen Elektra AG）

契克斯庄园（Chequers Court）

全德问题秘书处（Staatssekretariat für gesamtdeutsche Fragen）

全国阵线（Nationale Front）

人头金（Kopfgeld）

入境签证（Einreisevisum）

萨尔茨吉特公司（Salzgitter AG）

三占区（Trizone）

输出管制统筹委员会（Coordinating Committee for Multilateral Export Controls）

双占区（Bizone）

苏联标准（GOST）

苏联管制委员会（Sowjetische Kontrollkommission）

特别账户 S（Sonderkonto）

特拉班特车型（Trabant）

瓦特堡车型（Wartburg）

外汇马克（Valuta-Mark）

沃尔芬胶片公司（Filmfabrik Wolfen）

无息透支贷款（Swing）

西德问题秘书处（Staatssekretariat für westdeutsche Fragen）

先天缺陷理论（Geburtsfehlertheorie）

中央记录处（Die Zentrale Erfassungsstelle）

自由德国青年联盟（Freie Deutsche Jugend）

协约、合约、法令名

"撤销条款"（Widerrufsklausel）

《2+4 条约》（Zwei-Plus-Vier-Vertrag）

《八点协议》（Acht-Punkte-Programm）

《巴黎条约》（Pariser Vertrag）

《巴黎协定》（Pariser Abkommen）

《巴特尔法案》（Battle Act）

《柏林（波茨坦）会议公报》（Protocol of the Proceedings of the Berlin（Potsdam）Conference）

《柏林（波茨坦）会议议定书》（Agreement of the Berlin（Potsdam）Conference）

《柏林协定》（Berliner Abkommen）

《不列颠贸易协定》（Briten-Geschäft）

《布拉格协定》（Prager Vertrag）

《布列斯特和约》（Friedensvertrag von Brest-Litowsk）

《出口管制法案》（Export Administration Act）

《戴森贸易协定》（Dyson—Geschäft）

《德国美占区和英占区经济合并协定》（Agreement Between the United States and the United Kingdom on Economic Fusion of Their Respective Zone of Occupation in Germany）

《德国内部贸易及其相关问题议定书》（Protokoll über den Innerdeutschen Handel und die damit zusammenhängenden Fragen）

《德国内部区域贸易执行条例》（Interzonenhandels - Durchführungsverordnung）

《德国条约》（Deutschlandvertrag）

《德意志联邦德国和德意志民主德国关于实现德国统一的条约》（Vertrag zwischen der Bundesrepublik Deutschland und der Deutschen Demokratischen Republik über die Herstellung der Einheit Deutschlands）

《德意志联邦共和国和德意志民主共和国关于建立货币、经济和社会联盟的条约》（Vertrag über die Schaffung einer Währungs-, Wirtschafts - und Sozialunion zwischen der Bundesrepublik Deutschland und der Deutschen Demokratischen Republik）

《德意志联邦共和国基本法（1949 年）》（Grundsatz für die Bundesrepublik Deutschland vom 23. Mai 1949）

《德意志联邦银行法》（Gesetz über die Deutsche Bundesbank）

《第 500 号规定》（Verordnung Nr. 500）

《东方条约》（Ostverträge）

《多奎议定书》（Torquay-Protokoll）

《法兰克福协定》（Frankfurter Abkommen）

《防止核扩散条约》（Atomwaffensperrvertrag）

《〈基础条约〉附加议定书》（Zusatzprotokoll zum Grundlagenvertrag）

《共同防御援助管制法》（The Mutual Defense Control Act）

《关税及贸易总协定》（GATT）

《关于〈基础条约〉的声明》（Erklärung zum Grundlagenvertrag）

《关于德国统一的信件》（Brief zur deutschen Einheit）

《关于结束柏林封锁的四方协定》（Viermächte-Abkommen betreffend die Beendigung der Blockade West-Berlins）

《关于西马克货币区与东马克货币区之间的贸易协定》（Abkommen über den Handel zwischen den Währungsgebieten der Deutschen Mark（DM-West）und den Währungsgebieten der Deutschen Mark der Deutschen Notenbank（DM-Ost））

《关于最终解决德国问题的条约》（Vertrag über die abschließende Regelung in Bezug auf Deutschland）

《过渡性条文协议》（Abkommens über die Übergangsbestimmungen）

《过境协定》（Transitabkommen）

《赫尔辛基最后文件》（Helsinki Final Act）

《衡平法规》（Billigkeitsregelung）

《华沙条约》（Warschauer Vertrag）

《货币发行法》（Emissionsgesetz）

《货币法》（Währungsgesetz）

《基础条约》（Grundlagevertrag）

《建立欧洲经济共同体条约》（Vertrag zur Gründung der EWG）

《杰瑟普—马利克协定》（Jessup-Malik-Abkommen）

《军政府法规第 53 号法令》（Militärregierungsgesetz Nr. 53）

《框架协定》（Rahmenvertrag）

《伦敦议定书》（London Protocol）

《罗马条约》（Römische Verträge）

《旅行条例》（Reiseregelungen）

《民主德国国籍法》（Gesetz über die Staatsbürgerschaft der DDR）

《民主德国国家计划委员会 1961 年 1 月 4 日关于确保民主德国经济免受联邦德国军国主义分子恣意破坏的决定》（Beschluss der Staatlichen Plankommission über die Sicherung der Wirtschaft der DDR gegen willkürliche Störmaßnahmen militaristischer Kreise in Westdeutschland vom 4. Januar 1961）

《民主德国护照法》（Paßgesetz der Deutschen Demokratischen Republik）

《明登协定》（Mindener Abkommen）

《莫斯科条约》（Moskauer Vertrag）

《睦邻友好合作条约》（Vertrag über Zusammenarbeit und gute Nachbarschaft）

《慕尼黑协定》（Münchner Abkommen）

《纽约协定》（New Yorker Abkommen）

《欧洲煤钢共同体条约》（EGKS-Vertrag）

《社民党关于德国重新统一的决议》（Entschließung des SPD-Parteitages zur Wiedervereinigung Deutschlands）

《四方协定》（Viermächteabkommen über Berlin）

《四方协定》（Viermächte-Abkommen）

《四国协议》（Viermächte Vereinbarung）

《四项决定》（Vierer-Beschluss）

《苏维埃社会主义共和国联盟和德意志民主共和国友好合作互助条约》（Vertrag über Freundschaft, gegenseitigen Beistand und Zusammenarbeit zwischen der Deutschen Demokratischen Republik und der Union der Sozialistischen Sowjetrepubliken）

《苏占区—法占区贸易协定1》（Sofra—Geschäft Ⅰ）

《苏占区—法占区贸易协定2》（Sofra—Geschäft Ⅱ）

《通行证协定》（Passierschein-Abkommen）

《通行证议定书》（Passierscheinprotokoll）

《同东马克货币区进行货物贸易的法规》（Verordnung über den Warenverkehr mit den Währungsgebieten der Deutschen Mark der Deutschen Notenbank（DM-Ost）/Interzonenhandelsverordnung）

《橡胶协定》（Kautschukverinbarung）

《消除德国和欧洲分裂的十点纲领》（Zehn-Punkte-Programm zur Überwindung der Teilung Deutschlands und Europas）

《小占领法规》（Besatzungsstatut für West-Berlin）

《雅尔塔协定》（Yalta Agreement）

《易货协定》（Warenabkommen）

《占领初期对德管理、处置的政治、经济原则》（The Political and Economic Principles to Govern the Treatment of Germany in the Initial Control Period）

《州议会贸易协定1》（Länderratsgeschäfte Nr. 1）

《州议会贸易协定2》（Länderratsgeschäfte Nr. 2）

地名

（东）柏林（Ost-Berlin）

（西）柏林（West-Berlin）

埃尔富特（Erfurt）

埃森（Essen）

奥得河畔法兰克福（Frankfurt an der Oder）

巴德戈德斯贝格（Bad Godesberg）

巴德黑尔斯费尔德（Bad Hersfeld）

巴德萨尔聪根（Bad Salzungen）

柏林（Berlin）

波茨坦（Potsdam）

勃兰登堡州（Brandenburg）

德雷维茨（Drewitz）

德累斯顿（Dresden）

蒂尔加滕（Tiergarten）

格拉（Gera）

哈尔布克（Harbke）

海德堡（Heidelberg）

赫尔姆施泰特（Helmstedt）

黑尔姆施泰特（Hermstedt）

亨尼希斯多夫（Hennigsdorf）

胡贝图斯托克（Hubertusstock）

霍茹夫（Chorzow）

卡尔·马克思城（Karl Marx Stadt）

卡塞尔（Kassel）

开姆尼茨（Chemnitz）

科特布斯（Cottbus）

莱比锡（Leipzig）

莱茵—鲁尔（Rhine-Ruhr）

狼谷（Wolfsschlucht）

里萨（Riesa）

利希滕拉德（Lichtenrade）

林堡（Limburg）

罗登（Röden）

罗斯托克（Rostock）

罗伊茨贝格（Kreuzberg）

马格德堡（Magdeburg）

梅克伦堡—前波莫瑞州（Mecklenburg-Vorpommern）

美因河畔法兰克福（Frankfurt am Main）

皮耶斯特里（Piesteritz）

普劳恩（Plauen）

日内瓦（Genève）

萨尔茨吉特（Salzgitter）

萨克森—安哈特州（Sachsen-Anhalt）

萨克森州（Sachsen）

萨勒桥（Saale）

什未林（Schwerin）

施科保（Schkopau）

施潘道（Spandau）

斯托尔佩多夫（Stolpe-Dorf）

泰尔托运河（Teltow）

图林根州（Thüringen）

图青（Tutzing）

肖普朗（Sopron）

英戈尔施塔特（Ingolstadt）

出版物

《埃森汇报》（Essener Allgemeine Zeitung）

《德意志报》（Deutsche Zeitung）

《法兰克福汇报》（Frankfurter Allgemeine Zeitung）

《共产党宣言》（Manifest der Kommunistischen Partei）

《华沙生活报》（Zycie Warszawy）

《经济报》（Die Wirtschaft）

《吕贝克日报》（Lübecker Nachrichten）

《每日镜报》（Der Tagesspiegel）

《每日评论》（Tägliche Rundschau）

《每日邮报》（Daily Mail）

《明镜周刊》（Der Spiegel）

《明星周刊》（Der Stern）

《慕尼黑信使报》（Münchner Merkur）

《纽约时报》（The New York Times）

《帕绍新报》（Passauer Neuen Presse）

《萨尔茨堡新闻报》（Salzburger Nachrichten）

《时代周刊》（Die Zeit）

《世界报》（Die Welt）

《世界报》（Le Monde）

《图片报》（Bild）

《团结——科学社会主义的理论和实践杂志》（Die Einheit － Zeitschrift für Theorie und Praxis des Wissenschaftlichen Sozialismus）

《外交事务杂志》（Foreign Affairs）

《新德意志报》（Neues Deutschland）

《星期六晚报》（Saturday Evening Post）

《真理报》（Prawda）

人名

阿尔弗雷德·波拉克（Alfred Pollak）

阿尔弗雷德·哈特曼（Alfred Hartmann）

阿明·格林沃尔德（Armin Grünewald）

埃伯哈德·冯·金海姆（Eberhard von Kuenheim）

埃德蒙·雷温克尔（Edmund Rehwinkel）

埃尔文·西默（Erwin Siemer）

埃贡·巴尔（Egon Bahr）

埃贡·弗兰克（Egon Franke）

埃贡·赫曼（Egon Höhmann）

埃贡·克伦茨（Egon Krenz）

埃里希·昂纳克（Erich Honecker）

埃里希·蒙德（Erich Mende）

埃里希·温特（Erich Wendt）

埃利姆·奥肖格内西（Elim O'Shaugnessy）

安德烈亚斯·爱马仕（Andreas Hermes）

奥伦豪尔（Ollenhauer）

奥托·G. 兰布斯多夫（Otto G. Lambsdorff）

奥托·格罗提渥（Otto Grotewohl）

奥托·伦茨（Otto Lenz）

奥托·文策尔（Otto Winzer）

保罗·吕克（Paul Lücke）

彼得·A. 季布罗瓦（Pjotr A. Dibrowa）

布鲁姆（Blüm）

布鲁诺·弗里德里希（Bruno Friedrich）

布鲁诺·洛伊施纳（Bruno Leuschner）

德怀特·D. 艾森豪威尔（Dwight D. Eisenhower）

德雷格（Dregger）

德特勒夫·K. 罗韦德尔（Detlev K. Rohwedder）

狄龙（Dillon）

迪特尔·格鲁瑟尔（Dieter Grosser）

迪特里希·斯托贝（Dietrich Stobbe）

蒂罗·萨拉辛（Thilo Sarazin）

多丽丝·科内尔森（Doris Cornelson）

多萝特·维尔姆斯（Dorothee Wilms）

恩斯特·莱麦尔（Ernst Lemmer）

恩斯特·罗伊特（Ernst Reuter）

菲利普·杰瑟普（Philip Jessup）

菲利普·延宁格（Philipp Jenninger）

弗拉基米尔·S. 谢苗诺夫（Wladimir S. Semjonow）

弗朗茨·J. B. 特迪克（Franz J. B. Thedieck）

弗朗茨·J. 施特劳斯（Franz J. Strauß）

弗朗茨·阿姆雷恩（Franz Amrehn）

弗朗茨·埃策尔（Franz Etzel）

弗朗茨·布吕歇尔（Franz Blücher）

弗朗茨·汉德洛斯（Franz Handlos）

弗朗茨·勒施（Franz Rösch）

弗朗茨—约瑟夫·维尔梅林（Franz-Josef Wuermeling）

弗朗索瓦·密特朗（François Mitterrand）

弗雷德里希·冯·海尔（Friedrich von Heyl）

弗里茨·巴德（Fritz Baade）

弗里茨·舍费尔（Fritz Schäffer）

弗里德海姆·奥斯特（Friedhelm Ost）

弗里德里希·艾伯特（Friedrich Ebert）

弗里德里希·迪克尔（Friedrich Dickel）

弗里德里希·福格尔（Friedrich Vogel）

富兰克林·D. 罗斯福（Franklin D. Roosevelt）

戈特弗里德·考夫曼（Gottfried Kaufmann）

格奥尔格·汉德克（Georg Handke）

格尔德·柯尼希（Gerd König）

格哈德·拜尔（Gerhard Beil）

格哈德·施罗德（Gerhard Schröder）

格哈德·施托尔滕贝格（Gerhard Stoltenberg）

格哈德·韦斯（Gerhard Weiss）

格哈德·许雷尔（Gerhard Schürer）

格罗尔德·坦德勒（Gerold Tandler）

格吕纳（Grüner）

根纳季·格拉西莫夫（Gennadi Gerasimov）

哈里·S. 杜鲁门（Harry S. Truman）

哈里·迈尔（Harry Maier）

海因茨·贝伦特（Heinz Behrendt）

海因茨·达尔曼（Heinz Dahlmann）

海因里希·冯·布伦塔诺（Heinrich von Brentano）

海因里希·福克尔（Heinrich Vockel）

海因里希·劳（Heinrich Rau）

海因里希·温德伦（Heinrich Windelen）

海茵茨·克罗伊茨曼（Heinz Kreutzmann）

汉斯·J. 维什涅夫斯基（Hans J. Vishnevskiy）

汉斯·布赫勒（Hans Buchler）

汉斯·蒂特迈尔（Hans Tietmeyer）

汉斯·格洛布克（Hans Globke）

汉斯·莫德罗（Hans Modrow）

汉斯·尼姆里希（Hans Nimmrich）

汉斯—迪特里希·根舍（Hans-Dietrich Genscher）

汉斯—京特·霍普（Hans-Günter Hoppe）

汉斯—克里斯托夫·泽博姆（Hans-Christoph Seebohm）

汉斯—约阿希姆·冯·麦卡茨（Hans-Joachim von Merkatz）

赫伯特·C. 胡佛（Herbert C. Hoover）

赫伯特·魏纳（Herbert Wehner）

赫尔曼·普伦德（Hermann Pründer）

赫尔穆特·豪斯曼（Helmut Haussmann）

赫尔穆特·科尔（Helmut Kohl）

赫尔穆特·罗特蒙德（Helmut Rothemund）

赫尔穆特·施密特（Helmut Schmidt）

亨利·A. 基辛格（Henry A. Kissinger）

霍尔格·巴尔（Holger Bahr）

霍斯特·科贝尔（Horst Korber）

霍斯特·特尔奇克（Horst Teltschik）

霍斯特·泽勒（Horst Sölle）

京特·W. 格拉斯（Günter W. Grass）

京特·高斯（Günter Gaus）

京特·哈尔科特（Günther Harkort）

京特·克劳泽（Günter Krause）

京特·米塔格（Günter Mittag）

京特·沙博夫斯基（Günter Schabowski）

京特·韦特泽尔（Günter Wetzel）

居拉·霍恩（Gyula Horn）

君特·纪尧姆（Günter Guillaume）

卡尔·A. F. 席勒（Karl A. F. Schiller）

卡尔·H. 莱姆里希（Karl H. Lemmrich）

卡尔·冯·克劳塞维茨（Carl von Clausewitz）

卡尔·哈恩（Carl Hahn）

卡尔·黑罗尔德（Karl Herold）

卡尔·洪德豪森（Carl Hundhausen）

卡尔·卡斯滕斯（Karl Carstens）

卡尔·克劳特维格（Carl Krautwig）

卡尔·李卜克内（Karl Liebknecht）

卡尔—奥托·珀尔（Karl-Otto Pöhl）

卡尔—甘瑟·冯·哈斯（Karl-Günther von Hase）

卡尔—海因茨·格斯特纳（Karl-Heinz Gerstner）

卡尔—鲁道夫·科尔特（Karl-Rudolf Korte）

卡尔洛·施密德（Carlo Schmid）

康拉德·阿登纳（Konrad Adenauer）

康拉德·瑙曼（Konrad Naumann）

康斯坦丁·U. 契尔年科（Konstantin U. Chernenko）

康斯坦丁·V. 鲁萨科夫（Konstantin V. Russakow）

克劳斯·鲍林（Klaus Bölling）

克劳斯—迪特尔·埃勒曼（Claus-Dieter Ehlermann）

克劳特维希（Krautwig）

克里斯塔·卢夫特（Christa Luft）

克罗内（Krone）

克吕格尔（Krueger）

孔斯特（Kunst）

库尔特·G. 基辛格（Kurt G. Kiesinger）

库尔特·哈格尔（Kurt Hager）

库尔特·利奥波德（Kurt Leopold）

库尔特·韦斯特法尔（Kurt Westfal）

赖纳·巴泽尔（Rainer Barzel）

里特·冯·莱克斯（Ritter von Lex）

里夏德·冯·魏茨泽克（Richard von Weizsäcker）

里夏德·施蒂克伦（Richard Stücklen）

理查德·M. 尼克松（Richard M. Nixon）

列昂尼德·I. 勃列日涅夫（Leonid I. Brezhnev）

卢德格尔·韦斯特里克（Ludger Westrick）

卢修斯·D. 克莱（Lucious D. Clay）

鲁道夫·布尔克特（Rudolf Burkert）

鲁道夫·赛特斯（Rudolf Seiters）

鲁道夫·舒尔茨（Rudolph Schulze）

路德维希·W. 艾哈德（Ludwig W. Erhard）

路德维希·胡贝尔（Ludwig Huber）

罗伯特·W·迪安（Robert W. Dean）

罗伯特·蒂尔曼斯（Robert Tillmanns）

罗斯（Rose）

洛塔尔·德梅齐埃（Lothar de Maizière）

马克思·施密特（Max Schmidt）

玛格丽特·H. 撒切尔（Margaret H. Thatcher）

玛丽亚·亨德克—霍佩—阿恩特（Maria Haendcke-Hope-Arndt）

曼菲尔德·阿贝莱因（Manfred Abelein）

米哈伊尔·S. 戈尔巴乔夫（Mikhail S. Gorbachev）

默特斯（Mertes）

尼古拉·I. 雷日科夫（Nikolai I. Rizhkov）

尼古拉·波图加洛夫（Nikolaj Portugalow）

尼基塔·S. 赫鲁晓夫（Nikita S. Khrushchev）

欧内斯特·D. 普洛克（Ernest D. Plock）

齐默尔曼（Zimmermann）

乔治·H. W. 布什（George H. W. Bush）

塞缪尔·里伯（Samuel Reber）

赛勒斯·L. 苏兹伯格（Cyrus L. Sulzberger）

施奈德（Schneider）

施瓦兹—席林（Schwarz-Schilling）

泰尔·内克尔（Tyll Necker）

特奥·魏格尔（Theo Waigel）

特奥多尔·霍夫曼（Theodor Hoffmann）

瓦尔特·哈尔斯坦（Walter Hallstein）

瓦尔特·乌布利希（Walter Ulbricht）

瓦尔特·西格特（Walter Siegert）

瓦尔特·谢尔（Walter Scheel）

瓦连京·法林（Valentin Falin）

瓦西里·D. 索科洛夫斯基（Vasili D. Sokolovski）

瓦西里·I. 崔可夫（Wassili I. Tschuikow）

威利·霍斯（Willy Hoss）

威利·克莱因迪安斯特（Willy Kleindienst）

威廉·布伦斯（William Bruns）

威廉·富布赖特（William Fulbright）

威廉·皮克（Wilhelm Pieck）

维尔纳·波尔策（Werner Polze）

维尔纳·多林格（Werner Dollinger）

维尔纳·马泽尔 （Werner Maser）

维尔纳·施米德尔 （Werner Schmieder）

维尔纳·施瓦茨 （Werner Schwarz）

维利·勃兰特 （Willy Brandt）

维利·克雷斯曼 （Willy Kressmann）

维利·斯托夫 （Willy Stoph）

维亚切斯拉夫·M. 莫洛托夫 （Wjatscheslaw M. Molotow）

温斯顿·L. S. 丘吉尔 （Winston L. S. Churchil）

温泽尔·雅克施 （Wenzel Jaksch）

沃恩克 （Warnke）

沃尔夫冈·赫格尔 （Wolfgang Herger）

沃尔夫冈·朔伊布勒 （Wolfgang Schäuble）

沃尔夫格拉姆 （Wolfgramm）

沃尔纳 （Wörner）

西加尔特·内林 （Sighart Nehring）

夏尔·戴高乐 （Charles de Gaulle）

小亨利·摩根索 （Henry Morgenthau, Jr.）

小杰克·F. 马特洛克 （Jack F. Matlock, Jr.）

休·多尔顿 （Hugh Dalton）

雅各布·凯泽 （Jakob Kaiser）

雅科夫·A. 马利克 （Jakow A. Malik）

雅克·吕夫 （Jacques Rueff）

亚历山大·S. 沙尔克—戈洛德科夫斯基 （Alexander S. Schalck-Golod-kowski）

亚瑟·J. 麦克亚当斯 （Arthur J. McAdams）

伊凡·F. 谢米恰斯特诺夫 （Ivan F. Semitschastnow）

尤里·A. 克维钦斯基 （Julij A. Kwizinskij）

尤里·V. 安德罗波夫 （Yuri V. Andropov）

于尔根·哈贝马斯 （Jürgen Habermas）

约阿希姆·纳沃洛基 （Joachim Nawrocki）

约翰·B. 格拉德（Johann B. Gradl）

约翰·J. 麦克洛伊（John J. McCloy）

约亨·福格尔（Hans-Jochen Vogel）

约瑟夫·V. 斯大林（Joseph V. Stalin）

约瑟夫·梅尔茨（Josef März）

詹姆斯·C. 哈格蒂（James C. Hagerty）

詹姆斯·F. 伯恩斯（James F. Byrnes）

詹姆斯·贝克（James Baker）

后　记

时光荏苒，从北大燕园进入中国社会科学院世界历史研究所工作不觉间已有十年。本书的出版是我入职以来研究工作的一个阶段性总结，也是我近十多年来研究战后德国统一史的一个小结。本书是在我博士学位论文的基础上进一步扩展而成的，并于 2016 年 9 月获得了国家社会科学基金青年项目立项资助。

在书稿即将付梓之际，我要由衷感谢我的博士导师许平教授，她的谆谆教导、悉心指引和真知灼见使我受益良多。在书稿的修改过程中，她多次给我提出建设性建议，并欣然为本书作序。我还要感谢我的硕士导师吴友法教授，他的勉励、提携和督促也是我不断前进的动力，是他将我引到了德国史研究的治学之路。

在书稿撰写期间，我有幸多次获得公派访学的机会。埃尔朗根—纽伦堡大学政治系克莱门斯·考夫曼教授（Clemens Kauffmann）、弗赖堡大学历史系弗朗茨—约瑟夫·布吕格迈尔（Franz-Josef Brüggemeier）教授、波茨坦当代史研究中心马丁·萨布罗夫（Martin Sabrow）教授、吕迪格·格拉夫（Rüdiger Graf）教授、波茨坦大学历史学系多米尼克·盖佩特（Dominik Geppert）教授不仅对我的研究给予了热心指导和建议，耐心解答我的问题，还在相关学术动态以及原始文献方面，为我提供了大量颇有价值的学术信息。此外，他们作为接待教授给予我诸多便利和悉心照顾，这些令我深受感动。

本书的部分内容已发表在《世界历史》《安徽史学》《武汉大学学报》（人文科学版）《河南师范大学学报》（哲学社会科学版）《上海师范大学

学报》（哲学社会科学版）《云南民族大学学报》（哲学社会科学版）《历史教学》（下半月刊）《欧美史研究》（第3辑）《中国社会科学报》等刊物和报纸，其中被《人大复印报刊资料·世界史》全文转载多篇。在此，我要向各位编辑老师对青年科研人员的提携扶持致以诚挚的谢意，同时也感谢各位匿名审稿专家提出的富有建设性的修改建议。

　　需要说明的是，本书的顺利出版得到了中国社会科学院哲学社会科学创新工程学术出版资助项目的资助。感谢在项目评审和出版过程中给予慷慨支持和提出宝贵意见的各位专家学者。感谢中国社会科学院世界历史研究所各位领导、同事的帮助和支持。感谢中国社会科学出版社张湉编辑，她出色的编辑工作为本书增色不少。

　　最后，我要感谢我的家人，多年来他们一直关心和支持我的科研工作。没有他们的鼎力支持，本书也不会顺利完成。我将这本书献给他们。当然，书中的任何错讹与不足，均由我自己承担。

作者于中国历史研究院世界历史研究所

2023年10月